MW01717585

Libro 3

Encuentro con DIOS

• GUIA DIARIA DE ESTUDIO BIBLICO Y ORACION •

Joaquín y Roxana Barrau
Mervyn Breneman
Mauricio Chenlo
Woody Roland
Eliseo Zúñiga
David y Dorothy Evans
Carlos Flores
Pauline Hoggarth
Eduardo Ramírez
Marcelo Vargas
Felicity Houghton
Gerardo Lemos
Salvador Lizzio
Kathy de Padilla
Edgardo Surenián

CASA BAUTISTA DE PUBLICACIONES

CASA BAUTISTA DE PUBLICACIONES
Apartado Postal 4255, El Paso, TX 79914 EE. UU. de A.
Agencias de Distribución

ARGENTINA: Anchorena 1078, 1834 Temperley, Buenos Aires, Tel/Fax: (541)245-4565; Rivadavia 3464, Casilla 48, Suc. 3, 1203 Buenos Aires, Teléfonos: (541)88-8924, (541)88-8938. **BOLIVIA:** Casilla 2516, Santa Cruz, Fax: (59)1-342-8193. **BRASIL:** Caixa Postal 320 CEP 2001, Río de Janeiro, Tel.: (552)1-269-0772. **COLOMBIA:** Apartado Aéreo 55294, Bogotá 2, D.C., Tel.: (57)1-287-8602, Fax: (57)1-287-8992. **COSTA RICA:** Apartado 285, San Pedro Montes de Oca, San José, Tel.: (506)225-4565, Fax: (506)224-3677. **CHILE:** Casilla 1253, Santiago, Tel/Fax: (562)672-2114. **ECUADOR:** Casilla 3236, Guayaquil, Tel.: (593)4-455-311, Fax: (593)4-452-610. **EL SALVADOR:** Apartado 2506, San Salvador, Fax: (503)218-157. **ESPAÑA:** Padre Méndez #142-B, 46900 Torrente, Valencia, Tel.: (346)156-3578, Fax: (346)156-3579. **ESTADOS UNIDOS:** 7000 Alabama, El Paso, TX 79904, Tel.: (915)566-9656, Fax: (915)565-9008; 960 Chelsea Street, El Paso TX 79903, Tel.: (915)778-9191; 3725 Montana, El Paso, TX 79903, Tel.: (915)565-6234, Fax: (915)726-8432; 312 N. Azusa Ave., Azusa, CA 91702, Tel.: 1-800-321-6633, Fax: (818)334-5842; 1360 N.W. 88th Ave., Miami, FL 33172, Tel.: (305)592-6136, Fax (305)592-0087; 8385 N.W. 56th Street, Miami, FL 33166, Tel. (305)592-2219, Fax (305)592-3004. **GUATEMALA:** Apartado 1135, Guatemala 01901, Fax: (5022)530-013. **HONDURAS:** Apartado 279, Tegucigalpa, Tel. (504)3-814-81, Fax: (504)3-799-09. **MEXICO:** Vizcaínas 16 Ote., Col. Centro, 06080 México, D.F., Tel.: (525)510-3674, Tel/Fax: (525)512-4103; Apartado 113-182, 03300 México, D.F., Tels.: (525)762-7247, (525)532-1210, Fax: (525)672-4813; Madero 62, Col. Centro, 06000 México, D.F., Tel/Fax: (525)512-9390; Independencia 36-B, Col. Centro, Deleg. Cuauhtémoc, 06050 México, D.F., Tels.: (525)521-0206, (525)521-6206, Fax: (525)512-9475; Matamoros 344 Pte., 27000 Torreón, Coahuila, Tel.: (521)712-3180; Hidalgo 713, 44290 Guadalajara, Jalisco, Tel.: (523)613-8767; Félix U. Gómez 302 Nte. Tel.: (83)8-342-2832, Monterrey, N. L. **NICARAGUA:** Apartado 2340, Managua, Tel/Fax: (505)2-784-927. **PANAMA:** Apartado 87-1024, Panamá 5, Tel.: (507)64-64-69 Fax: (507)28-46-01. **PARAGUAY**: Casilla 1415, Asunción, Fax: (595)2-121-2952. **PERU:** Apartado 3177, Lima, Tel.: (511)4-24-7812, Fax: (511)4-40-9828. **PUERTO RICO:** Calle 13 S.O. #824, Capparra Terrace, Tel.: (809)783-7056, Fax: (809)781-7986; Calle San Alejandro 1825, Urb. San Ignacio, Río Piedras, Tel.: (809)764-6175. **REPUBLICA DOMINICANA:** Apartado 880, Santo Domingo, Tel.: (809)565-2282, Fax: (809)565-6944. **URUGUAY:** Casilla 14052, Montevideo, Tel.: (598)2-394-846, Fax: (598)2-350-702. **VENEZUELA:** Apartado 3653, El Trigal 2002 A, Valencia, Edo. Carabobo, Tel/Fax: (584)1-231-725, Celular (581)440-3077.

Este libro también es distribuido por UNION BIBLICA en los siguientes lugares:

ARGENTINA: Avellaneda 980, I602 Florida, Buenos Aires
BOLIVIA: Casilla 7292, La Paz
CHILE: Casilla 1546, Santiago
EL SALVADOR: Apartado Postal 1651, San Salvador
MEXICO: Apartado 305-A, Cd. Satélite, Edo. de México 53100
PANAMA: Casilla 2662, Balboa
PERU: Apartado 5323, Lima 100

© Copyright 1995. Casa Bautista de Publicaciones. Todos los derechos reservados mediante contrato con UNION BIBLICA. Prohibida su reproducción total o parcial.

Número de Clasificación Decimal Dewey 242.2

Temas: 1. Ejercicios de Devoción
2. Meditaciones

Primera Edición CBP: 1995

ISBN: 0-311-40053-1
C.B.P. Art. No. 40053
3 M 12 95

Impreso en EE. UU. de A.

"¡Prepárate para venir al encuentro de tu Dios!"

Amós 4:12.

Cada nuevo día es como una ventana que se abre para dejar que Dios entre en tu vida. Cada amanecer, cada despertar, es un regalo de Dios porque la vida es un don que él te da.

Despertar cada mañana después de un sueño placentero puede llegar a ser algo tan de rutina... tan de todos los días, que quizás al abrir los ojos no llegas a ver en la luz de ese nuevo día tu oportunidad de tener un renovado encuentro con Dios.

Dios quien te hizo, te conoce y te sustenta desea dialogar contigo, quiere que lo sientas junto a ti cuando él suavemente susurra tu nombre diciéndote aquellas "cosas grandes y ocultas que tú no conoces", Jeremías 33:3. Dios anhela encontrarse contigo, queda en ti la decisión de salir a su encuentro cada día a través de la lectura de su Palabra y las meditaciones que este libro te ofrece.

Inicia cada día buscando tener una nueva aventura de fe con Dios.

Los Editores

CONTENIDO

La versión de la Biblia normalmente usada por los comentaristas es la Versión Popular, "Dios Habla Hoy", pero cuando no, se señala en la misma cita. "R.V.R." indica la versión Reina-Valera 1960. Y "B.J." la Biblia de Jerusalén.

Cómo usar

Encuentro con Dios

Guía de estudio bíblico y oración diaria

Este libro ha sido diseñado para ayudarte a encontrarte con Dios diariamente mediante el estudio meditativo de la Biblia y la oración. De esta manera llegarás a ser un discípulo de Jesús más inteligente, efectivo y gozoso. Te sugerimos seguir estos pasos:

* Aparta un tiempo y un lugar especial para leer la Biblia. Necesitarás una Biblia, un lápiz y quizá un cuaderno.

* Sigue los cuatro pasos estipulados en cada página de tu guía. Lee frecuentemente la guía de meditación que tienes más abajo.

* Escribe tus respuestas a las preguntas de la sección: "Investiguemos..." pero no descuides las preguntas generales que tienes en las instrucciones de esta página.

* Finalmente ora otra vez, pero no con la idea de terminar tu meditación, sino más bien con la de estar comenzando un día de servicio al Señor y a tus semejantes.

GUIA DE MEDITACION DIARIA

ORACION. Antes da leer la porción bíblica, pide que el Espíritu Santo te ayude a entender y recibir la Palabra. A través de Cristo estás en la presencia de Dios Padre. Acércate a él confiada, humilde y ansiosamente.

LECTURA. Lee cuidadosamente el pasaje bíblico del día. Refiérete a los pasajes anterior y posterior para ubicarte correctamente en el contexto.

MEDITACION. Piensa en lo que has leído, esperando con la mente abierta, listo para obedecer las instrucciones del Señor. Primero contesta las preguntas que encabezan esta sección, con toda honestidad. Luego acostúmbrate a hacerte estas otras que se aplican a cualquier pasaje bíblico:

¿Cuál es la enseñanza principal de este pasaje? ¿Qué revela Dios, Padre, Hijo o Espíritu Santo de sí mismo? ¿Qué se me muestra acerca de la naturaleza y las necesidades de la humanidad ante Dios? ¿Cómo puedo apropiarme del pasaje? ¿Hay algún ejemplo que seguir o advertencia que atender? ¿Algún pecado que evitar o alguna promesa que reclamar? ¿Qué es lo que Cristo me pide ahora, ya sea en pensamiento, palabras o acciones?

Completa tu meditación leyendo el comentario, después toma un tiempo para reflexionar sobre lo que Dios te está diciendo a través de tu propio estudio. Escribe tus descubrimientos en un cuaderno para recordarlos siempre.

ORACION. Ahora haz de tus descubrimientos el tema de tu oración. Piensa en la grandeza y el amor de Dios. Confiesa tus pecados. Recuerda las necesidades de otros. Pide fuerza para vivir lo aprendido. Adora al Señor y sírvele con gozo.

TUS LECTURAS PARA LOS PROXIMOS TRES MESES

Vivir bajo presión. Todos nosotros —y eso incluye a los lectores de Encuentro con Dios— tenemos que enfrentarnos con diversos tipos de presiones: en el trabajo, en el hogar, en los acontecimientos políticos, a través de nuestros fracasos personales. A veces creemos que somos los únicos que pasamos por estos apuros. Pero examinemos las lecturas de estos tres meses, y veremos que la Biblia también nos habla de presiones y fracasos. ¿Qué de...

*Habacuc, alarmado por la aparición de los babilonios que amenazaban al pueblo de Israel? Aprendamos de él la importancia de hablar francamente con Dios en los momentos de presión.

* Gedeón, que tuvo que presenciar la opresión madianita a su pueblo, y que también supo preguntar francamente al Señor: "¿Por qué nos pasa todo esto?" (Jueces 6:13)? El tuvo que aprender que Dios utiliza medios sorprendentes para lograr sus propósitos.

* Sansón, quizás uno de los personajes más trágicos de la Biblia? Presionado por las mujeres filisteas, por sus propios paisanos, y por las mismas contradicciones de su personalidad, sin embargo, no permitió que se cuestionara el poder de su Dios.

* Pedro, que escribe sus cartas a una iglesia presionada por la franca persecución? Infunde aliento a sus lectores, recordándoles la "viva esperanza" que tienen, e instándoles a vivir una vida digna del Maestro que también conoció las presiones del sufrimiento.

* Rut, que se mantuvo leal a Noemí, aun cuando se le presentaban otras opciones?

* Samuel, presionado por las demandas del pueblo de Israel a que nombre un rey, y apoyado en esta tensa situación por la guía de Dios?

* Jesús, que tuvo que enfrentarse con la hostilidad de los fariseos y las burlas de los soldados? Supo aferrarse a las promesas de su Padre en toda circunstancia.

Al reflexionar en la vida de todas estas personas, y al desarrollar una relación íntima con Dios a través de la lectura y oración sistemática, recibiremos los recursos espirituales que tanta falta nos hacen para poder resistir las presiones que son parte normal de nuestra experiencia.

ENERO
1

¿HASTA CUANDO?

HABACUC 1:1-17

INVESTIGUEMOS...

1. ¿Cuáles son los tres animales o aves con los que se compara la caballería caldea? ¿Cuál es la impresión que se crea por medio de tales comparaciones?

____

2. En momentos de confusión y angustia, ¿cuál es el camino que debemos tomar de acuerdo con el ejemplo que nos enseña el profeta? ____________________

____

Habacuc vivió en el siglo 7 a. de J.C., cuando los caldeos, cuya ciudad principal era Babilonia, llegaron a su apogeo como imperio bélico. El profeta enfrentaba dos realidades que le eran angustiantes: la inmoralidad de su propio pueblo (1-4), y el anuncio divino de que el ejército caldeo sería el instrumento de castigo que Dios usaría contra este pueblo (5-11). Pero más angustiante aún para Habacuc fue la aparente indiferencia de Dios ante sus gritos (2, 3), y luego la intención de Dios de utilizar a una nación que creía en la fuerza y no en El, para realizar sus propósitos de justicia (12-17).

A juicio del profeta, tanto Dios como los caldeos trataban a los pueblos como si fueran peces, sólo buenos para ser atrapados. Y lo peor de todo era que los caldeos atribuirían sus triunfos expansionistas sólo a sus propias armas y poderío (14-17).

Consideremos más de cerca dos gritos que lanzó Habacuc a Dios:

"SEÑOR, ¿HASTA CUANDO GRITARE... SIN QUE TU ME ESCUCHES?" (2).

Al igual que el profeta, el cristiano puede pasar por momentos turbulentos en su relación con Dios, cuando la duda le atormenta. Pero no debe dejar de clamar al Señor, ni debe ocultarle lo que siente. Dios tarda pero no olvida; El desea que le manifestemos francamente todo lo que hay en nuestro interior. Su respuesta llegará (5).

"SEÑOR, ¿ACASO NO EXISTES TU ETERNAMENTE?" (12).

Lo que conocemos de Dios no siempre parece encuadrar con las cosas que El hace o que permite que sucedan. Sin embargo, los caminos de Dios en el presente se entenderán bajo la perspectiva de la eternidad.

Dentro de la espera, el cristiano vive de la esperanza.

Que Dios actúe en tu nación con justicia y con misericordia.

ENERO
2

DIOS RESPONDE

HABACUC 2:1-14, 20

INVESTIGUEMOS...

1. ¿Cuáles son los cinco pecados que causarían la ruina del pueblo caldeo (véase 6, 9, 12, 15, 19)? Trata de expresarlos en tus propias palabras (por ej.: confianza en los ídolos) (19). ____

____

2. Ayer vimos en Habacuc un modelo de franqueza en su trato con Dios. ¿Qué modelo nos ofrece el profeta con respecto a la oración en la lectura de hoy (1)? ¿Vives a la espera de las respuestas del Señor? ____________________

Los dos primeros capítulos de esta profecía registran un diálogo entre Habacuc y Dios en el cual el profeta comienza planteando sus preguntas a Dios (1:1-4). Este le responde (1:5-11), pero Habacuc protesta ante la respuesta de Dios (1:12-17). Sin embargo, la protesta termina en un clima de expectación confiada (2:1), y el diálogo concluye con una nueva respuesta de Dios, la cual satisface plenamente las inquietudes que su siervo le ha comunicado con respecto al pueblo caldeo (2:2-20).

UNA VISION QUE NO DEJARIA DE CUMPLIRSE (2-5). La respuesta que Dios dio a Habacuc fue tan clara como importante y por lo tanto debía ser escrita en tablas de barro. Era segura y, sin embargo, no de cumplimiento inmediato. En esencia, Dios decía que el aparente triunfo de los caldeos era un camino falso que desembocaría en la perdición. En cambio, el hombre amante de la justicia sería guardado por Dios; su fe y su fidelidad resultarían ser camino de vida.

CASTIGOS QUE NO DEJARIAN DE LLEGAR (6-13). El orgullo y la fe no pueden convivir. Fue la soberbia del pueblo caldeo la que atrajo sobre él no sólo la ira de Dios sino también la burla de las naciones conquistadas por él. Los caldeos sufrirían un revés absoluto; el saqueador sería saqueado y el opresor oprimido (8).

UNA PROMESA YA HECHA REALIDAD (14). En tiempos de Habacuc la tierra conocería la gloria del Señor al ver caer sus juicios sobre los caldeos (13, 14), pero nosotros la conocemos porque brilla en la cara de Jesucristo, y brota como luz en nuestros corazones (2 Corintios 4:6).

"No pierdan, pues, su confianza, porque ella les traerá una gran recompensa" (Hebreos 10:35).

Señor, enséñame a esperarte con paciencia, a escucharte con atención y a caminar contigo por fe.

ENERO
3

GOZO A PESAR DE TODO

HABACUC 3:1-7, 13-19

INVESTIGUEMOS...

1. En la oración que ocupa todo este capítulo, ¿cuáles son las peticiones que hace Habacuc, y en qué versículo se encuentran? ________________________

____

2. ¿Cuáles son las cosas y las circunstancias que normalmente sostienen tu vida? ¿Qué significa para ti conocer al Señor cuando éstas te fallan? ____________

____

Después de las dudas, viene la revelación de Dios; después de las quejas, Dios da respuestas. Y luego del diálogo honesto y acalorado de parte de Habacuc, lleno de compasión y de sabiduría de parte de Dios, viene la oración de adoración, de contemplación y de confianza, de un hombre que canta mientras ora. ¿Conoces tú también esta progresión espiritual desde la lucha y la angustia hacia la fe, la adoración y el canto que se convierte en testimonio?

LA PETICION (2). La actitud de Habacuc es humilde y suplicante. Implora a Dios que renueve en los mismos días del profeta sus grandes acciones de otros tiempos. Pide compasión en medio del enojo divino. Orar de verdad no es procurar que Dios ajuste sus planes a los míos, ni es aceptar las cosas como son de manera fatalista, sino es descubrir los propósitos que El tiene dentro de la situación en que vivo y pedir su gracia para poder colaborar con El gozosamente, en amor y obediencia.

LA VISION (3-7, 13-16). Habacuc percibió la presencia de Dios en las manifestaciones de la naturaleza y en las convulsiones de la historia. Lo que vio le dio mucho miedo, pero entendió que Dios estaba actuando en ayuda de su pueblo (13), y que vendría el día cuando El pondría en angustia al ejército de sus opresores (16).

LA ALABANZA (17-19). Su alegría y su alabanza son fruto de haber oído y entendido la palabra que Dios le había dirigido. Brotan de la confianza que infundió en él esta nueva experiencia del Dios que escucha, responde y actúa. La situación sigue siendo muy difícil, pero en medio de ella vemos a un hombre que sube a las alturas con la agilidad de una vicuña.

"Jehová el Señor es mi fortaleza" (19 R.V.R.).

Porque el Señor renueve su obra en ti y haga brotar de tus labios un nuevo canto.

INTRODUCCION AL LIBRO DE LOS JUECES

Más de 1,200 años a. de J.C., Dios condujo a su pueblo desde Egipto hasta la tierra de Canaán, bajo el liderazgo de un hombre llamado Josué. Este era un siervo de Dios, sabio en sus decisiones y fiel a las instrucciones del Señor. Los ancianos que le sobrevivieron seguían su buen ejemplo y el pueblo andaba bien (2:7). Sin embargo, la siguiente generación era muy diferente; la gente insistía en apartarse del Señor vez tras vez para servir a los dioses de sus vecinos paganos (2:10-13).

El libro de Jueces relata la historia de los siguientes 200 años, aproximadamente. La mayor parte del tiempo los israelitas se portaban de manera leal con el Señor y por lo tanto gozaban de la paz y la prosperidad. Pero el libro de los Jueces tiene serias advertencias que darnos en base a los tiempos malos cuando el pueblo abandonó a su Dios. Pues entonces El permitió que sus enemigos invadieran su territorio, y lograran ocupar sus tierras y robarles sus cosechas. Hubo cinco periodos de derrota y sufrimiento, cada uno de los cuales duró varios años. Todas las veces que los israelitas se volvían al Señor con motivo de su aflicción, El les mostraba de nuevo su amor y su compasión al proveerles de jueces que les conducían a la victoria en tiempos de guerra, y les gobernaban sabiamente en tiempo de paz.

El libro tiene mucho que decirnos sobre cómo Dios obra en nuestras vidas. En especial podrás darte cuenta de la enseñanza que ofrece sobre:

1. *LAS MANERAS EN LAS QUE DIOS PRUEBA A SU PUEBLO.* Dios había probado a la generación anterior en tiempos de Moisés, durante su paso por el desierto entre Egipto y Canaán, permitiéndoles sufrir y pasar hambre (Deuteronomio 8:2, 3). A la nueva generación que entró en la tierra de Canaán Dios la probó por medio de sus vecinos paganos (3:1-4).

2. *LOS CAMINOS DE DIOS.* El dirige aun nuestros fracasos y nuestra debilidad de modo que podamos conocer y experimentar su ayuda y fortaleza.

ENERO
4

UNA HISTORIA QUE SE REPITE

JUECES 2:1-10

INVESTIGUEMOS...

1. ¿Cuál fue la condición que debía cumplir el pueblo de Israel para que Dios mantuviera firme su pacto con ellos (1, 2)? ______________________________

____

2. ¿ Qué estás haciendo para que la generación que te sigue conozca al Señor y sus hechos en favor de los que confían en El? ____________________________

____

La visita de un ángel no es común. Por eso nos damos cuenta de que no era poco el peligro espiritual en que el pueblo de Israel había caído cuando llegó este visitante celestial (1). Su mensaje no fue de consuelo sino de juicio; con razón todos los israelitas se echaron a llorar a voz en cuello (4). Pero el mismo hecho de que Dios se preocupara de mandarles un ángel para hablarles tan severamente demostraba su fidelidad y amor. Por esto debemos prestar mucha atención al Señor y a los mensajeros que El utiliza para corregirnos y advertirnos.

LOS FRUTOS DE LA OBEDIENCIA (6, 7). Cuando Josué y sus contemporáneos hubieron muerto, la generación que les seguía se dedicó a un estilo de vida muy diferente al que Dios les había ordenado. Tristemente, la misma historia se repite muchas veces en el día de hoy. Un fracaso es seguido de otro y el fracaso produce desánimo (véase 1:19, 21, 27-31 donde se repite la frase "no pudieron"). Desobedecemos los claros mandatos de Dios con respecto a abandonar la vida vieja y así llegamos a ser motivo de sufrimiento para nuestros hijos y para los que se fijan en nuestro ejemplo (10).

Pero, alabado sea el Señor, porque El desea manifestarse en nuestra experiencia actual. Trae a tu memoria lo que El ha hecho por ti últimamente y medita en ello.

"Si hoy escuchan ustedes lo que Dios dice, no endurezcan su corazón como aquellos que se rebelaron" (Hebreos 3:15).

Señor, quiero conocerte mejor y obedecerte en todo.

ENERO
5

UN PUEBLO DESLEAL

JUECES 2:11-23

INVESTIGUEMOS...

1. ¿Cuáles son las dos actitudes que tuvo el Señor ante la conducta y las circunstancias de su pueblo, de acuerdo con los versículos 14 y 20? ______________

2. ¿Estás consciente de alguien o de algo que para ti es más importante que tu relación con Dios? Permite hoy que El examine tu corazón. ______________

____

Baal fue el nombre del dios de los habitantes de Canaán y significa señor o dueño. Su compañera era la diosa Astarté. Los cananitas creían que estos dos eran los dueños de la tierra, y atribuían tanto la fertilidad de ésta como la de la pareja humana a la supuesta actividad sexual entre Baal y Astarté. Por lo tanto, adorar a Baal y a Astarté no sólo significaba para el israelita renunciar a la fe en el único Dios, Creador y Redentor, sino también abandonar el camino de la santidad moral y sexual, ya que el culto a Baal incluía la práctica de orgías desenfrenadas en torno a altares construidos en los cerros más altos.

No debemos subestimar ni la fuerza ni la sutileza de la influencia que ejercen sobre nosotros las costumbres paganas de la sociedad en la cual vivimos hoy. Como pueblo redimido de la maldad y de la falsedad, por el Señor Jesucristo, pidamos que El nos dé discernimiento y poder para detectar y rechazar las presiones del mundo y del diablo sobre nuestra forma de pensar o de actuar.

LA IRA DE DIOS (11-15, 20-23). La ira de Dios es inseparable de su justicia, su santidad y su amor. Es su reacción invariable ante todo lo que es contrario a lo verdadero, lo puro y lo recto. No una reacción fugaz, o un sentimiento pasajero, sino una actitud permanente que se hace sentir por medio de circunstancias desfavorables para el hombre (14, 15, 21).

LA COMPASION DE DIOS (16-19). Su compasión se manifestaba en la provisión de jueces o caudillos para su pueblo, hombres que libraban a los israelitas de la opresión y de la derrota de parte de sus enemigos cercanos. Pero la verdad es que el pueblo de Dios no respondió ni ante la ira ni ante la compasión de su Señor. Y sin embargo, El continuaba esperando que siguieran su camino.

"Si no somos fieles, él sigue siendo fiel" (2 Timoteo 2:13).

Señor, fortaléceme para serte leal y obediente de corazón.

ENERO
6

INTERVENCION DIVINA

JUECES 4:1-11

INVESTIGUEMOS...

1. ¿Cuáles son los datos que sabemos acerca de Débora (4, 5)? ¿Cuál era el papel que ella desempeñaba entre los israelitas? ____________________

____

2. ¿Qué podemos aprender de esta historia acerca de las formas en que el Señor puede utilizar a una mujer para la realización de sus propósitos? ____________

____

En la lectura de ayer (2:11-23) vimos resumida por etapas sucesivas la historia espiritual del pueblo de Israel durante la época de los jueces; el pueblo abandona a Dios y se entrega al culto de los dioses paganos; a consecuencia de esto Dios les permite sufrir opresión de parte de algún pueblo enemigo, a modo de castigo; en su aflicción el pueblo clama al Señor; El les responde haciendo surgir un libertador quien los salva del enemigo. Los capítulos 3 al 16 dan siete ejemplos de este tema.

EL OPRESOR (1-3). Fue el Señor quién entregó a su pueblo al poder de un rey cananeo cuya sede estaba en Hazor, ciudad situada al norte del lago de Galilea, dentro del territorio que debía conquistar la tribu de Neftalí. La cruel opresión de Jabín duró 20 años y fue respaldada por una fuerza bélica eficaz y rápida para movilizarse: 900 carros de hierro.

LA PROFETISA (4-10). Débora, casada con Lapidot, ejercía su ministerio de resolver pleitos entre los israelitas al aire libre, bajo una palmera, en una región montañosa a unos 120 Kms. al sur de Hazor. No sabemos cómo ella conoció a Barac, ni cómo supo que él debía ser el libertador para los israelitas del norte, de la opresión cananea. Pero una cosa está muy clara: Dios se comunicaba con ella, y por eso ella tuvo un mensaje preciso de parte de El para Barac (6, 7). ¿Vives tú en comunión con el Señor de modo que El pueda hablar a otros a través de ti?

EL HOMBRE A QUIEN DIOS LLAMO (6-10). Barac, siendo de la tribu de Neftalí, sentía en carne propia la opresión del enemigo. Cuando le llegó el mensaje de Dios por medio de Débora se dispuso a obedecerlo, siempre que ella lo acompañara. Dios intervino en favor de su pueblo (6-10).

"Por fin éstos le suplicaron al Señor que los ayudara" (3).

Señor, dame tu gracia para escuchar y obedecer cada vez que tú me llames.

ADELANTE CON EL SEÑOR

JUECES 4:12-24

INVESTIGUEMOS...

1. ¿Cuál fue el lugar al cual el Señor hizo que Sísara, jefe del ejército de Jabín, llegara para atacar a Barac y a sus soldados (7, 13)? ____________________

____

2. Reflexiona sobre la soberanía de Dios tal como se manifiesta en esta historia. Luego piensa en su control perfecto sobre tus propias circunstancias y adórale por ello. ____________________

____

El lugar de encuentro para las tropas israelitas fue el monte Tabor (6, 12). Al saber esta noticia, Sísara movilizó a sus 900 carros de hierro y a todos sus soldados, haciéndolos marchar hasta el arroyo de Cisón. No sabía que Dios había elegido ese lugar para su derrota y que El controlaba sus propios movimientos al igual que los de la naturaleza. Consideremos la actuación divina y la participación de los seres humanos en los propósitos del Señor.

DEBORA Y BARAC. Por segunda vez, el Señor utilizó a Débora para infundirle valor a Barac. Sus palabras inspiradoras (14) le llegaron en el momento preciso. El Señor no tarda en hacernos llegar su palabra de autoridad y aliciente cuando más la necesitamos. Aprendamos a reconocer su voz en la Biblia y en la boca de sus hijos. Barac actuó (14b), pero la actuación fue la de Dios mismo. ¿Cómo fue que El sembró el pánico entre los carros y soldados de Sísara? El capítulo 5:20, 21 nos da la clave. El lecho del arroyo se convirtió en trampa fatal para los pesados carros de hierro cuando se llenó de aguas torrentosas. Barac acabó la lucha persiguiendo al enemigo (16) y su persistencia fue recompensada por la satisfacción de ver al mismo jefe tendido en el suelo (22).

JAEL Y SISARA. A partir del v. 17 entendemos el motivo por el cual el autor nos entrega la información del v. 11. Al interior de una tienda de campaña Jael recibió a Sísara con esmerada hospitalidad (18, 19). No sabemos qué fue lo que la motivó a traicionar a su huésped asesinándolo a sangre fría, pero sí vemos en este hecho el cumplimiento de la profecía de Débora (9), y el triunfo del Señor (22, 23).

Nuestro Señor sabe de antemano cómo nos va a dar la victoria en la lucha, ¡Vamos, pues, adelante con El!

Señor, gracias te doy porque tienes poder para hacer muchísimo más de lo que pido o pienso.

ENERO
8

CANTO DE VICTORIA

JUECES 5:1-18

INVESTIGUEMOS...

1. ¿Cuáles son los nombres de las tribus que se mencionan en los versículos 14-18? ¿Qué se dice de la participación de cada una en la batalla? ____________

____

2. ¿En qué momentos debe el cristiano cantarle al Señor? ¿Sólo después de la victoria? ¿O sólo cuando está con otros hermanos? ____________

____

El canto de alabanza es una de las expresiones típicas de gozo y gratitud en el pueblo de Dios. Y hacemos bien en conocer y cantar no sólo los coritos de nuestro tiempo, sino también los grandes himnos de la iglesia de siglos pasados. Este es uno de ellos, compuesto por un hombre y una mujer que fueron instrumentos en las manos de Dios para la liberación de su pueblo. Observemos los motivos de su alabanza:

POR LOS HOMBRES QUE HABIAN RESPONDIDO AL LLAMADO A LA GUERRA (2, 3, 9). Débora y Barac solos no habrían podido hacer nada contra Jabín y Sísara. Por eso estaban agradecidos al Señor por los que estuvieron dispuestos a pelear, arriesgando su vida para ir a luchar contra un enemigo numeroso y temible (2-18). En lo que se refiere al servicio al Señor, ¿te encuentras entre los voluntarios, o prefieres tu propia seguridad?

POR EL LIDERAZGO QUE DIOS HABIA PROVISTO en las personas de Débora y Barac (7, 12, 15). El motivo de su gozo fue el de haber participado en una victoria que Dios había dado a su pueblo. No había orgullo sino agradecimiento y reconocimiento del privilegio que les fue concedido. Pero en esta canción hay también motivos de reflexión:

LA SITUACION QUE IMPERABA ANTES DE LA VICTORIA (6-8). Reinaban la opresión, el miedo y el abandono de Dios. Los israelitas estaban desarmados, indefensos y desprovistos de liderazgo, hasta que Dios tuvo compasión de ellos.

LA SITUACION DE LAS TRIBUS QUE NO RESPONDIERON AL LLAMADO (15-17). Estaban ocupadas con sus propios quehaceres, y así se perdieron la oportunidad de enrolarse en un ejército comandado por el Señor mismo (4-14).

"Aún hay entre el pueblo hombres que responden al llamado" (2).

Padre, dame fuerzas para poner en segundo plano mis intereses personales, y los tuyos en primer lugar.

ENERO
9

NOTICIAS DE VICTORIA

JUECES 5:19-31

INVESTIGUEMOS...

1. ¿Por qué tuvo tanta importancia la muerte de Sísara dentro del contexto de la lucha total? ____________________

____

2. ¿Sobre qué hechos de la fe cristiana debemos meditar para que tengamos valor para seguir sirviendo al Señor (véase 1 Corintios 15:55-58)? __________

____

Ayer vimos cómo la primera parte de la poesía del capítulo 5 enfoca la lealtad y la disposición de algunas tribus de responder al llamado a la guerra, en contraste con el egoísmo de otras, cosa que no sabíamos por el relato del capítulo anterior. También comentamos que en los versículos 20 y 21 nos enteramos de otro hecho no mencionado en la prosa: el desbordamiento del río Cisón. Consideremos ahora lo siguiente:

LA MALDICION (22, 23). Meroz es el nombre de una comunidad que debería haber acudido "en ayuda del Señor", cuando Barac llamó a los israelitas a la guerra. Es el ángel del Señor quien pronuncia la maldición contra sus habitantes. Aprendamos lo serio que es el no hacer el bien que el Señor nos manda. A El le desagrada la indiferencia.

LA BENDICION (24-27). Fue para Jael, la mujer responsable de la muerte de Sísara. ¿Cómo debemos entender el hecho de que reciba elogio y bendición una mujer que mató a un hombre con quien ella y su familia estaban en paz (4:17)? Tomemos en cuenta lo siguiente: ella sí acudió en ayuda del Señor; de alguna manera entendió que era importante que el pueblo de Dios fuera librado de la opresión cananea. Y a ella le correspondió dar el golpe de gracia al ejército de Jabín, ya en confusión (4:15, 16), matando a su jefe, Sísara, en circunstancias insospechadas: en la tranquilidad de su hogar nómada.

UNA ESCENA IMAGINARIA (28-30). Con ironía se pinta a la madre del jefe del ejército, ya asesinado, esperando ansiosa el retorno de su hijo, y tranquilizándose con la idea del botín que él traería a casa.

UNA ORACION GLOBAL (31). El oponernos al Señor nos lleva a la oscuridad. El amarlo es luz y seguridad. El desea hacernos brillar.

Amar a Dios es actuar con lealtad y obediencia en la lucha contra el mal.

¡Señor, que brillen los que te aman, como el sol en todo su esplendor!

ENERO
10

LA RESPUESTA DE DIOS

JUECES 6:1-10

INVESTIGUEMOS...

1. ¿Cuál fue el efecto de la opresión madianita sobre los israelitas, según los versículos 2, 4 y 6? ____________________

____

2. A la luz de los versículos 8-10, ¿cuáles son los medios que el Señor usa con nosotros para mostrarnos nuestra obediencia? ____________________

____

A diferencia de los enemigos de Débora y Barac quienes vivían en el norte, los madianitas ocupaban el territorio suroeste del río Jordán. Sus aliados fueron los amalecitas, gente nómada del Sur, y la gente del oriente (3). Acostumbrados a la vida del desierto, usaban el camello (5) y constituían una fuerza devastadora para el pueblo israelita, el cual había incurrido de nuevo en la desobediencia y sufría las consecuencias que el Señor había determinado como castigo (1).

Si tú eres hijo de Dios, deberías escuchar con cuidado lo que te dice el Padre y obedecerlo (10). Si no lo haces así, es posible que lleves una vida dominada por el miedo (2), y que seas humillado y frustrado como los israelitas (2-4).

¿Qué es lo que hace Dios cuando un hijo suyo se vuelve a El? Le responde. Meditemos en el mensaje que llevó el profeta al pueblo de Israel en respuesta a su clamor (8-10).

1. *DIOS NOS HACE RECORDAR LA LIBERACION Y BONDAD QUE EL NOS HA DADO* (8, 9). Es necesario que reflexionemos sobre la salvación que Cristo compró para nosotros con su sangre, siendo aún esclavos.

2. *DIOS NOS HACE RECORDAR QUE EL ES NUESTRO DIOS*, y que nosotros le pertenecemos (10). No nos expulsa de su familia, más bien insiste en ocupar el lugar que le corresponde como Señor de nuestras vidas.

3. *DIOS NOS HACE RECORDAR NUESTRO PECADO* (10). A su pueblo le había dado un mandato claro, y él lo había desobedecido. Esencialmente el pecado es esto: desobedecer las leyes de Dios (1 Juan 3, 4).

"Antes de ser humillado cometí muchos errores, pero ahora obedezco tu palabra" (Salmo 119:67).

Padre, soy tu hijo. Si existe algún mandato tuyo al cual no estoy obedeciendo, te ruego que me lo muestres y me ayudes a regresar al camino de la obediencia.

ENERO
11

EL SEÑOR SE HACE PRESENTE

JUECES 6:11-24

INVESTIGUEMOS...

1. ¿Qué evidencia ofrece la conversación de Gedeón con el ángel, de que Dios lo había estado preparando para este encuentro? ______________________

____

2. Pregúntate si acaso tu concepto de tu realidad familiar, o de ti mismo, puede estar impidiendo que respondas con confianza al propósito que el Señor tiene para ti. ______________________________________

Gedeón ya era un hombre joven cuando comenzaron los 7 años de opresión, pobreza y terror a causa de las incursiones de los madianitas en territorio de los israelitas. Aparentemente no había futuro ni esperanza para su pueblo, a pesar de todo lo que él sabía de un pasado glorioso (13). Tal vez mientras Gedeón limpiaba el trigo a escondidas ese día (11), reflexionaba sobre su pasado, comparándolo con el presente que parecía confirmar sus pensamientos más sombríos: el Señor les había abandonado y les había entregado al poder de los madianitas (13). De pronto se dio cuenta de que una persona desconocida estaba sentada a la sombra de un árbol grande que pertenecía a su padre. Escuchemos la conversación que tuvieron.

EL ANGEL COMENZO CON DOS AFIRMACIONES, una acerca del Señor y la otra acerca de Gedeón (12). Pero Gedeón las refutó (13). Según su forma de ver la situación, las dos estaban equivocadas. Pero observemos un detalle importante: mientras Gedeón pensaba en su pueblo, el ángel estaba pensando en él mismo. Puede ser que nosotros estemos lamentando una realidad colectiva cuando el Señor está pensando en nosotros personalmente como su instrumento de liberación.

LA CONVERSACION CONTINUO CON UNA ORDEN (14), y Gedeón la contestó con una actitud de duda y desconfianza (15).

EN RESPUESTA A LA DUDA, EL SEÑOR HIZO UNA PROMESA (16). Gedeón comenzó a tomar en serio al Señor, y pidió una señal (17). Con la comida que preparó Gedeón comprobó su compromiso con lo que el ángel de Dios le había dicho; con su acción posterior, el ángel comprobó que la visita había venido de parte de Dios mismo (19-21). Finalmente, el Señor reemplazó el miedo de Gedeón por paz, y éste seguramente por primera vez construyó un altar al Señor de la paz (22-24).

"Podrás hacerlo porque yo estaré contigo" (16).

Gloria a ti, Señor, porque sales a nuestro encuentro en los momentos más oscuros.

ENERO
12

EL IDOLO IMPOTENTE

JUECES 6:25-32

INVESTIGUEMOS...

1. ¿Cuáles fueron las tres novedades que una mañana causaron desconcierto entre los habitantes del pueblo donde vivía Gedeón (28)? ______________

____

2. ¿Qué paso decisivo has dado tú para que tu compromiso con Jesucristo sea conocido en tu familia y en el lugar donde trabajas? ______________

____

El peor mal que sufrían los israelitas en tiempos de Gedeón no fue la opresión madianita en sí, sino el haberse alejado de Dios con motivo de su entrega a la idolatría. Antes de que el Señor librara a su pueblo de los madianitas a través de una derrota militar, era necesario que El atacara el mal, comenzando por su raíz. La primera victoria de Gedeón debía ser una victoria espiritual.

LA OBEDIENCIA DE GEDEON (25-27). La misma casa en la cual Gedeón vivía era un lugar de idolatría, y Dios quería convertirla en lugar de adoración a El. El Señor no tolera ningún rival, así que no sólo debía ser derribado el altar a Baal y el árbol sagrado cortado (la imagen de Asera, R.V.R.), sino también debía construir un altar al Señor y ofrecer sobre él el segundo toro del ganado de Joás como holocausto. Más aún, la leña para este sacrificio sería nada menos que la del árbol sagrado. Gedeón obedeció al Señor sin reservas; sólo que actuó de acuerdo con la fe que tenía entonces, lo cual significó cumplir con las instrucciones del Señor de noche y no a la luz del día (27).

LA REACCION DE LA GENTE (28-30). Parece que les costó averiguar quién había sido el culpable (29), pero una vez identificado, sólo la muerte de Gedeón compensaría su indignación. Así nos damos cuenta de cuán esclavizados estaban los israelitas por sus ídolos, y así también comprendemos que el que lucha contra la idolatría, cualquiera que sea su forma, encontrará no sólo incomprensión, sino también oposición y peligro.

EL DISCERNIMIENTO DE JOAS (31, 32). El padre de Gedeón encontró la protección de Dios en el momento crítico. El tenía discernimiento espiritual suficiente como para entender que un ídolo incapaz de defenderse contra un ser humano no podía ser Dios.

"Si Dios es por nosotros, ¿quién contra nosotros?" (Romanos 8:31 R.V.R.).

Señor, te adoro porque tuya es la victoria sobre todos los ídolos que esclavizan al hombre.

ENERO
13

DIOS MIO EN TI CONFIO

JUECES 6:33-40

INVESTIGUEMOS...

1. Ubica en un mapa el valle de Jezreel y los territorios asignados a las tribus mencionadas en el versículo 35. ¿De qué tribu era Gedeón (15)? __________

____

2. Fue el Espíritu quien inició la acción, cuando se adueñó de Gedeón (34). ¿Qué relación has descubierto en tu vida entre la plenitud del Espíritu Santo y la oración? ______________________________

____

Podemos suponer que nuevamente era tiempo de cosecha y que las numerosas fuerzas enemigas invadieron el país desde el oriente, pensando en volver a hacer lo mismo que habían hecho en oportunidades anteriores: destruir las cosechas y dejar a los israelitas en la miseria (33; véase 6:3-6). No sabían que esta vez se iban a encontrar con una resistencia sobrenatural. Pero antes de que Gedeón pudiera entrar en combate contra el enemigo, necesitaba estar más seguro de Dios y de su ubicación dentro de sus propósitos para salvar a Israel. Reconoció que Dios ya había prometido utilizarlo para derrotar a los madianitas y así librar a Israel (14, 16, 36, 37), y sin embargo quería una mayor confirmación de estas promesas. El hecho de que Dios le respondiera de acuerdo con su petición nos enseña cuán paciente y cariñoso es El ante nuestra fragilidad y desconfianza.

LA PRIMERA NOCHE (36-38). La señal que pidió Gedeón - un cuero lanudo mojado de rocío en un terreno totalmente seco - refleja fielmente la vida campesina que él llevaba. A la mañana siguiente había ocurrido algo que no podía haber sucedido si no fuera por la intervención de Dios.

LA SEGUNDA NOCHE (39-40). Consciente de que podría estar probando demasiado la paciencia divina, Gedeón no obstante volvió a pedir la misma señal, pero esta vez en forma invertida. El resultado se expresa de manera parca y sencilla: "Aquella noche Dios lo hizo así" (40).

Si estamos dispuestos a obedecer al Señor pese a sentirnos inseguros con respecto a nuestra idoneidad para la tarea a la cual nos llama, El tiene sus medios para fortalecer nuestra fe y asegurarnos de que de veras quiere usarnos como instrumentos aptos para sus gloriosos fines.

"Pues El sabe de qué estamos hechos: sabe bien que somos polvo" (Salmo 103:14).

Por ti mismo y por todos tus hermanos llamados a asumir responsabilidades grandes en el nombre del Señor.

LA GLORIA ES SOLO PARA DIOS

JUECES 7:1-8

INVESTIGUEMOS...

¿Cuántos miles de hombres israelitas acudieron al llamado de Gedeón (3)? ¿Con cuántos de ellos quiso realizar sus fines (7)? ______________________

____

2. Reflexiona sobre cómo Dios ha trabajado contigo para debilitar tu confianza en ti mismo, para acrecentar tu dependencia de El y así hacerte más útil. Considera Zacarías 4:6 y Juan 15:5. ______________________

____

No había sido fácil para Gedeón comprender que Dios iba a salvar a Israel del poder de los madianitas por intermedio de él, un hombre que pertenecía al clan más pobre de su tribu, y que además era de menor importancia dentro de su propia familia (6:15). De hecho, sin fe en Dios es imposible aceptar sus propósitos. Pero la experiencia personal de Gedeón seguramente le habrá preparado para someterse al criterio de Dios en cuanto al tamaño del ejército con el cual El quería derrotar al enemigo. Ahora Gedeón no cuestiona al Señor ni le pone objeción alguna.

EL REGRESO DE LOS MIEDOSOS (2, 3). Cuando éstos se fueron, menos de la tercera parte del número inicial se quedó. Pero el problema no fue simplemente que el Señor no quería hacer uso de personas sin confianza y sin valor. Era que con un ejército numeroso su pueblo atribuiría la gloria de la victoria a sí mismo y no a Dios. Hasta no reconocer nuestra impotencia, puede ser que no podamos conocer el triunfo que anhelamos, porque lo tomaríamos como motivo de vanagloria.

EL REGRESO DE LOS INCAUTOS (4-8). La segunda prueba a la cuál el Señor sometió a las tropas que quedaron fue más sutil. Sólo 300 de los 10,000 bebieron el agua del río al cual les había llevado Gedeón, tomándola primero en las manos, y luego lamiéndola como perros. Todos los demás se arrodillaron y probablemente metieron la cara directamente al agua. Parecería que el Señor vio en los 300 más prudencia y dominio propio que en los demás. Estos 300, provistos de los cántaros y los cuernos de sus compañeros (8), fueron los escogidos por el Señor. Con ellos llevaría a cabo la victoria.

La disciplina personal en cosas pequeñas, y aparentemente insignificantes, se vuelve importante y significativa a los ojos de nuestro Señor cuando El busca siervos fieles.

"Si alguno quiere enorgullecerse, que se enorgullezca del Señor" (1 Corintios 1:31).

Porque el Señor haga crecer en ti mismo y en tu congregación el espíritu de humildad y de dependencia de El.

PROMESAS HECHAS REALIDAD

JUECES 7:9-23

INVESTIGUEMOS...

1. ¿Quiénes son las tres personas en este pasaje que se refieren al hecho de que Dios entregaría a los madianitas en manos de Gedeón (9, 14, 15)? __________

____

2. ¿Qué testimonio tienes sobre cómo el Señor ha mostrado su comprensión a tus temores y te ha librado de ellos por medios inesperados? ____________

____

Fue de noche cuando Gedeón echó abajo el altar de Baal que tenía su padre (6:28), y también fue de noche cuando condujo a su ejército de 300 hombres contra las grandes fuerzas enemigas en el valle. Entre ambas ocasiones, la fe de Gedeón había ido creciendo.

FORTALEZA ANTES DEL ATAQUE (9-15). El Señor es muy sensible ante la realidad emocional de sus siervos, y sabe cómo nuestro estado de ánimo influye en nuestra manera de actuar. En este caso no exigió que Gedeón avanzara mientras aún abrigara algún temor al fracaso.

Antes bien, Dios le proveyó una experiencia inesperada, asombrosamente adecuada a la necesidad que tenía Gedeón de escuchar de labios de otros la misma afirmación que Dios le había hecho. Fue así que Dios usó el relato de un sueño, probablemente contado en la privacidad de una tienda de campaña, y escuchado casualmente por Gedeón y Fura de una manera tan oportuna que sólo Dios pudo haber propiciado. Espontáneamente, en la oscuridad y al aire libre, entre sus enemigos, Gedeón adoró a Dios. El Señor busca tal adoración de parte nuestra cada vez que nos revela su gloria y confirma nuestra fe.

VALOR Y SENCILLEZ EN EL ATAQUE (16-23). De repente el silencio de la medianoche fue roto por sonidos estridentes: 300 cuernos de carnero tocados a todo volumen; 300 cántaros hechos pedazos simultáneamente, y 300 voces masculinas gritando un lema de victoria. El reflejo de las 300 antorchas encendidas iluminó la oscuridad. La operación militar fue llevada a cabo a perfección y, sin embargo, la actuación principal y decisiva no fue la de Gedeón y sus tres escuadrones, quienes ni siquiera llevaban armas. La victoria fue del Señor (22). Así se cumplió lo que Dios había prometido. Gedeón salvó a Israel sólo en virtud de que el Señor estaba con él (6:16).

"No yo, sino la gracia de Dios conmigo" (1 Corintios 15:10 R.V.R.).

Señor, dame muchas oportunidades de adorarte por tu inmensa misericordia y poder.

ENERO
16

TEN CUIDADO DE TI MISMO

JUECES 8:22-35

INVESTIGUEMOS...

1. ¿Cuáles fueron los tres pecados en que cayó el pueblo de Israel después de la muerte de Gedeón (33-35)? ________________________________

____

2. ¿Cómo nos enseña el pasaje de hoy que nuestra sujeción a un líder cristiano nunca debe ser absoluta? ________________________________

Hablando de pasajes como éste, el apóstol Pablo nos dice que todo es para nuestra instrucción (Romanos 15:4); en este caso, instrucción sobre nuestra falibilidad humana, un aspecto que no siempre queremos aceptar con respecto a nosotros mismos ni a nuestros héroes cristianos. Sin embargo, precisamente para que nosotros aprendamos a ser humildes y vigilantes, el Señor no nos oculta los errores de estos personajes bíblicos. No somos mejores que ellos. Sólo Jesucristo fue perfecto y sin pecado.

UNA TRAMPA (22-27). Gedeón rechazó la proposición que le hicieron los israelitas, de que él estableciera una dinastía de ahí en adelante para gobernarles. Entendía muy bien que solo el mismo Señor debía ejercer el gobierno absoluto sobre su pueblo. Sin embargo, parece que Gedeón no confió en que Dios podría gobernar a su pueblo sin que éste tuviera alguna representación visible y material de El, a la cual acudir. Y así fue que los anillos de oro capturados de los madianitas fueron transformados por Gedeón en un efod, término que en este caso parece referirse a alguna imagen del Dios invisible. Gedeón tuvo la precaución de guardarlo en su propia ciudad (27). La desconfianza de Gedeón en la buena voluntad de Dios que se expresa en sus sabios mandamientos, resultó en la infidelidad del pueblo, o sea su prostitución espiritual (Exodo 32:1-8), y tendió para sí mismo y su familia una trampa (27).

UNA LECCION NO APRENDIDA (28-35). A pesar de todo lo positivo de la vida y obra de Gedeón, y del largo periodo de paz que él logró para el pueblo (28), éste se olvidó del Señor tan pronto como murió Gedeón, añadiendo a este pecado el de la ingratitud (35).

Gedeón pecó al querer asegurar el futuro de su pueblo sin confiar en Dios; el pueblo pecó cuando quiso forjar su futuro sin tomar en cuenta las lecciones del pasado.

Señor, si creo estar firme, enséñame a tener cuidado de no caer (1 Corintios 10:12).

ENERO
17

EL COMIENZO DE LA LIBERACION

JUECES 13:1-14

INVESTIGUEMOS...

1. Según Números 6:1-8, ¿cuáles fueron las tres condiciones que un nazareo, es decir, alguien dedicado al Señor debía cumplir? ____________________

____

2. ¿Qué es lo que nos enseña este pasaje de la oración como respuesta humana a la iniciativa divina? ____________________

____

Desde los tiempos de Gedeón no hubo ningún cambio moral en el pueblo de Israel, y su triste historia seguía repitiéndose (1). De hecho, es sólo la intervención divina la que introduce verdaderos cambios y trae esperanza genuina a naciones e individuos. En capítulos anteriores (4:3 y 6:7) leímos cómo en tiempos de angustia y opresión, el pueblo de Israel había clamado al Señor, pero en este caso no hay siquiera mención de una búsqueda de Dios. Todo partió del propósito de Dios para salvar a su pueblo a través de un hombre que aún no existía (5).

LA PRIMERA VISITA DEL ANGEL DEL SEÑOR (2-7). Humanamente hablando, el hombre elegido por Dios nunca hubiera nacido, debido a la esterilidad de la mujer que sería su madre. Dos veces el texto insiste en la ausencia de posibilidades humanas (2, 3), y tres veces se repite la promesa de la concepción de un hijo y su nacimiento al matrimonio de Manoa y su mujer (3, 5, 7). No midamos nuestras esperanzas en la actuación de Dios según lo propicias que nos parezcan ser o no las circunstancias, sino más bien vayamos aprendiendo a ajustar nuestras expectativas a la grandeza y fidelidad de Dios.

LA SEGUNDA VISITA DEL ANGEL (8-14). La mujer de Manoa, asombrada ante la visita del ángel, entendió que debía ejercer de inmediato su fe comenzando por dejar de tomar vino y sidra (R.V.R.) y de comer cosas impuras. La oración de Manoa pidiendo que regresara la visita (8), fue porque él también había creído la promesa y quería saber más acerca de la crianza del niño. Dios respondió a su petición, aunque no a su pregunta (12-14). Por el momento bastaba que su mujer se preparara según las indicaciones ya hechas, y que los dos siguieran en el camino de la fe y la esperanza. El Señor puede tardar no sólo meses sino años en realizar sus propósitos, pero no los revocará.

"El amor del Señor no tiene fin, ni se han agotado sus bondades" (Lamentaciones 3:22, 23).

"Y me digo: ¡El Señor lo es todo para mí; por eso en él confío!" (Lamentaciones 3:24).

ENERO
18

PLANES PARA SU BIENESTAR

JUECES 13:15-15

INVESTIGUEMOS...

1. Manoa quería preparar un agasajo para la visita desconocida, pero el ángel le enseñó un camino mejor. ¿Cuál fue (16)?

____

____

2. Reflexiona sobre algún cambio de planes en tu propia vida por el cual has llegado a conocer cómo es el Señor. Adórale por su sabiduría.

Sin lugar a dudas, el Señor quiere que le conozcamos, pero las maneras por las que se va revelando a nosotros son siempre más altas y más maravillosas que las que nos habríamos imaginado. Manoa y su mujer fueron llevados paso a paso por el ángel del Señor hasta adquirir la certeza de la fe respecto a los planes que El tenía para ellos y para el hijo que les había de nacer.

EL CABRITO QUE NO SE COMIO (15-21). Aunque la mujer de Manoa, al ver al ángel por primera vez lo encontró parecido a un ángel de Dios (6), ella y su esposo seguían pensando que era un ser humano y por lo tanto lo trataron como tal, ofreciéndole una comida como señal de hospitalidad y agradecimiento. Parece que la contrapropuesta del ángel obligó a Manoa a pensar de nuevo en la identidad de su visitante. Y cuando éste no quiso decirle su nombre, con mayor razón Manoa habrá seguido inquiriendo en su corazón. Entonces fue que la misteriosa desaparición del ángel llevó a la pareja a la adoración y a la seguridad de que era el ángel del Señor quién había estado con ellos. El saber acerca de Dios no nos lleva a postrarnos ante El, pero la experiencia de su realidad en nuestra vida nos conduce a conocerle y a adorarle al mismo tiempo.

BUENAS CONCLUSIONES (22-25). La mujer de Manoa tenía tres razones muy sólidas para creer que Dios no los iba a matar, después de habérseles revelado. Lógicamente, si ellos hubieran muerto, el propósito de Dios con respecto a su hijo habría fracasado. Este propósito no sólo se cumplió en su nacimiento, sino también en su desarrollo bajo la bendición de Dios.

En tiempos de inseguridad, son las promesas del Señor las que nos dan seguridad.

Dios y Padre mío, enséñame a darte gracias siempre por todas las cosas en el nombre de nuestro Señor Jesucristo.

UN HOMBRE ENIGMATICO

JUECES 14:1-20

INVESTIGUEMOS...

1. ¿Qué podemos aprender acerca de la relación entre Sansón y sus padres por lo que se nos dice en los versículos 1-9? ______________________

____

2. A diferencia de su modo de manifestarse en la vida de Sansón (13:15; 14:6-9), el Espíritu de Dios ahora actúa en la vida moral y espiritual del hombre (Efesios 3:16). ¿Qué experiencia tienes tú de ser fortalecido interiormente por El? ______________________

____

Desde antes del nacimiento de Sansón y durante toda su niñez y juventud, el pueblo del Israel sufría las consecuencias de su rechazo a Dios bajo la dominación de los filisteos (13:1; 14:4). Sansón fue elegido por Dios para liberar a su pueblo (13:5), pero el hecho de que a través de su vida se dejara atraer por mujeres filisteas, contrario a la voluntad de Dios (Josué 13:11-13), significó que las victorias que él obtuvo resultaron en amargura para él mismo. Su triste historia nos enseña mucho acerca de la soberanía de Dios y del capricho del hombre; nos llama al auto examen para ver si gobierna en nosotros un espíritu rebelde o una voluntad entregada a los buenos propósitos de Dios.

UNA MUJER FILISTEA Y UN LEON JOVEN. Los padres de Sansón tenían razón al cuestionar a su hijo respecto a la elección de su novia (3). Al mismo tiempo no sabían que el Señor usaría aun la imprudencia de Sansón para realizar sus propósitos (4). Hasta ahora no había descubierto las extraordinarias fuerzas relacionadas con su condición de nazareo y con la intervención del Espíritu del Señor, pero ante el ataque de un león en camino a la casa de su novia, por primera vez Sansón entendió algo del poder que se le había dado. De esta manera provocó a los filisteos con una adivinanza ingeniosa (12-14).

UNA PAREJA AMARGADA Y FRUSTRADA. Lamentablemente, las fuerzas físicas de Sansón no estuvieron acompañadas de sabiduría. Los filisteos no tardaron en darse cuenta de que "arando con la ternera" de Sansón (18) o sea manipulando a su joven esposa, sin mayor dificultad darían con la respuesta a su adivinanza.

Sin la protección de Dios es fácil que las relaciones entre los sexos se dejen influenciar por aspectos muy superficiales y se olviden de los verdaderamente importantes.

Señor, tú que amas un corazón sincero, en lo íntimo dame sabiduría (Salmo 51:6).

ENERO
20

UN SIERVO DE DIOS SOLITARIO

JUECES 15:1-20

INVESTIGUEMOS...

1. ¿Cómo se puede explicar la actitud de la gente de Judá hacia los filisteos y hacia Sansón (9-13)? ____

____

2. Luego de una victoria sobre enemigos espirituales, podemos sentirnos atemorizados por circunstancias físicas adversas. ¿Cómo nos ayuda el ejemplo de Sansón en tal situación (18)? ____

____

Sansón ejerció liderazgo sobre el pueblo de Israel durante 20 años (20). Evidentemente, lo que sabemos de su obra como libertador es sólo una selección de sus experiencias de confrontación y venganza con los filisteos. En toda su trayectoria las notas predominantes son el carácter solitario de su oposición a los opresores, lo extraordinario de sus hazañas físicas por el poder del Espíritu del Señor, la influencia sobre él de mujeres filisteas, y, en ciertos momentos críticos, su búsqueda del Señor.

LA VENGANZA EXIGE VENGANZA (1-8). Sansón no había perdido la esperanza de reconquistar para sí a la mujer que le había gustado. Pero ya era tarde, y se desquitó de los filisteos provocando graves daños y arruinando las cosechas (5). Los filisteos a su vez respondieron con otra venganza muy cruel (6). Finalmente, Sansón replicó con una matanza grande (7). En el contexto de la fe cristiana debemos vivir bajo la ley del amor, la que exige una respuesta amable ante el enojo del otro y que se niega a tomar venganza, en virtud de nuestra confianza en que con el bien vencemos el mal, como lo hizo definitivamente nuestro Salvador Jesucristo.

EL PELIGRO EXIGE AYUDA DIVINA (9-20). Parece que los habitantes de Judá se habían acostumbrado a la dominación filistea hasta tal punto que rechazaron los esfuerzos de Sansón por liberarlos, yendo ellos al extremo de entregarle, atado con dos sogas nuevas, en manos del enemigo (13). Si no hubiera sido por el Espíritu del Señor, y su provisión para Sansón de un arma poco usual pero muy eficaz, este siervo de Dios habría sucumbido ante el enemigo. Asimismo, si él no hubiera clamado al Señor, habría muerto de sed (18, 19).

"Podemos decir con confianza: El Señor es mi ayuda; no temeré. ¿Qué me puede hacer el hombre?" (Hebreos 13:6).

Señor, lléname de tu Espíritu de perdón, de valor y de súplica confiada.

ENERO
21

UN HOMBRE DERROTADO

JUECES 16:1-22

INVESTIGUEMOS...

1. ¿Qué fue lo que llevó a Dalila a traicionar al hombre que se había enamorado de ella (5, 18)? ¿De qué manera era presa ella?

____

____

2. ¿Cuando el dinero o la atracción sexual se convierten en ídolos en lugar de ser nuestros siervos, ¿qué es lo que sucede con nuestra relación con el Señor?

____

____

Hasta el final de su vida, Sansón seguía siendo una amenaza para la tranquilidad de los filisteos. Pero su arraigada hostilidad hacia ellos fue fatalmente debilitada por su propia inconsecuencia de conducta con mujeres filisteas. En verdad, la Biblia no nos esconde la realidad humana, ni procura simplificar su complejidad. Más bien, nos invita a contemplar nuestra propia grandeza y miseria en la de cada uno de sus personajes.

SANSON EN GAZA (1-3). Su visita nocturna a la casa de una prostituta habría sido ocasión de muerte para Sansón si no hubiera actuado con astucia y con el despliegue de fuerza física para lograr escapar.

SANSON EN GAZA DE NUEVO (4-22). De hecho es más fácil que un hombre deje la casa de una prostituta que abandone a una mujer de quien se ha enamorado de manera esclavizante. Pero en ambos casos, el temor a Dios y la dignidad humana son despreciados, y en su lugar se rinde culto al dios deseo. Por persistir en su relación con Dalila, Sansón perdió su mayor tesoro, el cual no era ni su pelo largo, ni sus fuerzas físicas, sino la presencia del Señor con él (20). Y por perseguir al dinero, Dalila también perdió su tesoro que era Sansón. Lo que había entre este hombre y esta mujer fue una caricatura del amor verdadero: en lugar de respeto, dominación; en lugar de franqueza, engaño; en lugar de preocupación por el bienestar del otro, traición. Así llegó Sansón, consagrado a Dios como nazareo antes de su nacimiento, al fondo del abismo: sin ojos, sin cabello, encadenado, haciendo trabajos que no correspondían al hombre, por fin en manos de sus enemigos, sin esperanza alguna de salir libre. "Sin embargo, su cabello empezó a crecer de nuevo" (22).

"Si el Señor no me hubiera ayudado..." (Salmo 94:17).

Padre celestial, en tu misericordia no nos expongas a la tentación, sino líbranos del maligno (Mateo 6:13).

ENERO
22

SANSON, HOMBRE DE FE

JUECES 16:23-31

INVESTÍGUEMOS...

1. ¿Cuál fue el concepto que los filisteos tenían de Sansón, y a qué atribuyeron su cautiverio (23, 24)? ____________________

____

2. Cuando la conciencia de nuestra pecaminosidad y fracaso nos lleva a la desesperación, ¿cuáles son las promesas del Señor en base a las que podemos alzar la cabeza (Romanos 5:20, 21; 1 Juan 1:9, 10; 2:1)?

____

Para Sansón, la parte más amarga de sus sufrimientos tal vez no fue la humillación personal de llegar a ser motivo de diversión para sus enemigos (25), sino el saber que fue al dios Dagón a quien los filisteos atribuían su derrota. Es cierto que nuestro amor propio nos lleva a defendernos contra las insinuaciones despectivas de otros, pero más potente aún que esta motivación en la vida del cristiano debería ser una preocupación por la reputación y el honor del Señor. La próxima vez que las Escrituras nos hablan de Dagón, encontramos a este ídolo postrado en tierra ante el arca del Señor (1 Samuel 5:1-5). El Señor siempre tiene la última palabra.

LA ORACION DE SANSON. Ya vimos cómo en una ocasión anterior, Sansón clamó al Señor cuando se sentía morir de sed y El le salvó la vida (15:18). Pero esta vez no pidió liberarse de la muerte. Ya había intuido que su último acto de venganza requeriría el sacrificio de su propia vida. Pidió que el Señor se acordara de él y le diera fuerzas, reconociendo por fin de manera abierta el origen sobrenatural de sus recursos físicos (28).

EL FIN DE SANSON. Aunque nos sorprenda, el autor de la carta a los Hebreos incluye el nombre de Sansón en su lista de los hombres del pasado que fueron aprobados porque tuvieron fe (Hebreos 11:2-32). Y tal vez la frase que mejor describe la experiencia de Sansón es la que se refiere a los que "sacaron fuerza de flaqueza" (Hebreos 11:34).

El último gesto de Sansón fue caracterizado no sólo por la envergadura de sus resultados, sino también por su dependencia de Dios.

"Cuando más débil me siento es cuando más fuerte soy" (2 Corintios 12:10).

Señor, deseo crecer en lealtad a tu causa y en dependencia de ti. Acuérdate de mí y fortaléceme hoy para servirte.

INTRODUCCION A LA PRIMERA CARTA DE PEDRO

Pedro era amigo y colega de Jesucristo, enviado por El para ser pastor y líder, predicador y apóstol. Al escribir esta carta estaba obedeciendo las órdenes de Jesús, quien le había mandado que fortaleciera a sus hermanos y pastoreara a sus seguidores. El propósito inmediato de la carta es el de alentar y guiar a los cristianos de ciertas provincias del Asia Menor, que estaban enfrentando sufrimiento y persecución. Es probable que Pedro viera los comienzos de la terrible persecución de Nerón en Roma, alrededor del año 64 d. de J.C., y creyera que estos ataques se difundirían a través de todo el imperio romano. Por eso dice: "no se extrañen de verse sometidos al fuego de la prueba, como si fuera algo extraordinario" (4:12). En muchas partes del mundo los cristianos se encuentran enfrentando franca persecución; en la mayoría de nuestros países latinos, si es que existe, es más sutil. Y si la persecución y la oposición nunca han sido parte de nuestra experiencia cristiana, quizás sea el momento de preguntarnos si nuestra vida demuestra las cualidades que Pedro buscaba en sus lectores. El cristiano de nombre no más, cuya vida no demuestra esos valores que son positivamente diferentes de los del mundo, no va a experimentar la persecución.

Evaluemos nuestra vida a la luz de las cualidades que Pedro buscaba en la vida de esos cristianos que tenían que resistir tantas presiones al identificarse con Cristo:

1. Honra a Cristo y mantén los ojos puestos en El y no en las situaciones problemáticas.

2. Construye tu vida sobre valores profundamente espirituales, confiando en Cristo, aprendiendo de El, y tomando en serio la oración.

3. Vive una vida pura, generosa e irreprensible, que nadie pueda criticar.

4. Dedícate con lealtad a una comunidad cristiana comprometida, cuyos miembros saben apoyarse mutuamente y atraen a otros.

5. Habla con valentía acerca de tu fe cuando se presente la oportunidad.

ENERO
23

EL PLAN DEL MAESTRO

1 PEDRO 1:1-12

INVESTIGUEMOS...

1. Según el versículo 2, ¿cuál es la tarea específica de Dios Padre, Hijo y Espíritu Santo en nuestra salvación? ¿Cuál debería ser nuestra respuesta (2, 3)?

---

2. ¿Qué lugar ocupa en tu vida esa "alegría tan grande y gloriosa" (8)? ¿En qué sentido te trae más alegría la lectura de hoy?

---

* *GENTE COMUN Y CORRIENTE.* Las personas que leyeron la carta de Pedro vivían en lugares nada especiales: Ponto, Bitinia, Capadocia; o sea Pando, Piura, Mendoza. Sin embargo, habían experimentado en su vida la obra de Dios en tres personas. El Padre los había escogido y planificado su porvenir; el Espíritu los había consagrado y apartado para Jesús; y el Hijo había llegado a ser su *Salvador,* al derramar su sangre por ellos, y su *Señor,* al llamarles a la obediencia. (En el Antiguo Testamento, la sangre derramada habla del perdón de los pecados, de la purificación necesaria para ser usado por Dios, y de la tarea sacerdotal. Pedro habla de los tres aspectos en el versículo 2.)

* *UNA NUEVA EXPERIENCIA.* La experiencia crucial para todos estos cristianos fue la de "nacer de nuevo" (3) o "del Espíritu" así como Jesús había insistido (Juan 3:3-5). Ahora ellos pueden estar seguros de que: a) Jesús vive y todos podemos compartir su vida resucitada con las tremendas esperanzas y oportunidades que ella nos ofrece (3, 4). b) Todo lo que Cristo nos ofrece está guardado por Dios. Está seguro y protegido al igual que nosotros (4, 5). c) La certeza de la protección y el poder de Dios hace que el cristiano pueda responder con gozo ante las pruebas (6). d) Las pruebas que vienen de Dios tienen dos propósitos: limpiar nuestra fe de todo lo falso, y traer honra a Jesucristo en aquel momento cuando todos sabrán que El merece nuestra fidelidad. e) Jesús vendrá de nuevo a este mundo (7).

* *BUENAS NOTICIAS.* Este evangelio, este magnífico mensaje, es tan asombroso que los grandes profetas del Antiguo Testamento sólo lo vislumbraron, y los ángeles mismos no lo comprenden del todo (10-12). Este mensaje se hace carne en la vida del cristiano. ¿Te das cuenta de la maravilla del amor de Dios que ha obrado en tu vida?

"Una viva esperanza" (3).

Amado Padre, ayúdame a vivir las horas de este día alegrándome conscientemente por tu amor hacia mí. Haz que este amor se comunique a otros.

ENERO
24

EL DESAFIO DEL MAESTRO

1 PEDRO 1:13-25

INVESTIGUEMOS...

1. ¿Cuáles son las dos características del juicio de Dios mencionadas en el versículo 17? ______________________________

____

2. ¿Qué nos dice el versículo 22 acerca de la relación entre una vida correcta, la obediencia y el amor? ¿Van relacionadas estas cosas en tu vida? ____________

____

DIOS NOS LLAMA A UNA VIDA SANTA. En la Versión Popular este pasaje lleva por título "Dios nos llama a una vida santa". ¿Qué implica para ti esta frase? ¿Son meras palabras o una doctrina que enseña tu denominación? ¿O es la santidad una calidad de vida que tú buscas sinceramente? Pablo habla en términos muy prácticos aquí. Una vida santa implica: (1) Tener un entendimiento preparado, o sea, meditar mucho acerca de las consecuencias del evangelio cristiano para nuestra vida. Toda renovación auténtica tiene que influir en nuestro pensamiento (ver Romanos 12:1, 2). (2) Ser "sobrios" o usar nuestro buen juicio. Nada de superficialidad o ligereza en nuestras actitudes. (3) Vivir a la luz de la gracia de Dios que ahora podemos experimentar parcialmente y que luego conoceremos plenamente (13). Deberíamos ser personas conscientes del futuro y no involucrarnos del todo en el momento actual. (4) Oponernos a cualquier norma que sea característica de la vida alejada de Cristo (14). (5) Recordar que algún día tendremos que presentarnos ante Dios para que El juzgue la autenticidad de nuestra vida cristiana (ver también 1 Corintios 3:12-15).

Pedro llama a sus lectores a vivir una vida santa, no a vivir una vida legalista. Una vida santa es consecuencia de la obra del Espíritu Santo en cada uno de nosotros (2). El nos lleva hacia Jesús quien es *la fuente de nuestra santidad* (18-21). La muerte de Jesús fue el precio costosísimo que El pagó para rescatarnos de nuestra vieja forma de vivir. El lenguaje que Pedro utiliza nos recuerda tanto al Cordero de la Pascua de Exodo 12 como el Siervo de Dios de Isaías 53, quien es representado como el Cordero cuya muerte "cargó con los pecados de muchos". Cristo es también *el medio de nuestra santidad* (22-25). Participamos de la santidad de Jesús en la medida en que escuchamos y actualizamos su palabra.

"Ustedes saben muy bien... el costo de esta salvación" (18).

Padre, por tu gracia haz que la santidad que tú buscas en mí no sea una teoría ni una doctrina, sino una realidad.

ENERO
25

EL MAESTRO CONSTRUCTOR

1 PEDRO 2:1-10

INVESTIGUEMOS...

1. ¿Cuáles son algunas de las características de la comunidad cristiana, según los versículos 9 y 10? ______________________________

____

2. "Para que anuncien las obras maravillosas de Dios" (9). Toma unos minutos para hacer una evaluación honesta de las formas en las que se ha proclamado durante la semana pasada la realidad del Señor en tu vida.

UN PUEBLO ADQUIRIDO POR DIOS. Los versículos 1-3 siguen el hilo de pensamiento del capítulo 1 y nos instan a que vivamos como aquéllos que han nacido de nuevo en Cristo Jesús. Sin embargo, los versículos clave de este pasaje son el 4, el 5 y el 9. Estos versículos: 1. Enfatizan el hecho de que cuando nos identificamos con Cristo, nos identificamos también con una comunidad de "piedras vivas". Nuestro compromiso con ella tiene que demostrarse en la práctica de la vida y el culto comunitarios. Al igual que es imposible tocar una sinfonía en una flauta, es imposible vivir una vida cristiana aislada. 2. Describen la naturaleza de esta comunidad, es la comunidad de Cristo (4). Cristo mismo, junto con aquéllos que comparten su vida resucitada, componen el verdadero templo de Dios. Este nuevo Israel es una familia, o una raza, elegida por Dios, un sacerdocio real (o sea, que pertenece y sirve al Rey), una nación santa (santa no en el sentido de su propia virtud, sino en el sentido de pertenecer exclusivamente a Dios), un pueblo que Dios ha adquirido (9). 3. Describen los propósitos de la creación de esta comunidad. Debería ser un sacerdocio santo que ofrezca sacrificios espirituales (5). Este sacrificio consiste en nuestro propio ser y en la vida de la iglesia que en forma común e individual se ofrecen a Dios. Domingo tras domingo, al comprender y apreciar el amor de Dios a través de la proclamación de la palabra y la celebración de la santa cena o la comunión, deberíamos responder ofreciendo a Dios toda nuestra vida en oración, alabanza y acción. A través de este acto central, todo detalle de nuestra vida cobra significado. El propósito de la comunidad cristiana es también el de *evangelizar*. Esto quiere decir, tanto a nivel comunitario como personal, hablar con otros de cuán grandes cosas Dios ha hecho por nosotros en Cristo (9).

"Esto es así para que anuncien las obras maravillosas de Dios" (9).

Señor, perdóname por olvidarme tan fácilmente de los privilegios que tú me has dado como miembro de tu familia. Dame hoy la oportunidad de hablar de ti con otra persona.

ENERO
26

EL MAESTRO DE LOS MAESTROS

1 PEDRO 2:11-17

INVESTIGUEMOS...

1. Según el versículo 12, ¿cómo reaccionarán los que no conocen a Dios si los cristianos se conducen bien? ______________________________

____

____

2. "Pórtense como personas libres", dice Pedro (16). Pero ¿no es este pasaje más bien un llamamiento al conformismo, a nunca buscar cambios en las estructuras sociales? ______________________________

____

¿Podría Pedro haber escrito este pasaje en la época de Hitler, o de Stalin, o de Idi Amín, o de cualquiera de los regímenes injustos y opresivos de nuestros días? Bien podríamos preguntarnos cómo es posible que Pedro nos insta a someternos a semejantes estructuras. Pero examinemos de cerca los principios que él expone aquí:

1. Antes de criticar a otros, hace falta que seamos realistas y honestos con respecto a nuestras propias imperfecciones y que luchemos contra ellas (11). 2. Es de vital importancia que los que no conocen a Dios lleguen a saber cómo es El a través de nuestra forma de ser (12). 3. Dios ha creado para nuestro bien las estructuras tales como el gobierno, el trabajo, el matrimonio y la familia. No son una invención de algún ser humano que quiere señorear sobre nosotros o manipularnos. 4. Someterse a estas estructuras quiere decir considerarse bajo ellas, o sea, es cuestión de *una actitud* respetuosa, la cual, aunque generalmente implica obediencia a ellas, no lo hará si van en contra de la voluntad y la palabra de Dios. 5. Aquéllos que tienen autoridad tienen que responder siempre ante Dios, que es quien les dio esa autoridad. El mismo indica cómo la han de ejercer (14). 6. Es muy posible que la reacción de muchas personas al evangelio dependa de nuestro ejemplo. La obediencia creativa y respetuosa logrará más que la subversión (15). 7. Aunque deberíamos respetar a las autoridades, hay dos cosas que son más importantes (17): (a) un temor o respeto profundo ante Dios y una obediencia total a sus mandamientos; (b) un amor profundo hacia nuestros hermanos cristianos, que va mucho más allá de toda otra relación.

"Por causa del Señor" (13).

Ora por las autoridades máximas de tu país, por sus nombres y acerca de tu actitud hacia ellos. Luego ora por los que tú tienes bajo tu cuidado y responsabilidad y acerca de tu actitud hacia ellos.

ENERO
27

EL EJEMPLO DEL MAESTRO

1 PEDRO 2:18-25

INVESTIGUEMOS...

1. En una situación de injusticia, ¿en qué puede fundamentarse la confianza del cristiano? ______________________________

2. El versículo 23 enfatiza el sorprendente silencio de Jesús ante los insultos, las amenazas, el sufrimiento. ¿Existe alguna situación en tu vida en que necesitas aprender a guardar un silencio semejante al de tu Señor? ¿Qué vas a hacer al respecto? ______________________________

En el contexto de un pasaje dirigido a los esclavos se manifiestan algunas verdades asombrosas acerca de Jesús. Dios proclama las buenas nuevas a los que no gozan de poder económico, ni de libertad personal ni de posición social ni de buena educación.

* *¡QUE MAGNIFICAS CONSECUENCIAS* (24, 25)! Toda nuestra maldad, todos nuestros fracasos fueron clavados en la cruz, junto con Jesús, y esto quiere decir que: a) podemos ser perdonados, b) podemos vivir una vida radicalmente diferente, c) podemos ser sanados de todas las heridas que resultan de vivir una vida alejada de Dios, d) podemos estar relacionados con el Señor viviente.

* *¡QUE MAGNIFICO EJEMPLO* (21-23)! Al acercarse al momento de su muerte, Jesús mostró a sus seguidores la manera de enfrentarse con la oposición, la injusticia y las calumnias:

- — rechazó los medios violentos y mentirosos a los que recurrieron sus acusadores.
- — no hubo engaño en su testimonio.
- — aun cuando sufría una gran provocación se negó a pagar a sus enemigos con la misma moneda.
- — cuando lo lastimaron no amenazó con la venganza.
- — no insistió en buscar soluciones humanas, pues confiaba en su Padre, quien sostendría a la víctima y castigaría al culpable.

* *¡QUE MAGNIFICO DESAFIO* (18-20)! Todo cristiano se encuentra subordinado a alguien. Pedro nos llama a caminar según el ejemplo de nuestro Maestro en situaciones difíciles, manteniendo un testimonio intachable, cooperando con nuestros patrones, sean buenos o malos, demostrando la paciencia y el perdón de Cristo aun ante los patrones y jefes más intransigentes. Esta no es una visión ingenua e idealista. Es la realidad de la experiencia de nuestro Señor.

"Para que sigan sus pasos" (21).

Ora específicamente acerca de cualquier situación de injusticia que puedas estar viviendo. Confiesa tus actitudes equivocadas y pide que el Señor las transforme.

ENERO
28

CRISTO, MAESTRO DEL MATRIMONIO

1 PEDRO 3:1-12

INVESTIGUEMOS...

1. Enumera las características de una esposa que pueden influir para convencer a un esposo no creyente (1-6). ____________________

____

2. En nuestra sociedad influye bastante tanto el pensamiento machista como el feminista. ¿En qué sentido cuestiona este pasaje ambas formas de pensar?

____

El ser cristiano debería influir profundamente en todas nuestras relaciones sociales, y entre ellas en la más importante, la familia. Es importante observar, especialmente en nuestros días cuando tantos grupos exigen sus derechos, que el énfasis de Pedro en ambos casos está más bien en las responsabilidades de cada grupo en relación con otros.

LAS ESPOSAS (1-6). Pedro está preocupado particularmente por las muchas mujeres de la iglesia primitiva que estaban casadas con no-creyentes. Los principios que él enseña aquí también se aplican al matrimonio cristiano en general (compara Efesios 5:21-33). El desea que haya comunión espiritual (8), que sólo puede resultar de una actitud correcta de parte de esposo y esposa. Para la esposa esta actitud involucra someterse a su esposo (1). El concepto cristiano de la sumisión no implica inferioridad ni una tonta esclavitud. Encuentra su modelo en la relación del Señor Jesús con su Padre ("que no se haga mi voluntad...").

LOS ESPOSOS (7). Ellos también deberían reflejar el carácter de Jesús, quien no abusa del amor y la confianza que le mostramos, sino que los honra y bendice. El esposo cristiano no se impone ni exige sus derechos; más bien busca estar consciente de las necesidades físicas y emocionales de su esposa. Ella necesita de ternura y protección y de la honra que le corresponde como "coheredera" de todo lo que Dios ofrece a los seres humanos. Esta comunión y unanimidad hacen posibles el mutuo crecimiento, la madurez espiritual y las relaciones armoniosas.

En este contexto esposo y esposa pueden juntos abrirse a Dios en oración.

UNANIMIDAD (8-12). Sólo cuando existe esta armonía espiritual podemos todos recibir la bendición a la que Dios nos llama. Esta armonía se mantiene no al exigir los derechos y privilegios, sino al ofrecer libremente compasión, amor fraternal, humildad y generosidad.

"La belleza incorruptible de un espíritu suave y tranquilo... vale mucho delante de Dios" (4).

Permite que este pasaje guíe tus oraciones en este día. Conversa con tu Padre celestial acerca de la realidad de tus relaciones familiares y sociales. El te comprende, El te perdona y El te puede cambiar.

ENERO
29

CRISTO, NUESTRO MAESTRO ANTE LA CRITICA

1 PEDRO 3:13-22

INVESTIGUEMOS...

1. En una situación de oposición, ¿qué características busca el Señor en sus seguidores (14-16)? ______

2. ¿Cuándo fue la última vez que alguien te pidió "razón de la esperanza" que tienes (15)? ¿Tienen por qué pedirte razón y sabes responder con humildad y respeto (16)? ______

¿*QUIEN PODRA HACERLES MAL* (13-17)? ¿Será que nuestra vida cristiana nos librará de todo problema y conflicto? Si estamos dispuestos a empeñarnos "en hacer el bien" (13), otras personas se darán cuenta de que el evangelio tiene consecuencias muy constructivas en la sociedad. Pero algunas personas se nos opondrán por el mismo hecho de que nos identificamos con Cristo. Entre ellas se encontrarán sin duda aquéllas cuyos intereses están amenazados por el evangelio.

¿Te parecen muy ingenuos los consejos de Pedro? ¿Las presiones sutiles y no tan sutiles de la sociedad y la abierta oposición te hacen desesperar? Fíjate que todo lo que dice Pedro está fundamentado en las enseñanzas de Jesús. Si te encuentras perseguido, si estás sufriendo oposición: 1. Espera la bendición de Dios (14) - Jesús te la promete (Mateo 5:10-12). 2. No tengas miedo a los hombres (14) - Jesús nos dijo que sólo a Dios deberíamos respetar y temer (Lucas 12:4-7). 3. No te asustes (14)- Jesús te explica por qué (Mateo 6:25-34). 4. Honra a Cristo tu Señor (15) - Jesús prometió ayudarte (Marcos 13:9-11). 6. Haz que brille tu luz (16) - Jesús se hará visible en tu vida (Mateo 5:14-16).

¿*CUAL ES TU ESPERANZA* (15)? Pedro estaba a la expectativa de que muchas personas preguntarían a los cristianos el porqué de su confianza (15). Ahora tendrían una buena oportunidad de hablar en la forma más natural acerca de Jesús. Pero deberían meditar bien en las palabras que iban a usar. (La palabra griega es apología, que quiere decir una explicación cuidadosamente razonada.) ¿Estás preparado para dar razón de tu confianza en el Señor?

* *NOTA:* "Los espíritus que estaban presos" pueden ser aquellos que murieron en los tiempos del Antiguo Testamento, de los cuales la gente de los días de Noé son ejemplos notorios, o pueden ser los ángeles que no conservaron su debido puesto" (Judas 6, Génesis 6:1-8).

"Preparados a responder" (15).

Te alabo, Padre, porque durante toda la eternidad podré experimentar lo que tu amor ha logrado a través de la muerte de Jesús.

ENERO
30

CRISTO, NUESTRO MAESTRO DE LA SANTIDAD

1 PEDRO 4:1-11

INVESTIGUEMOS...

1. Cuáles deberían ser algunas de las consecuencias de estar identificados con los sufrimientos de Cristo (1, 2)?

2. Haz una lista de las cualidades que Pedro busca en la vida de sus lectores (7-11). ¿Hasta qué punto son éstas características de tu vida?

Los dos temas de este pasaje están íntimamente relacionados. El segundo no puede preceder al primero. Dios no honrará nuestros esfuerzos en el discipulado (no importa cuán admirables puedan ser) si nosotros como su pueblo, en forma individual y colectiva, no llevamos una vida limpia y santa. Consideremos la historia de Acán que leímos en *Encuentro con Dios No. 2* (Josué, capítulo 7).

LA SANTIDAD (1-6). Los lectores de esta carta de Pedro habían dejado atrás una forma de vivir (3, 4), y esa forma de vivir estaba bajo el juicio de Dios (5). El poder que los había librado se encontraba en la identificación de cada creyente con la vida y la resurrección de Jesús (1, 2). El versículo 1 no es muy fácil de interpretar, pero parece que Pedro está diciendo, no que nuestros propios sufrimientos hacen que dejemos de pecar, sino más bien que cuando un individuo acepta que Cristo ha muerto por él, esto hará que se considere muerto ante el pecado y vivo ante Dios, o sea que responda a los impulsos del Espíritu de Dios y ya no a los del pecado. Aun así, él morirá en la carne (6). Pero puesto que respondió al evangelio durante su vida terrenal, vivirá en "espíritu según Dios" (6, R.V.R.).

EL DISCIPULADO (7-11). El seguidor comprometido con el Señor vive como si no hubiera mañana, y hace todo con actitud de oración (7). El ministerio de los unos a los otros debería ser una parte integral e importante de nuestro discipulado. Todos nosotros, y esto incluye a los pastores y líderes cristianos, necesitamos del ministerio del cuerpo de Cristo.

Los líderes no deberíamos considerarnos superiores a este ministerio, y los que trabajamos con ellos deberíamos animarlos y ser solidarios con ellos. Nuestro amor de los unos por los otros debe ser generoso (8), como también el uso de nuestros dones en bien de otros. Tengamos la humildad de poder recibir de los demás. Así Cristo será honrado en nuestra vida y en nuestra comunidad.

"Todo lo que hagan, háganlo para que Dios sea alabado" (11).

Padre, tú sabes que quiero que seas alabado en mí. Haz que tu Espíritu me indique las áreas de mi vida que necesitan que tú las limpies.

ENERO
31

CRISTO, NUESTRO MAESTRO EN LOS SUFRIMIENTOS

1 PEDRO 4:12-19

INVESTIGUEMOS...

1. ¿Cuáles deberían ser algunas de las características de la persona que se encuentra sufriendo por ser cristiana (12-14, 16, 19)? ______________________

____

2. ¿Qué quiere decir "meterse en asuntos ajenos" (15)? ¿Es ésta una advertencia que deberías tomar en serio? ______________________

____

Vemos en esta carta que el cristiano no está exento del sufrimiento. Jesús nos advirtió que el siervo no es mayor que su amo, y si realmente seguimos a nuestro Maestro, eso implica exponernos a los mismos riesgos que El enfrentó por nosotros (Juan 15:20).

Deberíamos comprender el problema del sufrimiento de dos maneras:

1. *COMO UN PRIVILEGIO* (13). A través de él nos estamos identificando con Jesús y su cruz. Es un honor el poder sufrir junto con Cristo.

2. *COMO UN PROCESO DE PURIFICACION* (12, 17), para que la iglesia pueda llegar a ser la esposa que Cristo merece, una iglesia limpia que espera el retorno de su Señor. El "fuego de la prueba" (12) indica posiblemente las llamas de la persecución de Nerón. Pero sugiere también la idea que encontramos en el Antiguo Testamento de un fuego que quema todo lo que no vale. El arzobispo de Uganda, Janani Luwum, quien fue asesinado bajo el régimen de Idi Amín, dijo poco antes de su muerte: "Yo vivo como si no existiera el mañana... Mientras se presenta la oportunidad, predico el evangelio con todas mis fuerzas, y tengo la conciencia limpia delante de Dios porque no me he identificado con este gobierno ególatra. Dios es mi testigo". Dios recompensará los sufrimientos de los inocentes (13b y Mateo 5:11, 12), no sólo en el cielo sino también en este mundo, pues indican que el Espíritu de Dios está sobre el que sufre (14).

En los versículos 17-19 Pedro vuelve a enfatizar ciertas verdades antes mencionadas. Los que han reconocido su culpabilidad ante Dios y han aceptado su solución en esta vida, tendrán salvación. Pero los que siguen rechazando a Dios tendrán que enfrentar el juicio final. Aunque es un pasaje difícil de interpretar, Pedro parece sugerir que el cristiano necesita un proceso de purificación antes de poder gozar de la gloriosa presencia de Dios. Pero Dios lo somete a este proceso aquí en esta vida, y no en algún purgatorio después de la muerte.

"Alégrense de tener parte en los sufrimientos de Cristo" (13).

Ora por aquellos cristianos que se encuentran sufriendo conflictos y presiones mucho más grandes que los tuyos.

FEBRERO
1

MAESTRO DE LA IGLESIA

1 PEDRO 5:1-7

INVESTIGUEMOS...

1. En base a los versículos 2 y 3, haz una descripción del líder cristiano que agrada a Dios. ____________________

____

2. "Todos deben someterse unos a otros con humildad" (5). Evalúa las relaciones que tienes con otras personas a la luz de este consejo. ¿Hay cambios que quisieras hacer? ____________________

____

AUTORIDAD Y HUMILDAD. Una auténtica humildad cristiana no es una emoción, ni menos una falsa modestia. Está basada en un reconocimiento de la verdadera autoridad y una disposición a someterse a ella. Aquí Pedro habla de tres fuentes de autoridad a las cuales deberíamos someternos.

1. *DIOS MISMO* (6). De quien es derivada toda otra autoridad. Someternos a su señorío significa una libertad total, porque El nos conoce perfectamente y se identifica con nuestros intereses y nos cuida (7).

2. *EL APOSTOL* (1). Pedro fue testigo de los sufrimientos de Jesús y recibió de El el encargo de cuidar de sus seguidores. En base a esta autoridad Pedro a su vez encarga a los ancianos de la iglesia que "cuiden de las ovejas de Dios" (2). La iglesia sigue hasta hoy sujeta a esta autoridad apostólica, y debería someterse continuamente a su instrucción y testimonio, tales como los encontramos en el Nuevo Testamento.

3. *LOS ANCIANOS* (5). Deberíamos someternos a quienes han sido puestos sobre nosotros en Cristo en el contexto de la iglesia. El cuerpo de Cristo no es una democracia sino una monarquía. Toda autoridad tiene su fuente en Cristo mismo quien la confía a otros nombrados por El, a quienes deberíamos ofrecer nuestra humilde obediencia. Esta clase de autoridad no se define en términos de poder o de prestigio, como en el caso de las autoridades mundanas, sino en términos de servicio humilde, entusiasta y desinteresado a la comunidad de cristianos (2, 3).

"Humíllense... para que él los enaltezca a su debido tiempo" (6).

Ora acerca de cualquier conflicto que puedas tener con el concepto de la autoridad en tu iglesia. Pide al Señor que puedas poner en práctica la humildad en su verdadera dimensión.

FEBRERO
2

MAESTRO EN LA LUCHA CONTRA SATANAS

1 PEDRO 5:8-14

INVESTIGUEMOS...

1. En base a las evidencias que encuentras en el versículo 8, ¿cómo es el enemigo que enfrentamos? ______

2. ¿Qué te ha enseñado el Señor a través de toda esta breve carta de Pedro?

______

Los escritores del Nuevo Testamento, y Jesucristo mismo, sabían de la existencia de un ser maléfico que la Biblia llama Satanás o el diablo, y advertían a los cristianos acerca de él.

¿COMO PODEMOS RESISTIRLE?

* Manteniéndonos alertas, dedicando el tiempo adecuado a la oración y recurriendo a la autoridad que tenemos en Cristo para reprender a Satanás (8, y ver Lucas 22:40 y Santiago 4:7).
* Conociendo bien nuestras Biblias y viviendo sus enseñanzas, para poder seguir el ejemplo de Jesús, quien citó a Satanás las Escrituras en un momento de conflicto (Mateo 4:1-11).
* Viviendo una vida limpia, que no deje lugar a la tentación.
* Manteniéndonos despiertos: por segunda vez en su carta Pedro nos llama a estar "sobrios" y alertas (ver 1:13).
* Dándonos cuenta de que no estamos solos (9), y que otros comparten nuestras experiencias de tentación y conflicto.
* Confiando en Dios (10, 11) quien no permitirá que pasemos por pruebas demasiado duras (1 Corintios 10:13), y quien nos provee los recursos espirituales para poder resistir. Recordemos esto cuando Satanás trate de desanimarnos, llamándonos la atención a nuestras debilidades.
* A través de la comunión en la comunidad cristiana (12-14) Pedro toma tiempo para enviar a estos creyentes perseguidos los saludos de los cristianos de Roma ("Babilonia" fue el nombre que usaba la iglesia primitiva para referirse a Roma), y los anima a que demuestren abiertamente su cariño y compromiso los unos con los otros (14). Todas estas cosas impiden que Satanás tenga oportunidad de causar divisiones y así invadir la iglesia.

"Firmes en la fe" (9).

Amado Padre, gracias por el testimonio fiel de tantos seguidores tuyos en todos los siglos y en todas partes del mundo. Haz que su ejemplo me anime en la lucha contra el mal.

FEBRERO
3

UNA DECISION IMPORTANTE

RUT 1:1-14

INVESTIGUEMOS...

1. ¿Qué circunstancias llevaron a Noemí y a su familia a la tierra de Moab, y cuáles la trajeron de vuelta a Belén (1, 3, 5, 6)? ____________________________

____

2. ¿Puedes ver la intervención de Dios en tu situación actual? ¿Estás dispuesto a confiar en El aun cuando no entiendes por qué las cosas son así? Ver Romanos 8:28; Filipenses 4:11-13. ____________________________________

____

LA SOBERANIA DE DIOS. La historia de esta familia parece estar llena de desgracias: hambre, destierro, muerte. Noemí sintió que "la mano de Jehová ha salido contra mí" (13 R.V.R), pero no fue así. Dios no manda las desgracias, pero sí las puede utilizar para cumplir sus perfectos propósitos. Acordémonos cómo Jesús mismo se sintió abandonado por Dios su Padre: "Dios mío, ¿por qué me has abandonado (Mateo 27:46)? Pero fue precisamente por su muerte en la cruz que Jesús ganó para nosotros la vida eterna. Necesitamos tener fe en el amor de Dios y paciencia para esperar el cumplimiento de sus planes.

LA DECISION DEL INDIVIDUO. Rut tenía dos opciones: acompañar a su suegra o volverse a su casa. Podía haber sido convencida por el ejemplo de Orfa, su cuñada, quién decidió quedarse en su tierra. Pero no es suficiente seguir ciegamente a otra persona por más buena que sea. Hace falta constantemente buscar la voluntad de Dios en forma personal. Jesús mismo enseñó esta lección a Simón Pedro, cuando éste preguntó acerca del futuro del apóstol Juan. El Señor le dijo: "Si quiero que él viva hasta que yo vuelva, ¿qué te importa? Tú sígueme" (Juan 21:22).

Motivada por el amor, Rut percibió cuál era la voluntad de Dios para ella, y tomó la decisión de cumplirla. Mediante este acto de obediencia, una joven no judía llegó a participar en el plan de Dios para la salvación del mundo (ver Mateo 1:5). ¿Puede Dios contar con tu colaboración en sus planes? Lo que El requiere es nuestra simple obediencia.

"... pero Rut se quedó con ella" (14).

"Enséñame, oh Jehová, tu camino, y guíame por senda de rectitud" (Salmo 27:11 R.V.R.).

FEBRERO
4

UN TRISTE REGRESO

RUT 1:15-22

INVESTIGUEMOS...

1. ¿Qué te impacta más con respecto a los términos que emplea Rut para expresar su determinación de quedarse con Noemí (16, 17)?

2. Rut estaba tan decidida que Noemí vio que no valía la pena tratar de persuadirla. ¿Es tu compromiso con el Señor tan firme que nadie lo puede alterar? Lee Josué 24:15-18.

UN SACRIFICIO CONSCIENTE. Sin duda Rut se negó a sí misma al quedarse con Noemí. Era joven, tenía un futuro por delante. En Moab estaban sus padres, su pueblo y sus dioses. Renunció a todo esto deliberadamente, viendo la necesidad de su suegra, ya una mujer de edad, y sola. Qué hermoso es saber que este "sacrificio" desinteresado iba a traer a Rut gran felicidad y bendición, ya que en esa tierra ajena encontraría esposo, hijo y prosperidad, y llegaría a conocer al Dios viviente (16). A veces nos parece que Dios nos pide un sacrificio demasiado grande. Pero recordemos que si nos llama a dejar algo, es solamente porque quiere darnos a cambio una bendición mucho mejor. Además, ¿podemos hablar de "sacrificio" a nuestro Dios, quien es El que "no nos negó ni a su propio Hijo, sino que lo entregó a la muerte por todos nosotros" (Romanos 8:32)?

UN COMPROMISO SERIO. Rut estuvo dispuesta a atender a una mujer anciana y amargada (20), actitud admirable en una joven. Y más aún, persistió en realizar su deseo de dedicarse hasta la muerte al cuidado de su suegra (17). Quizás su lealtad toque nuestra conciencia. ¿Estamos honrando a nuestros padres (o suegros) como corresponde? ¿Lo hacemos de buena gana, o a regañadientes? A veces es más fácil servir a otros, fuera de la casa, que atender fielmente a nuestros propios familiares, ¿no es verdad? Jesús nos dejó su ejemplo, cuando en su agonía encomendó a su madre al cuidado del apóstol Juan (Juan 19:26, 27).

"Encomienda a Jehová tu camino, y confía en él; y él hará" (Salmo 37:5 R.V.R.).

Ora por las personas ancianas que tú conoces, y por aquellos que las cuidan. Pide al Señor ser utilizado en relación con ellas.

FEBRERO
5

LA ACCION RECOMPENSADA

RUT 2:1-13

INVESTIGUEMOS...

1. ¿Cómo se propuso Rut solucionar el problema de su pobreza (2, 7, 17)?

____

2. ¿Qué elementos hallas en las palabras de Rut a Booz (10, 13) que también se encuentran en tu relación con el Señor? ______________________________

____

"RECOGIENDO ESPIGAS" (2). Rut y Noemí eran viudas y era difícil en aquel entonces para una mujer sola ganarse la vida. Pero Dios las había traído a Belén en un momento muy oportuno, "cuando comenzaba la cosecha de la cebada" (1:22). Y Rut aprovechó la oportunidad. Aunque ella no tenía cosecha (sí tenía su propia tierra, (4:3), pero todavía sin sembrar), tenía derecho a recoger detrás de los segadores las espigas que quedaban. Esa era la manera que Dios había provisto para suplir la necesidad del pobre, del extranjero y de la viuda (Levítico 19:9, 10; Deuteronomio 24:19). Rut trabajó duro, ganándose incluso la admiración del capataz (7). Cumplió lo establecido por Dios mismo al hacerlo, y al no quedarse pasiva, esperando que Dios solucionara sus problemas de subsistencia.

"Y ACONTECIO" (3 R.V.R.). Sin saberlo, Rut se encontró en la parte del campo que pertenecía a Booz, el pariente de su suegra. Esta aparente "casualidad" fue el resultado de la voluntad de Rut para trabajar, y la intervención de Dios, quien trajo a Booz al campo en el momento oportuno. Si tratamos de ser espiritualmente sensibles, veremos en las "coincidencias"' de nuestra vida la actuación de Dios.

"SE MUY BIEN TODO LO QUE HAS HECHO" (11). Había corrido la voz en el pueblo, acerca del sacrificio que había hecho Rut al dejar a sus padres y su tierra para vivir con su suegra entre gente de otra cultura. (Nota lo importante que es compartir lo positivo de las personas, en vez de los chismes feos que a menudo circulan.) Así es que la actitud generosa de Rut se ve evidentemente recompensada. "Con la misma medida con que medís, os volverán a medir" (Lucas 6:38 R.V.R.).

"Sé muy bien todo lo que has hecho" (11).

Señor, hoy día otros observarán mi vida. Que sea un buen testimonio de que tú vives en mí.

FEBRERO
6

UNA JORNADA FRUCTIFERA

RUT 2:14-23

INVESTIGUEMOS...

1. Enumera las atenciones que brindó Booz a Rut (8, 9, 14, 15, 16).

2. Compara la falta de atención que mostró Simón el fariseo a Jesús (Lucas 7:44-46). ¿De qué manera se demuestra tu amor cristiano hacia los demás en las atenciones que les brindas?

EL AMOR SOBREPASA AL DEBER. Como hemos notado, Booz estaba obligado por la ley a permitir que los necesitados recogieran tras los segadores las espigas que quedaban. Vemos muy claramente que él no sólo cumplió con su obligación, sino que además hizo todo lo posible para ayudar a Rut en su arduo trabajo. Así deberíamos ser los cristianos: no mezquinos, sino generosos. Dios nos ha dado el ejemplo: "... el cual da a todos abundantemente y sin reproche" (Santiago 1:5 R.V.R.), y Jesús nos ha dejado el mandamiento: "a cualquiera que te obligue a llevar carga por una milla, ve con el dos" (Mateo 5:41 R.V.R.). El amor cristiano nos llevará a obrar de una manera que supere lo meramente necesario.

A DIOS LAS GRACIAS. Cuando Noemí vio todo lo que había recogido Rut, reconoció que esto era una bendición de Dios. En el versículo 20, ella se refiere a Dios como el autor de las bondades que estaban recibiendo a través de Booz. Era Dios también quien estaba guiando las cosas hacia un feliz destino. Noemí estaba cambiando, ¿verdad? Antes, quería llamarse Mara, que quiere decir "amarga" (1:20). Parece que la gratitud es buena medicina para la amargura. ¡Pruébala!

UNA TRABAJADORA FIEL. La gentileza de Booz no fue vana. Aprovechando la oportunidad brindada, Rut siguió trabajando hasta que se acabó la cosecha de la cebada y del trigo (23). ¡Ojalá no desechemos las riquezas de gracia que Dios nos ofrece! Que sea como en el caso de Pablo: "Su gracia no ha sido en vano para conmigo, antes he trabajado más que todos ellos" (1 Corintios 15:10 R.V.R.).

"El amor de Dios nos constriñe" (2 Corintios 5:14 R.V.R.).

Señor, hazme generoso como Booz, agradecido como Noemí y constante como Rut.

FEBRERO
7

UN EPISODIO EXTRAÑO

RUT 3:1-18

INVESTIGUEMOS...

1. ¿Qué papel jugó cada uno de los tres participantes en este caso: Noemí, Rut y Booz? ______________________________

____

____

2. Reflexiona sobre la manera en que tus acciones hoy día van a afectar las vidas de otras personas. ______________________________

____

IDEA. Noemí hizo un plan para llamar la atención de Booz a la situación de Rut. Consideró que para su felicidad y bienestar Rut necesitaba un esposo, un hogar. En esto Noemí no buscó sus propios intereses, ya que hasta ahora Rut se había dedicado a cuidarla y si se casaba posiblemente se iría de la casa. Su amor por Rut no fue absorbente ni egoísta; supo dejarla en libertad en el momento oportuno. Muchas veces el amor, especialmente el de las madres, pone límites al desenvolvimiento de los hijos, ¿podríamos llamar a una actitud así amor, o más bien egoísmo?

ACCION. Rut no vaciló en llevar a cabo el plan de su suegra. Puede haberle parecido extraño, o hasta indecoroso, no lo podemos saber, pero confiando en la sabiduría de una mujer de más experiencia, cumplió sus instrucciones al pie de la letra. En la Biblia no encontramos otro caso semejante, pero era evidentemente una costumbre israelita, pues Noemí se la tiene que explicar a Rut. Por otro lado, la reacción de Booz nos indica que fue una costumbre totalmente aceptable.

EXITO. Booz entendió perfectamente la intención de Rut y respondió a su pedido, como si Rut le hiciera un gran honor (10). Prometió ayudarla (13), cuidó de su reputación (14) y la despidió con un regalo valioso (15). Booz una vez más atento y generoso.

"Para que te vaya bien" (1 R.V.R.), que sea la motivación de todas tus acciones que afecten a otros.

Ora por los miembros de tu familia, entregándoselos a Dios y confiando en que El sabe lo que más les conviene.

FEBRERO
8

UN MOMENTO CRITICO

RUT 4:1-12

INVESTIGUEMOS...

1. Observa con qué prontitud y esmero arregló Booz este asunto legal (3:18; 4:1). ____________________

2. ¿Hay algún problema que espera tu atención hoy día? ¿Puedes imitar a Booz en tu manera de solucionarlo? ____________________

* *EL PROBLEMA* era que Noemí tenía un pariente más cercano que Booz, quien tenía el derecho de optar por comprar el terreno y casarse con Rut (3:12, 13).

* *EL ESCENARIO* para solucionar el problema fue la puerta de la ciudad. Ya que esas ciudades no tenían plaza, la entrada era el lugar para reunirse, negociar y hacer justicia. Booz llamó a diez ancianos de la ciudad, como testigos de lo que pensaba hacer.

* *EL PARIENTE* pareció estar conforme, dispuesto a redimir el terreno (4). Pero al saber que si lo hacía, también debería casarse con Rut, se negó; pagar el terreno y mantener a una nueva esposa quizás sería mucho gasto para él. Además, ese terreno no sería para los hijos que él ya tenía, sino para los hijos que tendría Rut (6). Confirmando su renuncia, el pariente entregó su sandalia a Booz, conforme a la costumbre de la época (7, 8).

* *LA SOLUCION.* Booz, feliz, tomó a Rut por esposa y redimió los terrenos de Elimelec, Quelión y Mahlón (9, 10). De esta manera no se olvidaría en el pueblo el nombre de Mahlón, hecho que significaba mucho en la cultura judía.

* *UNA COMPARACION.* Rut, extranjera y desamparada, llegó a tener ciudadanía y hogar por medio de Booz, su "redentor". Lo mismo ocurre con nosotros: "Ustedes ya no son extranjeros, ya no están fuera de su tierra, sino que ahora comparten con el pueblo de Dios los mismos derechos (Efesios 2:19)".

"Con tu sangre nos has redimido para Dios" (Apocalipsis 5:9).

Señor Jesús, gracias por incluirme como miembro de tu familia.

FEBRERO
9

UN FUTURO ALENTADOR

RUT 4:13-22

INVESTIGUEMOS...

1. Traza la descendencia de Obed (22, Mateo 1:5-16).

2. Tu vida es un eslabón en la cadena de la historia. ¿En qué sentido cambia esto tu actitud en las decisiones y acontecimientos de cada día?

¡QUE BUENO ES EL SEÑOR!

RUT había dejado todo para dedicarse al cuidado de su suegra. Y Dios, al igual que a nosotros, le dio "mucho más abundantemente" (Efesios 3:20 R.V.R.). "... cualquiera que por causa del reino de Dios haya dejado casa, o esposa o hermanos, o padres, o hijos, recibirá mucho más en este mundo ..." (Lucas 18:29).

RUT también llegó a merecer respeto (3:11) y gran estima (15) entre el pueblo al cual vino, aparte de llegar a participar en la genealogía del Mesías.

NOEMI había regresado a su tierra con las manos vacías (1:21).

El Señor la trajo así, para después colocar un bebé en sus brazos (16). No era literalmente su hijo, ni siquiera su nieto, pero sí Obed era muy especial para Noemí porque le trajo la alegría y un futuro lleno de esperanza.

¿Y QUE DE NOSOTROS? ¿Nos damos cuenta de que todo viene de Dios? ¿Le damos las gracias? Una actitud de alabanza puede transformar nuestras vidas. ¡Gloria a El! ¡Aleluya!

"Alabado sea el Señor, que te ha dado ..." (14).

"Señor, gracias por incluir este hermoso libro en la Biblia. Dame convicción para aceptar tus propósitos en el mundo, y una confianza grande en tu bondad.

FEBRERO
10

CONFLICTO EN EL HOGAR

1 SAMUEL 1:1-8

INVESTIGUEMOS...

1. ¿Qué podemos aprender en este pasaje acerca de la relación entre Elcana y Ana? ______________________________

____

2. Es fácil criticar a Penina por su actitud hacia Ana (6), ¿qué debía haber hecho? ¿Cómo reaccionamos nosotros ante personas que tienen problemas similares y que se sienten solas, inferiores o relegadas?

____

____

Leemos en el versículo 2 que Elcana tenía dos esposas. Aunque la poligamia fue practicada por muchos de los patriarcas, entendemos que no era lo que Dios quería cuando instituyó el matrimonio (Génesis 2:24; Mateo 19:3-8). Es posible que Elcana se haya casado con Penina después de darse cuenta de que Ana no podía tener hijos. A pesar de que su deseo de descendencia fue legítimo, tener dos esposas le causó muchos problemas. La situación se agravó debido a la evidente preferencia de Elcana por Ana (5). La reacción de Penina es muy entendible (6).

Aunque había problemas en las relaciones interpersonales en el hogar de Elcana, podemos ver también algunos aspectos positivos. Es impactante la expresión de amor del esposo de Ana (8), pero aun más importante es su fe en "Jehová de los ejércitos" (3 R.V.R.). (Este título se refiere específicamente a la soberanía de Dios, que se ve reflejada a través de todo este libro.)

Muchas veces creemos que somos los únicos que tenemos problemas en el hogar. Nuestro pasaje nos muestra que aun en las familias que Dios ha usado para cumplir sus propósitos, ha existido conflicto. Aun en una pareja cristiana pueden surgir fricciones de vez en cuando. Pero es importante identificarlas, evaluarlas y buscar soluciones reconociendo que Dios también está profundamente interesado en que encontremos respuestas.

Una familia conflictiva - cuna de un gran profeta.

Padre, ayúdame a entender cómo mejorar mis relaciones con los demás. Sé que de mí depende gran parte de una buena relación. Quiero tener la disposición de cambiar en lo que sea necesario.

FEBRERO
11

UNA ORACION PERSISTENTE

1 SAMUEL 1:9-18

INVESTIGUEMOS...

1. Lee Lucas 18:1-8. ¿Cuál es la relación entre la oración de Ana y esta parábola? ______________________________

____

2. ¿Puedes expresar tus emociones ante el Señor así como lo hizo Ana? ¿Qué podemos aprender de su ejemplo? ______________________________

____

ANA FUE AL TEMPLO DE JEHOVA muy deprimida. Sin duda esta no fue la primera vez que había orado. Ella estaba sufriendo no solamente por la actitud burlona de Penina, sino también porque sus oraciones seguían sin respuesta. Ahora ella muestra, a través de este voto, la importancia de su petición. Resaltan dos aspectos: su hijo servirá como sacerdote durante toda su vida, aunque lo que se acostumbraba era terminar el servicio a los cincuenta años; y en segundo lugar sería un nazareo, o sea una persona que cumpliría con ciertos requisitos especiales que demostrarían su dedicación al Señor (Números 6:1-21).

Seguramente Ana había participado en el culto normal del templo, pero esto no calmó su profunda desesperación. Aunque Elcana la amaba no la podía ayudar. En el templo estaba el sacerdote, Elí, pero Ana no acudió a él en busca de consuelo. ¿Qué podía hacer?

ANA CONVERSO CON DIOS, y derramó lágrimas al hacerlo. Hay momentos en nuestra vida cuando esto es lo único que podemos hacer. Los cultos, nuestro pastor, la familia, los amigos, todos tienen su debido lugar, pero como hijos de Dios tenemos el privilegio de poder expresarle en cualquier momento nuestros sentimientos más profundos. La costumbre judía era orar en voz alta, pero quizás por su profunda emoción, Ana no lo hizo (13). Este hecho llamó la atención de Elí, quien, al escuchar su historia, asegura a Ana que ya puede gozar de paz (17). La convicción de haber sido escuchada transforma su vida.

Muchas veces nos preguntamos por qué Dios tarda en contestar nuestras oraciones. ¿Dónde están sus respuestas? Pero revisemos si hay pecado no confesado en nuestra vida o si nuestra petición está en contra de la voluntad de Dios, causada por motivaciones que no le agradan. ¿Sabemos orar con perseverancia? Si aprendemos a orar con persistencia, podremos apreciar que las respuestas que vemos no son casuales, sino que son obra de Dios.

No veremos respuestas específicas si no tenemos peticiones específicas.

Señor, ayúdame a persistir en la oración precisamente en estos momentos cuando quiero desmayar.

FEBRERO
12

LA RESPUESTA DE DIOS

1 SAMUEL 1:19-28

INVESTIGUEMOS...

1. ¿Cómo respondió Ana al recibir la contestación a sus oraciones?

____

____

2. ¿Qué respuestas a tus oraciones has recibido últimamente? ¿Con quién las compartes? ____

____

Ya vimos el problema de Ana y su forma de orar. En nuestro pasaje de hoy veremos su regocijo al ver contestada su oración, y cómo entrega a Dios lo que El le regaló.

EL SEÑOR TUVO PRESENTE SU PETICION (19). Aunque parece que muchas veces Dios tarda en responder a nuestras oraciones, sus respuestas nos llegan en el momento apropiado.

PEDIDO AL SEÑOR (20). El ponerle nombre a un niño es siempre un acto importante. Muchas veces indica las expectativas y los deseos de los padres. En los tiempos bíblicos tenía especial significado. "Samuel" quiere decir "nombre de Dios" o "nombre divino", y a diferencia de muchos niños, su vida correspondería al carácter de su nombre, sus padres recordaban que él había nacido en respuesta a sus oraciones. El nacimiento de cualquier niño en sí mismo es un don de Dios, sea o no la respuesta a oraciones específicas. Pero esas familias que acostumbran orar acerca de todo aspecto de su vida, estarán más capacitadas para llevar una vida familiar agradable a Dios.

DEDICADO AL SEÑOR (28). Aun un niño como Samuel, nacido en un hogar de padres piadosos, nacido como respuesta a las oraciones y dedicado a Dios desde antes de su nacimiento, era pecador. Por eso Ana, al llevarlo al templo, también llevó un becerro como sacrificio por el pecado (24). También ofreció a Elí su expresión personal de gratitud (26, 27). Cuando Dios contesta nuestras oraciones deberíamos compartir su bondad con otros, especialmente con aquellos que nos han apoyado en oración.

Dios contestó... Ana dedicó.

Padre, todo lo que tengo viene de ti. Hazme consciente de tus grandes bondades, y ayúdame a animar a otros, contándoles lo que has hecho.

FEBRERO
13

LA GRATITUD DE UNA MADRE

1 SAMUEL 2:1-11

INVESTIGUEMOS...

1. Anota tres acciones de Dios, las cuales Ana alaba en su canción. __________

____

2. Anota tres bendiciones que hayas recibido que son motivo de tu alabanza a Dios. ____

____

En el primer capítulo vimos cómo Ana salió después de hablar con Elí, gozando de la verdadera paz de Dios. Ahora, después de recibir el niño *de* Dios, entregarlo a Dios, y cumplir con sus responsabilidades *hacia* Dios, ella puede elevar sus alabanzas al Autor de estas bendiciones.

LA FUENTE DE SU GOZO. En este hermoso poema de alabanza, Ana recuerda los beneficios que ha recibido, reconociendo al Señor como la fuente de su gozo (1). El gozo cristiano no es una emoción pasajera que varía según las circunstancias, sino que sus raíces están en la paz y seguridad que vimos en el pasaje anterior. La confianza de Ana, que vemos reflejada a través de toda su canción, nos recuerda las palabras de Nehemías: "El gozo de Jehová es vuestra fuerza" (Nehemías 8:10). La nueva apreciación que Ana tiene de la grandeza y sabiduría de su Dios le infunde poder y ella demuestra una nueva actitud ante las personas que antes le causaban temor (1).

DIOS COMO SOBERANO. En la segunda parte de esta canción (en los versículos 4 y siguientes) Ana nos presenta a su Dios como Soberano. El hace exactamente lo que quiere hacer, basando sus acciones sobre su naturaleza de misericordia y justicia. En nuestro Dios soberano se mantienen en un maravilloso equilibrio estas dos características. El no pasará por alto el pecado abierto de los poderosos (4, 9, 10), y tampoco se olvidará de los menospreciados de su creación (4, 5, 8).

LA GRACIA DE DIOS. Otro tema que Ana destaca aquí, en base a sus propias experiencias, es la gracia de Dios, quien llega a las personas menos destacadas, en términos humanos, y cumple, a través de ellas, sus maravillosos propósitos (8). Las palabras del versículo 9 han sido también experiencia propia de Ana. A través de esta dura experiencia, ella reconoce su total dependencia de Dios, y ve los resultados en el nacimiento de su hijo.

Estoy alegre porque mi Dios es santo, soberano y lleno de gracia.

Señor, a veces me olvido de la alabanza en mis oraciones. Gracias por esta canción de Ana. Haz que su concepto de ti me sirva de modelo.

FEBRERO
14

FRACASO EN EL SACERDOCIO

1 SAMUEL 2:12-21

INVESTIGUEMOS...

1. ¿Cuál fue el motivo del pecado de los hijos de Elí (12, 13, 17)? ________

____

2. ¿Es posible hoy en día caer en el mismo pecado? ¿Cómo? ____________

____

En nuestro pasaje de hoy vemos a los últimos jueces de Israel: Elí y Samuel. Elí fue el último juez-sacerdote y Samuel el último juez-profeta. Como veremos luego, Elí, aunque era un hombre sincero que buscaba ayudar al individuo (1:12-17)), fracasó como sacerdote del pueblo, Dios tuvo que levantar a un juez-profeta, quien serviría para sensibilizar la conciencia del pueblo.

LOS SACERDOTES DE ISRAEL eran el punto de contacto entre el pueblo y Dios. A través del sistema de sacrificio que ellos administraban era limpiada la iniquidad de Israel. También a través de ellos se impartía la bendición de Dios a su nación. Pero en este triste pasaje vemos la decadencia a la que había llegado el sacerdocio en las personas de los hijos de Elí, Ofni y Finees, quienes trajeron sobre su pueblo el juicio de Dios. La tragedia de estos dos hombres fue que: siendo hijos de un padre piadoso, trabajando en el templo mismo, conociendo íntimamente el culto al Señor, sin embargo, estaban explotando el sistema, porque "no les importaba el Señor" (12). Este caso nos muestra que un ambiente religioso no es garantía de un conocimiento auténtico de Dios.

EL PECADO de los hijos de Elí tenía dos aspectos. Ellos pecaron contra el pueblo por robar el sacrificio de las personas que realmente querían adorar a Dios (13, 14). Además, pecaron contra Dios por sacar lo que le pertenecía exclusivamente a El.

El Nuevo Testamento también nos advierte en varias ocasiones contra el terrible peligro de "explotar" la religión (ver por ejemplo Mateo 23:6-14; 1 Timoteo 3:2-4). Examinemos nuestra propia motivación. ¿Es nuestro cristianismo un mero sistema religioso o es una relación con el Dios viviente?

Las apariencias no engañan a Dios.

Padre, quiero que mis actitudes y acciones sean un testimonio digno de nuestra relación.

FEBRERO
15

"EL SEÑOR HA DECLARADO..."

1 SAMUEL 2:22-36

INVESTIGUEMOS...

1. ¿Cómo reaccionó Elí ante el pecado de sus hijos (22-25)? ______________

____

2. ¿Cuál es la respuesta cristiana a la pregunta del versículo 25? Compara 1 Juan 1:9 y Hebreos 7:24, 25. Haz que estas respuestas sean motivo de alabanza a Dios.

____

Contra la inmoralidad que convirtió el santuario en un lugar de pecado, Elí levantó una protesta muy débil. El tenía conocimiento de las acciones de sus hijos, pero no estuvo dispuesto a tomar medidas drásticas en esta grave situación. Su responsabilidad como padre era corregir a sus hijos (Proverbios 29:17). Su responsabilidad como sacerdote era mantener puro el culto a Dios. Su responsabilidad como juez de Israel era librar al pueblo de la explotación que ejercían sus hijos.

Elí protestó, hizo escuchar su opinión. Pero en este momento se escuchó otra voz, la voz de Dios, que llegó a través de un profeta. Qué pena que Elí, el juez-sacerdote, quien debía comunicar la voluntad de Dios al pueblo, tuvo que recibir este severo mensaje a través de un hombre ajeno.

"¿NO ME MANIFESTE YO CLARAMENTE A LA CASA DE TU PADRE?" (27 R.V.R.). Dios invita a Elí a recordar sus grandes obras y su fidelidad a través de toda la historia de Israel (27, 28). Enfatiza especialmente los privilegios del sacerdocio y la íntima relación entre Dios y los sacerdotes.

"¿POR QUE DAS MAS PREFERENCIA A TUS HIJOS?" (29). Elí había preferido velar más por las buenas relaciones con sus hijos que por el bienestar espiritual del pueblo de Dios.

"JAMAS PERMITIRE TAL COSA" (30). Finalmente, Dios muestra a Elí las consecuencias que iba a sufrir por su pecado (31-34). De nuevo vemos que Dios es tanto amor como justicia, y no puede pasar por alto el pecado (compara Gálatas 6:7).

Pero la historia no termina aquí, Dios sí va a juzgar, pero a la vez proveerá una esperanza de salvación para su pueblo: "Un sacerdote que actúe de acuerdo con mi voluntad" (35). La justicia y la misericordia de Dios se ven de nuevo en equilibrio.

"La misericordia y la verdad se encontraron; la justicia y la verdad se besaron" (Salmo 85:10 R.V.R.).

Te alabo, Señor, porque en la cruz donde murió Jesús se satisfizo tu justicia y se demostró tu grande amor.

FEBRERO
16

SAMUEL, SIERVO DE DIOS

1 SAMUEL 3:1-21

INVESTIGUEMOS...

1. Anota algunas de las características de la relación que Samuel tenía con Dios.

2. ¿Cuáles son las condiciones necesarias para que crezca nuestra relación con Dios?

LA CONDUCTA DE SAMUEL contrasta muy evidentemente con el comportamiento indigno de los hijos de Elí. Fue una noche oscura en la historia de Israel, pero Dios encendió una luz a través del joven Samuel.

En este capítulo podemos encontrar cuatro elementos. En los versículos 1-10 el Señor llama a Samuel. Aunque él no reconoce la voz de Dios y cree que simplemente es Elí quien le está llamando, está dispuesto a responder con solicitud. Pidamos al Señor que nos haga sensibles a la voz de su Espíritu y dispuestos a responder, aun cuando no reconozcamos de inmediato su voz.

Los versículos 11-14 contienen el mensaje mismo de Dios, su Palabra. No fue un mensaje fácil ni hermoso. Dios habló de su enojo y su juicio contra Elí y sus hijos. ¡Imagínese la situación del joven Samuel que debía transmitir este mensaje al respetado sacerdote Elí! Con razón tenía miedo (15). Es a través de su palabra que también hoy en día Dios nos revela su voluntad y sus propósitos. No siempre vamos a escuchar palabras cómodas y hermosas. Esta Palabra nos desafía, "penetra hasta lo más profundo del alma... somete a juicio los pensamientos y las intenciones del corazón" (Hebreos 4:12). Y, de vez en cuando, tendremos que transmitir estas verdades difíciles a otros. ¿Podremos ser obedientes como Samuel (18)?

La tercera sección (15-18) nos muestra al mensajero de Jehová, cumpliendo fielmente con la tarea que Dios le ha encomendado. Aunque el mensaje está duro, Elí lo reconoce y lo acepta como auténtico (18).

Los versículos 19-21 son un cuadro de lo que ocurre cuando un "verdadero profeta del Señor" ejerce su ministerio (20). Donde existe obediencia y sensibilidad espiritual, se manifiesta la presencia del Señor y es reconocida por todos.

"SAMUEL CRECIO..." (19). La preparación de un hombre de Dios requiere de la presencia de Dios en su vida. El hombre de Dios no es simplemente un ser religioso. Es una persona que se *relaciona* con Dios.

"Habla, que tu siervo escucha" (10).

Padre, hazme conocer lo que tú deseas para mi vida, y ayúdame a estar siempre atento a tu voz.

FEBRERO
17

CONSECUENCIAS TRISTES

1 SAMUEL 4:1-11

INVESTIGUEMOS...

1. ¿Qué encuentras en común entre la actitud de los israelitas y la de los filisteos acerca del arca? ¿Quiénes tenían razón? ______________________________

____

2. "Hacer planes sin orar da como resultado obras débiles y vanas." ¿Estás dedicando suficiente tiempo a la oración acerca de tus proyectos? ______________

____

De la historia alentadora de Samuel pasamos a un escenario de desastre y derrota. Israel tiene que aprender que Dios no puede ser burlado. El pecado siempre acarrea consecuencias tristes.

EL PUEBLO DE ISRAEL salió a la batalla contra los filisteos confiando en sus propias fuerzas y recursos (1). En Deuteronomio 20:1-4 las normas para entrar en batalla quedan claramente establecidas: Hacía falta la intervención del sacerdote para pedir la bendición de Dios. En este caso, no sólo no reconocieron la presencia de Dios con ellos, sino que también dependieron de líderes de la calidad de Ofni y Finees (4).

LA DECISION DE LOS ANCIANOS de Israel de llevar el arca a la batalla nos muestra cuán equivocadas eran sus ideas acerca de Dios. Al igual que los filisteos, creían que la presencia de Dios se encontraba en el arca, y que al tenerla con ellos en la batalla, tendrían una ventaja sobre sus enemigos. Este fue también el concepto de los paganos filisteos. Pero Dios no reside en cosas hechas por los hombres, ni se deja manipular según la conveniencia de ellos.

EL RESULTADO DEL PECADO de Israel fue treinta y cuatro mil hombres muertos (2-10). Como cristianos deberíamos estar seguros de que nuestros esfuerzos tienen la bendición de Dios, porque de lo contrario podemos causar daño a muchas otras personas, y los resultados serán desastre y derrota. Solamente si buscamos activamente la presencia de Dios y reconocemos nuestra dependencia de El, veremos su poder desplegado contra el enemigo. Meditemos en las palabras del Salmo 81:13 y 14.

"¿Por qué permitió hoy el Señor que nos derrotaran los filisteos (3)?"

Padre, ayúdame a comprender y a ayudar a aquellas personas que confían en objetos o ritos religiosos hechos por los hombres. Que puedan adorar a Jesucristo en espíritu y en verdad.

FEBRERO
18

UN DESENLACE TRAGICO

1 SAMUEL 4:12-22

INVESTIGUEMOS...

1. ¿Qué impresión recibes del estado de ánimo de Elí, según estos versículos?

____

2. ¿Qué enseña este pasaje acerca de las consecuencias del pecado? ¿Quiénes fueron afectados por las acciones de Ofni y Finees? ____________

____

UN FIN TRAGICO (12-18)

"Traspasada es la gloria de Israel" (22 RVR). Elí, su juez durante cuarenta años, ha muerto. El arca está en manos de los filisteos. Los israelitas sufren las consecuencias de su actitud independiente de Dios. Esta descripción del pobre Elí es una de las más tristes de toda la Biblia. Anciano, ciego, agotado, espera noticias de la batalla. Nos dan ganas de llorar con el viejo juez y decirle: "¡Elí!, si tan sólo hubieras escuchado a la voz de Dios cuando todavía había tiempo..."

Cinco siglos más tarde el profeta Jeremías tuvo que recordar al pueblo de cómo la presencia de Jehová había abandonado a Silo (Jeremías 7:12-14). La ciudad fue totalmente destruida por sus enemigos, hasta tal punto que las viudas no pudieron ni llorar (Salmo 78:62-64). Los seres humanos raras veces sabemos aprovechar y aprender de las duras experiencias del pasado.

UN TRISTE COMIENZO (19-22)

Normalmente el nacimiento de un bebé es un acontecimiento alegre, y al ponerle nombre la familia se regocija. Pero para el nieto de Elí fue un momento desastroso: Su abuelo, su padre y probablemente su madre habían muerto, y él recibió un nombre que de ahora en adelante le recordaría la tragedia. Tomemos en serio el hecho de que nuestro pecado casi siempre tiene repercusión en la vida de otros. Ninguno de nosotros vive independientemente de los demás.

A través de toda esta historia es importante darnos cuenta de que era por amor hacia su pueblo que Dios castigó el pecado. El estaba obrando para el bien de Israel, el pueblo que tenía que cumplir sus propósitos para con toda la raza humana.

"¡El es el Señor! ¡Hágase lo que a él le parezca mejor!" (3:18).

Oremos por aquellos que ejercen autoridad entre el pueblo de Dios, para que puedan obrar con sabiduría y firmeza.

FEBRERO
19

UNA DURA LECCION PARA LOS FILISTEOS

1 SAMUEL 5:1-12

INVESTIGUEMOS...

1. Anota todas las consecuencias que tenían que enfrentar los filisteos por tener el arca del Señor entre ellos. ______________________

____

2. ¿Qué aprendes de este pasaje acerca de la naturaleza de Dios?

____

____

A veces parece que los enemigos de Dios tienen la victoria; ¿será que Dios era impotente y no podía proteger el arca, el símbolo de su presencia?

Los filisteos creían que al capturar el arca habían tomado preso al "Dios" de Israel. Por eso lo metieron en su propio templo. Querían demostrar que su dios, Dagón, había vencido al Dios de Israel, y es probable también que querían añadir otro dios a aquellos que ya tenían. Pero estaban equivocados: la presencia invisible del Dios viviente es mucho más poderosa que su mera representación en el arca o en cualquier otro símbolo. Este Dios no iba a ser humillado delante de Dagón, el dios-pez de los filisteos

LA CAIDA DEL IDOLO (3-5). El Señor advirtió de esta manera a los filisteos del peligro de "jugar" con El antes de que cualquiera de ellos sufriera en carne propia las consecuencias de lo que habían hecho. La caída de su ídolo debió haberles aclarado una verdad sumamente importante: el Dios viviente no tolera los rivales, ni en los templos paganos ni en la vida de su pueblo. La condición del ídolo al tercer día no dejaba lugar a dudas; el Dios verdadero se había vindicado.

EL GRITO DEL PUEBLO (6-12). Los filisteos tardaron en aprender esta dura lección. Es probable que tuvieran el mismo concepto del Dios de Israel como de sus propios dioses, que cada uno tenía su pequeña área de influencia. Pero el Señor demostró que El es el Dios de toda la tierra. El castigo que les sobrevino no se limitó sólo al territorio de Asdod, sino que se difundió hasta Gat y Ecrón.

"Tirado en el suelo ante el cofre del Señor" (3).

En este día ofrezcamos nuestro culto al Dios que vive y es todopoderoso y a quien no se le puede limitar.

FEBRERO
20

"EN DESAGRAVIO AL SEÑOR"

1 SAMUEL 6:1-9

INVESTIGUEMOS...

1. ¿Cuál es la mentalidad que guía a los filisteos en esta ocasión?

____

____

2. En nuestra cultura, ¿cuáles son las formas que se emplean para "manipular" a Dios? ¿Cuál es la respuesta cristiana a semejantes costumbres?

____

____

DESPUES DE SIETE MESES los filisteos llegaron a la conclusión de que ya no podían aguantar más la presencia del arca entre ellos. Es interesante observar la mezcla de verdad e ideas erradas en las respuestas que ofrecieron los sacerdotes de Dagón y los adivinos, cuando los filisteos acudieron a ellos para buscar soluciones a su dilema. Los sacerdotes reconocieron que era Dios quien les había castigado (aunque en el versículo 9, parece que dudando) (3), y sugirieron que se le ofreciera una ofrenda "en desagravio" o en expiación por el daño causado al Dios de Israel. La ofrenda que sugirieron tenía mucho sabor a magia, a ocultismo; creían que si fabricaban figuras de los tumores que les habían causado tanto sufrimiento, se librarían de la plaga. Pero la verdadera solución a su problema se encuentra en el versículo 5, "...den honra al Dios de Israel". Es imposible para nosotros y fue imposible para los filisteos, comprar la reconciliación con Dios, o negociar con El. El nos ofrece libremente su paz, pues es el don que da a todos los que se le acercan con un "espíritu quebrantado" (Salmo 51:17).

ES INTERESANTE OBSERVAR que los filisteos estaban muy enterados acerca de la salida del pueblo de Israel de Egipto, y sus sacerdotes les acusaron de la misma terquedad del faraón (6). Estos mismos sacerdotes eligieron una manera de devolver el arca a Israel que puso a prueba al máximo la soberanía de Dios (8, 9). El instinto natural de las dos vacas las hubiera llevado de vuelta a sus becerros (7). El versículo 9 demuestra claramente el concepto muy parcial que tenían estos sacerdotes de la esfera de influencia de Dios. En el mundo del cual El es Rey, no nos ocurre nada por mera casualidad.

"¿Qué podemos ofrecerle en desagravio?" (4).

Señor, no hay nada que te pueda ofrecer en desagravio. Gracias porque por el sacrificio de Jesús en la cruz, y a través de mi fe en él, puedo acercarme con confianza a ti.

EL DIOS SANTO

1 SAMUEL 6:10—7:2

INVESTIGUEMOS...

1. ¿Qué aprendió la gente de Bet-semes a través de este episodio?

2. ¿Cómo podemos lograr un saludable equilibrio en nuestro culto a Dios entre la alegría y la confianza que sentimos por tener a un Dios asequible, y la reverencia y el temor que deberíamos sentir por servir a un Dios santo?

"SE LLENARON DE ALEGRIA" (13). ¡Con razón se alegraron los habitantes de Bet-semes! Apenas podían creer lo que veían. El arca había vuelto sin necesidad de tener que pelear otra batalla. En este momento ellos sabían qué era lo que tenían que hacer: la carreta se convirtió en leña para el altar, y las vacas fueron sacrificadas a Dios. Era como si la gente dijera: "Señor, tú has hecho todo esto y te lo queremos devolver en agradecimiento."

¿Cómo reaccionamos nosotros cuando se nos presentan bendiciones inesperadas? ¿Nos damos cuenta de quién es el Dador? ¿O simplemente las tomamos como una cosa casual? Es interesante notar la frase "todavía puede verse" en el versículo 18, hecho que indica que estos eventos fueron registrados poco tiempo después de ocurridos.

"¿QUIEN SE PUEDE SOSTENER... ANTE ESTE DIOS SANTO?" (20). El gozo que sintió la gente al recuperar el arca se transformó rápidamente en una profunda tristeza. En este momento de entusiasmo, algunos de los hombres de Bet-semes se olvidaron de las reglas estrictas que Dios había provisto para el manejo del arca (ver Números 4:20). Estas leyes tenían como propósito enseñar al pueblo que Dios era santo, y que a El no se le puede tratar ligeramente o sin respeto. La muerte de estos hombres fue un castigo muy severo, pero a la luz de los recientes acontecimientos, fue una importante lección, que pudo apreciar la gente en esta oportunidad (20). Nuestro deseo de conocer las cosas de Dios debe ser caracterizado por el respeto y la reverencia. Tengamos cuidado de no "curiosear" la Biblia, para satisfacer un mero deseo de tener conocimientos intelectuales. Un estudio de las Escrituras que no lleva a la obediencia y a la adoración no es agradable al Dios santo.

¿Adoración o curiosidad?

Señor, enséñame más y más acerca de tu persona, para que mi adoración sea verdadera y sincera.

FEBRERO
22

LA MADUREZ DE UN HOMBRE DE DIOS

1 SAMUEL 7:3-17

INVESTIGUEMOS...

1. ¿Cómo te impresiona la reputación de Samuel entre el pueblo de Israel? ¿En qué se basaba? ____________________

____

2. ¿Qué cosas prácticas haces para no olvidarte de todo lo que Dios ha hecho por ti? ____________________

____

"SAMUEL DIJO A TODOS LOS ISRAELITAS...." (3). Después de veinte años, la primera actividad pública de Samuel estuvo relacionada con su ministerio profético. Dios usó a sus profetas para despertar la conciencia de su pueblo en momentos críticos de su historia. Pero, ¿por qué tardó veinte años en llamar a su profeta? ¿Quería que su pueblo se diera cuenta de que era imposible vivir sin su guía? No lo sabemos, pero podemos apreciar que Dios trabaja según su propio concepto del tiempo, y no tenemos por qué impacientarnos. Samuel apeló al corazón del pueblo y ellos respondieron, no sólo en teoría, sino prácticamente (4). Quizás nosotros nos hemos acostumbrado tanto a escuchar la palabra de Dios, en estudios bíblicos, en predicaciones, en la radio, aun a través de este libro, que permanecemos impasibles. Si es ése nuestro caso, pidamos al Señor nos dé una nueva sensibilidad, un nuevo deseo de responder activamente a su palabra.

"YO ROGARE AL SEÑOR POR USTEDES" (5). Samuel no sólo era profeta. También intercedió por su pueblo, y actuó como sacerdote, ofreciendo sacrificio por su pecado (9). Su reacción ante la amenaza del ataque de los filisteos debió haber parecido ridícula. Pero él sabía que en cualquier situación difícil, lo fundamental es saber que la relación con Dios está bien. Muchas veces, como en este caso, si nuestras prioridades son las prioridades de Dios, los problemas se solucionan por sí mismos.

"SAMUEL... GOBERNABA A ISRAEL" (17). El juzgó a Israel, o sea que les hizo recordar que Dios espera de su pueblo un comportamiento justo y recto. Es interesante notar que Samuel no siguió la tradición del sacerdocio, no funcionó como sacerdote, sino más bien como legislador. Las necesidades de la sociedad lo requerían y las circunstancias lo exigían. Como cristianos, deberíamos buscar siempre responder por la fe a los acontecimientos del pasado.

"Hasta ahora el Señor nos ha ayudado" (12).

Señor, perdóname porque tan fácilmente me olvido de lo que has hecho por tu pueblo y por mí.

FEBRERO
23

OTRO TIPO DE GOBIERNO

1 SAMUEL 8:1-9

INVESTIGUEMOS...

1. ¿Tenían razón los ancianos de Israel en pedir un rey?

2. ¿Qué nos dice este pasaje acerca de nuestras quejas contra otros cristianos, especialmente contra aquellos que se encuentran en posición de liderazgo?

UNA TRISTEZA INESPERADA (1-3). Muchos líderes del Antiguo Testamento, desde Gedeón hasta David, experimentaron la misma decepción que Samuel: sus hijos no siguieron los pasos de los padres. Los hijos de Samuel no eran mejores que los hijos de Elí. En un nivel humano podemos sugerir las causas de esta situación: quizás los padres estuvieron tan ocupados que no dedicaron el tiempo suficiente a sus hijos. A veces se exige demasiado de los hijos de líderes cristianos. Quizás Samuel no había aprendido a delegar ciertas tareas. Sea como fuere, una cosa queda muy clara: la piedad no es una cualidad que heredamos. Somos salvados por la gracia a través de la fe, y no por nuestra herencia familiar ni cultural.

UNA SUGERENCIA DESATINADA (4-9). Había dos diferencias fundamentales entre un juez y un rey. En primer lugar todo juez era nombrado por Dios, mientras que en un gobierno monárquico el poder se recibía por herencia. En segundo lugar, en aquellos días el rey era un gobernante absoluto, y este papel debía ser prerrogativa de Dios. Por eso Dios dice lo del versículo 7. El error que cometieron los ancianos fue un error muy común. Vieron las cosas que andaban mal en el pueblo, y creían encontrar la solución en los sistemas de otras naciones. Pero las causas de los problemas de Israel se encontraban dentro del pueblo mismo, y el versículo 8 las describe lacónicamente. Cuando el pueblo de Dios está consciente de alguna necesidad o de alguna falla, debe buscar soluciones *dentro* de la comunidad cristiana y no afuera en los esquemas del mundo.

"Samuel... se dirigió en oración al Señor" (6).

Oremos por aquellos sectores de la iglesia cristiana que están creciendo muy rápidamente, y donde hacen falta líderes maduros y experimentados.

FEBRERO
24

EL PUEBLO SE SALE CON LA SUYA

1 SAMUEL 8:10-22

INVESTIGUEMOS...

1. ¿Por qué el pueblo no tomó en cuenta la advertencia de Samuel (19, 20)? _

____

2. ¿Recuerdas ocasiones en las que tus propias ideas te cegaron acerca de la realidad? ¿Cómo podemos evitar el caer en el mismo error que el pueblo de Israel? ____

____

Dios trata a su pueblo como a adultos responsables. Les presenta los hechos reales y luego permite que tomen su propia decisión.

En este pasaje vemos:

1. *LA REALIDAD* (10-18). Al leer la palabra "rey" no deberíamos pensar en el moderno monarca consitucional, cuyos poderes son muy limitados. En aquel entonces el rey era un monarca absoluto, y la descripción que Samuel da a la gente (11-17) es confirmada en sus detalles por los hallazgos arqueológicos que se han hecho en esa región. El rey tenía la opción de convertirse en déspota, y muchas veces de hecho lo era. Samuel detalla el comportamiento de este rey que exige el pueblo, y les advierte que una vez elegido, tendrían que aguantarlo. Al surgir los problemas consecuentes, no debían esperar una conveniente solución de parte de Dios (18). Quizá reconozcamos ciertos rasgos de nuestro propio carácter en esta gente. ¿Acudimos a la oración como una salida ante las consecuencias de nuestras propias decisiones equivocadas?

2. *LA FANTASIA* (19-22). Los israelitas tenían miedo a los filisteos, y cuando la gente siente miedo, es muy fácil que abandonen la razón y el sentido común y comiencen a fantasear. Habían tenido la oportunidad de ver casos entre las naciones vecinas en los que no siempre era un éxito el gobierno de un monarca, pero la idea de tener rey había llegado a ser una obsesión entre ellos, y había cegado su capacidad de juzgar objetivamente las cosas. "Atiende su petición y nómbrales un rey", dice Dios a Samuel.

Estas solemnes palabras deberían infundirnos temor al darnos cuenta de que Dios permite que los seres humanos sigan obstinadamente con sus propias ideas desatinadas, aunque a la vez se empeña en advertirles de los riesgos.

"Samuel comunicó la respuesta del Señor... Pero el pueblo... respondió: No importa" (10-19).

Señor, haz que esta historia sea una advertencia para mí. Dame discernimiento y honestidad para poder ver cuando estoy insistiendo en mi propia voluntad.

FEBRERO
25

EL DIOS QUE NOS GUIA

1 SAMUEL 9:1-14

INVESTIGUEMOS...

1. En base a los datos contenidos en este pasaje, ¿cómo describirías el carácter de Saúl? ____________________

2. ¿Cuál es tu reacción ante esta historia? ¿Crees que Dios guía a los cristiano así como guió a Samuel y Saúl? ¿Cuál es tu experiencia de la guía de Dios?

____

____

UN JOVEN ATRACTIVO. Una de las historias más desconcertantes de la Biblia es la de Saúl, el hombre a quien Dios eligió para ser el primer rey de Israel. A primera vista, es un hombre ideal, hijo de un ciudadano respetado (1), de buena apariencia física, cosa importante en un rey (2), obediente a su padre (3, 4) y valiente. No era cosa fácil viajar por aquellas zonas en las que abundaban los peligros. Saúl es sensible ante la posible preocupación de su padre (5), y parece tener buena relación con su criado, una relación de mutuo respeto y confianza (6-10). Más allá veremos los rasgos de su carácter que causaron su trágica caída. Por el momento la única nota discorde se encuentra quizás en el hecho de que él no sabe nada acerca de Samuel, el profeta "a quien todos respetan" (6), y el concepto que tiene del "vidente" es tan sólo de alguien que le puede indicar el camino para buscar los animales de su padre (6, 7).

LOS PROPOSITOS DE DIOS. En esta historia un acontecimiento aparentemente casual sigue al otro; se pierden algunas asnas de las praderas del padre de Saúl; el hijo va en busca de ellas, eligiendo a uno de los criados para que le acompañe. Su búsqueda los lleva hasta Ramá, donde Samuel tenía su residencia (7:17), y el criado sabe acerca del profeta y tiene la moneda necesaria para ofrecer a Samuel. Los dos se encuentran con unas muchachas que pueden informarles de los movimientos del profeta. Todos estos eventos aparentemente desconectados son como los eslabones de una cadena, y lo que los une es el propósito de Dios. Todos los personajes de la historia toman libremente sus decisiones, sin pensar en algún significado especial. Pero Dios los usa para lograr que se encuentren las dos personas más importantes en este momento para la historia de Israel – Samuel y Saúl.

"El Señor todopoderoso lo ha decidido" (Isaías 14:27).

Amado Padre, muchas gracias porque pase lo que pase, estoy seguro en tus manos y no me puede pasar nada que no sea según tus buenos propósitos.

FEBRERO
26

EL PLAN SE ACLARA

1 SAMUEL 9:15-24

INVESTIGUEMOS...

1. ¿Qué otras características de Saúl se nos revelan en su entrevista con Samuel?

____

____

2. ¿Puedes recordar otras ocasiones en la Biblia en las que Dios escogió y utilizó a personas aparentemente débiles? ¿Qué nos dice este hecho?

____

____

Poco a poco se va revelando el plan de Dios a través de esta historia. Saúl no se da cuenta todavía del verdadero propósito del encuentro, y demuestra auténtica humildad y sorpresa ante las asombrosas palabras de Samuel (21). Sólo el profeta sabe de qué se trata todo esto, pues él está compenetrado de la palabra de Dios y la obedece (15-17).

* *LA SATISFACCION DE UNA NECESIDAD* (16). Dios no iba a conformarse con que su pueblo tuviera un rey simplemente para acceder a las demandas de los ancianos, o para que Israel pudiera sentirse igual a las otras naciones (8:5). Les iba a dar un rey capaz de dirigirlos en la lucha contra los filisteos, quienes en esta época amenazaban al pueblo. Dios estaba preocupado por la gente común, quienes necesitaban de un protector. El Señor había manifestado que al exigir un rey, su pueblo lo estaba rechazando, pero, sin embargo, no estaba del todo opuesto a la idea. Inclusive había dejado instrucciones para el nombramiento de un rey, lee Deuteronomio 17:14-20. Notemos también la importante palabra "mi" en el versículo 17. Israel seguía siendo el pueblo escogido de Dios, y el futuro monarca no debería tratar a los israelitas como si él fuera su dueño, como era la costumbre de los reyes paganos.

* *UN PLAN QUE SE REVELA.* ¡Cuánto le han debido sorprender a Saúl los detalles de este encuentro con Samuel! Todo indicaba que el profeta lo conocía de antemano y sabía todo acerca de él. Hasta tenía apartada una buena porción de carne para el futuro rey. De esta manera Samuel lo iba preparando para la culminación del encuentro, cuando los propósitos de Dios serían revelados.

"Me he compadecido de mi pueblo" (16).

Padre, me impacta la paciencia que tienes con tu pueblo, y conmigo. Muchas gracias porque aun cuando pecamos y nos rebelamos y nos ponemos tercos, tú buscas lo mejor para nosotros.

FEBRERO
27

SEÑALES PARA SAUL

1 SAMUEL 9:25-10:8

INVESTIGUEMOS...

1. ¿Cuáles fueron las tareas que Dios encomendó a Saúl (10:1)?

2. ¿Por qué Dios le dio tantas pruebas detalladas?

En una ceremonia sencilla y privada, Samuel unge a Saúl con aceite y lo consagra rey de Israel. Más tarde este acto sería confirmado en público. En breves palabras el profeta enfatiza tres aspectos del nuevo e inesperado cargo que ha recibido el joven. Primero recuerda que es Dios mismo quien le está encargando esta responsabilidad: "El Señor te consagra hoy gobernante de Israel" (1).

TODA AUTORIDAD ES DADA POR DIOS, y todo hombre o mujer que tiene la responsabilidad de gobernar la tiene sólo porque Dios se lo permite (Romanos 13:1). El rey de Israel representaría a Jehová y debería actuar de manera independiente. Luego, Samuel explica a Saúl la naturaleza de su nueva posición. Saúl fue puesto como príncipe o capitán sobre Israel. Desde ese momento debería dedicarse a velar por los intereses del pueblo, y en especial a luchar por ellos contra sus enemigos. El tercer aspecto que enfatiza Samuel es que Israel es el pueblo de Dios: dos veces repite la frase "su pueblo" (1). Saúl está puesto como mayordomo de la propiedad del Señor.

Muchos aspectos de la historia de Saúl son difíciles de interpretar, y entre ellos el asunto de las señales que acompañaron y comprobaron su nombramiento como rey. Ya sabemos que él no conocía a Samuel, y quizás le hacía falta esta serie de pruebas para que supiera que Samuel realmente era el profeta de Dios. Notemos de todas maneras que todas estas señales tenían un propósito, no fueron meros acontecimientos dramáticos. Dios libró a Saúl de su preocupación por sus animales perdidos (2); lo animó mostrándole la aceptación de la gente del pueblo (3, 4); y le llenó de su Espíritu (6), aunque es difícil saber exactamente cuál fue la naturaleza de este encuentro con los profetas.

"El Señor te consagra hoy gobernante" (1).

Oremos hoy por nuestros gobernantes y por todos aquellos que ejercen autoridad.

FEBRERO
28

DIOS FORJA AL REY

1 SAMUEL 10:9-16

INVESTIGUEMOS...

1. "Te transformarás en otro hombre" (6). ¿En qué sentido vemos el cumplimiento en Saúl de esta profecía?

____

____

2. Compara los versículos 2 y 9. ¿Qué sugieren acerca de la relación entre la fe y la obediencia? ______________________________

____

* *LAS SEÑALES.* Imaginémonos a Saúl al despedirse de Samuel. Humanamente hablando, está solo, pues su criado ya se ha adelantado (9:27). Acaba de escuchar noticias asombrosas y se ha sometido a una ceremonia que no le permite dudar de que de ahora en adelante él es rey de Israel, por órdenes de Dios. Pero Dios es muy tierno con él y "aquel mismo día" se cumplen las señales que le ha prometido para confirmar su llamado (9).

* *EL ESPIRITU.* En los tiempos del Antiguo Testamento, el Espíritu Santo de Dios venía sobre los hombres en ciertos momentos específicos y para cumplir ciertos propósitos, y no como ahora, que viene a vivir permanentemente en todo cristiano. Saúl era un joven destacado. Pero fue un desafío muy grande para el hijo de un granjero el llegar a ser rey de Israel casi de la noche a la mañana. Además, Dios le había elegido específicamente para cumplir la tarea de comandante-en-jefe del ejército, y echar fuera a los filisteos. ¿Cómo podría un joven sin experiencia cumplir con estas tareas? La respuesta se encuentra en el versículo 9: "Dios le cambió el corazón." Esto no quiere decir que el antiguo Saúl desapareció y que se presentó una persona totalmente nueva, como la mariposa que nace de la crisálida. Pero sí quiere decir que la vida de Saúl tomó una nueva dirección, y que él estaba abierto para poder recibir los impulsos del Espíritu de Dios. Una de las cosas que confirmó la presencia del Espíritu en Saúl fue su nueva capacidad de profetizar (10). Los que le conocían se dieron cuenta de que algo radical había ocurrido en él (11).

"Dios le cambió el corazón" (9).

Ora para que el Señor te dé poder para llevar a cabo cualquier tarea que él te encomiende.

MARZO
1

PROCLAMACION DEL REY DE ISRAEL

1 SAMUEL 10:17-27

INVESTIGUEMOS...

1. ¿Qué nuevos aspectos del carácter de Saúl se revelan en este pasaje? ______

______

2. ¿Te parece correcta la reacción de Saúl ante los que lo menospreciaron (27)? ¿Cómo respondes tú ante aquellos que se burlan de tu fe? ______

______

Llega el momento culminante de todos estos extraños eventos. El rey Saúl es reconocido públicamente. La ceremonia que dirige Samuel tiene tres etapas:

1. *LES RECUERDA LA REALIDAD* (17-19). Aunque el momento es muy emocionante, Samuel no permite que la gente se olvide del trasfondo de este acontecimiento. El pueblo se había salido con la suya, pero sólo a costa de rechazar la guía de Dios quien lo había cuidado durante la salida de Egipto y el viaje hacia la tierra prometida. Cuando insistimos en seguir nuestro propio camino, tendremos que enfrentar las consecuencias.

2. *SE CONFIRMA LA ELECCION* (20-24). La elección por "la suerte" era mucho más que una mera decisión hecha al azar. Era una ceremonia religiosa que involucraba el uso de las misteriosas piedras que se llamaban el Urim y el Tumin (ver 14:41). La ceremonia pública confirmó la consagración hecha en privado, y esto ilustra una enseñanza importante. Los líderes del pueblo de Dios deberían ser elegidos por él y reconocidos por la gente. Ambos aspectos se deben tomar en cuenta.

3. *SE DA LECTURA A LA LEY* (25). Todo acuerdo o contrato tiene dos aspectos: el de los derechos y el de los deberes (25). Tienen vigencia para ambas partes, en este caso para el rey y para el pueblo. Generalmente estamos más dispuestos a reclamar nuestros derechos que a cumplir nuestras responsabilidades, pero en realidad ambos aspectos son igualmente importantes.

En este momento tan importante de su vida, Saúl se esconde (21, 22). ¿Tenía miedo de asumir la responsabilidad, aun habiendo recibido tantas señales de parte de Dios? Además, no se ganó la confianza de los "perversos", eligiendo tomar una actitud de "desentendido". Por otro lado, no faltaban hombres valientes con ganas de seguirle (26). Un cuadro sicológico complicado e interesante, ¿no es cierto?

"¿Vieron al que el Señor ha escogido como rey?" (24).

Ora por tus líderes cristianos y porque siempre puedas mantenerte leal a ellos.

MARZO
2

SAUL EL VALIENTE

1 SAMUEL 11:1-15

INVESTIGUEMOS...

1. Haz una lista de los adjetivos que podrías usar para calificar al Saúl que encuentras en este pasaje. ______________________________

____

2. "Se llenó Saúl de furia" (6). ¿Tenía razón? ¿Qué enseña la Palabra de Dios acerca del cristiano y el enojo? ______________________________

____

Saúl no empezó a ejercer inmediatamente su autoridad sobre el pueblo de Israel (compara 10:27). Volvió a su hogar y siguió ayudando a su padre con los animales (5). Pero Dios lo había elegido para luchar contra el enemigo filisteo, y muy pronto (según Josefo, un mes después de su proclamación), junto con los hombres valientes que le habían seguido, tuvo que enfrentarse a la primera tribu hostil.

* *EL DESAFIO* (1-4). La ciudad israelita de Jabes de Galaad estaba al este del Jordán, y el río la separaba del resto del territorio israelita. Por eso estaba más expuesta al riesgo de ataques de parte de las tribus paganas, como los amonitas. Tenemos aquí otro caso de un pueblo que eligió vivir en una zona de agua y pastos verdes, pero que se expuso a peligros innecesarios. Los amonitas, una tribu muy cruel, creían que sería cosa fácil subyugar a esta gente.

* *EL VENCEDOR* (5-11). "El Espíritu de Dios se apoderó de él; y se llenó Saúl de furia" (6). ¿Es posible que estas dos cosas vayan juntas? Saúl acababa de escuchar la noticia del horrible ultimátum de los amonitas y se identificó con el dolor que sentía el pueblo por sus hermanos de Jabes de Galaad. El Espíritu transformó este enojo en acción contra los agresores.

* *LA TRANSFORMACION.* Compara el versículo 13 con el capítulo 10:25-27. La victoria ganada por Saúl le otorgó la autoridad que le había faltado. Otra lección acerca del liderazgo cristiano: se tiene que demostrar a través de las acciones.

"El Señor ha salvado hoy a Israel" (13).

Padre, gracias porque tu Espíritu me va transformando. Ayúdame a reconocer su acción en mi vida.

MARZO
3

LA DIMENSION HISTORICA

1 SAMUEL 12:1-12

INVESTIGUEMOS...

1. Según Samuel, ¿por qué hubo un cambio en el sistema de gobierno de Israel (12)? ____________________

____

2. "Voy a discutir con ustedes acerca de todos los beneficios que El les a hecho a ustedes y a los antepasados de ustedes" (7). ¿Qué conocimiento tienes del trasfondo histórico de tu fe cristiana? ¿Qué podrías hacer para aumentar tu conocimiento? ____________________

____

Con el establecimiento del reino de Israel, la obra de Samuel como juez llegó a su conclusión, y él emprendió un nuevo ministerio. En este importante discurso ante el pueblo, les recuerda su historia personal y la historia nacional.

* *LA HISTORIA DE SAMUEL* (1-5). La tarea de Samuel como profeta fue la de hablar a la nación a nombre de Dios, la de ser la "Voz" de Dios, interpretando los acontecimientos a la luz de su voluntad. Pero observemos las cosas que él enfatiza al hacer este resumen de su carrera. No hace mención de su poderosa oratoria, sino de sus hechos honestos (3, 4). ¿Por qué? Porque todo el arte y la destreza del predicador no valen nada si no vive lo que predica. Medita en 2 Corintios 6:3-10 y 7:2-4, y pregúntate si tienes el derecho de decir lo mismo que Samuel y Pablo.

* *LA HISTORIA DE LA NACION* (6-12).

EL DIOS QUE SALVA (6-8). Los "hechos de salvación" (7 R.V.R.) de Jehová hicieron posible la milagrosa salida de Egipto. El pueblo no pudo negar este hecho, aunque fácilmente lo olvidaba. De la misma manera hace falta que los cristianos recordemos con frecuencia aquel "hecho de salvación" de la cruz, ese milagro de amor que hace posible que Dios nos perdone y nos reciba.

EL DIOS QUE JUZGA (9-12). La salvación no es automática. Si el pueblo de Dios se olvida de El, le desobedece o cree que puede prescindir de El, de alguna manera tiene que darse cuenta de la necesidad de volverse a Dios, aunque sea a través del sufrimiento. El camino para volverse al Señor se resume en el versículo 10.

"El rey de ustedes es el Señor su Dios" (12).

Padre, ayúdame para que tanto mis hechos como mis palabras reflejen tu realidad en mi vida.

MARZO
4

¿COMO RESPONDEREMOS?

1 SAMUEL 12:13-25

INVESTIGUEMOS...

1. ¿Por qué pidió Samuel a Dios la señal de la lluvia y los truenos (17, 20, 21)?

____

____

2. ¿Qué sugiere el versículo 23 con respecto a nuestra responsabilidad de orar por otros? ¿Hay alguien por el que deberías estar orando con más empeño?

____

____

La gente ya tiene al rey que tanto ha anhelado, pero si va a funcionar el nuevo sistema de gobierno, ellos también tienen que reconocer su responsabilidad. No es posible que se queden con los brazos cruzados y dejen todo a Saúl, o a Dios.

* *"SI..."* (13-18) Samuel no dejó en duda el hecho de que la decisión del pueblo de tener un rey era una decisión hecha en base a conceptos erróneos. Pero eso no significó que Dios los abandonara, y tanto el rey como el pueblo (14) deberían seguir respondiendo ante El. En muchos países del mundo vemos las consecuencias del rechazo de estas condiciones. Los dictadores, los presidentes, los tiranos, los primeros ministros, y también los pueblos, se portan como si no tuvieran que responder ante nadie, y menos ante Dios. Pero es imposible evitar ese condicional "Si ..." de Dios (15), y quienes rechazan sus mandatos y no buscan la justicia verán las consecuencias violentas de su rechazo. No puede haber paz y prosperidad donde no se toman en cuenta los mandatos de Dios. Consideremos los imperativos de este discurso de Samuel: honrar... rendir culto... atender su voz... vivir conforme a su voluntad. Evalúa tu vida a la luz de estos conceptos, y observa el resultado de seguirlos: "Así les irá bien" (14).

* *"SOLO..."* (24) La gente reconoce su error al haber pedido un rey (19), y tienen miedo a las consecuencias. Pero Dios, en su bondad y misericordia, se compromete con ellos (22), y en honor a su nombre no los abandonará. Nosotros somos pecaminosos y falibles, pero seguimos siendo miembros del pueblo de Dios. Respondamos a su amor y paciencia: "Solo tienen que respetar al Señor y rendirle culto con verdad y de todo corazón" (24).

"De todo corazón" (20, 24).

Señor, quiero ser un discípulo entregado. Quiero escucharte y obedecerte, servirte y honrarte en todo momento.

INTRODUCCION AL LIBRO DE JONAS

En la mayoría de los libros proféticos encontramos anuncios acerca de un tiempo en que las naciones vendrán a Jerusalén para conocer al Dios verdadero. Otros libros muestran a Dios preparando al pueblo de Israel como instrumento de salvación para todas las naciones.

En el libro de Jonás encontramos un énfasis especial dentro del Antiguo Testamento. Dios envía a su mensajero a una nación pagana. Este acto de Dios desafía a Israel para que cumpla su tarea de llevar su mensaje. El pueblo había sido elegido por Dios con el claro propósito de ser bendición a todas las naciones. Pero este pueblo había perdido su visión misionera. Se preocupaba sólo de sí mismo. No sentía compasión por quienes habrían de sufrir el juicio de Dios. La experiencia de Jonás refleja la actitud de toda la nación israelita. Ciertamente, también refleja la actitud de muchos de nosotros que nos llamamos cristianos.

Nínive, la ciudad a la que fue enviado Jonás, era la capital de Asiria (hoy Irak). Fue el imperio más poderoso de aquel tiempo, el más temido y odiado por todos los países del Medio Oriente.

Los asirios fueron conocidos por su crueldad y por oprimir a otros pueblos. Jonás sabía la amenaza que representaba este imperio para su país, sabía que se había propuesto conquistar todo el cercano oriente. De modo que a Jonás no le interesaba que Dios mostrara misericordia a los asirios.

Pero el tema del libro enfatiza más la obra de Dios en la persona de Jonás que en la tarea misionera que debía cumplir. Es un mensaje para Israel, pero continúa siendo pertinente para nosotros. Habla a cada creyente y a cada iglesia local. Habla especialmente a toda iglesia que busca su propia comodidad, evadiendo así el cumplir la gran comisión del Señor Jesucristo.

TESTIGO FORZADO

JONAS 1:1-11

INVESTIGUEMOS...

1. ¿Qué relación encuentras entre las palabras de Jonás en el versículo 9 y las circunstancias en las que se encuentra? ______

______

2. ¿Qué excusas conscientes o inconscientes acostumbras dar para no obedecer a Dios? ______

______

EL DILEMA DE LA DESOBEDIENCIA. Si el autor de este libro es el mismo mencionado en 2 Reyes 14:25, Jonás ya habría comunicado mensajes del Señor, como cuando profetizó el éxito de Jeroboam II. Por lo tanto, él tuvo que haber vivido en una época de prosperidad económica. Para Jonás no habría sido problema obedecer a Dios si con este acto hubiera obtenido más prestigio. Pero el mandato exigió sacrificios del profeta: sacrificio de su espíritu nacionalista, de su popularidad, de su reputación y aun de su propia vida. ¿Cómo es tu obediencia a Dios? ¿Obedeces al Señor sólo cuando te conviene o incondicionalmente?

UN LLAMADO REQUIERE DECISION. Jonás sabía que cuando Dios llama, no es posible permanecer indiferente. Está ante dos opciones, se obedece o se huye. Jonás optó por correr en la dirección opuesta, a Tarsis de España. Pero Dios lo siguió y envió la tempestad. La desobediencia a Dios no queda sin consecuencias y trae tempestad a la vida. Pero Jonás, tratando de evadir esta situación se durmió. Con frecuencia, el creyente desobediente se encuentra tan ensimismado en sus problemas que no reconoce que son resultados de su desobediencia.

UN TESTIMONIO PARADOJICO. ¡Qué oportunidad para testificar de Dios! "Rindo culto al Señor... creador del mar y de la tierra", dijo Jonás (9). Pero los paganos fueron más piadosos y dispuestos a reconocer la verdad que el profeta mismo. ¡Qué contradicción, pensar que se puede huir del Dios que creó la tierra y el mar! Jonás es un buen ejemplo de la verdad de Gálatas 6:7: "Nadie puede burlarse de Dios."

"¿A dónde podría ir, lejos de tu espíritu? ¿A dónde huiría, lejos de tu presencia?" (Salmo 139:7).

Padre, haz que mis palabras respalden mis conocimientos acerca de ti, para que así mi testimonio sea consecuente.

MARZO
6

¡HOMBRE AL AGUA!

JONAS 1:12-17

INVESTIGUEMOS...

1. A pesar de la desobediencia de Jonás, ¿qué signos de la misericordia de Dios se ven aquí? ____________________

____

2. "Yo sé bien que soy el culpable" (12). ¿Existe en tu vida alguna situación que exige que reconozcas, al igual que Jonás, tu responsabilidad? ____________________

____

LA FE DE LOS MARINEROS. Con frecuencia encontramos personas que no son seguidoras de Cristo y que, sin embargo, suelen estar más abiertas a las acciones de Dios. Los paganos del relato se maravillaron por lo que Dios había hecho, atribuyendo la tempestad a la acción de un Ser sobrenatural y soberano (14). Observemos también que Dios responde con amor a la oración de estos hombres, aun en una situación producida por la desobediencia. Ellos están preocupados por su propia vida y por la vida de Jonás, y Dios conserva a todos.

EL PLAN DE DIOS SIGUE SU CURSO. Jonás se da por vencido. Acepta con resignación que debe morir, para que los marineros no perezcan. Pero Dios es misericordioso. Prepara un gran pez para salvar a Jonás. Aunque fue una experiencia terrible vivida por el profeta, Dios la estaba usando para su bien. ¿Cuántas experiencias has vivido en las que Dios estaba obrando a tu favor aun sin que te dieras cuenta?

"Tú, Señor, actúas según tu voluntad" (14).

Te agradezco Señor, por las cosas que tú provees en mi vida, que me sirven de guía y protección. Gracias porque tú te preocupas de los más mínimos detalles.

"DESDE LAS PROFUNDIDADES"

JONAS 2:1-10

INVESTIGUEMOS...

1. Anota los detalles que muestran el arrepentimiento de Jonás. ¿Cuáles son las razones de su agradecimiento?

___

___

2. ¿En qué situaciones has sentido más necesidad de clamar a Dios?

___

___

La oración de Jonás, en forma poética, responde a varias interrogantes en cuanto a la oración.

¿CUANDO? En el momento en que Jonás se creía perdido clamó a Dios (7). Aunque había desobedecido, sabía que el Señor escucharía su clamor. ¿A veces te sientes como Jonás, desesperado, abatido o desilusionado? Cuando te sientes solo, ¿puedes clamar a Dios con la misma confianza del profeta?

¿DONDE? ¡Qué lugar más insólito para orar! Si no se puede escapar del Dios que creó el universo, tampoco existe lugar en el universo en el que no se pueda orar. ¡Qué alentador es saber que podemos hablar con Dios en cualquier lugar!

¿A QUIEN? Jonás, al igual que los autores de los Salmos, no duda de que Dios escucha y responde a las oraciones. "Clamé a ti, y tú me oíste" (2). ¿Puedes decir lo mismo que Jonás acerca de tus oraciones?

¿QUE? Debemos ser francos con Dios. Jonás reconoció que la situación en la que se encontraba había sido prevista por Dios para enseñarle a obedecer (3, 7, 9). Se arrepintió, y en el poema agradece a Dios por haberlo escuchado y salvado. ¿Qué te enseña esta experiencia de Jonás? ¿Cuál es la oración que debes hacer tú, ahora?

"... clamé a ti, Señor, y tú me respondiste"(2).

Señor, haz que en los momentos duros de la vida pueda aprender a clamar a ti, y que cuando todo sea "normal" mi relación contigo tenga la misma profundidad

MARZO
8

RESULTADOS INESPERADOS

JONAS 3:1-10

INVESTIGUEMOS...

1. ¿Alguna vez has querido presentar el mensaje de Dios a alguien, pero dudaste de que tuviera interés? ¿Qué te dice al respecto este capítulo?

____

____

2. Si alguna vez fallas a Dios, ¿crees que ya no te va a usar? ¿Qué te enseñan los versículos 1-3?

____

____

LA PACIENCIA DE DIOS CON SU SIERVO. ¡Cuán misericordioso es Dios con Jonás! Renueva el llamado que le hizo, dándole una nueva oportunidad. Esta vez él obedece, habiendo aprendido que cuando se trata de anunciar el mensaje de Dios, no se puede huir. A Jonás aún le falta aprender mucho, pero Dios lo usa y al mismo tiempo continúa obrando en él.

LA OBRA ES DE DIOS. Nadie hubiera esperado una reacción tan radical de la gente de Nínive. Desde el hombre común hasta el rey se arrepintieron. A menudo Dios nos sorprende con su forma de actuar. Con una acción pequeña o una palabra insignificante Dios puede hacer cosas grandes que afectan a miles de vidas. No podemos atribuir el arrepentimiento de Nínive a la estrategia de Jonás, ni a una extraordinaria fe. Sencillamente obedeció a Dios y El le usó. Dios te pide que le obedezcas en los detalles, en lo que parece insignificante. El se compromete a concluir la obra que te ha encargado.

El Señor dice: "... anda, vete ... y anuncia lo que te voy a decir" (2).

Te pido, Señor, que me des la valentía necesaria para obedecerte.

MARZO
9

DIOS NO OBRA POR PREJUICIO

JONAS 4:1-11

INVESTIGUEMOS...

1. ¿Qué quiso enseñarle Dios a Jonás en los versículos 10 y 11? ____________

____

2. ¿Te has quejado alguna vez por la manera en que Dios obra? ¿Hasta qué punto te identificas con las quejas de Jonás? ____________

____

LOS VALORES DE DIOS. Dios no obró como Jonás quiso. El había clamado desde el vientre del pez pidiendo misericordia. Ahora se enoja porque Dios se compadece de miles de ninivitas. Nuestros prejuicios racistas nos hacen pensar que nuestra nación o nuestra clase social tiene que ser más importante para Dios que el resto de las personas. Pero Dios no se conforma a nuestros esquemas.

DIOS SIGUE OBRANDO EN SU MENSAJERO. Este último capítulo es quizás el más impactante de todo el libro. Al mensajero Jonás le importa más su propia comodidad, sus propios intereses y sentimientos, que la salvación de los ninivitas. Pero de nuevo Dios sigue obrando en su siervo rebelde. A través de la parábola en vivo de la planta que primero le provee sombra y luego muere, el Señor hace ver a Jonás que sus prioridades están totalmente erradas. En un mundo lleno de personas desesperadas y confusas, ¿de qué nos preocupamos nosotros?

Meditemos en este poema:

> Jonás se dirigía
> a su asiento protegido,
> esperando que Dios
> se conformara a su
> manera de pensar.
> Y Dios todavía espera que muchos Jonases
> en sus casas cómodas
> se transformen y aprendan
> *su* manera de *amar.*

Los caminos de Dios son justos y buenos.

Acepto tu voluntad, Señor, porque sé que es lo mejor.

MARZO
10

PRIORIDADES

HAGEO 1:1-15

INVESTIGUEMOS...

1. ¿Cuál era la prioridad de Dios y cuál la del pueblo (5, 9)?

____

____

2. ¿Qué es lo más importante en tu vida? ¿Quizás dices: "todavía no es tiempo" (2, 3), cuando Dios dice: "Vayan..." (8)?

____

____

Los judíos que regresaron del cautiverio en Babilonia, lucharon contra la pobreza y contra muchas otras dificultades. Aun así, unos 15 años antes habían comenzado a construir el templo, pero la oposición les hizo desistir de la empresa. Se dedicaron entonces a sus propias casas y a sus propias vidas. Poco a poco perdieron su entusiasmo para glorificar a Dios. Para transformar esta situación, Dios levantó al profeta Hageo, quien les advirtió: "Piensen en su conducta" (5). ¿Y tú estás consciente de cómo es la tuya?

En el Antiguo Testamento, como también ahora, lo espiritual, lo social y lo económico van siempre interrelacionados. En este caso, Dios hizo que el trabajo de la gente no rindiera mucho fruto, ya que no habían puesto en primer lugar la obra de Dios (5, 9, 11).

"PIENSEN BIEN EN SU CONDUCTA" (7). ¿Qué debían hacer? "Manos a la obra", dice Hageo, "vayan, traigan, construyan de nuevo el templo". ¿Cómo puedes corregir la distorsión de tus prioridades? Piensa en acciones concretas. Te costará tiempo, dinero, esfuerzo, pero Dios mismo promete: "Yo estoy con ustedes" (13). Nota la reacción de los líderes y del pueblo (14, 15).

"Pongan toda su atención en el reino de Dios y en hacer lo que Dios exige..." (Mateo 6:33).

Señor, ¡que tú seas lo más importante de mi vida!

MARZO
11

¡ANIMO EN LA OBRA DE DIOS!

HAGEO 2:1-9

INVESTIGUEMOS...

1. Después de un mes y medio de trabajo, ¿por qué estaba desanimado el pueblo (3)? ¿Qué promesas les dio el Señor (7-9)? ______________________

____

2. ¿Te desanimas cuando después de mucho sacrificio tu esfuerzo parece pequeño y humilde? ¿Qué cosas pueden animarte (3, 7-9)? ______________

____

El pequeño grupo de judíos que regresó del cautiverio contaba con pocos recursos si se los compara con los disponibles en el imperio de Salomón. Por esta razón, este segundo templo no tenía el esplendor del cedro, del oro y de las decoraciones lujosas del templo.

Quienes recordaron este primer templo se entristecieron y se desanimaron. Pero delante de Dios lo que cuenta no es el esplendor, ni la grandeza, ni la fama, sino la obediencia, a fin de que se cumpla su propósito.

* *UN MENSAJE ALENTADOR PARA LOS LIDERES Y EL PUEBLO.* Aunque tu trabajo parezca pequeño o de poca importancia, si es la voluntad de Dios, ¡anímate! (4) porque:

* *PUEDES CONFIAR EN LAS PROMESAS DE DIOS* (4, 5). El promete estar contigo, como también su Santo Espíritu. ¿Estás desanimado en el trabajo que El te ha encomendado? Piensa en las promesas de Dios, en su gloria y en el propósito que El tiene.

"*MI TEMPLO SE LLENARÁ DE GLORIA*" (7). El versículo 9 dice literalmente: "La gloria de este último templo será mayor que la del primero." Pero, ¿cómo podría cumplirse esto si era mucho más pobre y humilde que el primero? Cinco siglos más tarde el Mesías, Jesucristo, vino al segundo templo. Fue entonces cuando en verdad éste se llenó de gloria. Este pueblo pequeño y pobre estaba preparando el camino para el hecho más trascendental de todos los tiempos.

¿Puedes aplicar estas verdades a tu trabajo? Tu tarea puede parecer pequeña y tu servicio insignificante, pero si están hechos en obediencia a Dios, tendrán resultados eternos. Nota la repetición de la frase: "El Señor todopoderoso lo afirma" (4, 7, 9).

Lo pequeño, en las manos de Dios, es suficientemente grande como para justificar mi trabajo.

Padre, quiero honrarte con mis obras, por insignificantes que parezcan.

MARZO
12

¿QUE DEL DIVORCIO?

MARCOS 10:1-12

INVESTIGUEMOS...

1. Anota las enseñanzas fundamentales acerca de la relación hombre/mujer que Jesús enuncia en los versículos 6-9. ______________________________

____

2. ¿Qué actitud o posición personal tienes respecto al divorcio? ¿Qué piensas de la respuesta de Jesús en los versículos 11 y 12? ______________________

____

Actualmente no es necesario acudir a las estadísticas para saber que el índice de divorcios es alarmantemente elevado. Es una característica social de la época, aun en nuestros países latinos, en los que, por lo menos oficialmente, se siguen cánones morales estrictos.

BUSCANDO RAICES POSITIVAS. Jesús nos enseña otra vez en esta oportunidad que para encontrar soluciones a las interrogantes que nos afligen, debemos acudir a los principios básicos de orden establecidos por Dios. Nos induce a que nos remontemos a lo que El dice, antes de acudir por simple conveniencia a argumentos superficiales que rechazan estos principios. Jesús vuelve a afirmar con mayor fuerza lo que Dios instituyó en cuanto al matrimonio, dejando la decisión final de oír y obedecer, o no hacerlo, al hombre mismo.

LOS PRINCIPIOS. En los versículos 6-9 encontramos mucha riqueza expresada en brevísimas palabras. (1) Desde el comienzo, Dios creó a los dos sexos con el propósito de que se complementaran y fueran compañeros entre sí. (2) El matrimonio implica un cambio de posición. El hombre deja de ser hijo, y la mujer hija, y llegan a ser esposo y esposa. Esta es ahora la relación más importante para ambos. (3) En el matrimonio hay una misteriosa fusión entre hombre y mujer. De dos personas diferentes se llega a crear un solo ente. Ambas personalidades se enriquecen y llegan a ser algo más completo. (4) Ya que esta unión entre hombre y mujer es de origen divino, no debería romperse ligeramente por mera decisión del hombre.

Tenemos que enfrentar el hecho de que aun entre cristianos existen conflictos matrimoniales, pues somos seres pecaminosos y falibles. Recordemos que, aun cuando se presente el divorcio como la única solución, va siempre en contra de lo que Dios quiere para la pareja. Recordemos también que en el Señor hay perdón y compresión en esta área de nuestras relaciones humanas.

"Por la dureza de vuestro corazón os escribió este mandamiento" (5 R.V.R.).

Gracias Señor por la libertad que siento sabiendo que obedeciendo tus principios no tendré que curar heridas.

MARZO
13

"COMO UN NIÑO"

MARCOS 10:13-16

INVESTIGUEMOS...

1. ¿Hasta qué punto llega la contrariedad del Señor con sus discípulos al ver la actitud de ellos hacia los niños (14)?

2. Quizás no tengas una actitud tan drástica como los discípulos, pero honestamente, ¿puedes contestar que no estás "impidiendo" que algún niño se acerque al Señor?

En nuestro medio el papel de los niños es relativamente secundario, ¿no? A menos que se los utilice como consumidores potenciales de algún producto o como justificativo noble para conseguir propósitos. "Un mundo mejor para los niños", "El niño, el futuro de la patria": éste es el tenor de los slogans, pero muchas veces la realidad es muy diferente.

Este accidente nos muestra dos cosas: lugar de los niños en el reino de Dios y nuestro lugar como niños de Dios.

* *¿CUAL ES NUESTRA ACTITUD HACIA LOS NIÑOS Y SU RELACION CON DIOS?* O quizás sería mejor preguntar: ¿Cuál es la actitud de Dios hacia los niños? Observemos el rechazo de los discípulos (13). ¿Existen actitudes similares hoy en día? Las palabras y las acciones de Jesús nos indican que la actitud de Dios hacia los niños es totalmente diferente (14). Evidentemente ellos pueden ser miembros de su reino. Algunos dicen que deberíamos tratar a todos los niños como si lo fueran hasta que demuestren claramente un rechazo a Dios. ¿Qué opinas tú? Medita en las evidencias del pasaje.

* *CUALQUIERA PUEDE ENTRAR EN EL REINO DE DIOS SI LO HACE COMO UN NIÑO.* Lo que no significa con irresponsabilidad e inmadurez, sino con espontaneidad, con confianza, sin autosuficiencia. Quien así no lo hace se aleja más del Señor (ver Marcos 8:34; 9:33-37).

"El reino... es de quienes son como ellos" (14).

Señor, no quiero ser impedimento para ningún niño, a la vez que quiero ser como un niño ante ti.

MARZO
14

LA UNICA OFRENDA

MARCOS 10:17-31

INVESTIGUEMOS...

1. ¿Cuál era el problema de este hombre que fue corriendo a Jesús (17, 18, 22)?

2. ¿Crees que te falta algo para heredar la vida eterna? ¿Qué vas a hacer al respecto?

EL DILEMA DE ESTE HOMBRE (17-22). A veces nos es fácil ser observadores de lo que suponemos son las ordenanzas del Señor cuando esto no implica ofrenda personal y radical. Es el caso de este hombre, que a pesar de conocer y practicar una vida correcta, sabía en su interior que le faltaba algo, que no estaba completa su relación con Dios. Este hecho, el estar consciente de su necesidad fue lo que causó una cariñosa respuesta del Señor. Y es con profundo amor que Jesús hace ver al hombre que el servirle implica una entrega de todo su ser. Quizás en tu caso Dios no te pida las riquezas que tienes. Ten en cuenta que la vida eterna no es un aditamento, es la plenitud de una integración con el Señor, como la rama a la vid, a un Jesús que es la vida misma (Juan 15:5). El ofrendar al Señor lo más valioso que tenemos será digno de recibir la vida eterna (29, 30).

DIOS DE LO IMPOSIBLE (27). Para los judíos, las riquezas eran una prueba del favor de Dios. Por eso creían que para una persona pudiente era más fácil la entrada en el reino de Dios. Pero Jesús desdice esta idea, ¿por qué? En Mateo 6:14 encontramos una posible respuesta. Es más fácil creer que el dinero lo puede todo. Pero nadie puede comprarse o ganarse la vida eterna: es "don de Dios" (Romanos 6:23). Toda persona, no importa su situación económica o nivel social, puede recibir la salvación que ofrece el Dios de lo imposible (27).

"Por mi causa y por causa del mensaje de salvación" (29).

Que detecte Señor, lo que tú deseas que te ofrezca.

MARZO
15

LA JERARQUIA DEL REINO

MARCOS 10:32-45

INVESTIGUEMOS...

1. ¿Para qué vino el Hijo del Hombre (45)? Explícalo con tus propias palabras.

____

____

2. ¿Cómo podemos evitar la debilidad de pedir cosas no convenientes? (Romanos 8:26). ____

____

¿Por qué entre los seguidores de Jesús a Jerusalén había algunos asombrados y temerosos (32)? Sin duda, por lo que podría acontecer. Los anuncios previos en cuanto a su muerte (8:31; 9:12, 31) hacían que los discípulos y demás acompañantes intuyeran que hechos dramáticos se acercaban. En nuestros tiempos muchas señales también evidencian que las profecías se cumplen y que se avecinan tiempos aun más críticos para los cristianos. Quizás como la gente de aquella época, tenemos miedo al seguirle hoy. Revisa las palabras del Señor en San Juan 14:27.

El SEÑOR ES REALISTA, AYER COMO HOY. Toma aparte a los doce y como en un acto de confianza les explica aun más detalladamente, no disfrazando el hecho, lo que deberá ocurrir. Hace lo mismo ahora y nos da el privilegio de tener a nuestra disposición su revelación contenida en la Biblia.

SANTIAGO Y JUAN tratan entonces de sacar partido de la situación, y sin comprender la magnitud de lo revelado, piden al Maestro, ya más en privado, concesiones de poder o jerarquía en aquel reino futuro de gloria que se avizoraba. La respuesta es franca. "No saben lo que están pidiendo." ¿Puedes recordar alguna petición similar que hayas hecho a Jesús?

EL SEÑOR, al tratar de demostrarles que estar en su reino se trataba de otro tipo de gloria, les hace preguntas que muestran otro camino. Pero ellos aún no comprenden y se creen capaces de pasar por esas pruebas. Este asunto causa malestar en el grupo, pero el Señor lo corta, explicándoles detalles de cómo debía ser el gobierno y la "jerarquía" entre ellos. Entre sus seguidores no deberían tener vigencia las normas establecidas por el mundo, y que influían en el pensamiento del equipo, sino más bien los valores paradójicos del reino de Dios. Su propia vida los plasmó en realidad.

El que quiera ser grande deberá saber servir.

Señor, ayúdame a comprender la sencillez y grandeza de tu reino.

MARZO
16

...Y SIGUIO A JESUS POR EL CAMINO

MARCOS 10:46-52

INVESTIGUEMOS...

1. ¿Por qué crees que Jesús preguntó a Bartimeo lo que quería que hiciera por él, siendo un hombre con una evidente necesidad (51)? ____________________

____

2. La vida de este hombre fue transformada por su encuentro con Jesús. ¿En qué sentido se ha cambiado tu vida a raíz de conocer al Señor? ____________

____

JERICO. Un impedido en las afueras. Jesús se acerca y un clamoroso llamado se oye, "Jesús, Hijo de David ..." No faltó alguien que quisiera acallar esos gritos, pero se hicieron aun más fuertes, con firme convicción, hasta que lograron su objetivo. ¿Qué implicaba este apelativo? Un reconocimiento de la estirpe, realeza y poder del Señor. Aquel importante y popular hombre se detuvo, y en base a su actitud hacia Bartimeo, también cambió la reacción de la gente. En vez de seguir queriendo silenciar sus llamados, ahora lo alientan y le dan ánimo. El ciego se deshace con prontitud de todo lo que pueda impedirle llegar a su meta, pero se encuentra ante una pregunta aparentemente obvia, que lo obliga a resumir clara y concisamente su petición. Fue suficiente; no hacían falta más llantos ni súplicas, sino sólo una sencilla confianza en el Señor.

AHORA. Hay muchos impedidos, con impedimentos para ser libres de sí mismos, de disfrutar la paz del perdón, de mirar con confianza el futuro. Jesús cerca, muy cerca. ¿Por qué no acudir reconociendo su grandeza? La comodidad de nuestro siglo, la ciencia que acalla muchas veces esos llamados interiores, la posición social nos impiden que gritemos con convicción. Pero el Señor no es sordo y oye aun susurros y con compasión puede detenerse ahora ante ti. Entonces te verás animado, con fuerzas para dejar cualquier estorbo que te aleje de El. Dile lo que necesitas concretamente, no dudando en nada que Jesús puede hacerlo y te dará la libertad. Pero ten en cuenta la actitud posterior de este nuevo hombre.

"¿Qué quieres que haga por ti?" (51).

Dame fuerzas, Señor, para no permitir que nada acalle mi grito.

MARZO
17

UN APOTEOSICO RECIBIMIENTO

MARCOS 11:1-11

INVESTIGUEMOS...

1. ¿Qué impresión recibes de este pasaje del estado de ánimo de Jesús en este momento (2, 3, 11)? ______________________________________

____

2. ¿En qué se fundamentan tus alabanzas al Señor? ¿Existe en ellas un elemento de superficialidad, o realmente se basan en un conocimiento de El? ______

____

El hecho de que Jesús diera detalles acerca de cómo traer el asnillo, dónde encontrarlo, etc., le dan a este episodio un cariz misterioso, con predicciones y premoniciones. Pero si analizamos el momento en que ocurrió, nos daremos cuenta sencillamente de que la gente estaba conmovida por la resurrección de Lázaro (Juan 12:17, 18), por lo que la popularidad del Maestro iba creciendo, y por tanto mencionar que "el Señor lo necesita", fue suficiente. Todos estaban solícitos en procurar la comodidad de Jesús y darle el honor máximo con muestras evidentes de honra (7, 8).

Piensa en el tipo de aclamaciones que recibió Jesús al entrar en Jerusalén. Podemos solamente especular un poco en cuanto al sentido ellas. Puede ser que a quien aclamaban no era a quien esperaban, un sucesor del Rey David, un líder político judío, que venía a establecer con poderes sobrenaturales un gobierno que liberaría al pueblo hebreo, que por entonces estaba bajo el yugo romano. Quizás esperaban la consolidación de un reino terrenal, que fuera liderado por alguien capaz de proveer pan, arrastrar masas, dar salud y tener un árbol genealógico respetable y ... no aquel que muy pronto pasaría por una muerte humillante. Lo cierto es que, a pocos días estos gritos de aclamación se transformarían en un "Crucifícale..."

A veces pasamos por lo mismo, ¿no? Otorgamos al Señor un papel que queremos que protagonice, queremos que sea un filósofo muy original, un modelo revolucionario, un buen pretexto para dejar vicios, etc., pero nada más. No despojemos a nuestro maravilloso Dios de su ser inefable, de sus atributos esenciales.

"¡Bendito el que viene en el nombre del Señor!" (9).

Señor, quiero darte mi alabanza pura, sin prejuicios. Enséñame cada día a conocerte más de cerca.

MARZO
18

PURIFICACION

MARCOS 11:12-18

INVESTIGUEMOS...

1. ¿Por qué las autoridades eclesiásticas no se atrevían a matar al Señor Jesús, aunque deseaban hacerlo (18)? ______________________________

____

2. ¿Cuál es el objetivo principal de un edificio dedicado a Dios? ______________________________

____

Por ahora y hasta mañana dejaremos en suspenso los primeros versículos (12-14) y concentraremos nuestra atención en este hecho que nos impresiona: Jesús actuando de una manera nada pasiva.

Es la segunda vez que el Señor tiene que realizar la misma operación (Juan 2:13). En la primera ocasión El tuvo que enfrentarse con las autoridades, pero esta vez nadie se atreve a contraponerse. Notaremos, además, que en el relato de Juan las palabras del Salvador primero son un reproche, luego un desafío, pero ahora solamente es un reproche aún más enérgico y contundente.

La escena se desarrolla en el atrio del Templo, al que sí tenían acceso los no-judíos. El ambiente era especial, con el desorden que implica la afluencia de gentes de otras regiones con motivos religiosos. El Templo se había convertido en un mercado de animales para los sacrificios y un lugar de cambio de moneda para los extranjeros. ¿Normal? Práctico quizás, pero irreverente. A veces, sopesando las cosas, damos prioridad a lo práctico, con lo que justificamos posibles irreverencias. El cuadro que primero aparecía a la vista de un visitante era un mercado y fue precisamente lo que el Señor percibió a su llegada. ¿Qué imagen muestra nuestro templo a cualquiera que se aproxime a él? ¿Lo invita a la adoración o distrae su atención de Dios? ¿Es una "casa de oración"?

Aunque el texto mismo no menciona las palabras "violencia" o "enojo", podemos deducir que para poder dominar a una multitud ocupada en negocios, Jesús tuvo que haber obrado con rapidez, energía y convicción, al punto que se atrevió a prohibir que "nadie pasara por el templo llevando cosas". Si eres líder en tu iglesia, que este pasaje te estimule a obrar con celo santo en la casa del Señor.

"Me consume el celo por tu casa" (Salmo 69:9).

Dame fuerzas, Padre, para oponerme a la corriente que pueda afrentar tu casa.

FUENTES DE AUTORIDAD

MARCOS 11:20-33

INVESTIGUEMOS...

1. Según los versículos 24 y 25, ¿cuáles son las condiciones para poder orar con autoridad? ______

2. Permite que las palabras de Jesús en el versículo 25 te desafíen a la acción en este día.

Por favor, hoy día relee los versículos 12-14.

AUTORIDAD EN LA ORACION (20-25). En apariencia, el árbol que divisó el Señor era uno que bien podía tener fruto. Generalmente se presentaba algo de fruto aun antes de las primeras hojas. Al purificar el Templo, Jesús denunció simbólicamente el culto decadente del pueblo de Israel, y al maldecir la higuera llamó la atención a la "fachada" religiosa de los judíos. Al igual que la higuera frondosa, el pueblo de Israel parecía ofrecer fruto espiritual. Pero la realidad era muy diferente. Tras el hermoso aspecto había un vacío. El árbol, aunque aparentemente fructífero, realmente era estéril, y las palabras de Jesús en el versículo 14 predicen su fin. ¿Y qué de nosotros? ¿Presentamos una "fachada" religiosa, o realmente producimos fruto espiritual?

Los discípulos, y en la versión de Marcos especialmente Pedro, reaccionan ante los resultados inmediatos de la maldición de Jesús. De eso se desprenden dos enseñanzas importantes acerca de la oración eficaz, o sea, la oración hecha con autoridad. (1) La oración eficaz tiene que hacerse con fe, aquella fe de 1 Corintios 12:9 que es obra del Espíritu Santo y que se identifica plenamente con los propósitos de Dios. (2) La oración eficaz brota de los labios de quienes saben perdonar. Tenemos acceso a Dios en oración sólo porque su gracia nos ha perdonado. Si no sabemos perdonar libremente a nuestro prójimo, ¿qué derecho tenemos de esperar que Dios nos escuche?

AUTORIDAD EN LA ACCION (27-33). La pregunta de los maestros religiosos fue razonable (28). Pero la respuesta/pregunta de Jesús demuestra el problema fundamental. Ellos, al negarse a reconocer la acción del Espíritu Santo en Juan el Bautista, y desde luego, en Jesús mismo, demostraban una falta de ese discernimiento y sensibilidad espiritual que son esenciales para que todo líder cristiano actúe con autoridad.

"Crean... perdonen" (24, 25).

Ora, creyendo que puedes perdonar aquello que te parece imposible.

MARZO
20

"ESTO LO HIZO EL SEÑOR Y ESTAMOS MARAVILLADOS"

MARCOS 12:1-12

INVESTIGUEMOS...

1. ¿ Se reconocieron las autoridades eclesiásticas en la parábola (12)? ______

______

2. "Será nuestra la propiedad" (7). ¿Hablamos de *mi* iglesia, *mi* estudio bíblico, *mi* organización? ¿O nos damos cuenta de que somos simples labradores, responsables ante el Dueño? ______

Estando aún presentes sus interlocutores, los que habían formulado la desafiante pregunta en cuanto al origen de la autoridad del Señor, El les refiere una parábola, que además de perfilarles la situación del pueblo de Israel, reparte a cada actor su papel. El enfoque o la figura que usa fue muy familiar para estos conocedores del Antiguo Testamento (Isaías 5), pero tomemos en cuenta algunos aspectos implícitos en este claro relato que tienen una vigencia inmediata para nosotros:

1. *EL CONSTRUCTOR* de la infraestructura del viñedo es alguien por encima del mismo, capaz en conocimiento, en posesión de los materiales y con derecho a disponer de su obra. Confiado y satisfecho se va de viaje.

2. *LOS CRIADOS SON EMISARIOS* con potestad de negociar y con autoridad de comunicar la palabra de su señor. Este hecho es claro, y es vano negarlo para los inquilinos, quienes conscientes de la autoridad de los mensajeros, y en especial del hijo del dueño (lo que aumenta su responsabilidad), obran con violencia y recurren finalmente al homicidio.

3. *EL FINAL Y SUPREMO RECURSO* del amo era enviar a alguien de su misma alcurnia, de su misma sangre, hecho que le hizo suponer que recibiría una especial consideración. Pero lejos de ser así, estos precedentes aumentaron la saña de los labradores.

4. *EL PAGO* que el amo esperaba recibir no era dinero, sino sencillamente la cesión de una parte de la cosecha.

5. *DIOS HA ENTREGADO EL VIÑEDO DEL MUNDO* a "otros" labradores (9) – a la iglesia que es el conjunto de todos los cristianos. En Juan 15, Jesús nos insta a que produzcamos fruto para Dios. Como cristianos, en forma individual y comunitaria, podemos perder de vista, al igual que la nación judía, la función que nos fue encomendada por el Dueño del viñedo. ¿Tu congregación produce frutos, o simplemente existe?

Jesús rechazado y despreciado "se ha convertido en la piedra principal" (10).

Agradezcamos que el Dueño del viñedo ha decidido ceder su propiedad a otros, a nosotros. Que sepamos ser buenos labradores para poder ofrecerle una hermosa cosecha.

MARZO
21

"DAD AL CESAR"

MARCOS 12:13-17

INVESTIGUEMOS...

1. ¿Qué tenían en común los fariseos y herodianos (13)?

2. "Tú enseñas de veras a vivir como Dios exige" (14). ¿Es ésta tu experiencia de Cristo? ¿Qué implica en la práctica?

Es impresionante reconocer el hecho de que la persona del Señor no deja indiferente a la gente, sino que mueve, inquieta, motiva, aunque sea adversamente, como en esta ocasión. Aquí se presentan políticos y religiosos preocupados por El. La diplomacia envuelve como en una nube la trampa. Se acercan juntos, representando grupos dispares, para simular y presionar al Señor a que diera su veredicto en una supuesta discrepancia entre ellos. Es interesante notar que hasta hoy en día los adversarios del Señor se unen aun entre enemigos, para oponérsele.

Pero cayeron en sus propias palabras lisonjeras: "no juzgas a los hombres por su apariencia", dijeron, y Jesús hizo evidente su hipocresía, acusándoles de tenderle una trampa. Sin rehuir contestar, a pesar de sus torcidas motivaciones, lo hace con la famosísima frase del versículo 17. Pero, ¿te has detenido a pensar en su profundo significado? Evidencia la existencia de la línea divisoria entre lo que pertenece a Dios y lo demás, y el legítimo derecho divino de reclamar lo que es de El, que implica la obligación de otorgárselo. El tributar a César era un acto de sometimiento a su persona, por lo que la disyuntiva estribaba en contraponer a Dios mismo y el emperador. Jesús desbarata este argumento como improcedente, pues era degradar al Padre. Esto no significa eludir las garantías y comodidades, pues Jesús da a entender que al gozar de las garantías y comodidades que nos ofrece el Estado, también estamos obligados a cumplir con nuestros deberes y responsabilidades hacia él. Pero para sus interlocutores, el verdadero problema estaba en las palabras: "Den... a Dios lo que es de Dios". ¿Cuál de ellos (y ¿quién de nosotros?) podría decir honestamente que estaba dando al Dios soberano lo que le correspondía?

"Y su respuesta los dejó admirados" (17).

Agradezcamos al Señor por su perfecta visión cósmica que ubica correctamente las cosas en su lugar.

MARZO
22

¡ESTAN EQUIVOCADOS, MUY EQUIVOCADOS!

MARCOS 12:18-27

INVESTIGUEMOS...

1. ¿En qué sentido serán los hombres y las mujeres como los ángeles en la resurrección (25)? ______________________________

____

2. "No conocen las Escrituras ni el poder de Dios" (24). Medita en estas palabras fuertes de Jesús. ¿Tienen aplicación para ti? ______________________________

____

Ayer vimos al Señor confrontado con dos determinados grupos de la época, y hoy vemos inmediatamente un tercero, el de los saduceos, un partido político-religioso, rivales de los fariseos, y que, entre otras cosas negaban la doctrina de la resurrección (18). La palabra que une ambos relatos es "entonces" (18). Ya que fracasó el ataque de herodianos y fariseos, los saduceos sí tendrán éxito con un nuevo y diferente dilema, esta vez de índole teológica. El cuadro se presenta cómico, llevando al ridículo una resurrección en la cual de hecho ellos no creían. ¿No te has sentido alguna vez tentado a hacer lo mismo con el Señor, aun siendo creyente? ¿Cuestionando, hilvanando teorías que puedan tergiversar la palabra de Dios?

Los hombres en cuestión ponen como base de su planteamiento instrucciones del respetado Moisés, que aparentemente justificaban sus dudas (ve Deuteronomio 25:50), y hábilmente elevan un castillo de posibilidades. Nuevamente la respuesta es sabia y rotunda: "Están equivocados". Todo su edificio es endeble por su ignorancia, lo que invalidaba la exposición de su supuesto problema. ¡No podemos ponernos a discutir el medio de transporte que utilizaremos, si no vamos a viajar!

Jesús, aceptando la pregunta de los saduceos, les asegura que nuestras actuales relaciones matrimoniales no tendrán vigencia en la resurrección. Luego, con respecto a la resurrección en sí, dice que Dios jamás hubiera hablado de sí mismo en relación con los antepasados de Moisés si ellos hubiesen muerto y desaparecido para siempre. ¿Nos cuesta aceptar esta primera enseñanza? La relación matrimonial nos revela tantas cosas acerca de la vida que Dios quiere que vivamos, que nos parece que la vida del reino sería empobrecida sin ella, ¿no es cierto? La respuesta de Jesús nos asegura que la vida en la resurrección será más hermosa aún que las más bellas realidades de esta vida. En este mundo nuestra capacidad de amar es limitada; en aquel mundo, nuestro amor no tendrá límites.

¡Dios... no de muertos, sino de vivos! (27)

Amado Padre, ayúdame a conocer tu palabra en su debida dimensión, y a vivirla con el poder de tu Espíritu (24).

MARZO
23

MAS VALIOSO QUE LOS SACRIFICIOS

MARCOS 12:28-34

INVESTIGUEMOS...

1. "Había contestado con buen sentido" (34). ¿En qué se fundamentó esta opinión de Jesús? ______________________________

____

2. Evalúate a ti mismo a la luz de las palabras de los versículos 30 y 31. ______

____

Ahora encontramos al Señor Jesús frente a uno de los maestros de la ley, pero esta vez se trata de alguien que, después de observar la calidad de sus respuestas, se ve motivado a conversar con el Señor a otro nivel. No nos dedicaremos a analizar la trama y el fondo del encuentro, sino el tipo de aseveraciones que se pueden extractar. Este conocedor de la ley quiere saber cuál es la posición de Jesús respecto a cómo agradar a Dios, estando en un mundo muy complicado. El pide una sola regla para poder resolver las tensiones morales, pero lo bueno no es tan sencillo, y Jesús le da dos pautas.

El Señor, al enunciar estos mandamientos fundamentales, da su propia posición y se define. Hay quienes hacen división entre lo contenido en el Antiguo Testamento y lo contenido en el Nuevo, pero vemos que por la misma boca de Jesucristo se delinea una unidad en el mensaje de Dios al hombre a través de los tiempos. Lo determinado antiguamente cobra vitalidad con su conclusión: "Ningún mandamiento es más importante que éstos". Ayer, ahora y siempre. Ambos descubren que están de acuerdo e inclusive el maestro de la ley exalta la aseveración del Señor con otra declaración, haciendo suyas las palabras de Dios en Oseas 6:6.

Todo muy bonito: acuerdo en el diálogo, conocimiento de las Escrituras... pero los requerimientos del Padre para estar en el reino de Dios no consisten solamente en estas cosas, por lo que este hombre tan sólo alcanzó a "no estar lejos del reino de Dios". Estar en esa situación será no estar en el reino de Dios.

Una pregunta importante surge de este pasaje. Si nos acercamos a las complejas decisiones éticas de hoy, provistos sólo de estos dos mandamientos, ¿estamos acaso condenados al fracaso? Pero estos mandamientos tienen que ver con la orientación fundamental de nuestra voluntad. Un profundo amor a Dios y a mi hermano arrojará luz sobre las opciones difíciles que se me presentan.

"Ningún mandamiento es más importante que éstos" (31).

Señor, que mi intención al preguntarte no sea simplemente el satisfacer mi curiosidad, sino el crecer en tu conocimiento.

MARZO
24

¿ESCUCHAS CON GUSTO A JESUS?

MARCOS 12:35-44

INVESTIGUEMOS...

1. ¿Puedes expresar con tus propias palabras el argumento de Jesús en los versículos 35-37? ______________________________

2. ¿Te das cuenta de la repercusión que pueden tener los actos aparentemente pequeños ante el Señor? ¿Cómo calificarías lo que tú le das? ______________

____

Los acontecimientos anteriores sentaron un precedente entre los observadores del Señor: "Y ya nadie se atrevía a hacerle más preguntas." Ahora es El quien las hace, quien advierte y enseña.

UNA PERSPECTIVA LIMITADA (35-40). De nuevo demuestra lo erradas que son las expectativas acerca del Mesías (35-37). Según las enseñanzas tradicionales, éste debía ser un "hijo de David" (R.V.R.), un rey-guerrero. Jesús cita el Salmo 110:1 e indica que David anticipaba a alguien mucho más grande que él, a quien él mismo llamaría "Señor". ¿Cómo pudo David llamar a su descendiente "Señor"? Nosotros sí podemos contestar la pregunta del versículo 37, porque sabemos que Jesús descendió físicamente de David, al mismo tiempo fue un Señor. Pero los maestros de la ley tuvieron que callarse. Estaban tan ligados al pasado y tan preocupados por su propia posición que no tenían la sensibilidad ni el deseo de someterse a las verdades que proclamaba y vivía Jesús.

UNA GENEROSIDAD SIN LIMITES (41-44). Esta pobre viuda demostró el verdadero significado de la devoción (43). Ella no gozaba de la influencia de los conocimientos (38), la posición social (39) o las riquezas (4), pero demostró una generosidad asombrosa. Aun ahora, el Señor nos observa a ti y a mí cuando ofrendamos, y descubre nuestras verdaderas intenciones y motivaciones.

¿Y NUESTRA PERSPECTIVA? Los cristianos hoy podemos caer en el mismo error que estos líderes religiosos. El Espíritu de Cristo que obra en la iglesia no es el hijo de Calvino, ni de Arminio, ni de Lutero. Es el Hijo de Dios a quien cada uno de estos grandes cristianos llamó "Señor". Cristo no camina tras ellos. Más bien ellos querían seguir los pasos de El. No limitemos al Espíritu de Dios, aferrándonos a los prejuicios de ayer.

La libertad y generosidad de una vida vivida bajo el control del Espíritu Santo.

Te ruego Señor que el conocimiento que tengo de las Escrituras no vele mi deber de obedecerte en el Espíritu.

MARZO
25

PREPARACION, NO ESPECULACION

MARCOS 13:1-13

INVESTIGUEMOS...

1. Busca en este pasaje todas las palabras que describen las actitudes que debería tener el cristiano que espera la venida de Cristo.

2. ¿Cuál es el mensaje que el Señor te comunica en este día a través de este pasaje?

Jesús sale del Templo por última vez, para no volver más. La majestuosidad del edificio impresionaba, especialmente a quienes habían seguido el proceso de su construcción por medio siglo. Resulta desconcertante la profecía de su destrucción y provoca una curiosidad mayor en cuanto a lo que acompañaría a estos trágicos sucesos (3, 4). Frente a donde hoy se erige la Mezquita de Omar Jesús y sus amigos se sentaron a descansar y comentar los hechos venideros.

"SE HARAN PASAR POR MI" (5, 6 R.V.R.). En la actualidad, ¿puedes reconocer a engañadores de este tipo, que usurpan los títulos del Señor, de intercesores, de puentes de conexión con Dios (1 Timoteo 2:5)?

"CUIDENSE USTEDES MISMOS" (9). En la actualidad podemos ver el tipo de hechos mencionados por el Señor, pero nos advierte que aún no es el fin, pues debe desarrollarse una abierta persecución del pueblo de Dios (13), y el evangelio debe ser evidente a todas las naciones (10). El cristiano es llamado, no a especular acerca del fin del mundo, sino a prepararse para la venida de Cristo. La analogía que usa Jesús de los dolores de parto (8) nos ayuda a ver que sí hay señales del fin, pero será imposible saber el momento exacto.

El cuadro es desolador, ¿no? Pero tomemos en cuenta las palabras finales de este pasaje en el versículo 13. A pesar de todo lo que tiene que ocurrir, el Señor nos dará las fuerzas para poder perseverar y ser salvos. Confiaremos en las palabras de Pablo en Romanos 9:16 o en Filipenses 2:12b, 13. Cuando se desarrolla la persecución al pueblo de Dios en sí, tenemos también las alentadoras palabras del Señor avisándonos que el mismo Espíritu Santo hablará por nosotros, evitándonos la necesidad de preocuparnos y concediéndonos el privilegio de dar testimonio de El (9).

"No se asusten... no se preocupen" (7, 11).

Gracias Señor, por haber dispuesto los acontecimientos del pasado como los del futuro de la manera en que lo hiciste.

MARZO
26

TIEMPOS DIFICILES

MARCOS 13:14-27

INVESTIGUEMOS...

1. ¿Cuáles son las razones por las que debemos interiorizarnos del plan de Dios (21-23)? ______________________________

____

2. ¿Has visto en ocasiones el futuro como algo negro y confuso que no te animas a enfrentar? Menciona tres razones por las que este pasaje nos hace vivir confiados. ______________________________

Al responder a la pregunta que inicia este pasaje (3, 4), el Señor lo hace con exactitud, primero bosquejando los hechos en general, luego la caída de la nación judía, para luego continuar con su venida en el fin del mundo.

En el versículo 14 el Maestro hace referencia a la profecía de Daniel en cuanto a un "horrible sacrilegio". Esto ocurrió en el año 70 d. de J.C., cuando los zelotes armados se posesionaron del Templo admitiendo a los idumeos, quienes lo inundaron con la sangre de 8.500 víctimas humanas (Josefo). Entonces fue cuando los cristianos debieron huir a las montañas, y así lo hicieron, cruzando el Jordán a Pella en Perea.

Podemos contemplar dos elementos o factores que componen la causa de los hechos. El primero es la perfecta voluntad de Dios. El Señor Jesús amplía la profecía de Daniel (14, y ver Daniel 9:27), como algo que se va a cumplir inexorablemente. Pero existe otro factor: Jesús anima a sus discípulos a orar respecto a la forma del desarrollo de los sucesos (18). ¡Qué gran consuelo es saber que, hablando con nuestro Padre, intervenimos en aquello que Dios ha determinado para la eternidad! El nos toma en cuenta, y en atención a sus hijos ha decretado los tiempos y las sazones (20). El Dios que ha establecido los sucesos y que tiene las riendas de la historia tiene cuidado de nosotros y declara que aun cada uno de nuestros cabellos está contado (Mateo 10:30).

Al igual que las profecías del AT, las palabras de Jesús son una *proclamación* de los propósitos de Dios, y no una *predicción* de eventos inevitables. Las profecías bíblicas no dan lugar al fatalismo. Aun las profecías más tristes del AT ofrecen esperanza para el pueblo de Dios que se arrepiente. No deberíamos interpretar las profecías como si fuesen horóscopos. Dios nos llama a entender sus propósitos, no a manipular los detalles proféticos para que cuadren con los acontecimientos políticos actuales.

"El tiene cuidado de vosotros" (1 Pedro 5:7 R.V.R.)

Señor, me quedo asombrado ante el hecho de que mis oraciones pueden influir en los acontecimientos de la historia. Ayúdame a saber cómo orar por este mundo.

MARZO
27

¡MANTENGANSE DESPIERTOS!

MARCOS 13:28-37

INVESTIGUEMOS...

1. ¿Cuál es el mensaje final del Señor en este pasaje? ____________________

____

2. ¿Qué implica hoy para ti el mantenerte despierto (33, 37)? ______________

____

Son muchos los casos en que Dios nos habla por medio de hechos regidos por leyes naturales. En este caso el brote de retoños augura el verano, en semejanza al cumplimiento de algunos hechos que enunció Jesús anteriormente, y que serán un preámbulo a eventos aún más trascendentales. Podríamos calificar de brotes o renuevos, hechos tales como la destrucción de Jerusalén bajo Tito o la dispersión de los judíos bajo Adriano, hechos que presenció la generación de ese tiempo.

Pero la admonición del Maestro no tiene por finalidad dar fechas, sino solamente prevenir a su gente de lo que inexorablemente sucedería en el futuro, e instarlos a estar alertas, vigilantes, lo que se logra siendo sensibles ante las verdades proféticas. Por lo tanto, Jesús termina con un sencillo ejemplo más que ilustra su enseñanza. Ante la responsabilidad de quedarnos en la tierra, como pueblo suyo, no debemos descuidar las funciones que nos ha dejado, porque el organismo que conformamos sus hijos debe funcionar y cumplir el cometido que tiene, de ser sal y luz en el mundo. Tú y yo, como sus hijos, tenemos una función determinada. La tarea es ardua, pero el Dueño, quien así lo dispuso y encargó, en cualquier momento volverá y deberemos darle cuentas de lo que nos tocaba hacer.

"Despiertos y vigilantes" (33).

Señor, no quiero tener una preocupación exagerada por los eventos futuros. Que esto no signifique que esté durmiendo en vez de vigilar. Deseo amar tu venida.

MARZO
28

AMAR CON DESPRENDIMIENTO

MARCOS 14:1-9

INVESTIGUEMOS...

1. Vuelve a leer los versículos 6-9. ¿Por qué motivo específico alaba Jesús la acción de esta mujer? ______________________________

____

2. ¿En qué sentido crees que una noble causa puede competir con la adoración al Señor (4, 5)? ______________________________

____

La jerarquía religiosa judía de aquel tiempo tenía prisa por llevar a cabo una importante empresa. Tramaban la muerte del Señor, pero para no cargar con culpas evidentes, previamente debían dar al terrible hecho un viso de legalidad, arrestándolo y llevándolo ante las autoridades, para de todas maneras asesinarlo. ¿Puedes detectar hechos o cosas que actualmente pretenden lo mismo? ¿Que buscan aniquilar al Señor por medios legales? Quizás sea una corriente teológica, con envidiable erudición, quizás un sistema moral lleno de axiomas bastante razonables y prácticos, o datos históricos "irrefutables", o descubrimientos científicos, o ... todo para lograr un Cristo muerto.

Entretanto Jesús continuaba su vida normal y se dirigió nuevamente a Betania. Era un buen amigo y llevaba una vida social muy rica por los muchos casos en que lo vemos desenvolviéndose entre toda clase de gente. Entonces acontece aquello que conocemos muy bien: en la cena se acerca la mujer que le ofrenda un frasco de perfume de nardo puro de gran valor. Cada vez que leemos esta historia se cumple lo que el mismo Señor profetiza en el versículo 9. Sinceramente, ¿cuál habría sido tu actitud? El razonamiento de objeción de los presentes era bastante entendible y práctico, pero lastimosamente surgió de una perspectiva errada. El Señor también argumenta razonablemente, pero lo que hace la diferencia es su correcta perspectiva, que implicaba la conciencia del ser mismo de Jesús, su carácter, su valor. Ante tal comparación, ¡qué insignificante un costoso perfume derramado!

Dios "ama al que da con alegría" (2 Corintios 9:7), no al que calcula hasta lo mínimo de lo que le toca dar. ¿Será posible que seamos demasiado mezquinos con respecto al servicio cristiano o al dinero que le damos al Señor? De vez en cuando hace falta dar más de lo que debemos, por simple amor hacia El.

"A mí no siempre me van a tener" (7).

Padre mío, quiero ofrendarte mi adoración más que mis obras de caridad.

MARZO
29

INTRIGAS Y PREPARATIVOS

MARCOS 14:10-16

INVESTIGUEMOS...

1. ¿Qué aprendes de los versículos 14 y 15 acerca del dueño de la casa donde se celebró la última cena? ____________________

____

2. ¿Qué te enseñan las palabras y acciones de los discípulos? ____________________

____

TRAICION (10, 11). La Biblia no deja en duda la verdadera motivación de Judas al intrigar entre los líderes religiosos contra Jesús. Juan 12:6 nos indica que Judas era el tesorero del grupo y que solía robar plata del fondo común. Según las evidencias del mismo pasaje, a Judas no le había gustado nada el "mal uso" del dinero que Jesús había aprobado la noche anterior (6-9). Quizás pensaba que pronto no habría nada en el fondo común para robar, y quiso asegurarse cierto bienestar económico, recibiendo de los sacerdotes el precio de la muerte de Jesús.

OBEDIENCIA (12-16). "Lo encontraron todo como Jesús se lo había dicho." Sin duda, Jesús había llegado a un acuerdo con el dueño de la casa para poder disponer de esta habitación en la azotea. Pero a los discípulos les tocó organizar los detalles de la cena de la Pascua. Las instrucciones que Jesús les dio revelan un conocimiento sobrenatural. Era algo muy fuera de lo común que un hombre cargara agua, pero a este hombre lo siguieron los obedientes discípulos, y al empezar a hacer sus preparativos, descubrieron los preparativos que el Señor ya había hecho.

Esta también puede ser nuestra experiencia. Si estamos dispuestos a obedecerle e involucrarnos de pleno en el trabajo al que nos llama, descubriremos que él ya se nos ha adelantado y preparado las circunstancias.

"¿Dónde quieres que vayamos?" (12).

Ora para que puedas servir al Señor con motivaciones puras y conocer la alegría de cumplir su voluntad.

MARZO
30

NO MEJORES, SOLO DIFERENTES

MARCOS 14:17-25

INVESTIGUEMOS...

1. ¿Qué nos enseña el versículo 21 acerca del cumplimiento de las profecías en Jesús y la responsabilidad de Judas? ______________________________

____

2. ¿Por qué preguntaron todos: "¿Seré yo?" Si tú lo hicieras, ¿qué crees que te respondería Jesús? ______________________________

____

Veamos algunas de las tremendas aseveraciones de este pasaje:

1. *"UNO DE USTEDES...* me va a traicionar" (18). Aquí enfrentamos la terrible pregunta de siempre: ya estaba escrito que su amigo traicionaría al Señor (Salmo 41:9), pero, ¿fue culpable por hacer algo que ya estaba predeterminado? La respuesta de Jesús es contundente (21), y la conclusión también es inequívoca: cada hombre es responsable de sus propios actos. No somos títeres manipulados por un Dios caprichoso. Judas sólo consumó su traición al buscar a los sacerdotes. La había comenzado cuando oyendo lo que Cristo decía, viendo lo que hacía y recibiendo lo que daba, no le creyó.

2. *"TOMEN, ESTO ES MI CUERPO"* (22). La diferencia entre Judas y los once no estriba en que él fue traidor, ni tenemos base para pensar que él era más pecador, o más malo. Lo que marca definitivamente la gran diferencia es que Judas nunca oyó este anuncio, aunque pudiera escucharlo y, por tanto, jamás comió el pan de vida; no se benefició con el pacto del perdón por la sangre del Salvador.

3. *"MI SANGRE... CONFIRMA EL PACTO"* (24). El pacto es el compromiso de Dios ante sí mismo, con su pueblo, en sentido de dar perdón completo y gratuito. Dios se compromete a no exigirnos aquello que no podemos dar, porque recibe satisfacción absoluta el precio de la sangre de su Hijo.

Las palabras de Jesús en el versículo 25 nos llaman la atención a la dimensión futura de este acontecimiento. Cada vez que participamos en la santa cena o comunión, recordamos con inmensa gratitud el pasado, la muerte de Jesús; reconocemos su presencia con nosotros en el momento actual y celebramos el futuro cuando estaremos con El.

"En favor de muchos" (24).

No soy mejor que Judas o Pedro, pero por tu pacto estoy seguro en tus manos.

MARZO
31

EL ENTUSIASMO NO ES SUFICIENTE

MARCOS 14:26-42

INVESTIGUEMOS...

1. ¿Cuáles eran los tres privilegiados y qué se esperaba de ellos (33, 34, 37, 38)?

2. Si tuvieras que responder a la pregunta del versículo 37, ¿qué dirías?

Pedro era un convencido seguidor de Jesús y su salvación jamás estuvo en peligro. En las manos de Dios siempre se encontró seguro; el Señor le había prometido, incondicionalmente, darle las llaves del reino (Mateo 16:17-19). Ahora lo vemos en un arrebato de entusiasmo ferviente de fidelidad; Jesús, con su típico realismo, profetiza su deslealtad. Esta comienza a demostrarse antes de que la chusma alborotada prenda al Señor, cuando los tres discípulos más cercanos duermen en vez de orar; cuando confiando en poder ser buenos y fuertes ignoran su natural debilidad (38). Jesús, solo en su agonía, solo a pesar de tener cerca a los once, ora y no está más solo. Su oración es todo un modelo:

1. *EXPRESA FRANCA Y SINCERAMENTE* a su Padre sus sentimientos y deseos naturales. Notemos que no hay el menor apego al dolor o al sufrimiento, a la manera masoquista (36).

2. *CONFIESA SU FE* en el poder del Padre.

3. *SE NIEGA A SI MISMO* y a sus deseos personales.

4. *SE SOMETE A LA VOLUNTAD DEL PADRE.* Paradójicamente la fuerza de su voluntad para poder enfrentar todo lo que tenía por delante radicaba en esta sumisión. No caigamos en la trampa de pensar que ésta no fue una verdadera lucha para Jesús. Se le presentaban dos opciones: rechazar o aceptar la voluntad de su Padre. A través de su terrible agonía logró aceptarla.

Me conmueve ver cómo en los momentos previos al holocausto, Jesús se preocupa por los suyos y no deja de hablarles, exhortarles y cuidarles.

"No... lo que yo quiero, sino lo que quieres tú" (36).

Gracias, Señor, porque tú no fallas y aunque yo soy débil y desleal, tú eres fiel.

ABRIL
1

TRAICIONADO

MARCOS 14:43-52

INVESTIGUEMOS...

1. ¿Qué resalta de la actividad de Jesús hacia los que lo toman preso (48, 49)?

____

2. ¿Qué traición se da en nuestros días comparable a la de Judas? __________

____

Por alguna razón los discípulos nunca tomaron en serio los anuncios del Señor en cuanto a su muerte, así es que cuando llegó el momento de orar, y así fortalecerse para los eventos de esa trágica noche, no lo hicieron. Ahora, sin la preparación necesaria, presencian la mayor infamia de la historia del hombre.

EL IMPULSIVO PEDRO no cuenta con más fuerza que la que le da el entusiasmo, y trata de resolver por sí mismo aquello que había ignorado y tratado de rechazar (8:31-33). Por tanto, fracasa al tratar de impedir por sus propios medios aquello que Dios había determinado (compara Juan 18:10).

LOS DEMAS NO SON MEJORES, y cuando la situación se ve perdida, todos huyen y abandonan al Maestro, rompiendo así su compromiso de lealtad. ¿Quién era el joven cubierto con sólo una sábana? Tan sólo podemos especular al respecto. Se piensa que Marcos trata de referirse veladamente a sí mismo. Quizás uno de los discípulos, atemorizado, había regresado corriendo a la casa de Marcos, posiblemente la casa de la última cena, y el joven se había levantado de la cama para venir apresuradamente a Getsemaní.

LA TRAGEDIA DE LO QUE HACE DE SU VIDA JUDAS es posiblemente uno de los relatos verídicos más tristes que se puede recordar. Una vez que, habiendo cerrado su corazón al Salvador, decide venderlo, pierde por el momento toda noción moral y escoge utilizar el símbolo de amor, afecto y ternura para consumar su infamia, degradándose aún más. Pero ni en este trance tan amargo muestra Jesús la mínima señal de resentimiento, y podemos ver en ello algo de su infinita grandeza.

No olvidemos, sin embargo, cómo termina la historia de Judas. En Mateo 27:3-5 vemos que tuvo remordimientos, reconociendo la inocencia de Jesús. Pero ya era muy tarde, no había cómo frenar el proceso, y Judas se suicidó.

"Nadie me quita la vida... la doy por mi propia voluntad" (Juan 10:18).

Amado Señor, ayúdame a que nunca te abandone. Sé que por mí mismo no puedo serte fiel.

ABRIL
2

EN LA NEGRURA DE LA NOCHE

MARCOS 14:53-65

INVESTIGUEMOS...

1. Este pasaje traza las etapas del juicio contra Jesús. ____________________

____

2. ¿A qué posibles conclusiones te llevan las palabras de Jesús en el versículo 62? ¿Cuál es tu veredicto acerca de El, y por qué? ____________________

____

La noche es el marco de todo lo que sucedió en esta oportunidad. Para nosotros no es muy raro que el organismo que está para administrar justicia permita ser presionado por motivos de conveniencia. A través de todo el Nuevo Testamento estos líderes religiosos judíos son fuertemente criticados por los escritores, e incluso por Jesús mismo. ¿Podríamos decir que esto constituye una forma de antisemitismo o prejuicio religioso? Pero cuando reciben condenación es siempre por su abierta deshonestidad y maldad. La Biblia también nos habla de judíos quienes sincera y francamente buscaban al Mesías. En su narrativa Marcos detalla los falsos testimonios, las intrigas, el veredicto prejuzgado, los insultos y hasta la violencia que estos supuestos hombres de Dios dirigieron contra Jesús.

BUSCABAN TESTIMONIO CONTRA JESUS (55), pero estos testimonios se contradicen. Como recurso final citan palabras que supuestamente comprueban que Jesús ha amenazado al Templo, símbolo de la religión judaica. Jesús sí pronunció estas palabras (Juan 2:19), pero aun el más amargado fariseo difícilmente lo hubiera interpretado literalmente.

JESUS SE QUEDO CALLADO (61). Sin poder comprobar ningún testimonio contra Jesús, esperaban sin duda que se condenaría a sí mismo, al tratar de defenderse. Pero no. No hacía falta responder a estas calumnias, y el silencio de Jesús fue otra señal profética (Isaías 53:7).

¿ERES TU EL MESIAS (61)*?* El sumo sacerdote, al preguntar acerca de la identidad del acusado, recibe una respuesta categórica, clara y directa, como pocas veces Jesús hablara. Aun así su disposición para recibir la verdad era cero. Ni siquiera se preguntaba si la respuesta de Jesús pudiera ser verdad, pues había decidido de antemano su culpabilidad. Quizás todos nosotros podemos recordar un momento cuando, al igual que el sumo sacerdote, pronunciamos nuestro veredicto sobre Jesús sin examinar las evidencias.

"Todos estuvieron de acuerdo en que... debía morir" (64).

Padre, ayúdame para que nunca me adormezca el pecado, ni me inmunice contra la verdad, aunque no me guste o vaya en contra de mis intereses.

ABRIL
3

NO LE CONOZCO

MARCOS 14:66-72

INVESTIGUEMOS...

1. ¿Cómo catalogarías el pecado de Pedro a la luz de la ley? ¿Por qué crees que Pedro estaba calentándose junto a esa gente? ______________________

____

2. ¿Quién es la "criada" en tu vida (68, 69)? ______________________

____

Pedro era del tipo de persona que cualquiera querría tener como amigo: entusiasta, emotivo, resuelto, siempre dispuesto a colaborar y aun a liderar. ¿Qué pasó esta vez? Una simple sirvienta rompe con toda su integridad y lo lleva a las profundidades de la más abierta traición. ¿Era un renegado?

MUCHOS HAN QUERIDO parangonar a Pedro con Judas y ponerlos en un mismo costal. ¿Será esto justo? Entendemos que no. Y la diferencia estriba en que el uno, Judas, nunca fue creyente; aun en su mejor época de discípulo ya era ladrón (Juan 12:6). Pedro, en cambio, fue sincero cuando afirmó su lealtad hasta la muerte. Sincero pero ingenuo, porque creyó que ser fiel depende del hombre, de su decisión y de su voluntad. Por ello cuando debió haber estado orando con el Señor, se durmió.

LO QUE OCURRIO con Pedro es que, sobrevalorando sus propias fuerzas, se permitió una pequeña caída: negó rápida y superficialmente su relación con Jesús, sin darse cuenta de que con ello se ponía la soga al cuello y quien manejaba el cabo de la soga era el mismo Satanás. Lo demás vino como consecuencia.

ANTES DE EMPRENDER UNA TAREA para el Señor es importante que examinemos la magnitud del compromiso y de la abnegación que nos va a exigir. Puede ser que todavía no estemos adecuadamente preparados para ese trabajo. Un compromiso impulsivo y repentino que requiere más fe de la que tenemos puede terminar en el fracaso, y no traerá honra al Señor. Recordemos las Palabras de Jesús a los discípulos, "manténganse despiertos y oren para que no caigan en tentación" (38).

Pedro se acordó de lo que Jesús le había dicho.

Señor, reconozco que no soy mejor que Pedro; mi lealtad depende de mi dependencia de ti.

ABRIL
4

CONTUBERNIO

MARCOS 15:1-15

INVESTIGUEMOS...

1. ¿Cuántos y cuáles son los factores y los agentes de poder que se observan en este pasaje? ____________________

____

2. ¿Qué lugar ocupa en tu cosmovisión el valor de la justicia? ____________________

____

EL DICCIONARIO DEFINE como "contubernio" a la alianza que se realiza con el propósito de cumplir un cometido injusto. Los corazones de los miembros del Supremo Consejo, enemigos jurados de siempre, que tenían una rivalidad en todo lo que podía servirles de tema para hablar, no encuentran obstáculo alguno para ponerse rápidamente de acuerdo en un solo punto: declarar culpable al inocente. Al parecer ya no había en ellos ni el menor rastro de capacidad para reconocer y discernir lo bueno de lo malo. La sentencia de Proverbios 17:15 se hacía totalmente válida.

PILATO QUISO PERMANECER AL MARGEN de asumir una responsabilidad directa, y prefirió la popularidad a la rectitud. Engolosinado el poder, procedió con impunidad. Creyendo que al actuar así se evitaría problemas, se metió en una verdadera camisa de once varas. Poco después Pedro diría, "a éste... matasteis... por manos de inicuos" (Hechos 2:23 R.V.R.). ¿Manos lavadas=manos limpias? Cada persona es en alguna manera un miembro del Sanedrín, un participante de la soldadesca, de la chusma y especialmente un Pilato, en cuanto a la posibilidad de definición que tiene. También tú tienes que pronunciarte y luego vivir con las consecuencias, sea cual fuere tu respuesta.

ES IMPACTANTE EL OBSERVAR que Jesús siguió callado ante las preguntas (4, 5). Solo respondió acerca de su identidad (2). Nosotros también deberíamos ser sensibles ante las muchas interrogativas que se nos hacen como cristianos. No estamos obligados a responder a toda crítica que se nos hace acerca de nosotros o de nuestro Señor. Seguimos a un Señor que murió como criminal, y Dios vindicará a su pueblo así como vindicó a su Hijo.

¿Que haré con el Rey de los judíos?

Señor, me avergüenzo de ser hombre injusto, como aquellos que victimaron al Justo, pero aquí estoy frente a ti, porque tú no has muerto en vano.

ABRIL
5

DESPRECIADO Y RECHAZADO

MARCOS 15:16-32

INVESTIGUEMOS...

En este Viernes Santo, dedica el tiempo que normalmente usas para responder a la sección "Investiguemos..." a meditar en este pasaje y en lo que significa para ti la muerte de Jesús.

EL MINISTERIO DE JESUS LLEGA A SU CONCLUSION de la misma manera en la que había empezado. El se encuentra presionado por las tentaciones. Las burlas a las que se encuentra sujeto en la cruz nos recuerdan las palabras de Satanás mismo en el desierto (Mateo 4:1-11). Jesús es tentado a pensar en sus propias necesidades físicas (23), a demostrar en forma dramática su divinidad (29, 30) y a traicionar los planes de su Padre (32). Parece que el poder de las tinieblas intentara un último esfuerzo para desviar los propósitos de Dios.

JESUS RESISTE ESTAS TERRIBLES HORAS EN LA CRUZ, consciente de que las cosas no son como aparentan ser. Tantas veces El ha hablado de las paradojas del reino de Dios, y en este momento estas paradojas se hacen evidentes en su persona. El es la víctima que luego sera exaltada, el primero que ha llegado a ser último y que de nuevo será primero. Sabe que finalmente Dios volcará todos los planes malignos de los hombres.

EN CUALQUIER OBRA QUE BUSCAMOS hacer para el Señor, los momentos más cruciales son el comienzo y la buena conclusión. Habrá también problemas y dificultades en el intervalo, pero Satanás se esforzará mucho en estas dos oportunidades. Como cuando consideramos la posibilidad de servir al Señor a tiempo completo o empezamos a planificar un proyecto atrevido de evangelización, muchas veces nos sentiremos tentados a olvidarnos de la idea. Y cuando llega el momento de cosechar los frutos de alguna obra hecha por Dios, también Satanás tratara de destruir lo que a duras penas se ha logrado para el reino. Si queremos mantenernos firmes en la convicción de que estamos haciendo la voluntad del Señor, no olvidemos estas paradojas del reino.

ALEGREMONOS HOY por el hecho de que Cristo se mantuvo firme en su propósito de cumplir su misión, negándose totalmente, y pidamos a Dios que nos dé la gracia para poder llevar a cabo cualquier tarea que nos haya encomendado. Esto nunca implica el bajar triunfante del pináculo del Templo, ni de la cruz. Implica un trabajo duro, costoso y comprometido.

"La muerte de Cristo en la cruz ... es poder de Dios para los que vamos a la salvación" (1 Corintios 1:18).

Ora en base a tu meditación en este pasaje.

ABRIL
6

“VERDADERAMENTE... HIJO DE DIOS”

MARCOS 15:33-47

INVESTIGUEMOS...

1. Observa en este pasaje las diferentes reacciones de las personas ante la muerte de Jesús (35, 36, 39, 40, 43, 44). ______________________

____

2. ¿Cómo te podría ayudar la lectura de hoy a explicar la fe cristiana a un amigo? ______________________________

DESDE EL MOMENTO DE LA TRAICION en Getsemaní, parece que Jesús se encuentra totalmente abandonado. Todo el mundo está en contra de El, y en esta situación convulsionada, hasta lo bueno y lo malo se ha trastocado. Los líderes del pueblo de Dios logran la muerte del anhelado Mesías y lo entregan a sus enemigos, los romanos. Parece que el Todopoderoso Dios de la justicia es impotente. Jesús recuerda las palabras del Salmo 22, y en los momentos finales de su agonía en la cruz este Salmo le trae consuelo. A pesar del primer grito de desesperación de éste (34), es fundamentalmente una canción de esperanza (Salmo 22:5, 24, 30, 31), y esta esperanza se refleja a través de la lectura de hoy.

DE ENTRE LA GENTE QUE SE BURLA de Jesús en este momento de debilidad, se destacan unas cuantas de personas que tienen la valentía de llegar a una conclusión independiente con respecto a este criminal crucificado. Hay un judío quien, a pesar de las burlas de sus amigos, está dispuesto a creer que Jesús es un profeta tan grande que Elías le vendrá a salvar (36). Y escuchamos al centurión romano que admite que este hombre es el hijo de Dios (39). Hay también el líder judío, quien demuestra su respeto por este gran maestro y predicador, a pesar de las posibles consecuencias (43). Cada uno de éstos reconoció que su nación, su religión, sus líderes estaban equivocados con respecto a Cristo, y estuvieron dispuestos a admitir el error, y en el caso de José, a obrar en base a su convicción.

MUCHAS VECES EL SIGNIFICADO de la muerte de Jesús nos lleva a oponernos a la opinión general de nuestra cultura o de nuestra gente. En nuestros países latinos esta muerte ha llegado a ser algo casi folclórico, simplemente un elemento más en la vida religiosa. Pero, ¿llega a impactar realmente en la vida de las personas?

“Un Mesías crucificado... este Mesías es el poder y la sabiduría de Dios” (1 Corintios 1:23, 24).

Ora para que Cristo te toque de nuevo en esta Semana Santa para que, con el poder de su Espíritu, puedas ser una voz diferente entre la muchedumbre indiferente.

ABRIL
7

RESUCITADO

MARCOS 16:1-8

INVESTIGUEMOS...

1. ¿Cuál era el estado anímico de las mujeres al venir al sepulcro (2, 3)? _____

____

2. Medita en las palabras del ángel y en la reacción de las mujeres (6-8). ¿Cómo respondes tú ante la noticia de que Cristo vive? ________________

El Evangelio de Marcos llega a una conclusión muy abrupta. Este asombroso acontecimiento se narra en estos escasos versículos sin detalles, sin explicaciones. Marcos no nos cuenta las demás ocasiones en las que Jesús se presentó a sus servidores, ni habla de la comisión de Jesús a su iglesia. En comparación con los otros Evangelios y con Los Hechos, la conclusión de Marcos puede dejarnos defraudados. Y no somos los únicos que nos sentimos así, pues la antigua postdata (los versículos 9-20) fue añadida, en circunstancias que desconocemos, por aquellos que creían que el capítulo estaba incompleto.

Pero en realidad esta parte final cuadra perfectamente con el resto del Evangelio de Marcos. El ha escrito su versión de la vida de Jesús como una novela detectivesca. Evita largas conversaciones y comentarios, y permite que la acción misma nos hable. Deja para esta última página la respuesta a la pregunta que a través de todo su Evangelio se nos presenta: ¿Quién es Jesús? ¿Es la persona que dice ser? Al comienzo parecía que sí, y la gente le aclamaba. Luego empezó a menguar su popularidad, y finalmente el Mesías muere como un criminal. Pero aquí en la última página está la clave de toda la historia. Jesús no evitó morir, no bajó de la cruz porque sabía que su Padre le iba a vindicar y dar nueva vida.

Para nosotros también este es el magnífico significado de la resurrección. Nos asegura que todo lo que hizo y era Jesús era auténtico. La resurrección es el sello de aprobación de Dios en toda la actividad de su Hijo. Sin ella no tienen sentido la vida y muerte de Jesús. La resurrección también nos indica cómo podemos recibir la aprobación de Dios en nuestra vida. Tenemos que seguir fieles a sus propósitos, aun cuando todo parece estar perdido y nuestros esfuerzos son motivo de las burlas de los demás.

"Jesús ha resucitado... Vayan... Digan..." (6, 7).

Haz tuya la oración de Pablo en Filipenses 3:10, 11.

ABRIL
8

UN EVANGELIO PODEROSO

MARCOS 16:9-20

INVESTIGUEMOS...

1. Según este pasaje, ¿cómo se debe proclamar el evangelio (15, 17, 18, 20)?

____

2. ¿Cuál ha sido tu experiencia de lo que se describe en el versículo 20? _____

____

ESTE EPILOGO AL EVANGELIO DE MARCOS nos llama inequívocamente a la fe. Algunos de los versículos nos suenan duros: Jesús reprende a sus seguidores por no creer en la resurrección (14), y habla de la condenación de los que no creen en el evangelio (16).

Pero este llamado a la fe no es un llamado caprichoso, sin bases. Jesús pide a sus discípulos que crean en su resurrección desde el primer momento de escuchar la noticia. ¿Demasiado exigente?

EL HABIA PROFETIZADO SU RESURRECCION y esperaba que le creyeran, aun cuando recibieran la noticia a través de otros. ¿Y no es irracional pedir que todas las naciones reciban el mensaje del evangelio? Pero Jesús da por sentado que la predicación de éste será acompañada de señales que autentiquen el poder y autoridad del mensaje (17, 18, 20). Aquellos que rechacen el evangelio, aun cuando se demuestre su autenticidad, serán condenados.

ES IMPORTANTE DIFERENCIAR entre *palabra y señales,* las dos bases de fe. Dentro de la iglesia, nuestra base de fe son las palabras de Jesús, palabras de profecía y de sabiduría, que se van cumpliendo entre nosotros. Su Espíritu nos habla, creemos, se cumple su palabra, se fortalece nuestra fe. Sería un error el buscar para confirmar su palabra antes de creerla. Pero en la proclamación del evangelio, los no-creyentes tienen derecho a averiguar la autenticidad del mensaje, al observar el poder de Dios obrando en la vida de quienes lo predican. No es el mensaje por sí solo el que divide a la humanidad. Es el mensaje del evangelio acompañado por señales el que tiene estos resultados. Una iglesia que no demuestra este poder es una iglesia sin un mensaje de autoridad. ¿Por qué no dedicas un tiempo a estudiar estos pasajes clave en Hechos 4:8-10; 5:12-16; 6:7, 8; 13:9-12?

"El Señor... confirmaba el mensaje" (20).

Oh Señor, quiero que en mi vida haya evidencias claras y tangibles de la realidad del evangelio. También te pido que en mi congregación puedan ir unidos palabras y hechos para que tu mensaje tenga impacto.

NUESTRAS LECTURAS PARA LOS PROXIMOS TRES MESES

Durante las próximas semanas estas lecturas nos llevarán a través de la segunda mitad del primer libro de Samuel, la segunda carta de Pedro, una sección del libro de los Hechos y la breve carta a Filemón. ¿Qué temas iremos descubriendo?

Los capítulos 13-31 de 1 Samuel trazan la historia del reinado de Saúl, primer rey de Israel. El es uno de los personajes más enigmáticos de la Biblia, llamado por Dios para cumplir una alta tarea, y bendecido por la amistad de personas nobles: Samuel, David y su propio hijo Jonatán. Había, sin duda, cierto desequilibrio psicológico en él, pero a la vez él dio lugar al odio que tenía contra David, y derrochó sus energías en ese rencor, que finalmente lo consumió. Su fin es muy triste. ¿Cómo terminaremos tú y yo? ¿Cuál será el fin de nuestra historia?

Esta es también una de las preguntas clave de la segunda carta de Pedro. El apóstol recuerda a sus lectores la realidad de la venida del Señor Jesús, y les desafía a que examinen la calidad de su vida cristiana, porque "puesto que todo va a ser destruido... ¡con cuánta santidad y devoción deben vivir ustedes!" (3:11).

Los capítulos 10-17 del libro de los Hechos nos desafían también con respecto a la calidad de nuestro compromiso cristiano, especialmente en el campo de la evangelización. Esta sección del libro narra el primer viaje misionero de Pablo, y parte del segundo. Nos impacta de nuevo la urgencia de su mensaje y la prioridad que demuestra la iglesia primitiva al dedicar los mejores recursos a la tarea de evangelizar, "porque Dios ha fijado un día en el cual juzgará al mundo con justicia" (17:31). En aquel día, ¿qué nos dirá el Señor acerca de la tarea que nos ha encomendado a todos nosotros de comunicar las buenas nuevas?

Finalmente, en estas semanas, nos toca leer la pequeña carta escrita por Pablo a Filemón. Pablo, el gran misionero, predicador del evangelio a miles de personas, fundador de numerosas iglesias, no se olvidaba de los individuos y, en este caso, de un esclavo fugitivo y su amo, Filemón. En estos detalles se demuestra la calidad de la práctica de la fe de Pablo.

Permitamos que estas lecturas nos cuestionen a nosotros también con respecto a la calidad de nuestro testimonio cristiano. Cuando lleguemos al final de nuestra vida, ¿será el veredicto de Dios sobre nosotros el mismo que en caso de Saúl: "El Señor... te ha arrebatado el reino... ya que tú no obedeciste el mandato del Señor, ni cumpliste su orden" (1 Samuel 28:17, 18)? ¿O podremos decir con Pablo: "he peleado la buena batalla... me espera la corona" (2 Timoteo 4:7)?

ABRIL
9

SABER ESPERAR

1 SAMUEL 13:1-14

INVESTIGUEMOS...

1. ¿Cómo explicó Saúl a Samuel el haber hecho él mismo el sacrificio (11, 12)?

____

____

2. ¿Qué problemas estás enfrentando en este momento, o está pasando tu iglesia? ¿La lectura de hoy te sugiere una mejor forma de encararlos? __________

____

Fue probablemente al cabo del segundo año de su reinado que Saúl tuvo que afrontar una grave crisis militar. Los filisteos se estaban movilizando (5), alarmados por la terminante decisión de Jonatán contra la guarnición de Gabaa. El entusiasmo y confianza de antes (11:12, 15) se transformaron en temor y vacilación ante esta amenaza tan seria (5, 7). A diferencia de muchos hebreos, quienes se refugiaban en lugares aparentemente más seguros, Saúl obedeció las instrucciones de Samuel (10:8) y esperó con su temeroso ejército en Gilgal. Solo hacía falta que Samuel viniera para indicarles lo que debían hacer.

Pero Samuel no llegaba. No sabemos por qué, en este momento tan decisivo, el profeta no se presentó. ¿Quería probar la fe del rey? ¿Se daba cuenta de la calidad superficial de su espiritualidad y quería darle una oportunidad de profundizarla? Es fácil condenar a Saúl, pero esta situación era muy difícil; su gente estaba desertando, y vio la urgente necesidad de unirlos y llamarlos a la acción.

¿Qué debía hacer? En Israel, solo los sacerdotes tenían el derecho de ofrecer sacrificios. Aunque entre las naciones vecinas los reyes actuaban como monarcas y a la vez como sacerdotes, demostrando así su poder absoluto sobre cada aspecto de la vida de los pueblos. Saúl pudo haber llamado al sacerdote de Silo (14:3). Pudo haber esperado y confiar en el Señor y en las instrucciones de su profeta. Pudo haber recordado el ejemplo de Gedeón (Jueces 7). Al ofrecer el sacrificio (9) demostró su impaciencia y su falta de confianza en Dios. Su desobediencia le costó el trono.

Es fácil para nosotros también disculpar una acción desatinada en base a la presión de las circunstancias (12). Pero si actuamos sin tomar en cuenta el momento indicado por Dios, nuestras soluciones también serán vanas.

"En la tranquilidad y la confianza estará su fuerza" (Isaías 30:15).

Padre, enséñame la importante lección de la paciencia. Ayúdame a ver las circunstancias desde tu perspectiva.

ABRIL
10

OPERACION "SEMILLA DE MOSTAZA"

1 SAMUEL 14:1-15

INVESTIGUEMOS...

1. ¿Qué concepto tenía Jonatán de Dios (6, 10, 12)? ____________________

____

2. Evalúa tu fe a la luz de esta hazaña de Jonatán. ____________________

____

LA FE DE JONATAN. Las desventajas de la situación parecían demasiado grandes. Había toda una guarnición filistea desplegada en una posición dominante, y contra ella iban solo dos hombres. Pero tener fe implica tener confianza en que Dios puede hacer lo imposible. Jonatán sabía que Dios no estaba limitado o restringido por los recursos de que disponían (6b). Cuando nos sentimos pequeños y débiles o vemos que el enemigo es más numeroso, cobremos ánimo al leer estos versículos.

LA AMISTAD DE SU AYUDANTE. ¡Cuán importante es tener amigos quienes comparten nuestra visión, nuestros planes, nuestra fe! El ayudante de Jonatán bien pudiera haber planteado muchas objeciones, o apoyado sólo a medias a su líder. Pero le infundió aliento con su respuesta: "Estoy dispuesto a ayudarte en tus propósitos" (7). Piensa un momento en tus amistades. ¿Podrías ofrecer a alguno de tus amigos un apoyo más sincero, más entusiasta? ¿Qué resultaría de esto?

LA CONFIANZA DEL ENEMIGO. La fe en sí no vale nada. Todo depende de en quién o en qué depositamos nuestra confianza. ¡Con razón se burlaron de los dos hebreos estos soldados de la guarnición filistea (11, 12)! Ellos confiaban en la ventaja de un ejército numeroso y de su posición estratégica. Pero para Jonatán sus burlas fueron una señal dada por Dios para seguir adelante y atacarlos (10). El y su ayudante subieron trepando (¡qué riesgo tan asombroso!) y Dios cumplió su promesa de Levítico 26:8. Jonatán aprovechó la tendencia de los filisteos a dejarse llevar por el pánico, puso en práctica un truco muy atrevido, demostró mucha valentía, pero aun antes de empezar la subida, dio el honor a Dios (10, 12).

"Para él no es difícil darnos la victoria con mucha gente o con poca" (6b).

Padre, dame esa fe que sabe agradecerte aun antes de ver la victoria (12).

ABRIL
11

UNA VICTORIA TOTAL

1 SAMUEL 14:16-23

INVESTIGUEMOS...

1. ¿Qué aspectos abarcó esta victoria (20-23)? ______________________________

____

2. ¡Gracias a Dios, que nos da la victoria por medio de nuestro Señor Jesucristo! (1 Corintios 15:57). Medita en las palabras de Pablo que siguen a este versículo. ¿Qué debería implicar la victoria de Cristo en nuestra vida ______________

____

Según el refrán, "quien mucho abarca, poco aprieta". A algunos les viene muy bien esta advertencia, pero para la mayoría de los cristianos el problema es más bien miedo a tomar la iniciativa. Siempre buscamos contar con el apoyo de los demás, o actuamos solo después de anunciar nuestras intenciones con mucho bombo y platillo, en vez de seguir calladamente con lo que sabemos que el Señor nos está indicando.

Jonatán y su ayudante tomaron medidas contra los filisteos de una manera callada y oportuna. Lo primero que Saúl supo del asunto fue la bulla y confusión que se escuchaba entre sus enemigos (16, 19, 20b). Rápidamente averiguó quiénes faltaban (17) y luego hizo traer el efod (una prenda de la vestimenta del sacerdote; la Versión Reina-Valera traduce del hebreo en este versículo). Es probable que Saúl tenía en mente acudir a las sagradas piedras, el Urim y el Tumin, para saber si debería atacar o no a los filisteos. Pero la confusión iba en aumento (19), y de nuevo Saúl demostró esa actitud de impaciencia que vimos hace dos días. Despidió al sacerdote y se metió a la batalla.

Observemos ahora los resultados de aquella iniciativa tomada por Jonatán. En realidad él había ganado una victoria (23). La mayoría de los soldados israelitas estaban desanimados, mal equipados (13:22) y les faltaba un líder decidido. Pero en este momento se dieron cuenta de que podían explotar el éxito de Jonatán, y la victoria así ganada logró unir de nuevo al pueblo: hasta los que se habían identificado con los filisteos ahora luchaban con los israelitas (21). Desde luego que esta no es la única forma de ser un buen líder que la Biblia nos ofrece, pero en este momento peligroso, hacía falta un Jonatán decidido.

"No es en vano el trabajo que hacen en unión con el Señor" (1 Corintios 15:58).

Padre, dame la valentía para poder actuar, cuando sea necesario, sin el apoyo de otros, y dame el discernimiento para saber cuándo hacerlo.

PRIMERO ¡PIENSA!

1 SAMUEL 14:24-35

INVESTIGUEMOS...

1. ¿Qué es lo que enfatiza Jonatán cuando se le informa acerca del juramento de su padre (29, 30)? ______________________________

____

2. ¿Es siempre deseable imponerse disciplinas? ¿Cuándo puede ser peligroso?

____

____

"El que mucho habla, mucho yerra; callar a tiempo es de sabios", dice Proverbios 10:19. Pero a este respecto Saúl cometió dos errores aquel día. Parece que creía que a Dios se le podía agradar con actos de renunciamiento, como el abstenerse de comer. El negarse a sí mismo puede tener mucho valor. Puede ayudarnos a concentrarnos en nuestra relación con Dios, o en su obra, como en el caso de ayuno. O puede ser que nos dé la oportunidad de poner algo nuestro a disposición de otros. Pero jamás debería llegar a ser una finalidad, ni deberíamos practicarlo sin sentido común o imponerlo a otros. Y cuando pone obstáculos a la obra de Dios es claramente un error.

El segundo error de Saúl fue expresar esa convicción a través de órdenes desatinadas (24). Como consecuencia, los soldados israelitas estaban demasiado agotados para poder aprovechar al máximo la situación y terminar con el enemigo; observa el comentario de Jonatán en el versículo 30. El mismo, desconociendo el juramento de su padre, encuentra que una pequeña dosis de hidratos de carbono le dan nuevas fuerzas (27-30).

El juramento precipitado por Saúl causó el pecado de otros. Según la ley judía, los animales que se iban a comer, eran sacrificados, y se dejaba que desangraran antes de usar la carne. Pero los soldados hambrientos no cumplieron estas normas (32). Saúl hizo lo posible para corregir la situación (33-35), pero el error fue suyo en primer lugar. Nada de esto hubiera sido necesario si hubiese meditado antes de hacer su necio juramento. Pero en la acción precipitada de Saúl también podemos vernos reflejados a nosotros mismos, ¿no es cierto?

"Si alguien no comete ningún error en lo que dice, es un hombre perfecto, capaz también de controlar todo su cuerpo" (Santiago 3:2).

Padre, dame esa sabiduría que sabe callar en el momento oportuno. Ayúdame en este asunto tan difícil de controlar mi lengua.

ABRIL
13

CONSECUENCIAS DEL JURAMENTO

1 SAMUEL 14:36-52

INVESTIGUEMOS...

1. ¿Qué evidencias encuentras en este pasaje de la relación entre Saúl y su ejército (36, 39, 40, 45, 48, 52)? ______________________________

____

2. ¿Cómo reaccionas ante personajes como Saúl, que son tan enigmáticos, tan llenos de contradicciones? ¿Te dejan frustrado, o te infunden esperanza?

____

____

En esta instancia, Dios permitió que el juramento tan inoportuno de Saúl llegase hasta sus últimas consecuencias. Seguramente el rey se dio cuenta de que su ejército, habiendo comido, ya tenía nuevas fuerzas, y quiso aprovechar las circunstancias (36). Observemos de nuevo el orden de sus prioridades: primero tomó su decisión, y luego consultó a Dios cuando el sacerdote le hizo recordar. Con razón Dios no le contestó, no le indicó su voluntad. Si El es Señor y Dueño de nuestra vida, no le interesa simplemente aprobar los planes previamente hechos por nosotros. Pero Saúl no reconoció el verdadero problema, y echó la culpa a los que no cumplieron el juramento (38, 39). De nuevo acudió a las piedras de Urim y Tumin y a través de sus respuestas permitió que su hijo quedara condenado a muerte. Las palabras de Jonatán demuestran de nuevo qué clase de hombre era, no negó su culpabilidad, aunque indicó lo ridículo que fue el supuesto crimen, y estuvo dispuesto a morir. No cabe duda que Saúl hubiera matado al héroe del ejército, y lo único que lo salvó fue la actitud de la multitud hebrea (45).

Y a pesar de todo esto, Dios permitió que Saúl obtuviera muchas victorias contra los enemigos de Israel (47, 48). ¡Qué hombre más contradictorio! Era impulsivo y enérgico, y estos aspectos de su carácter, si los hubiese controlado y canalizado, lo hubieran llevado muy lejos. Vimos los resultados positivos de estas características en su campaña contra los amonitas (capítulo 11). Pero le faltaba una fe estable y fuerte como la de su hijo, y un deseo de poner a Dios en primer lugar y de buscar siempre su voluntad.

"Señor y Dios de Israel, ¿por qué no has respondido hoy a tu servidor" (41)?

Padre, es muy fácil condenar a Saúl y ver sus fallas. Pero me doy cuenta de que yo también estoy lleno de errores y de pecado. Ten misericordia de mí y no permitas que siga ciegamente haciendo lo que me da la gana. Cámbiame oh Señor.

ABRIL
14

OBEDIENCIA - LA PRUEBA FUNDAMENTAL

1 SAMUEL 15:1-16

INVESTIGUEMOS...

1. ¿En qué sentido Saúl no cumplió las órdenes de Dios (2, 3, 9)? __________

____

2. ¿Existen casos de una obediencia parcial en tu vida? ¿Qué medidas vas a tomar en base a lo que has leído hoy? __________________

____

¿Cómo reaccionamos ante las aseveraciones de los versículos 2 y 3? ¿Nos dejan preocupados o hacen que cuestionemos el carácter de nuestro Dios? En Marcos 10:5 y 6, Jesús indicó que algunos de los mandatos de Dios que encontramos en el Antiguo Testamento no reflejan el ideal que El deseaba. Pero estas medidas se hicieron necesarias porque el hombre es pecaminoso. A Dios no le agrada castigar al pecador, pero tiene que hacerlo, porque no puede negar su carácter santo y justo. En 1 Samuel 15:33 se ve claramente que la tribu de Amalec seguía igualmente cruel y dispuesta a la guerra como en Exodo 17:8-16. Los amalecitas y otras tribus semejantes seguían amenazando los propósitos de Dios para el pueblo de Israel. Tarde o temprano Dios tiene que tomar medidas contra quienes se rebelan abiertamente contra El.

Entonces Dios dio claras órdenes a Saúl para que eliminara a esta tribu corrupta y cruel. El rey estaba consciente de los detalles de la vida de este pueblo, detalles que Esdras iba a enfatizar más tarde (Esdras 9:11). Pero Saúl eligió interpretar estas órdenes según su parecer. No tenía ningún problema con matar a los amalecitas (8), pero por algún motivo desobedeció las instrucciones detalladas del Señor. Quizás quiso ganarse la buena opinión de sus soldados, permitiendo que no mataran los mejores animales ni destruyeran lo mejor del botín (9). ¿Nos convence su excusa del versículo 15? Era un hombre que fácilmente mentía (13), y es dudoso que realmente fuese ese el motivo de haber guardado los mejores animales. Es también muy probable que mantuviera vivo a Agag, no por motivos humanitarios, sino para poder incluirlo en una procesión de triunfo.

El mensaje de Dios a Samuel enfatiza una de las verdades más importantes acerca del Señor (11). El quiere que seamos *obedientes,* no que seamos "religiosos". Pero veremos más de su mensaje en la lectura de mañana.

"Todo pensamiento humano lo sometemos a Cristo, para que le obedezca a él" (2 Corintios 10:5).

Padre, dame la valentía para ponerle nombre al pecado, y serte obediente en todo.

ABRIL
15

LO QUE SE SIEMBRA, SE COSECHA

1 SAMUEL 15:17-35

INVESTIGUEMOS...

1. ¿Qué nos dice acerca de la actitud de Saúl la frase, tres veces repetida, al "Señor *tu* Dios" (15, 21, 30)? ______________________________

____

2. ¿Qué cosas podrían ser en tu vida los "sacrificios y holocaustos" que estén reemplazando la obediencia que el Señor busca? ____________________

____

La Biblia nos advierte claramente que no podemos evitar las consecuencias de nuestras acciones. Dios siempre nos perdona cuando nos damos cuenta de nuestro error y buscamos una nueva dirección, pero el ser perdonado no quiere decir que nos salvamos de los resultados que acarrea el pecado. A Saúl le costó aceptar esa realidad.

Vimos ayer cómo mintió a Samuel (13), y en la lectura de hoy sigue echando la culpa a sus tropas (21). Samuel no da lugar a sus excusas (16, 22) y le recuerda que el desobedecer a Dios, aunque sea en detalles que no parezcan importantes, es un pecado igualmente como la adivinación o la idolatría (23).

Saúl había sido elegido por Dios como rey (17). Pero este hecho no garantizaba automáticamente su éxito, ni le concedía carta blanca para actuar según su propio criterio. Cualquiera que sea el cargo que Dios nos haya encomendado: pastor, diácono, maestro de escuela dominical, dirigente sindical, ejecutivo, jefe de una empresa, tenemos que obrar responsablemente y con obediencia. Si empezamos a hacer las cosas según nuestro parecer, puede ser que el Señor nos quite el cargo para dárselo a otro.

Samuel se daba cuenta de que la rebelión y desobediencia de Saúl iban a destruirlo, y nos conmueve ver cómo le duele la verdad acerca de su rey (11, 35). ¿Nos duele así el pecado de otros? ¿Dedicamos tiempo a la oración por esas personas que sabemos que han caído en la desobediencia? ¿Nos importa el bienestar espiritual de nuestros hermanos y hermanas en el Señor?

Para Saúl era ya demasiado tarde, y la capa desgarrada de Samuel significaba que su reinado había terminado. El arrepentimiento puede traer perdón (24, 25) pero puede ser que, como en este caso, sea demasiado tarde para cambiar las consecuencias. Es triste ver cómo Saúl sigue pensando en los aspectos superficiales (30).

"Dios... no miente ni se arrepiente" (29).

Ora en base a los versículos 22 y 23.

ABRIL
16

JUZGAR POR LAS APARIENCIAS

1 SAMUEL 16:1-13

INVESTIGUEMOS...

1. ¿Cuál fue el criterio de Samuel al buscar al nuevo rey de Israel, y cuál fue el criterio de Dios (7)? ____________________

____

2. Al elegir a una persona para un cargo en la iglesia, ¿qué cualidades deberíamos buscar, según este pasaje? ____________________

____

Una atractiva apariencia... don de gentes... elocuencia. Estas cosas nos importan a la mayoría de nosotros. La lectura de hoy nos recuerda que Dios ve al ser humano de un punto de vista más profundo.

* *UNA MISION IMPORTANTE.* Por segunda vez en la vida de Samuel, Dios le encargó que buscara un rey. Fue una misión difícil e importante, después del fracaso de Saúl, y además peligrosa, porque Saúl seguía siendo rey (2). Samuel la combinó con unas de sus visitas normales a Belén (2-5). ¿Nos parece un ejemplo de cobardía o de engaño? Pero Samuel hizo exactamente lo que dijo que iba a hacer (5, 6). A veces son muy importantes la diplomacia y el tacto con que obramos para evitar situaciones innecesarias de conflicto.

* *UNA ELECCION SORPRENDENTE.* La Biblia está llena de ejemplos que nos muestran cómo las normas y los métodos de Dios difieren de los nuestros. En los versículos 6-10 lo vemos rechazando a siete jóvenes que aparentemente tenían los mejores antecedentes. Conocemos el desenlace de la historia, y nos hemos acostumbrado quizás a los detalles. Pero en una sociedad en la que importaba mucho la primogenitura resultó una cosa muy fuera de lo común el elegir al menor. Y este futuro rey no solo era el menor, sino un chiquillo cuya única experiencia de la vida fue la de ser pastor (11, 12). ¿Cuáles fueron los factores que tenían importancia para Dios?

* *LAS CONSECUENCIAS INESPERADAS.* En ese momento nadie podía prever todo lo que David lograría. Pero Dios capacita a las personas a quienes El elige, y a partir de ese momento el Espíritu de Dios estuvo controlando al futuro rey (13).

"Yo me fijo en el corazón" (7).

Ora para que al juzgar a otras personas, puedas fijarte en las cosas importantes según el criterio de Dios.

ABRIL
17

PRIMERA TAREA DEL FUTURO REY

1 SAMUEL 16:14-23

INVESTIGUEMOS…

1. ¿Cuál fue la reputación de David entre los siervos de Saúl (18)? Trata de formarte una idea de su persona y de su carácter. ____________________

____

2. Medita en la historia de Saúl hasta este momento y trata de explicar el versículo 14. Compara su caso con el del Faraón en Exodo 7:3; 8:15. __________

____

Los Evangelios contienen muchas historias que cuentan cómo Jesús curaba a las personas que sufrían con espíritus malignos. Entonces, ¿cómo nos explicamos esta frase en el versículo 14, "un espíritu maligno, enviado por el Señor"? En primer lugar esta palabra no indica la posesión por un demonio en el sentido neotestamentario. En hebreo la palabra "espíritu" muchas veces significa "disposición" o "humor". Observemos que la música le ayuda a Saúl cuando está en esta condición. Sin duda las tensiones causadas por su obstinada rebelión tenían mucho que ver con el problema. El espíritu del rey que no se quebrantaba ante Dios, se quebrantaba ahora ante las circunstancias. Desde este momento lo vemos cada vez más víctima de la depresión y la paranoia.

Irónicamente le toca al próximo rey de Israel sentarse y calmar las violentas pasiones del presente rey, que ya no merecía estar en el trono. Es interesante ver que David ya tiene una reputación entre los seguidores de Saúl: se dan cuenta de sus cualidades físicas, intelectuales y espirituales (18). En estas circunstancias Dios pone a prueba a su sirvo David, dándole una tarea aparentemente de poca importancia, que le exigía tremenda paciencia y abnegación.

Pero Dios sabía que a David le esperaban difíciles pruebas, y que era de vital importancia que este futuro líder de su pueblo aprendiera a esperar, a tener paciencia, a confiar y obedecer. ¿Qué virtudes iba a poner en práctica David en la presencia de Saúl? El autocontrol, la perseverancia, la compasión – y todas le iban a servir para cumplir mejor la tarea que Dios le había encargado.

"Cuenta con la ayuda del Señor" (18).

Padre, ayúdame a que nunca desprecie las situaciones a las que me sometes. Haz que pueda ver todo como una oportunidad para prepararme para tu servicio.

ABRIL
18

PREPARATIVOS

1 SAMUEL 17:1-19

INVESTIGUEMOS...

1. ¿Cuál fue el trabajo de David en esta época de su vida (14, 15, 17, 18)?

2. Los años de la infancia: David los pasó en Belén, Jesús en Nazaret. Para ti, ¿cómo han sido estos años y qué efecto han tenido en tu vida?

LA CRISIS. De nuevo se encuentran en conflicto los ejércitos de los filisteos y los israelitas. Los filisteos estuvieron empeñados en controlar la zona céntrica y montañosa donde el pueblo de Israel se había asentado.

EL GIGANTE. Es muy posible que Goliat era uno de la tribu esparcida de los refaítas (Deuteronomio 2:20-23), una raza físicamente extraordinaria, que se había refugiado entre los filisteos como mercenaria. La vívida descripción de Goliat nos impacta y nos convence aún a través de tantos siglos: era arrogante, blasfemo, le encantaba su popularidad con los filisteos y el miedo que infundía en los israelitas. Pero Goliat, como veremos mañana, cometió el error fundamental de subestimar al enemigo. Sin embargo, en este momento, el futuro de la nación hebrea dependía de poder encontrar a alguien que pudiera entrar en combate con él y derrotarlo (9, 10).

EL CAMPEON DESCONOCIDO. David era tan joven que ni siquiera acompañaba a sus hermanos en el ejército (13, 14). Como pastor enfrentaba muchos peligros (ver 34-36), pero era muy diferente entrar en combate con un guerrero armado. Sin embargo, Dios iba a utilizar su experiencia como pastor para salvar al pueblo.

Cuando David salió aquel día para el campamento de Saúl, tenía en mente llevar comida para sus hermanos y para el oficial del batallón (17, 18). (Los soldados del ejército de Saúl tenían que proveerse su propia comida.) Lo que no tenía en mente el joven pastor era enfrentarse con Goliat.

"El malvado se jacta de sus propios deseos... Yo me siento orgulloso del Señor" (Salmo 10:3 y 34:2).

Padre, gracias por estos detalles de la vida de David que me hacen ver cómo tú lo ibas preparando. Ayúdame a prestar atención a los detalles de mi vida que aparentemente no tienen importancia por ahora.

ABRIL
19

FE AL ROJO VIVO

1 SAMUEL 17:20-40

INVESTIGUEMOS...

1. ¿Cuál fue la actitud de David hacia Goliat (26, 36), y cuál la actitud de los hermanos de David hacia él (28, 30)? ______________________________

____

2. Lee el Salmo 27 que David escribió en base a su experiencia con Goliat. Date cuenta de sus prioridades y del por qué de su confianza. ________________

____

Según Pablo, cuantas más pruebas enfrentemos más fuerte será nuestra fe (Romanos 5:1-5). Hoy vemos cómo los problemas que David había enfrentado en el pasado le dieron confianza para el presente.

NO PUDO ESPERAR AYUDA DEL EJERCITO: el versículo 24 nos indica lo que los soldados sentían con respecto a Goliat. Estuvieron dispuestos a contarle a David los detalles de la oferta de Saúl, pero no tenían la más mínima intención de competir (25-27) ni de ofrecer ayuda o apoyo.

DAVID TAMPOCO PUDO ESPERAR AYUDA de parte de su familia. ¿Cómo nos explicamos las duras palabras del hermano mayor, Eliab? ¿Acaso se sintió avergonzado de que David lo viera sin ganas de pelear contra el gigante (28-30)?

DAVID NO PUDO ESPERAR QUE SAUL LE AYUDARA. El rey nuevamente demuestra su carácter indeciso, primero desanimando a David (33) y luego cambiando de parecer, pero obstaculizando al joven con una armadura totalmente inadecuada (37-39).

Como cristianos nosotros también tendremos que enfrentar problemas similares: falta de apoyo, franca censura, consejos desatinados. No deberíamos pasar por alto las palabras de los demás, pero tampoco deberíamos permitir que obstaculicen la obra a la que el Señor nos ha llamado.

Es fácil decir, "pero David estaba confiando en Dios". Es cierto, pero hay algo más; en esta ocasión fue más fácil para David depositar su confianza en Dios, porque en tantas otras ocasiones había aprendido a confiar en El (34-37). Podríamos decir que la fe era la norma de su vida. Aquella fe que había rescatado a sus ovejas ahora iba a salvar a su pueblo.

"El Señor, que me ha librado... también me librará" (37).

Señor, quiero que mi fe vaya creciendo. Ayúdame a practicarla en las cosas más pequeñas, para que cuando tenga que enfrentar desafíos grandes, ya tenga el "hábito" de la fe.

ABRIL
20

¿DE QUIEN FUE LA VICTORIA?

1 SAMUEL 17:41-58

INVESTIGUEMOS...

1. Compara las actitudes de los dos combatientes y expresa con tus propias palabras la diferencia entre ellas? (42-44, 45-47). ____________________

____

2. ¿Cómo podemos saber cuándo nuestra causa es la misma causa de Dios (45)?

____

____

Se ha escrito mucho acerca de la victoria de David contra Goliat, pero podríamos decir que en realidad el gigante no tuvo la menor oportunidad para defenderse. Ya vimos cómo había subestimado a su enemigo, y no tomó en cuenta las horas que David había invertido en la práctica con su honda, día tras día, semana tras semana. Era una parte integral del trabajo del pastor. Con su honda David pudo vencer a Goliat antes de que el gigante diera siquiera un paso para acercarse a él.

David era valiente, sin duda, pero lo verdaderamente interesante de esta historia es la actitud de los dos hombres. Goliat se jacta, es orgulloso y abusivo (43, 44). Las palabras de David demuestran algo muy diferente. Se mantiene tranquilo, no grita, y ve claramente que el combate está en las manos de Dios. Además está dispuesto a dejarlo en sus manos. Observa cuántas veces él menciona al Señor en los versículos 45-57.

Como en el caso de la hazaña de Jonatán, la victoria ganada después de la muerte de Goliat fue total (52, 53). De nuevo Dios había provisto a un líder con una visión de lo que podía lograr con los recursos disponibles.

Los versículos 55-58 nos sorprenden, porque hemos visto a David como el músico y ayudante de Saúl (16:21-23). Es posible que los eventos narrados en 16:14-23 ocurrieron después de aquellos del capítulo 17. El editor del libro de 1 Samuel tuvo sus motivos para ordenar los eventos de esta manera.

"Esta batalla es del Señor" (47).

Alaba a Dios porque el poder que concedió la victoria a David y que levantó a Jesús victorioso de la muerte, está también a tu disposición (Efesios 1:19, 20).

ABRIL
21

¿GENEROSOS O ENVIDIOSOS?

1 SAMUEL 18: 1-16

INVESTIGUEMOS...

1. ¿Qué nos dice este pasaje acerca de la actitud de Saúl hacia David? ¿A qué atribuyes su cambio de actitud (2, 5, 8, 9, 12, 15)? ______________________

____

2. Evalúa tu actitud hacia el éxito de otros. ¿Hay alguien a quien tú ves "con recelo" (9)? ¿Qué puedes hacer al respecto? ______________________

____

Podemos reaccionar ante el éxito de otra persona de dos maneras: con generosidad o con envidia y recelo. Ese éxito puede tomar diferentes formas: la popularidad, los logros profesionales, mucha capacidad en la obra del Señor. Pero la envidia es algo sumamente destructivo; fue un factor importante en la muerte de Jesús e impulsó a Saúl a buscar la muerte de David.

JONATAN bien pudiera haber tenido celos de David. La victoria de su amigo contra Goliat dejó de lado al hijo del rey. La victoria de David (6-8) pudiera haber amenazado más al heredero que al rey. Pero Jonatán prometió a David una amistad de por vida (3). Las prendas de ropa y las armas que le dio no fueron solamente una señal de honor. Entre la gente de aquel entonces significaba el entregarse uno mismo (4).

LA GENTE no tenía por qué tener envidia a David. Más bien se alegró por el éxito del joven héroe (6, 7), quien se relacionaba más directamente con ellos (16).

SAUL tenía envidia. El éxito de David le infundía temor (15). Se dio cuenta de que el poder de Dios que alguna vez él había experimentado (1 Samuel 11:6), ahora estaba presente en la vida de David (12). Tomó muy en serio el estribillo que la gente repetía para celebrar la victoria del joven guerrero (7, 8).

Si permitimos que nuestras emociones nos dominen, no tardarán en expresarse a través de las acciones. La envidia de Saúl lo llevó a intentar impulsivamente la muerte de David (10, 11). Y vendrían cosas todavía peores. La Biblia nos indica claramente que los hijos de Dios no deben tener envidia de otros. La promesa del Señor hecha a cada uno de nosotros es la misma que El hizo a su pueblo exiliado: "Yo sé los planes que tengo para ustedes, planes para su bienestar y no para su mal, a fin de darles un futuro lleno de esperanza (Jeremías 29:11).

"La ira es cruel, y el enojo destructivo, pero los celos son incontrolables" (Proverbios 27:4).

Padre, dame un espíritu que se alegre por los logros de otros. Ayúdame a ver que los éxitos de otros no limitan los planes buenos que tú tienes para mí.

ABRIL
22

"ENGAÑOSO Y SIN REMEDIO"

1 SAMUEL 18:17-30

INVESTIGUEMOS...

1. ¿Cuáles son las evidencias en este pasaje de la creciente paranoia de Saúl?

____

2. Saúl utiliza a otras personas para llevar a cabo sus planes contra David. ¿Existe en nosotros una tendencia a "manipular" a otros para que hagan lo que nosotros no nos atrevemos a hacer? ______________________________

____

La Biblia es muy realista con respecto a la naturaleza del ser humano. "Engañoso y sin remedio" es el significado literal de las palabras de Jeremías 17:9. Son aplicables a Saúl, y también a todo lector de estas notas.

Ayer vimos cómo Saúl buscó abiertamente matar a David. Hoy leemos que acudió a métodos más sutiles e indirectos para lograr sus propósitos. Primero, el rey anima a David a lanzarse de lleno en la lucha contra los filisteos. Quizás ellos darían la solución a su problema (17). No sabemos por qué Saúl entregó a Merab a otro, pero sí podemos deducir por qué David dos veces quiso evitar contraer matrimonio con una hija del rey (18, 23). Tenía miedo del alto precio que se tenía que pagar por una princesa.

Luego Saúl aprovecha las emociones de su hija como una arma contra David (20, 21). Sugiere que para poder tener como esposa a Mical, David le presente evidencias de haber matado a cien filisteos. Se daba cuenta de que él respondería positivamente ante este desafío, y esperaba que en esta campaña David muriera.

David sí acepta el reto, pero logra matar el doble de los cien filisteos que requiere Saúl (27). En vez de alegrarse por la victoria contra los enemigos de Israel y por tener como yerno a un valiente campeón. Saúl se vuelve cada vez más amargado y lleno de miedo (29).

"Engañoso y sin remedio". Con esta historia, estas palabras se ven vívidamente comprobadas. Podemos apreciar los errores de Saúl, que a la vez nos llaman la atención a nuestra propia capacidad de engañar. La tragedia en el caso de Saúl fue que no vio su error. Que Dios, por su gracia, nos haga conscientes de las primeras huellas del engaño en nuestra vida.

En relación con Cristo, hay esperanza de una nueva naturaleza.

Padre, ayúdame a ver lo malo que hay en mí, y a confiar en tu amor y perdón que se manifiestan en la cruz.

ABRIL
23

HONRA A TUS PADRES

1 SAMUEL 19:1-10

INVESTIGUEMOS...

1. ¿Qué opinión de Jonatán puedes formarte en base a este pasaje? ________

____

2. ¿En qué sentido la lectura de hoy podría ayudar a un cristiano que tiene problemas en las relaciones con sus padres? ________________________

____

No es difícil aprender de memoria los Diez Mandamientos. El problema está en obedecerlos. ¿Cómo pudo Jonatán respetar a su padre (Exodo 20:12)?

Saúl había perdido el respeto de muchas personas a causa de su desobediencia a Dios (18:9-14; 15:1-11). Los trastornos emocionales lo habían vuelto violento y caprichoso. Ahora quería que su hijo y sus siervos mataran a David (1), un hombre inocente, que además era amigo íntimo de Jonatán.

¿Qué podía hacer Jonatán en esta situación? Pudo haber decidido cerrar los ojos ante el problema. David era capaz de defenderse... y además Saúl era el rey... y Dios se preocuparía de David. Muchas veces encontramos muy buenos motivos para no hacer nada, ¿no es cierto? Pero Jonatán hizo lo que tenía que hacer, y advirtió a su amigo del peligro (2, 3, 7). Es posible que la mayoría de nosotros hubiéramos hecho por lo menos esto. Con poner a David sobre aviso ya se hubiera aliviado la conciencia de Jonatán.

Pero él fue aún más allá. Se enfrentó con su padre (4, 5). No es nada fácil alegar razones para convencer de su error a alguien que está enojado y receloso, especialmente cuando esa persona es el propio padre. Pero Jonatán encaró su responsabilidad en toda su dimensión, y al mismo tiempo no permitió que este conflicto de lealtades lo impulsara a pecar. Se portó correctamente con su padre, pero en ningún momento accedió a sus demandas erradas. Pero el hecho de que él obró bien no garantizó un cambio de actitud en Saúl. Esta es una verdad difícil de aceptar, pero lo importante es que en las situaciones conflictivas hagamos lo que el Señor nos pide y dejemos en sus manos las consecuencias. David logró otra victoria contra los filisteos y de nuevo Saúl quedó inmerso en ese humor sombrío y violento. Para Jonatán el conflicto no estaba resuelto, pero por el momento había hecho todo lo que podía.

En situaciones de conflicto, Dios nos llama a buscar soluciones creativas.

Ora acerca de tu relación con tus padres y/o tus hijos.

ABRIL
24

DIOS DE TODA CIRCUNSTANCIA

1 SAMUEL 19:11-24

INVESTIGUEMOS...

1. ¿Qué personas estaban involucradas en la huida de David (12, 18, 20)?

____

____

2. ¿Estás más dispuesto a reconocer la obra del Espíritu de Dios en el primer incidente (11-17) o en el segundo (18-24)? ¿Crees realmente que Dios está presente en *todos* los eventos de tu vida, aun en las cosas más "normales" o en las que parecen haber sido planeadas por los hombres?

____

____

Cuando un cristiano se encuentra en apuros, Dios a veces permite que sufra hasta las últimas consecuencias. En otras ocasiones El lo guía para que se libre del problema. El tiene el *poder* para permitir ambas cosas; todo depende de sus amorosos *propósitos* (Daniel 3:17, 18).

David se encontraba en una situación aparentemente imposible de resolver. Pero logró escaparse con la ayuda de su esposa, porque Dios estaba obrando y no permitió que Saúl lo tomara preso. El poder de Dios también se manifestó en lo que pasó con Saúl mismo. Cuando sus mensajeros fueron detrás de David, no pudieron resistir ese poder (20, 21), y el rey tuvo la misma experiencia, aun antes de encontrarse con Samuel y los profetas.

David había experimentado el poder de Dios en las circunstancias de la huida. Ahora pudo darse cuenta de que Saúl mismo estaba bajo el control de Dios. Es importante que también nosotros nos demos cuenta de que no hay nada ni nadie que se encuentre fuera del control del Señor, aun las personas o las organizaciones que aparentemente tienen poder ilimitado.

"Nuestro Dios... puede..." (Daniel 3:17).

Señor, te alabo porque tú eres el Rey de todo el universo. No existe ninguna esfera en la que tú no tengas poder.

INTRODUCCION A LA SEGUNDA CARTA DE PEDRO

En su primera carta Pedro escribió para animar a los cristianos que sufrían persecución. Ahora su tema es más bien dirigido a problemas internos, causados por falsas enseñanzas. Los que seguían estas corrientes llevaban una vida inmoral que influía en los verdaderos cristianos para alejarlos de Cristo. El remedio de Pedro puede resumirse en sus palabras finales: "Conozcan mejor a nuestro Señor y Salvador Jesucristo y crezcan en su amor" (3:18). Ese crecimiento debe ser tanto en el estilo de vida como en la convicción interna, y ...

- dependerá de la capacidad de adherirse, recordar y permanecer leal al mensaje original del evangelio (1:12-18);
- demandará el compromiso de ser discípulos tenaces, trabajando para asemejarse a Cristo (1:5-8);
- defenderá a los cristianos de aquellos que predican falsedades disfrazadas de verdad, o normas de vida indignas con apariencia fiable (capítulo 2).

En esta epístola Pedro hace hincapié en los siguientes temas que también trató en su primera carta:

* El conocimiento de Cristo - compara 1:3, 8 y 3:18 con 1 Pedro 1:23 y 2:6.
* Los dones de Dios para nosotros - compara 1:3, 4 con 1 Pedro 1:3-5, 8-12.
* La sumisión a la autoridad - compara 2:9, 10 con 1 Pedro 2:13-17 y 5:5.
* La santidad - compara 3:11, 14 con 1 Pedro 1:14-19.
* Cómo evitar la inmoralidad - compara 2:1; 2:12-20 y 2:11, 12 con 1 Pedro 4:1-5.
* El peligro de estar espiritualmente adormecidos - compara 3:11, 12, 17 con 1 Pedro 1:13; 4:7 y 5:8.

Al terminar 2 Pedro sería de valor que releas ambas cartas, y hagas una lista de todo lo que Pedro dice sobre Jesús, su vida y su enseñanza, su muerte y resurrección, su presente señorío y su futuro advenimiento.

ABRIL
25

¿QUE VAS AÑADIR A TU FE?

2 PEDRO 1:1-11

INVESTIGUEMOS...

1. Según los versículos 5-7, ¿cuáles son las características de los cristianos que llevan una vida provechosa? ______________________________

____

2. ¿Hasta qué punto posees estas virtudes? ¿Qué estás haciendo para desarrollarlas en tu vida? ______________________________

____

En el mundo antiguo era la costumbre que los ciudadanos pudientes equiparan un barco de guerra para demostrar su lealtad al Estado. La palabra que Pedro utiliza en el versículo 5, y que se traduce "añadir" se refiere a este proceso de equipar un barco. Así que al leer este pasaje, podemos imaginarnos un barco de guerra que se está alistando para la batalla con Satanás. Pedro está allí con su lista en la mano de las cualidades que nos hacen falta si vamos a seguir hasta el fin sin caer (8, 10). 1. *La fe* que es fundamental para todo lo demás. Esa fe es un don de Dios dado a nosotros no porque lo merecemos, sino porque nuestro Dios es justo y en su soberanía nos ha llamado (1). 2. *La buena conducta* – nuestra fe tiene que plasmarse en la acción de la vida diaria. Si no, ¿cómo podrás convencer a otros? 3. *El entendimiento*, que implica el saber cuál es nuestra tarea, y además el tener buen juicio con respecto a cómo utilizar mejor nuestras capacidades. Se logra a través de la experiencia, tanto la nuestra como la de otras personas. 4. *El autocontrol, o el dominio propio.* No está tan de moda en nuestro mundo, pero ¿cómo podremos ser ejemplo para otros si no sabemos controlarnos a nosotros mismos? 5. *La paciencia,* o la perseverancia. Esto no quiere decir una aceptación fatalista de todo lo que nos pasa. La paciencia del cristiano surge de su confianza en las promesas fiables de Dios, de su conocimiento de Cristo, y de la experiencia de su poder (3, 4). 6. *La devoción* o la piedad (R.V.R.). Esta se refiere a la prioridad que damos a Dios en todo. Por ejemplo, ¿cuánto tiempo dedicas para conversar con El y meditar en su Palabra? 7. *El afecto fraternal y el amor.* ¿Sabemos amar a los demás? Es posible llevar una vida cristiana "exitosa" que sin embargo carece totalmente de amor.

"Dios, por su poder, nos ha concedido todo lo que necesitamos... al hacernos conocer a aquel que nos llamó" (3).

Padre, provéeme de todo lo que necesito para tu servicio. No quiero haberte conocido en vano.

ABRIL
26

LAS CREDENCIALES DE PEDRO

2 PEDRO 1:12-21

INVESTIGUEMOS...

1. ¿Cómo respalda Pedro su autoridad para comunicar este mensaje (16-18)?

____

____

2. ¿Qué autoridad tienes para identificarte como seguidor de Jesús? ¿Cuáles son tus credenciales? ______________________________

____

Pedro se preocupa de mantener a sus lectores firmemente fundados en la verdad (12). El sabía que su deber era testificar del Señor (13), cumpliendo así su mandato: "cuando te hayas vuelto a mí, ayuda a tus hermanos a permanecer firmes" (Lucas 22:32).

Pedro basa todas sus enseñanzas en la autoridad que le había sido dada por el Señor, de la cual da las siguientes credenciales:

1. *ERA UN TESTIGO OCULAR* (16-18). Pedro no sólo había visto de cerca el ministerio de Jesús, sino que también había sido uno de los tres discípulos presentes cuando El se transfiguró en el monte y el Padre hizo conocer la verdadera identidad de su Hijo (Mateo 17:1-9).

2. *SU MENSAJE ESTABA REFRENDADO POR LAS PROFECIAS* (19, 21). Si se rechazaba la validez del testimonio apostólico basado en la experiencia personal, había un testimonio que era superior, el de la Palabra de Dios. La vida y obras de Cristo coincidieron perfectamente con la evidencia de los profetas, quienes hablaban dirigidos por el Espíritu Santo (21). Esta era una prueba más convincente que cualquier acontecimiento en la vida de Pedro.

El apóstol busca una respuesta de sus lectores ante estas enseñanzas. El quiere que se *acuerden* de ellas (15). Deberíamos *cobrar* aliento al profundizar nuestra experiencia del evangelio, que es como una lámpara que ilumina los rincones más oscuros (19). Y finalmente, Pedro quiere que *seamos sabios o maduros* al interpretar la Palabra de Dios (20, 21).

"La enseñanza que les dimos... no consistía en cuentos inventados con maña" (16).

Pide al Señor que te haga íntegro, para que tu testimonio sea respaldado por una verdadera experiencia personal.

ABRIL
27

EL "CABALLO DE TROYA" DE SATANAS

2 PEDRO 2:1-10a

INVESTIGUEMOS...

1. Según Pedro, ¿cuáles son las características de los falsos maestros (1, 3, 10)?

____

2. ¿Existen falsos maestros hoy en día? ¿Cómo aplicarías las advertencias de Pedro? ____

Pedro siente que el peligro de las ideas dañinas de los falsos maestros es peor que las persecuciones que vienen de afuera, pues brotan con astucia del modo más disimulado posible. Aquí nos ofrece seis pruebas que nos ayudarán a reconocer al maestro falso:

1. *Sus enseñanzas* no concuerdan con lo que dice la Biblia (1). 2. *Niegan al Maestro mismo* (1); lo que una persona cree acerca de Cristo es el factor clave. Cualquiera que cuestiona la divinidad de Jesús tiene motivaciones incorrectas, ya que el orgullo humano se resiste a creer en el Dios hecho hombre. Actualmente las religiones orientales y los grupos seudocristianos como los rosacruces, los gnósticos, los espiritistas y teosofistas, al igual que los testigos de Jehová y los mormones aseguran que Jesús era un gran filósofo o maestro, o, en el mejor de los casos, que era el Hijo de Dios o un ángel superior, pero nunca Dios mismo. Pero un cristianismo sin el Cristo bíblico no es cristianismo. 3. *Viven una vida inmoral* (2); las ideas erróneas pronto llevan a una conducta errónea también. 4. *Son codiciosos* (3); tenemos que cuestionar las motivaciones de una persona cuyo propósito no es, en primer lugar, el de traer honra a Cristo. Muchas veces le preocupa más su cuenta bancaria, o su propia comodidad. 5. *Son explotadores* (3); estas personas se aprovechan materialmente y de otras maneras, de sus seguidores. Cuando Cristo no ocupa el lugar central en la vida, se pervierten los valores, y empieza a dominar la avaricia. 6. *Rechazan la autoridad* (10); el maestro o líder piadoso se somete a la voluntad de Dios, a la Palabra de Dios y a las autoridades humanas, mientras que el maestro falso demuestra aquel espíritu rebelde que es característica de todo pecado. Y ¿cómo debería reaccionar el cristiano ante la realidad de los falsos maestros? Debe confiar en que Dios juzgará a los falsos, así como ha juzgado a los espíritus, las sociedades y las ciudades durante todos los siglos (4, 6); El rescatará a los fieles, como Noé y Lot (5, 7-9).

"El Señor sabe librar de la prueba a los que viven entregados a él" (9).

Padre, que mis motivaciones para seguirte siempre sean correctas. Hazme sordo y ciego a las palabras y malos ejemplos de los falsos maestros.

ABRIL
28

LIBERTADORES ESCLAVOS

2 PEDRO 2:10b-22

INVESTIGUEMOS...

1. Según este pasaje, ¿cuál sería una definición de la esclavitud (19)? ________

____

2. ¿Cómo reaccionas ante estos versículos tan fuertes? ¿Crees justificadas las palabras radicales de Pedro? ¿Por qué? ________________

____

El conocido refrán popular: "Quien mal anda mal acaba", resume muy bien el mensaje que Pedro quiere darnos en este pasaje que describe de forma vívida el triste final de los falsos maestros y de los que dejan el camino de la verdad para seguir sus enseñanzas. En esta porción se da también una caracterización más detallada de su forma de ser:

1. *INSOLENTES* (10b-12). El estar tan centrado en sí mismo que ninguna otra cosa puede ser tomada en consideración, hace que no exista respeto ni sujeción a las autoridades superiores, cualquiera que sea su naturaleza.

2. *DISOLUTOS* (13). Este carácter se halla en contraste directo con la pureza que Dios demanda del cristiano. ¿Qué formas toman en nuestro medio "los placeres del momento" a los que se refiere Pedro? ¿Tenemos algún tipo de relación con ellos?

3. *INMORALES* (14). La impureza sexual es característica de nuestro tiempo. Hace falta más que nunca que los cristianos no nos conformemos con estos modelos morales. Busquemos ver el sexo opuesto como *personas* en toda su dimensión humana y no como simples objetos.

4. *CODICIOSOS* (14b-16). Pedro explica cómo estos individuos han dejado, de forma deliberada, el camino recto (15). Son comparables con Balaam, un profeta del Antiguo Testamento, cuya principal preocupación era la remuneración, conseguida mediante el comercio de la religión (Números 22-25). ¿Qué peligros ves en tu camino que te pueden hacer tropezar en forma parecida?

5. *PROVEEDORES DE ESPERANZAS FALSAS* (17-22). El pozo y la nube infunden aliento en el viajero o en el labrador. Pero, ¡qué desilusión al darse cuenta de que el pozo está vacío y de que la nube se va! Pedro afirma que lo mismo pasará con los que escuchan las palabras altisonantes de estos maestros, buscando en ellas la libertad. Quedarán peor que antes, a pesar de haber estado asociados de alguna manera con el cristianismo.

"Les prometen libertad, siendo ellos mismos esclavos" (19).

Pide a Dios que libre a todas las víctimas de los falsos maestros.

ABRIL
29

¿QUE PASO CON EL REGRESO DE CRISTO?

2 PEDRO 3:1-10

INVESTIGUEMOS...

1. ¿Qué objetaban algunos respecto al regreso del Señor y qué argumenta Pedro contra ellos? ______________________________

____

2. ¿Qué implicaciones prácticas tiene este pasaje para ti? ______________

____

Encontramos en este párrafo una de las más gráficas descripciones de los últimos días que se hallan en el Nuevo Testamento (3). Pedro comienza enfatizando que el mensaje de los profetas relativo al retorno de Jesús es el mismo que los apóstoles han recalcado también en sus enseñanzas (2). Pero esta verdad será cuestionada y rechazada, pues aquéllos que viven vidas de gratificación egoísta dudarán de la venida del Señor.

"NO HAY PEOR CIEGO QUE EL QUE NO QUIERE VER" (3-5a). Los argumentos de esta gente tienen como base que las cosas no cambian. Según ellos el universo es un sistema estable e invariable, y Dios no interviene en el curso de la historia. Pero Pedro utiliza la misma historia para refutarlos, ya que esta suposición pasa por alto un suceso muy importante, el del diluvio, que muestra que Dios sí interviene en la historia humana y en la creación que existe por su mandato. Pero estos burladores lo han ignorado voluntariamente. También ahora el hombre del siglo veinte raras veces piensa en esto, y su manera de vivir refleja incredulidad.

EL IGNORAR EL PODER Y RECURSOS DE DIOS NOS CONDUCE AL ERROR (5b-7). En el pasado Dios cambió el curso de la historia, enviando un diluvio. Un día la tierra sufrirá un cambio aún mayor, pues Dios la purificará con fuego y condenará a los que lo han rechazado.

EL AMOR Y PACIENCIA DE DIOS NO DEBEN SER MAL INTERPRETADOS (8-10). Dios y el hombre tienen diferentes perspectivas. En tanto que el hombre piensa que el prolongado silencio del cielo indica que Dios no va a actuar, el Señor eterno contempla el tiempo como si se tratara de un momento, y además por su amor y paciencia espera que los hombres vuelvan a El. Nuestra gran falla es no comprenderlo y no interpretar sus acciones con sentido positivo como corresponde a un Dios que no yerra.

"No es que el Señor se tarde en cumplir su promesa" (9).

Amado Padre, muchas gracias por tu amor y paciencia. No permitas que abuse de ellos, descuidando mi preparación para recibirte.

ABRIL
30

LA ESPERA DEL DIA DE DIOS

2 PEDRO 3:11-18

INVESTIGUEMOS...

1. Según los versículos 11, 14, 17 y 18, ¿cómo debemos vivir y qué debemos hacer mientras esperamos el día de Dios? ______

______

2. ¿En qué difiere tu manera de esperar el día cuando venga Cristo, de la actitud que adopta la mayoría en tu contexto cultural? ______

______

"Puesto que todo va a ser destruido de esa manera", ¿qué clase de personas deberíamos ser? Esta es la pregunta fundamental que nos plantea Pedro en la última sección de su carta (11). Si Jesús no ha retornado todavía es porque Dios quiere que todos se vuelvan a El (9), y que su pueblo pueda prepararse. Es muy fácil decir que el cristiano espera el retorno del Señor con gozo, y que el incrédulo, si lo espera, lo espera con temor, pues para él significa la condenación. Si nuestra actitud hacia la realidad de la venida de Cristo es tan simplista, quizás deberíamos permitir que las palabras de Pedro nos desafíen. Meditemos seriamente en ellas en este día. *¿Cuál debería ser mi comportamiento* (11, 14)*?* Cuando venga Jesús y pueda compararme con El, ¿tendré que avergonzarme? ¿Le ofreceré algo mediocre, o le ofreceré santidad, devoción, una vida sin mancha ni culpa, dedicada a buscar la paz? *¿Cuál debería ser mi actitud* (12)*?* Al igual que una pareja enamorada anhela el día de su matrimonio, así la persona que ama a Cristo por sobre todas las cosas anhelará el día de su retorno. ¿Cuál es mi verdadera actitud hacia ese día? ¿Quiero que se postergue? Si es así ¿a qué se debe esa actitud? *¿Cuál debería ser mi tarea* (12)*?* "Hagan lo posible para apresurar" la llegada de Jesús, dice Pedro. Medita en las palabras del Señor en Marcos 13:10. *¿Qué de mis relaciones interpersonales* (14)*?* Si Jesús viniera hoy, ¿te encontraría "en paz" con los demás, o hay relaciones con otros que deberías poner en orden? Y ¿qué de tu congregación o grupo cristiano? *¿Cómo deberían ser mis conocimientos* (15-17)*?* Pedro enfatiza constantemente en sus cartas que no sólo nuestro comportamiento debe ser correcto, sino también nuestras convicciones. Su llamado a conocer mejor a Cristo y a crecer en su amor está íntimamente relacionado con una tremenda confianza en las enseñanzas de Pablo. ¿Estamos buscando profundizar nuestro conocimiento de lo que creemos? *¿Cómo puedo mantenerme alerta* (17)*?* "Cuídense", dice Pedro haciendo eco de lo que dijo en su primera carta y de la advertencia de Jesús mismo.

"Ustedes, hermanos, no están en la oscuridad para que el día del regreso del Señor los sorprenda como un ladrón" (1 Tesalonicenses 5:4).

Señor, ayúdame a aprovechar tu paciencia creciendo en el conocimiento de Jesucristo y haciendo caso de las advertencias de Pedro.

MAYO
1

UNA AMISTAD A PRUEBA

1 SAMUEL 20:1-17

INVESTIGUEMOS...

1. Anota los pasos que dio Jonatán para ayudar a David en su aflicción (2, 4, 9, 11, 16 y 17). ____________________

____

2. ¿Cuentas con algún amigo íntimo con quien compartir tus problemas, alguien en quien confiar? A su vez ¿de qué manera sirves de consuelo, de verdadero amigo a alguien? ____________________

____

¿CUAL ES MI CULPA? La vida de David se había convertido en una sucesión de contradicciones. En ocasiones gozaba del favor del rey, pero luego las circunstancias cambiaban, e inexplicablemente era víctima de su persecución, viéndose obligado a huir. Tal fue su desesperación, que acudió a su mejor amigo, a Jonatán, el hijo mismo de su perseguidor.

¿QUE QUIERES QUE HAGA YO POR TI? El oír una pregunta de este género cuando estamos en trances difíciles es un verdadero aliento y estímulo. La verdadera amistad es, sin lugar a dudas, un don de Dios que nos hace más llevadero nuestro paso por este mundo. Ser objeto de esta clase de amistad es algo que cada uno de nosotros anhela, pero darla de una manera íntegra es más difícil, pues requiere de mucho trabajo y entrega. En este caso encontramos pautas para comportarnos como verdaderos amigos: (a) Jonatán estaba dispuesto a invertir tiempo en David; (b) estaba dispuesto a escucharlo; (c) procuró satisfacer su necesidad, dándole consuelo; (d) estaba dispuesto a actuar en bien de su amigo; (e) afrontó la situación con responsabilidad; (f) renovó sus votos de amistad y lealtad. Esto es lo que recibió David de Jonatán, pero notemos que se hizo posible a raíz de la actitud de David, quien acudió a su amigo y estaba dispuesto a mostrarle abiertamente su debilidad, probando así su confianza en Jonatán. "El hombre que tiene amigos, ha de mostrarse amigo" (Proverbios 18:24).

"El amor más grande que uno puede tener, es dar su vida por sus amigos" (Juan 15:13).

Señor ayúdame a mostrar tus valores, ofreciendo a otros mi amistad sincera.

MAYO
2

EL ASIENTO VACIO

1 SAMUEL 20:18-29

INVESTIGUEMOS...

1. ¿Cómo cumple Jonatán el pedido de David de excusarlo ante el rey (20:6, 28 y 29)? ____________________

____

2. ¿Te parece justificable el engaño implícito en la respuesta de Jonatán a Saúl en los versículos 28 y 29? ____________________

____

¡COMUNICACION A TRAVES DE FLECHAS! (18-23). Dado lo incierto de la situación de David en cuanto al rey, no se podía predecir qué pasaría al ausentarse él de la fiesta, por lo que se planeaban dos posibilidades: o David corría un riesgo grande o podía permanecer tranquilo. ¿Cómo saber qué se debía hacer? Jonatán sería el que lo averiguaría, y la forma de comunicárselo a David sin peligro fue ideada disminuyendo al máximo los riesgos. Observemos de nuevo la fe de Jonatán. El secreto de su vida era que realmente creía en el Dios viviente. *"Porque el Señor quiere que te vayas"* (22). Esto fue lo que menos quería Jonatán, pero estuvo dispuesto a aceptar la voluntad de Dios en este asunto, sabiendo que era lo mejor para su amigo. No nos exige mucha fe el creer en Dios cuando El nos da las cosas que le pedimos; la verdadera fe se pone en práctica cuando El nos quita aun lo que amamos. *"El Señor es nuestro testigo para siempre"* (23). No podía haber una separación total entre Jonatán y David. El Señor mismo era el testigo de su amistad y velaba por ellos.

LA FIESTA DE LA LUNA NUEVA (24-29). Siendo un pueblo básicamente agricultor, los israelitas festejaban el cambio de luna con banquetes especiales en los que se reunían el rey y sus principales. Aquel día el asiento de David estaba vacío, el rey quiso saber el por qué, así que se dirigió al que con mayor certeza podría darle datos y Jonatán excusó a su amigo.

"Porque el Señor quiere" (22).

Señor, líbrame de la tentación de usar, por temor, medios contrarios a ti. Ayúdame a confiar en que tú eres el que controla mi vida en toda circunstancia.

MAYO
3

VIOLENCIA Y LAGRIMAS

1 SAMUEL 20:30-42

INVESTIGUEMOS...

1. ¿Qué evidencias encuentras en este pasaje acerca de la calidad de la relación que existía entre Jonatán y su padre y entre Jonatán y David? ____________

____

____

2. ¿Qué rasgos de la personalidad de Jonatán te gustaría que se reflejen en tu carácter? ____________________________

____

VIOLENCIA (30-34). Saúl se ve dominado por una furia desenfrenada y pierde el control de la lengua y luego de sus actos, hasta el extremo de amenazar con herir a su propio hijo con un arma peligrosa. Jonatán también se enfurece pero continúa dueño de sí mismo, pues el origen de su ira no es egoísta, sino que está basada en el afecto hacia David.

INCERTIDUMBRE RESUELTA (35-40). Ya no había dudas, Saúl persistía en su encono contra David. Lo que le restaba a Jonatán era comunicárselo a su amigo de la manera convenida. Se dirigió al lugar de la cita, y cubrió las apariencias, dando la impresión de haber salido para ejercitar con el arco. Comunicó a David el mensaje y se reunió por fin con su amigo.

"VETE EN PAZ" (41-42). Las palabras sobran y Jonatán y David se limitan a compartir su dolor y aflicción. Aquel David valiente y guerrero se desmorona y llora, desahogando sus emociones con este amigo leal. La adversidad había estrechado aún más su amistad; era difícil para David enfrentar el exilio, y difícil para Jonatán su retorno a la ciudad y a su padre. Aprendamos de su ejemplo y no permitamos que las situaciones adversas sean una excusa para eludir nuestras responsabilidades. Nuevamente, en este negro momento es renovada la invariable promesa de amistad entre Jonatán y David.

"La ira del hombre no obra la justicia de Dios" (Santiago 1:20).

Señor, quiero permitir que tu Espíritu me libere de mi egoísmo, a fin de estar más dispuesto para servir a los demás.

MAYO
4

DAVID EL FUGITIVO

1 SAMUEL 21:1-15

INVESTIGUEMOS...

1. Traza la secuencia de falsedades a las que David decidió acudir. __________

____

2. ¿Cómo hubieras actuado en el lugar de David? ¿Por qué? ______________

____

¿ESTRATEGIA O PECADO? David se dirige a ver a una persona conocida, el sacerdote Ahimelec. Es muy posible que sus aptitudes de hombre de Estado le hayan hecho concebir, en la soledad del campo, un plan para restaurarse, y lo lleva a efecto tratando de suplir inicialmente sus necesidades prioritarias (3). Pero con el concepto que te habías formado de la personalidad del sacerdote a través de este pasaje, ¿consideras necesario el engaño de David que a partir de este momento va en aumento?

El trataba de guardar las apariencias, recurriendo a subterfugios, para dar la impresión de que aún era el hombre de confianza del rey. La realidad, como sabemos, era muy diferente. Esta tendencia a tratar de guardar la fachada es muy común en el ser humano, y ser íntegros a tiempo puede librarnos de penosos momentos y de cadenas de engaños a nosotros mismos y a los demás. David estaba tan ocupado en este tipo de actitud, que cometió un grave descuido, el de no evitar que Doeg se comunicara con Saúl (ver 22:22).

"NINGUNA OTRA COSA SERIA MEJOR." Conmueve contrastar la actitud del joven David delante del gigante filisteo, confiando en su Señor y desarmado, hecho que precisamente le dio la celebridad, con esta nueva actitud de querer conseguir un arma para defenderse. Por una ironía de la vida, la que recibe es precisamente la espada de Goliat, el arma que no sirvió al gigante ante el poder de Jehová.

DAVID ANTE AQUIS. El descenso de la fortaleza de David fue rápido; su valentía se convirtió en temor, inclusive delante de este rey pagano. Su carrera militar estaba llena de sucesos en los que el señor le había dado la victoria, pero ahora tiene miedo y adopta una posición aparentemente ridícula al fingirse demente. Pero analizando nuestras vidas, a veces tomamos actitudes similares, ¿no?

"¿Quién morará en tu monte santo?" (ver el Salmo de David 15:2).

Señor, te pido que la experiencia de David me sirva de ejemplo para evitar dolores innecesarios.

MAYO
5

UNA NUEVA ETAPA

1 SAMUEL 22:1-10

INVESTIGUEMOS...

1. ¿Cuáles fueron las preocupaciones de David en esta nueva etapa de su vida (3)? ______________________________

____

2. "Hasta que yo sepa lo que Dios va a hacer conmigo." David estaba convencido de que Dios tenía planes para él. ¿Qué estás haciendo para descubrir sus propósitos para ti? ______________________________

____

Era vano tratar de seguir guardando las apariencias pues ya era del dominio público en la región que David se encontraba escondido en la cueva de Adulam. El hecho de pertenecer a la oposición, fue propicio para que todos los rezagados lo hicieran su líder. Quizás la administración de Saúl no era muy justa. Por lo incierto de la situación, David puso a buen recaudo a sus padres, acudiendo a amigos de la familia (recuerden que su bisabuela Rut, era moabita). El rey de Moab los acogió y no temió las represalias del rey Saúl al albergar a los padres de su enemigo.

El panorama, aunque abiertamente peligroso, ahora se presenta claro, y David se dispone a usar los recursos que tiene a su alcance. Parece, por el versículo 10, que requirió del consejo de Dios antes de emprender esta nueva etapa en su vida.

Pero la situación en el palacio no ha cambiado; los celos de Saúl siguen candentes. Aun en sus momentos de descanso continúa armado, y acusa a sus subalternos de traición. Saúl pone en contraposición su persona y la de David, recordándoles el origen del sencillo pastor, y el poder de su actual rey, olvidando su propio insignificante pasado (ver 9:21). Además inventa una supuesta agresión por parte del hombre que él ha convertido en su enemigo, incluyendo en estos planes subversivos a su mismo hijo. Es entonces cuando aprovecha la oportunidad de congraciarse con Saúl, pero no mide las muy caras consecuencias que veremos mañana.

"Hasta que yo sepa lo que Dios va a hacer conmigo" (3).

Padre, ayúdame a no olvidar los fracasos ni los triunfos de mi vida. Gracias porque nunca abandonaste a David y nunca me abandonarás a mí.

MAYO
6

MASACRE

1 SAMUEL 22:11-23

INVESTIGUEMOS...

1. ¿Qué argumentos da Ahimelec para probar su inocencia ante Saúl (14, 15)?

____

____

2. ¿Qué encuentras en el comportamiento de David que te sirva de ejemplo?

____

____

EL VALIENTE AHIMELEC (11-15). La actitud de Saúl impelió a Doeg a "vender" a David, pero no influyó en la intervención de Ahimelec, quien con integridad asumió su defensa. ¡Imagínate, ser interpelado por el rey! Pero: a) respondió con humildad (12); b) llamó la atención de Saúl a la realidad (14); c) dio evidencias de su inocencia sin necesidad de deformar los hechos (15); d) cumpliendo su función de profeta, y con una posición imparcial, exhortó al mismo rey para que no incurriera en un acto de injusticia. La trascendencia de esta actitud noble se ve reflejada en que la guardia real no se atrevió a matar a la familia sacerdotal. En cambio Saúl continuó cegado por sus pasiones e insistió en dar muerte a Ahimelec y los suyos, dejando así un escarmiento a todo el pueblo de lo que le pasaría al que osara no estar en contra de David.

EL CRUENTO DOEG (16-19). La responsabilidad directa de tan funesto hecho recae en Saúl, quién abusó de su autoridad al cometer este injusto crimen, pero Doeg también tuvo su parte, portándose como mercenario del rey.

EL ARREPENTIDO DAVID (20-23). Sabedor de lo sucedido, él se da cuenta de la parte de responsabilidad que le toca y se compromete a reparar en lo posible el daño a que dio lugar. A veces nos lamentamos de nuestros errores, pero la virtud consiste en construir lo destruido, no en derramar lágrimas pasivamente.

David ya no duda más del carácter degenerado de Saúl. Es algo que tendrá que tomar en cuenta para evitar más desastres en el futuro.

"Yo tengo la culpa" (22).

Ayúdame, Padre, a no dejar pasar las oportunidades de hacer el bien y frenar así, en alguna medida, el mal en la sociedad.

MAYO
7

CONSULTAS, CONSULTAS

1 SAMUEL 23:1-14

INVESTIGUEMOS...

1. ¿Qué es lo que más te impacta de la actitud de David? ____________________

____

2. Cuando crees que sabes cuál es la voluntad del Señor sobre algo concreto, y alguien te da buenos motivos para dudar, ¿qué actitud tomas (3)? __________

____

DAVID tenía varias interrogantes, como todos nosotros, en cuanto a las decisiones importantes que debía tomar. ¿Debía defender a Keila? ¿Podía asegurar a sus hombres la victoria? ¿Saúl realmente llevaría a cabo el ataque contra la ciudad a causa suya? ¿Se volverían los habitantes de Keila en contra de él? Ante tantas interrogantes consultó a su Dios.

ABIATAR gozaba del amparo de David, pero su conducta fue creativa y activa, y contribuyó al equipo con algo que sólo él podía obtener, el efod del sumo sacerdote, conteniendo el Urim y el Tumim. A veces no nos damos cuenta de lo que tenemos o somos y nos quedamos de observadores, ignorando que Dios ha provisto a todos sus hijos de dones y cualidades de valor, que en muchos casos nadie más puede tener. ¡Seamos más activos! El efod era el vestido habitual del sacerdote judío, pero el que trajo Abiatar era especial por ser el del sumo sacerdote, que contenía las piedras del Urim y el Tumim. Por lo que se puede saber, parece que era una forma de echar suertes; David recibió cuatro "sí" a sus preguntas (2, 4, 11, 12).

SAUL también tenía sus interrogantes, pero no acudió al Señor para consultarle, sino que él mismo determinó la respuesta de Jehová, según su conveniencia (7). Cuando queramos saber la voluntad del Señor, cuidemos de no imponerle la nuestra. Aunque no disponemos del Urim y el Tumim, contamos con algo más valioso, la guía del Espíritu Santo. Al encontrarnos diariamente con Dios a través de la Biblia, recibiremos pautas para saber lo que El quiere. También es valiosa la palabra de una autoridad de nuestra comunidad cristiana o de un amigo maduro en la fe. No menospreciemos el propio sentido común. Aceptemos lo que el Señor ha dispuesto para nuestras vidas, aunque inicialmente no nos sea agradable, como en el caso de la última respuesta que recibió David.

"La buena voluntad de Dios, agradable y perfecta" (Romanos 12:2 R.V.R.).

Estoy agradecido porque sé que tú ya has hecho planes buenos y lindos para mí.

AYUDA INESPERADA

1 SAMUEL 23:15-29

INVESTIGUEMOS...

1. Tanto David como Saúl pretenden contar con el favor de Dios (16, 21). ¿Cuál es la diferencia entre ambos? ______________________________

____

2. "Jonatán fue a ver a David, a darle ánimo fortaleciendo su confianza con Dios" (16). ¿Quién será tu "David" hoy? ______________________________

____

Como entes sociales por excelencia, necesitamos permanentemente de la participación de otros en el desenvolvimiento de nuestra vida. La intervención oportuna de quienes nos rodean es de trascendental importancia. Es así que la vida de David es influenciada por personas y circunstancias.

LA INTERVENCION DE JONATAN (16-18). Es interesante notar que aunque Saúl buscaba a David con ahínco para matarlo, no podía encontrarlo, mientras que Jonatán, quien lo buscó para alentarlo, lo encontró sin dificultad. La clave está en que "Dios no lo puso en sus manos", en el caso de Saúl, y que en cambio permitió el encuentro con Jonatán, pues sabía que David necesitaba ánimo, necesitaba ser fortalecido en su confianza en Dios. ¡Qué importante es la confraternidad entre hermanos!

LA INFLUENCIA DE LOS PARTIDARIOS (19-25). En ambos bandos existían personas que se ocupaban de dar datos, unos a Saúl y otros a David. Pero al fin y al cabo el que manejó la situación fue Dios. Nadie pudo haber previsto la llegada en ese momento de los filisteos (27).

EL PAPEL DE LAS CIRCUNSTANCIAS (26-29). Comienza la huida del pastor-guerrero, pero pronto sus esfuerzos por escapar se ven coartados por la astucia del experimentado rey-guerrero, y llega el inevitable momento de la captura. Pero inusitadamente los papeles se vuelcan y es Saúl quien tiene que retroceder, porque de pronto ha surgido un nuevo enemigo que requiere una atención más urgente. ¿Te has visto alguna vez en una situación en la que creías estar ante un callejón sin salida? Dios tiene sus caminos y obra muchas veces de maneras inesperadas. Confía en él, espera en él y él hará.

"Fiel es Dios" (1 Corintios 10:13).

Expresa tu confianza en el Señor, basando tu oración en Romanos 8:38, 39.

MAYO
9

EL SEÑOR SERA JUEZ

1 SAMUEL 24:1-22

INVESTIGUEMOS...

1. Cataloga las actitudes de Saúl y sus hombres, y de David y sus hombres. ¿Cuál es el cambio que se revela a lo largo del relato? ____________________

____

2. ¿Qué aplicaciones prácticas encuentras en este episodio para un mundo donde la justicia es difícil de encontrar, y es más fácil dar soluciones rápidas y parcializadas? ____________________

____

TENTACION EN LA CUEVA (1-7). Realmente una prueba de fuego para David, tener a su disposición a su máximo enemigo. Imaginémonos los pensamientos que pasaron por la mente de David: los malos momentos pasados a causa de Saúl; los consejos de sus compañeros; inclusive el tener un justificativo bastante aceptable, el de dar lugar al cumplimiento de la promesa del Señor; además su propia naturaleza humana le indicaba un juicio sumario.

DISCURSO DE DAVID (8-15). David comienza exhortando al rey, tratando de que recapacite en cuanto a su actitud de persecución. Alega que es inocente de los cargos de que se le acusa, hecho que refrenda con una prueba por demás objetiva. A partir de este argumento es que continúa apelando a Dios mismo como supremo juez.

DISCURSO DE SAUL (16-21). Saúl, emocionado, se pone a llorar. Analiza la situación, que no da lugar a dudas de que realmente David no tiene intención de hacerle daño. En este trance culminante no le queda más que reconocer al futuro rey de Israel y como tal le pide benevolencia para su descendencia. David, quizás conmovido también, accede y se despiden en paz los dos ungidos de Jehová.

David en esta ocasión había vencido el mal con el bien. A veces racionalizamos los hechos, y en aras de la justicia damos lugar a acciones que están reñidas con las enseñanzas de nuestro Señor. A David le hubiera sido muy fácil alegar "defensa propia", pero estaba consciente de la existencia de un juez soberano que está por encima de cualquier juicio humano. Sería él mismo quien haga efectivo la justa venganza a su justo tiempo.

"No paguéis a nadie mal por mal" (Romanos 12:17).

Padre, dame la capacidad de esperar a que tú actúes, cuando sea víctima de la injusticia.

MAYO
10

MARIDO GROSERO

1 SAMUEL 25:1-22

INVESTIGUEMOS...

1. ¿Cuáles fueron los errores que cometió Nabal al responder al pedido de David (10, 11)? ____________________

____

2. ¿En qué ocasiones te cuesta más ser cortés? ¿Qué puedes hacer para que la cortesía sea una característica tuya? ____________________

____

Los cuatrocientos hombres de David habían llegado a ser seiscientos (compara 22:2 con el versículo 13). David era un inteligente líder guerrillero, y sabía que el éxito de su campaña dependía, en gran parte, de las buenas relaciones que mantuviera con la gente del campo. Fue así que con los pastores de Nabal se llevaba muy bien (7, 8, 15, 16); él los protegía de los ladrones, y a cambio buscó la cooperación de su dueño. Nabal tenía terrenos en Carmel, muy al norte de la zona de influencia de Saúl, así que David no estaba poniendo en peligro a Nabal al pedir su ayuda.

Ofrecer hospitalidad a David y sus seiscientos compañeros involucraba un costo sustancioso para Nabal. Pero había que tomar en cuenta que era muy rico (2) y que le convenía actuar con prudencia con David. Pero Nabal era rudo (3), hostil (17) e insensato (25) y sus respuestas en los versículos 10 y 11 muestran una ausencia completa de sentido común. Es triste observar el mal concepto que tenían de él sus empleados, y aun su esposa, quien, en cambio, gozaba de la confianza de ellos (14-17).

Nabal se negaba a demostrar la más mínima cortesía a David. A veces aun entre los cristianos hay una tendencia a sospechar de la cortesía como algo hipócrita, que encubre nuestros verdaderos sentimientos. Pero la cortesía auténtica es una demostración del amor, y el amor es una demostración de la realidad de Dios en nuestra vida. San Francisco de Asís dijo: "La cortesía es una de las características de Dios, quien por cortesía da la lluvia tanto al justo como al injusto. La cortesía es la hermana de la caridad, y a través de ellas el odio es vencido y el amor protegido." Vale la pena observar de cerca al grosero Nabal, y pedir a Dios que nos dé una auténtica cortesía en todas nuestras relaciones con otros.

"La respuesta amable calma el enojo; la respuesta violenta lo excita más" (Proverbios 15:1).

Padre, dame esa serenidad y control de mí mismo para que pueda tratar a los demás con una cortesía que demuestre tu amor.

MAYO
11

MUJER HABIL

1 SAMUEL 25:23-44

INVESTIGUEMOS...

1. Observa bien los argumentos que utilizó Abigail para disuadir a David de que realizara su venganza por mano propia. ¿Cuáles son (25-31)? ____________

____

2. Es muy importante expresar una palabra de reconocimiento, agradecimiento o alabanza a una persona que lo merece. ¿Estás relacionado con alguien que tiene cualidades como las de Abigail? ¿Cómo le puedes comunicar tu aprecio?

____

____

David contestó a las palabras de Abigail diciendo: "Bendita seas tú por tu buen juicio" (33). Abigail había logrado su propósito. ¿Cómo? Demostrando una actitud humilde (23, 24); declarando su inocencia (25); desafiando a David a no vengarse (26 y 31); dando sus regalos oportunamente (27); reconociendo su responsabilidad (24 y 28); expresando la certeza que tenía de que el Señor protegía a David y que lo seguiría haciendo (28); y solicitando ser recordada (31).

JUICIO POSTERGADO (32-34). A través de la sabiduría y sentido común de Abigail, David pudo escuchar la voz del Señor, quien dirigía sus pasos, aun cuando él tenía la determinación de eliminar a la familia de Nabal. ¿Puedes reconocer la voz de Dios en tus conversaciones con los que te rodean?

JUICIO EJECUTADO (37, 38). Muy pronto David se convenció de que su decisión de no tomar venganza con sus propias manos había sido sabia. Hay campos en los que exclusivamente el Señor debe actuar. El sabe cuándo y cómo obrar, como en el caso de Nabal, quien murió víctima de sus propios excesos. Abigail, a cambio, dejó de sufrir, y se ganó un hombre más merecedor de su belleza e inteligencia.

"La mujer ejemplar... habla siempre con sabiduría" (Proverbios 31:10-26).

Que los dichos de mi boca sean gratos delante de ti, oh Señor.

TENTADO OTRA VEZ

1 SAMUEL 26:1-12

INVESTIGUEMOS...

1. ¿Qué elementos tenía el planteamiento de Abisai? ¿Crees que David se sintió tentado por ellos (8)? ______________________________

____

2. Es interesante notar el hecho de que nuevamente David es tentado a través de un amigo, sobre el mismo aspecto. Algo similar le ocurrió al Señor con Pedro (Mateo:16:22 y 23). ¿Puedes describir un hecho reciente de tu experiencia, cuando has sido tentado por un amigo, aunque quizás inconscientemente? ¿Pudiste reaccionar como David y Jesús? ______________________________

____

La victoria obtenida en una batalla no nos asegura el triunfo definitivo contra el enemigo. Nuevamente David se ve confrontado con la persecución del rey, quien nos hizo suponer, por su actitud en el último encuentro entre los dos hombres, que había desistido definitivamente de dar muerte a David (24:16-22). Precisamente este hecho podía haber influido en el razonamiento de David para de una vez por todas terminar con esta continua amenaza de muerte, dando fin a su injusto perseguidor. Las palabras de Abisai fueron bastante razonables (8); bien podría ser la voluntad del Señor, pues lo estaba entregando en sus manos. Pero esta vez también David obró con buen juicio, pues no vio en Saúl a su enemigo, sino al ungido del Señor. Este principio es básico en las relaciones humanas de un hijo de Dios, recordar que cada ser es primeramente una criatura del Creador y que por tanto merece todo respeto y consideración. Actuar así, lejos de disminuir la personalidad del individuo, la enaltece y es causa del respeto de los demás. Es quizás por esta razón que David tenía muchos fieles seguidores; inclusive el mismo Abner se le unió posteriormente (2 Samuel 3:12). Dios pone su sello de aprobación en la decisión de David, haciendo que Saúl y sus hombres se queden dormidos, mientras David demuestra claramente a Saúl que no es por casualidad, y mucho menos gracias a la vigilancia de sus hombres, que ha quedado con vida. Ha sido por decisión consciente de su enemigo. De nuevo vemos la bendición de Dios en la vida de un hombre que busca hacer la voluntad divina.

Es necesario escuchar la voz de la conciencia, además de los consejos de los amigos.

Gracias Señor porque tú me provees la fuerza necesaria para no caer, aun en las tentaciones persistentes.

MAYO
13

LARGA DISTANCIA

1 SAMUEL 26:13-25

INVESTIGUEMOS...

1. ¿Qué cargas tuvo que sobrellevar David a causa de la persecución a la que estaba sujeto, según sus propias palabras (19, 20)?

2. ¿Qué podemos aprender del hecho de que "David siguió su camino" a pesar del aparente arrepentimiento de Saúl? (Compara también Juan 2:24.)

DAVID ACUSA A ABNER (14-16). El sentido de deber, honor y responsabilidad era una de las características de David. Ello nos hace suponer que realmente estaba disgustado por la negligencia de Abner, quien no cumplió con su deber de proteger la vida del rey. Para nosotros está claro que la intervención de Dios, provocando un sueño profundo a la guardia real, tuvo influencia fundamental. Pero, ¿esto le quita responsabilidad a Abner?

DAVID ACUSA A SAUL (17-25). Es muy comprensible la frustración de David: otra vez sirve de presa de cacería del rey; nuevamente está obligado a seguir huyendo, viviendo como nómada a pesar de pertenecer a un pueblo que posee tierras y medios estables de subsistencia. Este hecho tenía implicaciones de otro género también. David no tenía acceso al altar donde se ofrecía culto a su Dios, y si rendía culto estando en tierra de los filisteos, estaba sirviendo a otros dioses (19). Para un israelita, la "presencia del Señor" estaba íntimamente relacionada con la tierra de la promesa. El cristiano goza de una nueva libertad en este sentido: medita en las palabras de Jesús en Juan 4:21-24.

Como siempre, Saúl se apresura a pronunciar palabras superficiales de arrepentimiento, pero David ya sabe que éstas no merecen su confianza, y de nuevo vuelve al desierto, mientras el rey regresa a su trono y a su corte. Pero, ¿cuál de los dos estaba mejor?

"Que el Señor recompense a cada cual según su lealtad y sinceridad" (23).

Señor, perdóname las veces que me acerco a ti ligeramente y me arrepiento en forma superficial. Enséñame a vivir con la sinceridad e integridad de David.

SALMO 67:1-7

INVESTIGUEMOS...

1. "Ten compasión de nosotros y bendícenos" (1). ¿Cuáles deberían ser los resultados de la bendición de Dios, según el salmista? ____________________

____

2. "La tierra ha dado su fruto" (6). Este salmo celebra la época de las cosechas. Pero, ¿tendrá vigencia para nuestros países latinos que en estos años sufren de sequía e inundaciones? ¿Qué nos dice? ______________________________

____

La forma de este salmo con sus tres estrofas y dos coros permite que fácilmente nos imaginemos que estamos presentes en la celebración de la cosecha del pueblo de Israel. El que dirigía el culto cantaba las estrofas (1, 2, 4, 6 y 7) y la gente, o el coro cantaba las palabras que se repiten en los versículos 3 y 5.

LA GRACIA DE DIOS PARA SU PUEBLO (1-3). El versículo 1 es una oración que representa ante Dios tres peticiones personales. Le pedimos, al igual que el cobrador de impuestos en el templo (Lucas 18:13), que tenga compasión de nosotros. No podemos ofrecerle nada a cambio, pero sin su compasión y misericordia, no podemos experimentar la felicidad. Y finalmente le pedimos que nos muestre que estamos en su voluntad y que El está contento con nosotros, mirándonos "con buenos ojos". Sin su guía no podemos lograr nada. Pero estas peticiones personales no son la finalidad de este salmo, pues cuando Dios las concede, dan como resultado...

EL RECONOCIMIENTO DE DIOS EN EL MUNDO (4, 5). Nuestro ejemplo como pueblo de Dios y las evidencias de nuestra relación con El llamarán a los que todavía no lo reconocen como Señor a conocerlo y a servirlo, a ofrecerle sus alabanzas y a gobernarse según sus normas de justicia.

EL REINO DE DIOS ESTABLECIDO (6, 7). Estos versículos describen en breves palabras el proceso del establecimiento del reino. La realidad de la bendición de Dios en la vida de su pueblo debería impregnar todas las áreas de nuestra vida, hasta que el mundo entero "le rinda honor" y todos juntos gocemos de su creación.

"Para que todas las naciones... conozcan tu voluntad y salvación" (2).

Padre, te pido que a través de mi vida, como también a través de la vida de mi congregación, se hagan conocer tu compasión, tu bendición y tu guía entre los que no te conocen. Y así Señor, que venga tu reino.

MAYO
15

¡EL SEÑOR ES REY!

SALMO 96

INVESTIGUEMOS...

1. Haz una lista de todas las cosas que el salmista aprecia en la persona de Dios.

2. Si el gozo y la esperanza de este salmo no reflejan la realidad de tu culto personal a Dios, ni la del de tu iglesia, ¿qué puedes hacer al respecto? ¿En que radica el problema?

Es fácil hablar acerca de la alabanza. Pero a veces la realidad carece totalmente de esas características que, según la teoría, deberían estar presentes.

Observemos los primeros versículos. ¿Nos conmueven de alguna manera? “Canten... canten... bendigan... anuncien... hablen”. ¡Cuánta actividad, cuánta urgencia hay en estas palabras! Pero, ¿qué hacer si no me siento impulsado a la alabanza? Ponte a meditar en Dios mismo, no sólo en sus obras (3) o en su salvación (2), sino en el Señor mismo. Lee de nuevo las palabras del versículo 6, “esplendor... poder .... belleza”. Estas son las características de Dios por las que merece nuestra adoración. Saboréalas, date tiempo para profundizar tu concepto de cada una. Poder y belleza, ¿cuántas veces aparecen unidos?

Olvídate del edificio, del templo donde te encuentras. Quizás sea pequeño y feo, pero el Señor está presente en él, y por su presencia “hay poder y belleza en tu santuario” (6).

Y ¿qué de las otras personas con las que tú te congregas? Por el momento, olvídate también de ellas con todos sus problemas y limitaciones. Observa los versículos 7-10. Estás rindiendo culto a Dios junto con personas de todas las naciones, de todos los siglos.

Olvídate (aunque sólo sea por un momento) de las circunstancias en las que vives, de todas las tristezas del siglo veinte; el hambre, las guerras, la injusticia. Lee de nuevo los versículos 11-13 y quédate meditando en la expectativa expresada en el versículo 13: “Viene ... ¡Sí, El viene!”

“Llega la hora, y es ahora mismo, cuando los que adoran al Padre lo harán... conforme al Espíritu de Dios. El Padre quiere que así lo hagan” (Juan 4:23).

Padre, si tú no me ayudas, no te puedo rendir un culto adecuado. Dame una nueva apreciación de tu amor, tu poder y tu hermosura.

MAYO
16

EL SEÑOR REINA

SALMO 110:1-7

INVESTIGUEMOS...

1. Lee Mateo 22:43-45, Hechos 2:34, 35 y Hebreos 7:1-4. ¿Qué luz arrojan estos pasajes sobre este salmo? ______________________________

2. ¿Cómo contribuye este salmo al concepto de la historia que debería tener todo cristiano? ______________________________

Ningún otro pasaje de la Biblia enfatiza más claramente la relación y aplicación entre el Antiguo y el Nuevo Testamentos. Sin duda tuvo cierta vigencia y aplicación para el rey de la época en la que fue escrito, aunque fuese sólo en el sentido de describir un ideal. Pero es Cristo mismo quien es su verdadero tema.

1. *CRISTO, EL PROFETA, LO AUTENTICA* (ver Mateo 22:43-45). Cristo mismo indicó claramente quién fue el autor humano (David), quién el autor divino (el Espíritu Santo), y cuál el tema (el Mesías). Si tomamos en serio la autoridad del Señor, tenemos que aceptar este salmo como inspirado proféticamente.

2. *CRISTO, EL REY, LO CUMPLE.* El apóstol Pedro lleno del Espíritu en el día de Pentecostés, estableció la interpretación neotestamentaria de este salmo (Hechos 2:34, 35). Afirmó que el Padre había exaltado a su Hijo, dándole toda autoridad, anticipando así el momento cuando El tenga la victoria completa contra sus enemigos.

3. *CRISTO, NUESTRO SUMO SACERDOTE, LO ACLARA.* La referencia en este salmo a Melquisedec (4) parece misteriosa, pero Hebreos 7:1-4 nos explica que éste representa a Cristo. Sus ocultos orígenes nos hablan de la presencia de Cristo con Dios desde la eternidad, de la misma manera que su desaparición en el día de la ascensión nos habla de su continuo ministerio de interceder por su pueblo.

Nuestro sacerdote para siempre.

Alaba a Dios en este día porque Jesús ha ascendido al cielo, porque está controlándolo todo, y porque ha experimentado todo lo que significa ser humano.

UNA EXISTENCIA PELIGROSA

1 SAMUEL 27:1—28:2

INVESTIGUEMOS...

1. ¿Cuál fue la estrategia que David puso en práctica durante el año y cuatro meses que vivió en territorio filisteo (8-12)? ______________________________

____

2. ¿Qué nos advierte Dios a través de esta etapa de la vida de David?

____

En uno u otro momento todo cristiano falla o fracasa. A veces creemos que nuestro fracaso es tan rotundo que ya no hay esperanza para nosotros. Cuando nos sentimos tentados a pensar así, recordemos que todos los siervos de Dios han errado. David no es un excepción.

* *LAS DUDAS DE DAVID.* Los problemas de David comenzaron en el momento en que empezó a desesperarse (1). En esta situación crítica, cuando tuvo que volver a su vida de nómada perseguido, él dio lugar al fatalismo: "Tarde o temprano, Saúl me va a matar". Sin duda influían en él el temor, cierto sentido de soledad, de inestabilidad, de falta de recursos. Es cierto que el estado físico influye en lo anímico y espiritual. Cuando estamos cansados, o tenemos hambre o nos sentimos solos, somos más vulnerables ante la tentación. Deberíamos tener cuidado.

En este momento oscuro, David perdió de vista a Dios y su promesa de hacerle rey. Ese fue su gran error. Todas las experiencias de los últimos meses proclamaban que Dios estaba preocupado por él y que lo iba a proteger. Es precisamente en el momento en el que nos sentimos más presionados a darnos por vencidos, cuando con más firmeza deberíamos aferrarnos a la promesa del Señor de estar con nosotros.

* *LA CAIDA DE DAVID.* Observa los pasos que llevaron a David hacia abajo. Primero tomó la decisión de ir y vivir con los enemigos del pueblo de Dios. Luego se vio involucrado en todo un enredo de mentiras y engaños que tenían como propósito convencer a los filisteos de que él realmente era uno de ellos y que estaba dispuesto a pelear con ellos en contra de su propio pueblo.

Si nosotros rechazamos o desconfiamos de la ayuda y protección que Dios nos ofrece, buscando nuestros propios medios y refugiándonos entre aquellos que no reconocen al Señor, tendremos que esperar dificultades y apuros similares a los que pasó David.

"Confía de todo corazón en el Señor... Ten presente al Señor en todo lo que hagas, y él te llevará por el camino recto" (Proverbios 3:5).

Señor, te pido que, aun cuando las circunstancias parezcan ser imposibles, pueda seguir confiando en ti.

MAYO
18

LA LOCURA DE SAUL

1 SAMUEL 28:3-14

INVESTIGUEMOS...

1. ¿Cuáles son los pasos que llevan a Saúl a consultar a la adivina (4-7)?

2. ¿Qué formas toma el ocultismo en tu sociedad? ¿Cuál es tu posición con respecto a él y por qué?

EL SILENCIO DE DIOS (3-6). Muchas veces los filisteos habían incursionado en la región montañosa al este de sus territorios en la costa. Pero esta vez Saúl se dio cuenta de que se trataba de algo mucho más serio. Vio las luces del campamento filisteo en Sunem y "se sintió dominado por el terror" (5). Organizó las posiciones de su ejército en Gilboa, al sur de Sunem, y luego buscó desesperadamente averiguar la voluntad de Dios. Pero ninguno de los tres métodos dio resultado: él no recibió un mensaje directo a través de un sueño, Dios no le habló a través de las sagradas piedras ni por las palabras de algún profeta inspirado. Durante toda su vida Saúl había menospreciado la voluntad de Dios en su vida y ahora experimentaba las tristes consecuencias. La guía de Dios no es como el interruptor de la corriente eléctrica, que se prende o se corta según nuestra voluntad. Meditemos en las palabras de Jesús: "El que quiera hacer la voluntad de Dios, conocerá ... " (Juan 7:17).

LA LOCURA DE SAUL (7-14). Como de costumbre, Saúl siguió adelante con sus propios planes, aunque éstos involucraban el desobedecer el mandato de Dios acerca de la adivinanza y la brujería (Levítico 19:3l; Deuteronomio 18:11). Saúl mismo había emitido un decreto expulsando a los adivinos del territorio (3), así que no sólo se mostraba rebelde sino también hipócrita. Cuando una persona se opone deliberadamente a Dios, existe un solo camino para ella: ir de mal en peor. Aun en el momento de desobedecer al Señor, Saúl juró por su nombre (10). ¡Qué tremendo el momento en el que Dios dice a una persona: "Hágase *tu* voluntad"!

En nuestro mundo, supuestamente "civilizado", muchas personas desobedecen y rechazan a Dios al buscar la verdad, el consuelo y la seguridad a través del ocultismo. Pero el señor se niega a compartir nuestra lealtad con adivinos, horóscopos, etc.

"No recurran a espíritus y adivinos ..." (Levítico 19:31).

Ora por aquellas personas que están involucradas en el ocultismo, para que puedan conocer al Dios viviente.

MAYO
19

SAUL SE SALE CON LA SUYA

1 SAMUEL 28:15-15

INVESTIGUEMOS...

1. ¿Respondieron las palabras de Samuel adecuadamente a las interrogantes de Saúl? ¿Qué cosas nuevas aprendió el rey (16-19)?

2. ¿Existe en ti una tendencia a buscar consejo en otros, cuando no te conviene lo que dice la Palabra de Dios? ¿Qué puedes hacer al respecto?

LAS PALABRAS DE SAMUEL. Es difícil explicar en términos de lógica humana la experiencia de Saúl con la adivina. Parece imposible pensar que todo fue sólo un truco. De todas maneras Dios utilizó esta horrible experiencia para pronunciar su última palabra a Saúl. ¿Qué es lo que escuchó? Precisamente aquellas verdades que Samuel le había comunicado cuando estaba vivo. La única noticia nueva fue la sentencia de muerte que fue pronunciada contra él por Dios (19). Su actitud de rebeldía hacia el Señor acarreó consecuencias para sus hijos y para toda la nación. El pecado no se limita ni en términos de tiempo ni de lugar, pues nuestras vidas están entretejidas con las vidas de los demás.

A veces la Palabra de Dios nos habla en términos tan fuertes que preferimos hacer oídos sordos y buscar otra guía u otros consejos. Aprendamos del trágico caso de Saúl y descansemos en la confiabilidad de la guía del Señor.

LOS SUFRIMIENTOS DE SAUL. El escuchó el mensaje de Dios que tanto había anhelado, y se desmayó. El estado tan lamentable del rey conmovió a la adivina, pero en realidad su caridad sólo prolongó los sufrimientos de Saúl, para quien ya no había esperanza. El becerro gordo no podía sustituir la presencia de Dios con él, y como Judas, Saúl se apresuró a comer y a escaparse en medio de la oscuridad.

"Si hoy escuchan ustedes lo que Dios dice, no endurezcan su corazón" (Hebreos 3:15).

Padre, nunca permitas que llegue a leer tu Palabra y no tomarla en serio.

MOMENTOS OSCUROS

1 SAMUEL 29:1-11

INVESTIGUEMOS...

1. ¿Cuál era la reputación de David ante Aquís (6-9)? ¿Se justificaba esta reputación? ____________________

____

2. ¿Alguna vez has tenido una experiencia semejante a la de David en este pasaje? ¿Qué aprendiste a través de ella? ____________________

____

A lo mejor te has preguntado cómo solucionaría David el problema de su compromiso con los filisteos. En nuestra lectura de hace dos días, Aquís, el jefe filisteo, estuvo a punto de nombrarlo capitán de su guardia personal (28:2). Antes de verse librado de este problema, David iba a pasar por algunos de los momentos más difíciles de su vida.

**EL COLMO DE LOS INSULTOS.* David había hecho todo lo posible para convencer a los filisteos de que se identificaba plenamente con ellos. Pero algunos de sus líderes, quizás menos ingenuos que Aquís, se dieron cuenta de su verdadera posición (4, 5), y exigieron que se le despidiera, sospechaban de él, dudaban de su compromiso con la campaña de los filisteos contra Israel.

Muchos cristianos que han querido identificarse con los no cristianos, aparentando no ser diferentes de ellos, han experimentado el mismo rechazo. Y han descubierto finalmente que no son aceptados en ninguno de los dos grupos. Las tensiones que vivió David en esta etapa de su vida reflejan vívidamente los conflictos experimentados por la persona que busca transigir o ajustarse a las demandas de Cristo y a las del mundo. No existe un término medio.

**UNA SALIDA.* El rechazo de parte de los filisteos resultó ser una salida para David. A pesar de sus fracasos y sus mentiras, Dios seguía perseverando con él, protegiéndolo de un fracaso irremediable. ¿Qué había pensado hacer David? ¿Pensaba meterse a la batalla y luego cambiar de equipo y matar a los filisteos, ganándose así el favor de Saúl, según lo acusaron los jefes paganos (4)? No lo sabemos, porque Dios lo sacó de esta situación a través de lo que le esperaba en Siclag, lo llevó a una experiencia más profunda con El.

Dios dice: "Mis ideas no son como las de ustedes, y mi manera de actuar no es como la suya" (Isaías 55:8).

Padre, perdóname por las muchas veces que busco mis propias soluciones. Gracias porque en tantas ocasiones me has protegido de las consecuencias de mi terquedad.

MAYO
21

AL SOCORRO DE SICLAG

1 SAMUEL 30:1-15

INVESTIGUEMOS...

1. ¿Cómo reaccionó David ante la situación que encontró en Siclag (6-9)?

____

____

2. "David ... consultó al Señor" (8). ¿Cuándo fue la última vez que pediste a Dios su guía en un asunto específico? Si te olvidas de consultarle o decides tú mismo, ¿qué indica esto acerca de tu actitud hacia Dios? ________________

____

Sin duda David se sentía preocupado y perplejo por el rechazo de los filisteos. Pero, como en tantos otros casos, lo que más le preocupaba resultó en bien de él y de muchas otras personas. El volvió a Judea y Siclag y encontró que su pueblo había sido víctima de un ataque de los amalecitas, quienes habían incendiado a Siclag, tomando presos a los hijos y las esposas. Probablemente esperaban venderlos como esclavos. Observemos los siguientes puntos importantes en este pasaje:

* *LOS HOMBRES QUE SEGUIAN A DAVID* se olvidaron rápidamente de los éxitos del pasado, y quisieron apedrearlo (6). Es esencial que los líderes cristianos sepan a ciencia cierta quién es la fuente de su confianza y no dependan de la opinión inestable de los demás. En este momento tan crítico, David buscó apoyo en el único que nunca le iba a fallar (6).

* *DAVID DECIDIO CONSULTAR AL SEÑOR* y pedir su guía aun en un asunto que parecía tener una solución obvia (8). El tiempo que invirtamos con este propósito nunca será tiempo perdido. Dios responde inmediatamente a la confianza depositada en El. Pero es impactante comparar este episodio con el rechazo de Dios a Saúl, cuando el rey buscó su guía antes de ir a la adivina (28:6).

* *EL AMALECITA QUE ERA DUEÑO DEL ESCLAVO EGIPCIO* (13) lo había abandonado despiadadamente cuando éste había enfermado. Las consecuencias de su crueldad fueron desastrosas para él y para toda la pandilla de amalecitas, pues el esclavo guió a David y a sus guerreros hasta la banda de ladrones. Es una realidad de la vida que los actos que dañan a otros tienen consecuencias tristes para quienes los infligen.

David "puso su confianza en el Señor su Dios" (6).

Padre, es muy fácil hablar acerca de hacer tu voluntad. Ayúdame a cooperar activamente con tu voluntad para mi vida.

MAYO
22

DOS VICTORIAS IMPORTANTES

1 SAMUEL 30:16-25

INVESTIGUEMOS...

1. ¿Cuál fue la diferencia entre la actitud de David y la de algunos de sus soldados hacia los doscientos hombres que no habían ido al ataque contra los amalecitas (21-24)? ____________________

____

2. ¿En qué situaciones nos hace falta aprender del ejemplo que David nos da en esta historia? ____________________

____

LA PRIMERA VICTORIA (16-20). El ataque de David contra los ladrones amalecitas fue un éxito total. Con cuánto amor demostró Dios su apoyo a David después del rechazo de sus hombres."No les faltó ni la más mínima cosa ... ni tampoco faltó un solo niño ni adulto (19).

LA SEGUNDA VICTORIA (21-25). Esta fue una victoria callada, casi inadvertida. Ocurrió en el momento en que David y sus cuatrocientos hombres llegaron a su base cerca del arroyo de Besor. Allí se encontraban los doscientos que habían estado demasiado agotados para entrar en la batalla (21). Los hombres que se habían esforzado en la pelea no quisieron compartir el botín con éstos; una reacción por demás natural. Pero se habían olvidado de una cosa, y David les hizo recordar. Fue Dios quien había hecho posible la victoria, y todos juntos estaban recibiendo los beneficios de su ayuda. En esta situación no había lugar para el orgullo ni para el egoísmo. Con este juicio David estableció un principio de recompensa que debería ponerse en práctica en toda área del servicio cristiano.

Es hermoso ver a David comportarse verdaderamente como rey, generoso, lleno de confianza, sabio en sus decisiones. La ciudad de Siclag, el escenario de su fracaso, quedó en ruinas, totalmente destruida. Empezaba una nueva etapa en la vida del futuro rey de Israel.

"No hagan eso... después de todo lo que el Señor nos ha dado" (23).

Señor, me alienta esta historia de David. Gracias porque a pesar de sus fracasos tú pudiste restaurarlo e infundirle un espíritu de sabiduría y generosidad.

MAYO
23

UN DESENLACE TRISTE

1 SAMUEL 31:1-13

INVESTIGUEMOS...

1. ¿Qué características se aprecian en Saúl en los últimos momentos de su vida?
____

____

2. La calidad de nuestra vida actual se verá reflejada al final de ella. ¿Cuáles son las cualidades que quisieras desarrollar ahora para que el final de tu vida traiga gloria a Dios?____________________________________

____

Los descubrimientos arqueológicos confirman que en esta época los filisteos penetraron profundamente, desde el norte, en territorio israelita. Existen altares característicos que datan de los años 1100 a 1050 a. de J.C. y que indican por lo menos una generación de dominio filisteo en la región.

EN EL MONTE GILBOA, SAUL, junto con sus tres hijos, pelea la última batalla y cae herido por las flechas de los filisteos, muriendo finalmente por mano propia. No sólo él sufre las consecuencias de su propio pecado, sino que también arruina a otros. El noble y valiente Jonatán también muere con él, junto con sus dos hermanos. David, que conocía de primera mano a los filisteos, y que podría haber salvado a Saúl y a sus paisanos, estaba exiliado. Aquel día todos los que se identificaban con Saúl murieron con él. Recordemos de nuevo que no existe el pecado personal. Cuando nos rebelamos contra la buena y perfecta voluntad de Dios, otras personas se ven involucradas y sufren las consecuencias.

LOS VALIENTES HOMBRES DE JABES de Galaad se acordaron de cómo Saúl les había salvado la vida muchos años antes (11:1-11). Ellos no pudieron salvarle la vida, pero sí pudieron rescatar su cadáver del vergonzoso tratamiento de los filisteos. En un atrevido ataque contra Bet-sán, que les costó un viaje de toda la noche (12), pudieron sacar los cuerpos de Saúl y sus hijos y enterrarlos en tierra israelita.

ASI TERMINA LA TRAGICA HISTORIA DE SAUL, un hombre capaz de hacer grandes cosas, pero que perdió la visión de los propósitos de Dios, y gastó sus energías en el odio y la envidia. Tuvo amigos y consejeros buenos: Samuel, David y Jonatán; pero rechazó sus consejos, su guía y su lealtad. Sin duda había algo torcido en él, algún problema sicológico. Alimentó rencorosamente esta distorsión y fue culpable de su fin. Si damos lugar al odio y al rencor, consumirán nuestra personalidad y la destruirán.

"Lo que se siembra se cosecha" (Gálatas 6:7).

Padre, ayúdame a sembrar ahora de tal manera que al final pueda cosechar cualidades, actitudes y acciones que te traigan honra y gloria.

INTRODUCCION A HECHOS, CAPITULOS 10-17

En estos próximos días volvemos de nuevo a la maravillosa historia del comienzo del cristianismo. La iglesia es muy nueva y consiste casi en su totalidad de judíos, junto con unos cuantos gentiles que se habían convertido al judaísmo, como, por ejemplo, el eunuco etíope.

Los capítulos que vamos a leer narran el asombroso crecimiento de la iglesia que ocurrió después de que ésta extendiera su ministerio a los gentiles. Fue a través de una visión que Pedro fue convencido de que la salvación de Dios era también para las naciones gentiles. Pero aun así, este asunto dio lugar a la primera importante controversia de la iglesia. Este desacuerdo fue resuelto parcialmente en la primera reunión del consejo de la iglesia que consta en la Biblia.

Fue Pablo quien se involucró más en el ministerio a los gentiles. Pedro tenía un llamado especial para evangelizar a los judíos. La narrativa se concentra en Pablo y en sus viajes misioneros, y aquí hay mucho que podemos aprovechar para saber cómo cooperar con la tarea de evangelización hoy en día. Observemos especialmente:

> * *FLEXIBILIDAD.* Aunque el evangelio nunca cambia, Pablo adaptó su presentación según las circunstancias y según su público. Aprendamos de él al verlo predicar en la sinagoga, el grupo de oración, la cárcel, el mercado, la corte.
>
> * *TRABAJO EN EQUIPO.* A Pablo le encantaba compartir su ministerio con otros: con Bernabé, Marcos, Silas, Timoteo, Lucas.
>
> * *SEGUIMIENTO.* Veamos cómo Pablo vuelve sobre sus pasos para visitar y edificar las nuevas iglesias por las cuales él se preocupaba tanto.

MAYO
24

"NO, SEÑOR"

HECHOS 10:1-16

INVESTIGUEMOS...

1. ¿ Qué cosa tenían en común el capitán romano y el apóstol judío (2, 9)?

---

2. Haz una franca evaluación de tus oraciones: ¿Son sesiones a las cuales vas con el orden del día preparado, o son momentos en los que sometes tu voluntad al Señor y realmente escuchas lo que él tiene para decirte?

LA ORACION DE DOS HOMBRES. En la historia de los hechos del Espíritu Santo, Lucas se concentra ahora específicamente en los gentiles. Este capítulo marca una importante línea divisoria, no sólo por este motivo, sino también por la nueva revelación que le es dada a Pedro acerca de las leyes ceremoniales de la comida (Levítico 11). El "muro de enemistad" se va derrumbando. (Compara el versículo 35 con Efesios 2:10.)

Cornelio era uno de los centuriones, columna vertebral del ejército romano. También "adoraba a Dios", o sea que era uno de esos gentiles que asistía a la sinagoga y leía las Escrituras. Ahora sus muchas oraciones van a ser contestadas a través de otro hombre que también se encuentra orando (9). Dios pone en contacto a dos personas que se mantienen en íntima comunión con él.

UNA RESPUESTA HISTORICA. Puede ser que el toldo colocado en la azotea para protegerla del sol fuese la "gran sábana" (11) de la visión de Pedro. En su reacción a la visión y las instrucciones del Señor, reconocemos al Pedro de antes, con su típica respuesta: "No, Señor" (compara Mateo 16:22). Como en otra ocasión (Juan 21:15-17), el apóstol necesita que la lección se repita tres veces. En este momento se le pide que se olvide de sus costumbres de toda la vida y abandone la ley ceremonial de Moisés. Dios mismo, sin lugar a dudas, estaba desechando aquellas reglas, que ya habían cumplido su propósito y que no servían más (15).

Dios anhela que su evangelio, aquellas buenas noticias, lleguen a toda persona, a los rechazados y marginados de la sociedad, como también a los más pudientes, a militares y políticos a sindicalistas y universitarios. Para que así sea, Dios nos sacudirá, como sacudió a Pedro aquel día. Y ¿cuál será nuestra respuesta? ¿Diremos como Pedro: "No, Señor"? ¿O estaremos dispuestos a cooperar sin prejuicios con las nuevas iniciativas de Dios?

Para el discípulo de Cristo es una contradicción decir: "No, Señor".

Señor, perdóname por los prejuicios que abrigo contra otros. Ayúdame a poder decirte siempre "Sí, Señor".

MAYO
25

"TODO LO QUE EL SEÑOR TE HA MANDADO"

HECHOS 10:17-33

INVESTIGUEMOS...

1. Ayer vimos a un Pedro preocupado y dudoso, ¿qué caracteriza sus acciones y palabras en el pasaje de hoy? ______

______

______

2. Medita en los versículos 24 y 33, ¿en qué sentido son un modelo para la evangelización? ______

______

UNA RESUELTA OBEDIENCIA. Pedro no permitió que la confusión que sentía (16) fuese un obstáculo para la obediencia. "Ve con ellos sin dudarlo", le dijo el Espíritu (20). En la puerta de la casa encontró a tres gentiles, y los invitó a pasar, aunque "a un judío le prohíbe su religión tener tratos con extranjeros o entrar en sus casas" (28). Su obediencia le aclaró el problema: en su visión había visto animales "limpios" y animales "inmundos". Ahora se da cuenta de que la visión se trataba en realidad de gentiles y judíos (28). Así que, quebrando toda tradición, Pedro pasó la noche en compañía de tres gentiles, ¡y uno de ellos era un soldado del aborrecido ejército de ocupación! Al día siguiente se fue con ellos a la casa de Cornelio "sin poner ninguna objeción"(29), y con este acto audaz se abrió "la puerta de la fe" para los gentiles (Hechos 14:27 BJ). Pedro había cumplido fielmente su misión (Mateo 16:19 y Hechos 15:7).

PERSONAS CREATIVAS, GUIADAS POR DIOS. Hay muchas personas dispuestas a seguir al Señor pero sólo hasta la mitad del camino; se dan por vencidas en la otra mitad. Sacrifican posesiones, amigos y honores, pero les duele demasiado negarse a sí mismas. Esto es lo que hizo Pedro: sacrificó su orgullo, su nacionalismo, los conceptos religiosos de toda una vida, y reconoció la autoridad de Dios para cuestionar sus valores (28). Esta obediencia radical es la que puede devolver a la iglesia poder y autenticidad. Cuando el Señor nos llama a involucrarnos en la evangelización de personas que quizás nos caen antipáticas o en un horario que nos cuesta, ¿podemos decir con Pedro: "Tan pronto como me avisaron, vine sin poner ninguna objeción?

"Dios me ha enseñado que no debo llamar profano o impuro a nadie" (28).

Señor, enséñame lo que debo hacer como consecuencia de haber leído este pasaje hoy.

MAYO
26

"DIOS NO HACE DISTINCIONES"

HECHOS 10:34-48

INVESTIGUEMOS...

1. ¿Qué aspectos de la persona y el ministerio de Jesús enfatiza Pedro en lo que dice a Cornelio y a su familia? ______________________________

____

2. "Dios no hace diferencia." Y ¿qué de ti? ______________________

"DIOS ES EL DIOS SOBERANO... que no hace distinciones" (Deuteronomio 10:17). Como judío versado en las Escrituras, Pedro sabía de memoria estas palabras. Pero en este momento se hacen carne delante de él en la persona del romano Cornelio, sus amigos y su familia. "Entiendo que *de veras* Dios no hace diferencia", dice Pedro. Una cosa es la teoría, otra la realidad, y muchos abrigamos prejuicios en forma inconsciente. Cuando Dios dice cosas, las dice *de veras.* Esta fue la misma verdad que Pablo iba a enfatizar tanto en, por ejemplo, Gálatas 3:28; Efesios 2 y Colosenses 3:11. Es una lección que hasta ahora hace falta que nuestro mundo tome en serio: no existen razas inferiores, no existen ciudadanos de segunda clase, no existe en el mundo una persona que valga menos ante los ojos de Dios que yo. No existe el individuo, de cualquier clase o raza, para quien Dios en su amor no desee todos los privilegios y las bendiciones que son míos. Y todos tendremos que presentarnos delante del mismo Juez también (42).

EL PENTECOSTES GENTIL. Dándose cuenta de todo esto Pedro predicó a este grupo de gentiles el mismo evangelio que había estado predicando a los judíos. Este pasaje nos ofrece el resumen más amplio que se encuentra del mensaje apostólico del libro de Los Hechos. Observa sus puntos principales (37-43), y el énfasis especial en la resurrección. Aquel fue el público más unido y más deseoso de escuchar que jamás hubiese tenido Pedro (33), y en el mismo momento de escuchar el mensaje, lo recibieron y creyeron, pues el Espíritu Santo "vino sobre todos" (44). Esta fue la primera vez que un grupo totalmente gentil escuchaba y recibía el evangelio, y Pedro reconoció que se repetían los eventos de Hechos 2 (47). Fue el Pentecostés gentil, y los nuevos creyentes fueron bautizados en el nombre de su nuevo Señor.

"Ya no tiene importancia el ser griego o judío ... extranjero ... esclavo o libre; lo que importa es que Cristo es todo y está en todos" (Colosenses 3:11).

"Dios no hace diferencia" (34).

Padre, ayúdame a estar abierto a recibir de nuevo esas verdades que ya creo conocer de memoria. Enséñame a compartirlas con otros.

MAYO
27

"SE CALLARON Y ALABARON A DIOS"

HECHOS 11:1-18

INVESTIGUEMOS...

1. ¿Qué factores crees que ayudaron a los hermanos de Jerusalén a quedarse convencidos de lo que dijo Pedro? ______________________

____

2. ¿Qué está haciendo Dios en la vida de otros a través de tu testimonio? ¿Quién recibe la honra? (Compara el versículo 18.)

____

____

OBJECIONES EN LA IGLESIA DE JERUSALEN. Pedro había recibido la revelación de Dios, había visto la visión y escuchado la voz del Espíritu y había sido testigo de la venida del Espíritu en Cornelio y sus amigos. Pero los cristianos judíos en Jerusalén no habían experimentado estas cosas, y para muchos de ellos el cristianismo seguía siendo un judaísmo reformado. Desde luego que tomaron muy en serio el hecho de que Pedro había quebrantado las tradiciones mosaicas. Observemos, sin embargo, cómo Pedro reacciona ante estas críticas. Lleva consigo a seis testigos (12) que podían confirmar su versión de los acontecimientos en Cesarea, y respaldan la seriedad de su pregunta: "¿Quién soy yo para oponerme a Dios?" (17). Sus palabras fueron eco de la advertencia de Gamaliel ante el Sanedrín (5:39), y por el momento hicieron callar todas las objeciones. (Ver 15:1.) Pedro no dijo: "Dios me ha dicho lo que debo hacer, y ustedes no me lo van a cuestionar." Más bien "les contó desde el principio todo lo que había pasado" (4), para que ellos pudiesen juzgar por sí mismos. Esta reacción, tan sabia y cortés, no sólo hizo que los críticos se callasen sino que provocó en ellos la alabanza a Dios (18).

LA COMUNICACION EVITA LOS MALOS ENTENDIDOS. Es difícil para nosotros apreciar adecuadamente el cambio tan radical que significaba, para estos cristianos judíos, el hecho de que "también a los que no son judíos" les había dado Dios la oportunidad de volverse a El (18). A veces en nuestras congregaciones se tienen que tomar decisiones igualmente radicales, pero nos falta la sabiduría de Pedro en la comunicación. ¿Qué podemos hacer para que una falta de comunicación no dé lugar a críticas innecesarias?

"Se callaron y alabaron a Dios" (18).

Padre, ayúdame a no expresar críticas que no sean constructivas. Dame la capacidad de escuchar a otros e identificarme con sus sentimientos.

MAYO
28

"EL PODER DEL SEÑOR ... CON ELLOS"

HECHOS 11:19-30

INVESTIGUEMOS...

1. ¿Cuál sería la definición de "un cristiano" según este pasaje? (Ver los versículos 21, 23, 24 y 29.)

2. ¿Hasta qué punto son evidentes estas características en tu vida? ¿Qué cambios quisieras ver al respecto?

EL TRIUNFO DEL EVANGELIO EN LA PAGANA CIUDAD DE ANTIOQUIA. Hasta aquí la historia que narra Lucas se ha concentrado en las personas de Saulo y Pedro. Pero mientras tanto, varios cristianos desconocidos habían estado viajando lejos de su tierra (19). Luego algunos de los convertidos en Chipre llegaron a Antioquía y compartieron con los ciudadanos griegos de esa ciudad "las buenas noticias acerca de Jesús, el Señor". Este fue otro paso muy significativo en el avance del evangelio: en primer lugar Felipe había ido a los samaritanos, quienes eran medio judíos; luego Pedro había hablado con Cornelio, aquel seguidor al margen del judaísmo; ahora estos predicadores laicos se habían acercado a los gentiles paganos de Antioquía, y sus esfuerzos dieron resultados asombrosos (21). Antioquía era en aquella época la tercera ciudad del mundo, una ciudad de mucha inmoralidad y lujo.

LA PRIMERA IGLESIA DE LOS GENTILES. Cuando se escucharon estas noticias increíbles de Antioquía, la iglesia de Jerusalén envió a Bernabé para que investigara la situación. Las evidencias de la gracia de Dios eran tan palpables que él se dio cuenta inmediatamente de la urgencia de más ayuda, y se acordó de Saulo (9:27-30). Nueve años después él seguía todavía en Tarsis, en la misma provincia de Antioquía. Juntos se quedaron un año con esta primera iglesia gentil.

Los resultados de su ministerio se ven en el apodo que la gente de Antioquía les puso: "cristianos" – "gente de Cristo" –, y también en la generosa y espontánea ayuda que estos creyentes enviaron a la iglesia de Jerusalén para socorrer a sus hermanos en la hambruna. Es muy probable que esta visita a Jerusalén se relaciona con los eventos narrados en Gálatas 2:1-10.

"No me avergüenzo del evangelio... es poder de Dios" (Romanos 1:16).

Padre, perdóname si he perdido de vista mi responsabilidad personal de hablar a otros de ti. Renueva mi visión, abre mi corazón a tu amor y mis labios para tu evangelio.

MAYO
29

PERO LA IGLESIA SEGUIA ORANDO

HECHOS 12:1-12

INVESTIGUEMOS...

1. ¿Cuál fue el motivo del encarcelamiento de Pedro (2-3)?

2. ¿Asistes a la reunión de oración de tu iglesia, o es un simple extra" que no te interesa? ¿Qué te dice este pasaje al respecto?

UN PODEROSO REY. En esta historia podemos observar la interrelación entre el poder y la política humanos y la soberanía y providencia divinas. Agripa II (Hechos 25:13). El emperador Calígula le había concedido el título de rey y el emperador Claudio le había obsequiado Judea y Samaria. Aunque le gustaba la lujuria de la corte romana, apoyaba, por interés, a los judíos y su religión. Para asegurar la lealtad de los judíos (3), mató a Santiago y luego encarceló a Pedro. Pero postergó su juicio para que los siete días de comer el pan sin levadura después de la Pascua pudiesen ser observados con toda ceremonia.

UN TODOPODEROSO DIOS. La iglesia enfrentaba el poder y las intrigas del último rey de Judea. Pero a través de la oración estaba en contacto con los infinitos recursos del Rey de reyes, que pudo enviar su mensajero para poner en libertad a Pedro, sacándole las cadenas y llevándolo a través de tres puertas de hierro. Fue la segunda vez que Pedro experimentaba el poder de Dios para liberarlo de la cárcel (ver 5:19), y la segunda vez que Dios demostraba que aun el rey más poderoso era como un juguete en sus manos.

En su sabiduría Dios rescató a Pedro. La misma sabiduría permitió que muriera Santiago. Aun en nuestras oraciones más fervorosas, no podemos darle órdenes a Dios; únicamente podemos confiar en que su amor es tan grande como su poder.

Pedro en la cárcel, los de la iglesia orando a Dios.

Padre, gracias por el privilegio de poder orar junto con mis hermanos. Ayúdame a querer estar presente en medio de tu pueblo para interceder por otros.

MAYO
30

"¡ESTAS LOCA!"

HECHOS 12:12-25

INVESTIGUEMOS...

1. ¿Qué contradicción encuentras entre lo que leemos hoy y lo que leímos ayer (5-15)?

2. ¿Qué nos dice este pasaje acerca de la relación entre la calidad de nuestra fe y la respuesta de Dios?

¡Dios no está muerto! En este pasaje lo vemos vivo y activo en varias áreas que tienen su paralelo hoy en día.

1. *EL CONTESTA LA ORACION* (12-19). Sin lugar a dudas, Dios había contestado a las oraciones de su iglesia. (Observa los detalles de los testigos oculares en los versículos 13-17). Al comienzo los cristianos no pudieron creerlo, la respuesta de Dios excedía sus expectativas. Y aun Herodes pensó que los soldados eran los culpables (19). Pero Pedro sí supo quién era el autor de su rescate. ¿Qué de hoy? ¿Cuál es tu experiencia del poder de Dios actuando a través de tus oraciones?

2. *EL JUZGA LA MALDAD* (20-23). Como muchos déspotas, Herodes se daba a sí mismo la gloria que sólo Dios debe recibir. Y Dios juzga este tipo de orgullo y blasfemia: en el siglo veinte hemos visto su juicio contra hombres como Hitler, Stalin y Amin, modernos Herodes.

3. *EL INFLUYE EN LA SOCIEDAD* (24). Una vez más, Lucas comenta la creciente influencia del cristianismo. El mensaje seguía difundiéndose a través de los esfuerzos de varios individuos comprometidos.

"Herodes murió ... Entre tanto, el mensaje de Dios iba extendiéndose" (23, 24).

Gracias, Padre, porque tu mensaje sigue extendiéndose. Bendice hoy a aquellos que traducen, editan y distribuyen la Biblia en todo el mundo.

MAYO
31

"ENVIADOS POR EL ESPIRITU SANTO"

HECHOS 13:1-12

INVESTIGUEMOS...

1. ¿En qué circunstancias se dio comienzo a este primer esfuerzo misionero (2 y 3)? ______________________________

____

2. ¿De qué maneras las personas tuercen "los caminos rectos del Señor" hoy en día? ¿Cómo debemos reaccionar? ______________________________

____

Todo cristiano debe preocuparse por la difusión del evangelio entre todas las naciones, todas las razas, todas las diferentes agrupaciones culturales que se encuentran en nuestro mundo. Esta historia de los comienzos de la tarea misionera nos indica ciertos principios invariables e importantes.

El versículo 3 nos dice que cuando la iglesia en Antioquía se dio cuenta del llamado de Dios a los dos misioneros, les impusieron las manos y los despidieron. Pero si nos preguntamos quién tomó la iniciativa de enviar a estos hombres, si la iglesia o el Espíritu Santo, el versículo 2 nos da una clara respuesta: fue el Espíritu Santo, quien dirigía todo. Aquí encontramos un principio fundamental para todo esfuerzo misionero: los proyectos y la organización humanos tienen su lugar, pero tienen que estar sujetos a la autoridad del Espíritu de Dios. Es más que probable que esta orden viniera a través del ministerio de uno o más de los profetas mencionados en el versículo 1, y que fuera confirmada por la convicción unánime de los maestros que se mencionan en el mismo versículo.

El hecho de que fueran enviados por el Espíritu Santo no quiere decir que Bernabé y Saulo no tuvieron problemas. Satanás siempre se opone al trabajo de los siervos elegidos de Dios. Pero ellos no sólo fueron enviados por el Espíritu, sino que también estaban llenos del Espíritu (9), quien le dio a Pablo el discernimiento para poder identificar a Elimas y sus malignos propósitos. Observa cuán tajantemente habló con Elimas. Es cosa seria "torcer los caminos rectos del Señor".

"Enviados por el Espíritu Santo... lleno del Espíritu Santo".

Señor, haz que yo y también mi congregación podamos ser cada vez más sensibles a la guía de tu Espíritu.

ESTRATEGIA MISIONERA

HECHOS 13:13-25

INVESTIGUEMOS...

1. ¿Cuáles fueron los pasos que siguieron Pablo y sus compañeros en su visita a Antioquía de Pisidia? ______

2. ¿Hasta qué punto sigues el ejemplo de estos primeros misioneros cuando testificas a tus amigos? ______

¿Yo, un misionero? ¡Imposible! Pero según el Nuevo Testamento, todo cristiano es enviado a otros con el evangelio de Jesucristo. La palabra "misionero" quiere decir "enviado". Hoy en día el panorama de las misiones en el mundo es muy diferente de aquel de hace diez o quince años. Miles de misioneros de Corea, de la India, de Brasil y Nigeria están saliendo a otros países, enviados por sus iglesias. Ya no sólo se trata de misioneros de los países occidentales. Y así tiene que ser si vamos a cumplir con el mandato del Señor de llevar las buenas noticias a todo el mundo.

¿Qué podemos aprender de la estrategia empleada por Pablo en Antioquía de Pisidia? Observemos que no se puso a hablar hasta que se lo pidieron (15, 16). Aun en una situación de testimonio personal, es mejor esperar para hablar directamente del evangelio, hasta que la otra persona nos invite a hacerlo o nos haga preguntas.

* *PABLO EMPEZO ALLI DONDE ESTABA SU PUBLICO.* Como judíos o como extranjeros que tenían temor de Dios (16), esta gente conocía bien la historia del Antiguo Testamento, así que ésta fue el punto de partida de Pablo. Su sermón ante griegos en Atenas tuvo el comienzo totalmente diferente (ver Hechos 17). Hace falta averiguar cuáles son las inquietudes y las actitudes de nuestros amigos. Empezando por allí podrás dirigirlos hacia la Biblia y hacia Cristo.

* *HABLO DE LO QUE DIOS HABIA HECHO* (17-23). El testimonio personal eficaz siempre incluye el hablar de lo que Dios ha hecho. Examina todos los verbos de los versículos 17-23 que tienen como sujeto a Dios, y alábalo por su acción en la vida de su pueblo.

* *SEÑALO A JESUS* (23-25). El punto culminante de esta sección del discurso se encuentra en el versículo 23: "Jesús, a quien Dios envió para salvar a Israel." En Jesús se cumplen todas las profecías del AT. Juan el Bautista lo señaló a El. El es el Salvador prometido. ¿Llama la atención tu testimonio personal hacia ti o hacia tu Señor?

"Jesús, a quien Dios envió para salvar" (23).

Padre, dame sabiduría para conocer el punto de partida adecuado para cada persona con quien comparto tu evangelio, para que pueda conocer a Cristo. Te lo pido en el nombre de Cristo.

JUNIO
2

UN MENSAJE QUE NO CAMBIA

HECHOS 13:26-41

INVESTIGUEMOS...

1. ¿Cuáles son los puntos que Pablo enfatiza más en la segunda mitad de su mensaje? ____________________

____

2. "Todos los que creen quedan perdonados." ¿Qué cosas te han sido perdonadas? Haz que tu respuesta sea motivo de alabanza hoy. ____________________

____

El tema de Pablo en la segunda parte de su sermón es el control que ejerce el Dios soberano sobre los acontecimientos en el mundo. Aun sin saberlo, los enemigos de Jesús cumplieron lo que Dios había dispuesto (27), pero sin así librarse de la responsabilidad de condenar a muerte a un hombre inocente (28). Pablo también enfatiza que el mensaje del evangelio no es ninguna invención humana.

1. *ES UN MENSAJE QUE VIENE DE DIOS* (26), mensaje universal. "Este mensaje de salvación es para ustedes", dice Pablo, mirando a judíos y no judíos allí en la sinagoga.

2. *EL TEMA DEL MENSAJE ES UN SALVADOR A QUIEN DIOS HA RESUCITADO* (30, 33, 34, 37). En ninguna parte del Nuevo Testamento leemos que Jesús se levantó a sí mismo de la muerte; siempre se describe este hecho o en la voz pasiva (Cristo fue resucitado) o en la forma activa (Dios lo resucitó). Los escritores del Nuevo Testamento vieron la resurrección como una demostración de la aceptación de Dios de la obra de Cristo en el Calvario.

3. *EL EVANGELIO ES UN MENSAJE PROFETIZADO.* La promesa hecha a los patriarcas (32-35), y repetida en los Salmos, exigió un cumplimiento mucho más trascendental que el que se vio en la vida de David, aunque éste fue un rey tan importante (36, 37). La venida de Cristo, su vida, muerte y resurrección eclipsan aun los eventos más sobresalientes del Antiguo Testamento. Dios ofrece perdón y liberación a todos los que creen, hecho que también va muchísimo más allá aun que su actividad salvadora en la antigua dispensación. En la parte final de su sermón, Pablo cita las palabras sombrías de Habacuc, advirtiendo contra el peligro de descartar este mensaje de gracia.

"Los que lo habían acompañado... son ellos los que hablan de Jesús a la gente" (3).

Padre, de nuevo me doy cuenta de lo que significa ser perdonado por ti. Ayúdame a vivir a la luz de ese perdón, no tomándolo ligeramente, porque te costó mucho.

JUNIO
3

EL MENSAJE DEL SEÑOR ES BUENO

HECHOS 13:42-52

INVESTIGUEMOS...

1. ¿Cuáles son las varias reacciones que observas en este pasaje ante el mensaje de Pablo? ______________________________

____

2. ¿Has experimentado oposición al mensaje del evangelio? ¿Cómo reaccionaste, y qué puedes aprender del ejemplo de Pablo y Bernabé? __________

____

Observemos las varias acciones de la gente de la ciudad de Antioquía ante el mensaje de Pablo:

* *GRAN INTERES.* Tanto judíos como gentiles simpatizantes querían seguir escuchando el mensaje (42, 43), y el siguiente día de reposo casi toda la ciudad acudió para escuchar la palabra de Dios (44). Los no judíos, en especial, se alegraron por el mensaje y empezaron a difundirlo en lugares alejados de la misma ciudad (49).

* *GRAN OPOSICION.* Alguna vez Pablo escribió: "Tengo una gran oportunidad... a pesar de que muchos están en contra mía" (1 Corintios 16:9). Cuanto más grande es la oportunidad, tanto más fuerte es la oposición, que en este caso estuvo motivada por la envidia de los líderes religiosos judíos. La envidia hizo que estos hombres rechazaran y negaran el mensaje (45), insultaran a los mensajeros de Dios (45) e incitaran a otras personas a oponerse a los apóstoles (50). La envidia sigue siendo una realidad en la vida de la iglesia.

Cuando existe una congregación "exitosa" o un predicador que es usado por Dios de una manera especial, surgen los comentarios negativos, las críticas que tienen como raíz la envidia. Que Dios nos dé actitudes generosas hacia los "éxitos" espirituales de otros. Que no caigamos en el pecado de estos líderes judíos. Observemos al mismo tiempo cómo reaccionaron Pablo y Bernabé ante esta oposición envidiosa (compara 46, 47 con 51).

* *GRAN CRECIMIENTO.* Cualquiera que sea la oposición, Dios bendice la fiel proclamación del mensaje bíblico. Mucha gente de Antioquía creyó y recibió nueva vida, y hubo muchas indicaciones de cambio (48).

"Les aconsejaron que permanecieran firmes en el llamamiento que habían recibido por amor de Dios" (43).

Ora por los que tienen la responsabilidad de proclamar el mensaje de Dios en tu congregación.

JUNIO
4

SIGUE LA OPOSICION

HECHOS 14:1-7

INVESTIGUEMOS...

1. ¿Cómo reaccionaron Pablo y Bernabé ante la oposición de la gente de Iconio (3, 6)? ____________________

2. ¿Qué aprendes del comportamiento de Pablo y Bernabé en los versículos 6 y 7? ____________________

Los acontecimientos en Iconio siguieron casi el mismo curso de lo ocurrido en Antioquía de Pisidia. De nuevo la predicación poderosa de la Palabra de Dios resultó en la conversión de muchas personas (1). Pero aquí también el equipo tuvo que enfrentar la oposición de siempre (2). Si nosotros estamos experimentando alguna forma de oposición, sea en nuestro hogar, o trabajo, en la universidad o el colegio, hay mucho que podemos aprender del ejemplo de los dos apóstoles.

1. *NO SE DIERON POR VENCIDOS* (2, 3). "Por esto, los apóstoles se quedaron." ¿Es ésta nuestra reacción ante la oposición?, o siempre es aconsejable buscar otro empleo o abandonar el lugar donde estamos sólo porque las cosas se tornan difíciles. En esta ocasión, la experiencia de la oposición hizo que Pablo y Bernabé se dedicaran con más empeño aun a la tarea de proclamar su mensaje, hablando "con toda franqueza".

2. *DIOS NO LOS ABANDONO* (3). Al contrario, los animó, confirmando la realidad de su mensaje a través de señales y milagros. Si nosotros nos preocupamos de presentar valientemente el evangelio a otros, Dios se preocupará de apoyarnos y demostrar que su mensaje tiene poder.

3. *DIOS LES INDICO EL MOMENTO OPORTUNO PARA ALEJARSE* (4-7). La situación se volvió demasiado peligrosa, la opinión de la gente estuvo tan dividida (4) y la vida de los apóstoles amenazada, que ellos se dieron cuenta de que debían irse. Pero no se fueron de vacaciones; se fueron a Listra y Derbe "donde también anunciaron las buenas noticias".

Muchas veces Dios nos guía a través de nuestro sentido común. Generalmente no nos exige que nos arriesguemos en forma innecesaria. Pero nunca debemos abandonar la obra que El nos da, simplemente porque existen problemas.

"Por eso... se quedaron, y confiados en el Señor, hablaron" (3).

Padre, ayúdame a reconocer tu guía a través de las circunstancias, cuando son éstas el medio que tú usas para dirigirme.

JUNIO
5

"VUELVANSE AL DIOS VIVIENTE"

HECHOS 14:8-18

INVESTIGUEMOS...

1. ¿Qué diferencias fundamentales encuentras entre el mensaje de Pablo y de Bernabé en Listra y el mensaje que predicó Pablo en Antioquía? __________

____

2. ¿Crees que fue un error de parte de Pablo sanar al hombre cojo, en vista de las consecuencias? Si no, ¿cuáles fueron los resultados positivos? __________

____

El versículo 19 nos da a entender que en Listra no existía una comunidad grande de judíos, y que por eso no había sinagoga. Así que la estrategia de los apóstoles fue diferente. Pero examinemos primero la situación que ofrece a Pablo la oportunidad de proclamar su mensaje delante de un público grande (14).

Los milagros de los Hechos, al igual que los milagros de Jesús en los Evangelios, eran señales cuyo propósito era autenticar y dar autoridad a la predicación del evangelio, que era la tarea fundamental de la iglesia. En este caso es interesante observar que el hombre cojo creía, tenía fe *antes* de experimentar la sanidad física. Y este es el orden que estableció Jesús en uno de sus primeros milagros de sanidad (Marcos 2:1-12).

Este milagro, sin embargo, dio lugar a una situación totalmente inesperada. Según una leyenda local, los dioses Zeus y Hermes habían visitado a una pareja de ancianos del lugar, y Pablo y Bernabé fueron vistos como los mismos dioses en una repetición del acontecimiento. La gente identificó a Bernabé como Zeus, el más importante de los dioses griegos, el dios fuerte y callado. Bernabé era, probablemente, mayor que Pablo, quien generalmente era el predicador del equipo. Los apóstoles no entendían el idioma de Licaonia (11), pero el proceder de la gente fue inequívoco, y Bernabé y Pablo resistieron firmemente (13, 14). En un sentido estaban decepcionando a la gente. Pero al remitirlos al Dios viviente a cambio de sus dioses imponentes, un Dios quien, como Creador, había provisto todo, y los había preparado para recibir estas buenas noticias (15), los apóstoles les estaban ofreciendo algo de muchísimo más valor.

"Que dejen estas cosas que no sirven... y que se vuelvan al Dios viviente" (15).

Señor, quiero interceder por todos aquellos que hoy están compartiendo tu mensaje en situaciones difíciles, donde hay muchos malentendidos a causa del idioma o la cultura. Protégelos, y dales sabiduría.

JUNIO
6

EL VIAJE DE REGRESO

HECHOS 14:19-28

INVESTIGUEMOS...

1. ¿Qué hizo Pablo para dejar en buen estado a las iglesias que se habían formado en este primer viaje misionero (22, 23)? ______________________

____

2. ¿Se da oportunidad a los miembros de tu iglesia para contar todas las cosas que el Señor ha hecho con ellos (27)? ¿Cuál es el valor de estas ocasiones?

____

LA INMENSA VALENTIA de Pablo y de sus compañeros es notable. Aunque fueron víctimas de tanta persecución (19), seguían en el mismo ministerio que les había provocado ese trato, además, regresaron a aquellos mismos lugares en los que habían sido rechazados con tanta crueldad (21). La persona impulsada por un auténtico deseo de evangelizar y por una verdadera preocupación pastoral está dispuesta a enfrentarse con riesgos y peligros. Las consecuencias físicas de estas pruebas se encuentran reflejadas en 2 Corintios 11:25 y en la carta de Pablo dirigida a la iglesia en esta zona (Gálatas 6:17).

LA PROFUNDA PREOCUPACION de los apóstoles queda también claramente establecida (22, 23). No se presentaba la posibilidad de un pronto retorno a esta zona, y por eso hicieron todo lo posible para establecer a cada iglesia, animando a sus miembros, instándoles a mantenerse firmes ayudándoles a ver el mundo material y espiritual en su verdadera perspectiva, y proveyéndoles las estructuras necesarias para asegurar su buen funcionamiento (23). He aquí un modelo para los que buscan establecer iglesias.

LA HERMOSA COOPERACION que existía entre estos obreros misioneros y su congregación es impactante (26-28). Antioquía, que les había encargado esta tarea, y que se supone los había apoyado en su oración, les da una cálida bienvenida como co-trabajadores en el ministerio. "Se quedaron allí mucho tiempo", porque las relaciones entre una congregación y sus obreros y pastores requieren de tiempo para que se mantengan en buen estado.

"Les contaron todas las cosas que Dios había hecho con ellos" (27).

"Para entrar en el reino de Dios hay que sufrir muchas aflicciones." Padre, abre mis ojos para que pueda ver que este costo es en realidad un privilegio.

JUNIO
7

UNA CONSULTA IMPORTANTE

HECHOS 15:1-11

INVESTIGUEMOS...

1. Expresa con tus propias palabras cuál fue el problema que dio lugar a este debate en Jerusalén. ______________________________

____

2. ¿Qué ejemplos que merecen ser seguidos encuentras en los personajes de esta historia? ______________________________

El "Consejo de Jerusalén" debatió una cuestión crucial. Aparentemente un grupo que tenía influencia y sabía expresar sus opiniones (1, 2, 5) quería imponer en la iglesia un cristianismo farisaico. Podemos identificarnos hasta cierto punto con su dilema; ellos concebían al cristianismo como la culminación de una larga historia de tradiciones. En este momento se preguntaban si éstas iban a ser descartadas. El problema se presentaba cada vez más serio ya que el evangelio se difundía entre los gentiles, quienes no tenían ningún conocimiento del AT. ni ningún trasfondo judaico. ¿Se iba a exigir de ellos que volviesen a la Ley Mosaica, con todas sus multiformes tradiciones, incluyendo la circuncisión (1, 5)? La iglesia de Antioquía estaba consciente de que el evangelio de la gracia no era algo que se añadía al judaísmo. La gracia era la gracia, y si se le añadía cualquier legalismo, quedaba nula.

La carta de Pablo a los gálatas tiene como tema la misma candente cuestión y demuestra la misma preocupación. Pero ambos relatos muestran que, por la gracia de Dios, se mantenía la comunión aun en las circunstancias tan tensas en que se desarrollaba este conflicto. Esta comunión y el respeto que ambas partes se demostraron, no siempre son evidentes en nuestras iglesias cuando hay conflictos. El testimonio valiente de Pedro acerca de Cornelio (10:1—11:18) tuvo mucha influencia. Según su experiencia, Dios estaba obrando activamente entre los gentiles concediéndoles todas las bendiciones de la salvación, pese a que ellos no tenían bases judaicas. Y su franca confesión acerca del fracaso de la ley (10) demostró la hipocresía de querer someter a los gentiles a la Ley Mosaica. Al igual que Pablo, Pedro insistió en que "somos salvados... gratuitamente por la bondad del Señor Jesús" (Efesios 2:8, 9). Qué hermoso es que, a pesar de la tensa situación, Pablo, Bernabé y compañía buscaron oportunidades para dar testimonio y fueron motivo de alegría para otros (3).

"Salvados gratuitamente por la bondad del Señor Jesús" (11).

Padre, gracias porque nos permites observar aun los momentos difíciles de la vida de la iglesia primitiva. Gracias porque estos hombres valientes lucharon por guardar firmes las bases de la fe.

JUNIO
8

SACANDO CONCLUSIONES

HECHOS 15:12-21

INVESTIGUEMOS...

1. ¿En base a qué consideraciones llegó Santiago a sus conclusiones?

2. ¿Existen cristianos o grupos de cristianos ante quienes tú tiendes a mantener actitudes intolerantes? ¿Qué elementos de esta historia te pueden ayudar a cambiar?

Muchos de los lectores de estas meditaciones en un momento u otro se encontrarán en un comité o una junta. ¿Qué podemos aprender de las actitudes de los miembros del consejo de Jerusalén?

1. *ESCUCHEMOS A LOS DEMAS* (12). "Todos se callaron y escucharon." Algunos de nosotros vamos a estas reuniones habiendo ya sacado ciertas conclusiones. Expresamos nuestro punto de vista, pero no estamos dispuestos a escuchar a los demás. Hay un dicho que reza que tenemos dos oídos y una boca, para poder estar dos veces más dispuestos a escuchar que a hablar.

2. *SEPAMOS SOMETERNOS A LA BIBLIA* (13-18). Santiago, el hermano de Jesús, confirmó las palabras de Pedro a través de la profecía de Amós.

3. *SEAMOS TOLERANTES LOS UNOS CON LOS OTROS* (19-21). Algunos dirán quizás que Santiago no debía haber impuesto ninguna tradición judía a los cristianos gentiles. Es cierto que ninguna de éstas es necesaria para alcanzar la salvación. Pero al mostrar cierta tolerancia hacia los judíos, en este momento, sin hacer peligrar la verdad acerca del perdón gratuito a Dios, Santiago demostró, más bien, mucha sabiduría. Ojalá que en nuestras iglesias se demostrara la misma actitud de los conservadores hacia los miembros que tienen nuevas ideas, y viceversa.

"Cuando venga el Espíritu de verdad, él los guiará a toda verdad" (Juan 16:13).

Padre, ayúdame a estar más dispuesto a escuchar que a hablar.

JUNIO
9

UNA CARTA IMPORTANTE

HECHOS 15:22-35

INVESTIGUEMOS...

1. "Se alegraron mucho por el consuelo que les daba" (13). ¿Por qué encontraron consuelo en esta carta los cristianos no judíos? ________________

____

2. ¿Qué cosas más aprendes en este pasaje acerca de cómo portarte en una situación de desacuerdo? ____________________________

____

1. *TODOS ESTABAN DE ACUERDO* (22, 25, 28). Siempre habrá motivos de desacuerdo entre cristianos. Pero el Espíritu Santo tiene poder para que en asuntos esenciales los cristianos lleguen a la unanimidad. También El nos da discernimiento para saber cuáles son las cuestiones que realmente tienen importancia. Más tarde la iglesia se dio cuenta de que no era imprescindible para un seguidor de Jesús abstenerse de comer carne que había sido sacrificada a los ídolos (ver Romanos 14).

2. *TODOS ESTABAN INFORMADOS* (22-29). Muchas veces una situación de desacuerdo en una iglesia se mantiene porque las decisiones de los líderes no se comunican con claridad a todos los involucrados. Los líderes en Jerusalén enviaron una carta a cuatro de los apóstoles (22, 23). Si hay algo importante que se tiene que decir, siempre es mejor decirlo directamente, aunque también se comunique en forma escrita. Para Silas esta tarea, aparentemente rutinaria, llegó a ser el primer paso de su carrera misionera junto a Pablo.

3. *TODOS SE ALEGRARON* (30-35). ¡Qué impactante la reacción de los cristianos de Antioquía ante la decisión de los líderes de la iglesia (31)! La confesión franca y honesta del versículo 24 es otra indicación de la sinceridad que debería caracterizar al líder lleno del Espíritu Santo.

La resolución de esta controversia dio lugar a más oportunidades para enseñar la Palabra de Dios, que es siempre la mejor respuesta a las enseñanzas falsas (32-35).

"Ha parecido bien al Espíritu Santo y a nosotros" (28).

Ora para que pueda existir unanimidad y armonía en tu congregación o grupo cristiano y para que con tus actitudes puedas aportar positivamente.

JUNIO
10

NUEVOS MIEMBROS DEL EQUIPO

HECHOS 15:36—16:5

INVESTIGUEMOS...

1. ¿Qué contradicción encuentras en Pablo al comparar 16:1-5 con el capítulo 15? ____________________

2. ¿Cuál fue el motivo de este segundo viaje misionero? ¿Qué nos enseña acerca de nuestra actitud hacia los nuevos cristianos? ____________________

____

LUCAS, el maestro historiador, escribió el capítulo 15 de los Hechos como la culminación de la primera mitad de su libro, el mismo que nos ha ido revelando el propósito divino de dar el evangelio de Jesucristo a los gentiles. Como el historiador concienzudo, Lucas también narra los momentos problemáticos. Los planes que hicieron Pablo y Bernabé para un segundo viaje misionero dieron lugar a una aguda diferencia de opinión entre ambos (36-41). En términos de planes a corto plazo, Pablo tenía razón: Juan Marcos (posteriormente escritor del Evangelio) los había abandonado en el primer viaje, y era demasiado arriesgado llevarlo de nuevo. Sin embargo, la cariñosa persistencia de Bernabé que quiso darle al joven una segunda oportunidad, dio frutos que Pablo mismo reconoció más tarde (2 Timoteo 4:11). Y observemos que, aun en esta situación de desacuerdo, lograron llegar a un acuerdo con respecto a la división de la zona que visitarían. Así se cumplió el propósito del viaje (36). Este incidente nos muestra que a veces ambas partes en desacuerdo pueden tener razón (¿y también estar en cierto error?), pero que el Señor sigue siendo soberano.

PABLO Y SILAS siguieron su viaje por Siria y Cilicia hasta llegar de nuevo a Galacia, y allí conocieron a Timoteo, quien también se unió al equipo (16:3). En los versículos 3 y 4 surge una pregunta difícil de contestar. ¿Por qué Pablo hizo circuncidar a este joven greco-judío? En el mismo párrafo, Lucas describe con cuánto empeño los apóstoles comunicaron las instrucciones de la iglesia de Jerusalén a los cristianos gentiles. ¿Cómo explicar esta aparente contradicción? ¿Por qué estaba Pablo tan preocupado por no ofender a estos judíos? No lo sabemos, pero sin duda esta decisión le costó caro. Vemos algunas de sus consecuencias en la carta a los Gálatas. A pesar de todo esto "las iglesias se afirmaban en la fe, y el número de creyentes aumentaba cada día". Los apóstoles estaban agradando al Señor.

Los propósitos de Dios se cumplen a pesar de las debilidades humanas.

Padre, perdona mis errores. No permitas que sean motivo de tropiezo para otros, ni que sean obstáculos para tu evangelio.

JUNIO
11

¿COMO NOS GUIA DIOS?

HECHOS 16:6-15

INVESTIGUEMOS...

1. Usando un mapa del Asia Menor, sigue los pasos de los apóstoles en esta etapa de su viaje. ______________________________

2. ¿Cómo te ha guiado Dios en el curso de esta semana? ¿Qué "puertas" ha abierto o cerrado para ti? ______________________________

Cinco puntos clave resaltan en este pasaje que nos ayudan a comprender mejor la guía de Dios:

1. *MUCHAS VECES UN PROPOSITO INICIAL Y LIMITADO* (15-36) llega a ser, no la finalidad, sino un cruce de caminos desde el cual el Señor nos dirige hacia un campo más amplio de servicio.

2. *LA INFLUENCIA DE LAS CIRCUNSTANCIAS* puede determinar los planes. Generalmente se interpreta el versículo 6 a la luz de Gálatas 4:13 que indica un motivo físico para la prohibición de Dios respecto a un ministerio en Asia. La salud y otros factores, como son las responsabilidades ineludibles, pueden determinar si se cierra una puerta. Pero este tipo de guía nunca es totalmente negativo: al mismo tiempo se abre otra puerta de servicio.

3. *LA GUIA QUE RECIBIMOS* en algún momento *no necesariamente tiene vigencia permanente.* Más tarde, Pablo volvió a Efeso, la capital de Asia y tuvo un ministerio fructífero por tres años allí.

4. *EL GRUPO DE OBREROS NO SE MANTENIA PASIVO,* esperando que las cosas se solucionaran. Empujaron varias puertas, aunque sin forzarlas (7). Sin duda la oración, la meditación y la discusión jugaron un papel importante, estando todas controladas por una actitud sensible y expectante hacia los impulsos del Espíritu (ver Isaías 30:1).

5. *UN CLARO LLAMADO FUE ESCUCHADO EN TROAS* (8-10). Dios no siempre nos concede una visión. Pero *sí, El nos infunde una cierta convicción* de que uno de los caminos que se nos presentan es el más indicado. El "hombre de Macedonia" presentó su petición en base a una necesidad relativa, que muchas veces es otro factor determinante. Para Pablo, así se abrió la puerta a Filipos y a Europa.

Su obediencia dio rápidos resultados. Una reunión al aire libre con mujeres quizás no parecería ser el mejor comienzo. Pero el hogar de Lidia, una pudiente mujer de negocios, iba a constituirse en la base para la obra en esta ciudad.

"El Señor la movió..." (14).

Ora por algún amigo tuyo que todavía no ha recibido a Cristo, para que el Señor mueva su corazón.

JUNIO
12

EL PODER DE JESUS

HECHOS 16:16-26

INVESTIGUEMOS...

1. ¿Cuál fue el motivo del encarcelamiento de Pablo y Silas? ______________

____

2. "Vieron que ya no tenían más esperanza de ganar dinero" (19). ¿Hasta qué punto nos corresponde a los cristianos "molestar" a los del mundo, y en qué circunstancias? ______________________________

____

¿Qué es lo que podemos esperar cuando los cristianos se ponen a orar (16) y a proclamar el evangelio? En Filipos vemos que ...

* *JESUS DIO LIBERTAD* (16-18). La muchacha esclava estaba controlada por un espíritu maligno hasta que Pablo la puso en libertad en el nombre de Jesucristo. Observemos que en esta ocasión Pablo estuvo "molesto" o enojado. A veces un enojo saludable contra la maldad puede llevarnos a orar eficazmente en el nombre de Jesús. En estos días la prensa y la televisión nos bombardean con tantas evidencias de la maldad, que hasta quizás nos hemos acostumbrado demasiado a la actividad de Satanás en el mundo. Pero el poder de Dios, que fue demostrado aquel día, sigue activo y puede cambiar a los hombres y mujeres y rescatarlos de todas las diferentes esclavitudes que en este mundo existen.

* *JESUS TRAJO DISTURBIOS* (19-24). En Filipos la oposición surgió no por motivos religiosos, sino financieros (19). Los dueños de la esclava vieron frustrados sus deseos de ganancia, y su avaricia dio lugar a calumnias y a una situación muy violenta. Pablo y Silas fueron azotados y metidos a la cárcel.

El evangelio de Jesucristo molesta, no deja tranquilas a las personas. En la medida en que las desafía acerca de sus actitudes y estilo de vida, provoca controversia y oposición. Al igual que el pecado ha afectado toda área de nuestra vida, así también el evangelio afecta, o debe afectar a toda ella. Aquí lo vemos desafiando a la gente en los campos de la economía y la salud mental, provocando transformación en ambos.

"El evangelio... poder de Dios" (Romanos 1:16).

Padre, gracias porque tu evangelio es buenas noticias para toda área de la vida. Dame un concepto amplio de él, y haz que cuestione todo aspecto de mi vida.

JUNIO
13

ALEGRIA EN MEDIO DEL SUFRIMIENTO

HECHOS 16:25-40

INVESTIGUEMOS...

1. ¿Qué cambios observas en el carcelero después de creer en Jesús? ________

____

2. A medianoche, en la cárcel, Pablo y Silas oraban y cantaban. ¿Crees que éste fue un caso excepcional, o que a todo cristiano le es posible tener una actitud de alabanza en medio del dolor? ________________

Según el Salmo 137:4, los exiliados israelitas no podían "cantar canciones del Señor en tierra extraña". No así Pablo y Silas. Ellos, al igual que Eliú, conocían a un Dios que "da fuerzas en las horas más oscuras" (Job 35:10). Maltratos, heridas, abandono e incomodidad no fueron obstáculos para esa fe valiente que pudo levantarse y cantar aun a la medianoche. Con razón estaban escuchando los demás prisioneros, aunque los himnos no estaban dirigidos a ellos (25). Los apóstoles estaban ofreciendo un ministerio inconsciente. El ejemplo de un testimonio que se mantiene firme, aun en circunstancias de mucha tensión, puede tener más impacto que cualquier cantidad de sermones.

¡Qué conversión más notable! (29-31). El carcelero hace la pregunta más importante que puede hacer el hombre: "¿Qué debo hacer para ser salvo?" Los apóstoles le ofrecen una respuesta clara e inequívoca (31). ¿Estamos preparados para contestar esta pregunta convincentemente? ¿Podemos explicar clara y sencillamente los puntos principales del mensaje del Señor? ¡Qué transformación tan radical la de este carcelero! Siempre había cumplido insensiblemente las instrucciones recibidas (24), y había dormido, indiferente ante los sufrimientos de los prisioneros. Ahora se preocupa por sus heridas (33) y les ofrece hospitalidad (34). ¿Es *tangible* nuestro cristianismo?

¿Por qué Pablo insistió en sus derechos como ciudadano romano (35-40)? Según las evidencias en escritos como los de Cicerón, era un grave crimen castigar a un romano sin investigar previamente el caso. Las circunstancias hicieron imposible una protesta el día anterior. Hay ocasiones en las que es muy importante que los cristianos exijan sus derechos. La humildad no implica permitir la injusticia, ni siquiera el atropello. Pero hace falta saber defender nuestros derechos con sabiduría y cortesía.

"Los otros presentes estaban escuchando" (25).

Señor, te pido hoy por aquellos grupos y organizaciones cristianas que están buscando la paz y la justicia en nuestros países latinos. Hoy recuerdo especialmente a CONEP, "Comisión Paz y Esperanza" del Perú.

JUNIO
14

DOS CIUDADES

HECHOS 17:1-15

INVESTIGUEMOS...

1. ¿Por qué dice que los judíos de Berea eran "de mejores sentimientos que los de Tesalónica" (11, 12)? ______________________________

____

2. ¿Qué te dice esto acerca de tu propia actitud hacia la Biblia? ____________

____

TESALONICA (1-9) se encontraba a unos ciento treinta kms. de Filipos. Pablo, según la estrategia que ya conocemos, pasó por los pueblos de menor importancia (1), posiblemente porque no había sinagogas de ellos. El seguía insistiendo en la sinagoga como el lugar más apropiado para empezar la campaña, a pesar de los insultos y la seria oposición que pudieran surgir. Esto requería de mucha valentía (1 Tesalonicenses 2:2). La oposición que se presentó en Tesalónica suena muy familiar; los judíos tenían envidia de los apóstoles, como en Antioquía (5). Empezaron lanzando acusaciones falsas (5-7) que deliberadamente tergiversaban la realidad, no pararon hasta llevar su campaña de odio más allá de Tesalónica (13). En 1 Tesalonicenses 2:1-16 Pablo nos da el trasfondo de la impactante acusación del versículo 6: "Esos que han revolucionado todo el mundo..." (BJ). ¡Cuatro hombres estaban trastornando todo el mundo! (No nos olvidemos de la presencia de Lucas mismo en el grupo.) ¿Será posible que Dios siga trastornando al mundo a través de los que que le son totalmente disponibles? Entonces, por qué será que no ocurre con más frecuencia?

BEREA (10-15) estaba a unos sesenta kilómetros hacia el sudoeste de Tesalónica, pero alejada de la carretera principal. Posiblemente Pablo quiso evitar más oposición. El hecho de que tuvo que viajar a Atenas acompañado por otros puede indicar que estuvo enfermo (15). Su experiencia en Berea ha debido animarlo, después de las duras pruebas en Tesalónica. Los nuevos convertidos son un ejemplo desafiante para todos los que estudian la Biblia. Tenían hambre de la verdad, y se dedicaron diariamente a comprobar las evidencias que descubrían en las Escrituras, con una mente abierta y sin prejuicios (11).

"Día tras día estudiaban las Escrituras para ver si era cierto lo que se les decía" (11).

Señor, dame el mismo entusiasmo por tu palabra que tenían los cristianos de Berea. Haz que esté abierto a los desafíos que me llegan a través de ella.

JUNIO
15

EN ATENAS

HECHOS 17:16-34

INVESTIGUEMOS...

1. ¿Por qué crees que el número de convertidos en Atenas fue relativamente pequeño? ______________________

____

2. "Pablo... se indignó mucho... Por eso discutía" (16, 17). Qué te impulsa a ti a llevar el evangelio a otros? ______________________

____

Algunos comentaristas, escribiendo sobre este pasaje, consideran que el ministerio de Pablo en Atenas fue un fracaso. Probablemente su discurso fue interrumpido (32) antes de que pudiera mencionar a Jesús. Su decisión de predicar sólo a Cristo, al llegar a Corinto, ha sido interpretada a la luz de esta posibilidad (1 Corintios 2:1, 2). Pero Lucas no parece considerar un fracaso la estadía de Pablo en Atenas, sino más bien una enfermedad explicaría su extraordinaria inactividad (16). Pero la idolatría que vio por todos lados le impulsó a la acción.

Su discurso en el Aerópago fue muy diferente de los sermones que habría pronunciado en tantas sinagogas. Buscó lo que tenía en común con estos griegos; no citó las Escrituras que no conocían, sino sus propios poetas (28). Pero su enfoque fue totalmente bíblico; empezó con el Dios de la creación (24), quien se había revelado como el Dios de la providencia (25, 26), y que estaba cerca de los que le buscaban (27). Ahora, a la luz de una nueva y convincente revelación, también se le tenía que considerar como el Juez universal (30, 31).

Las palabras desafiantes de Pablo y la referencia que él hizo a la resurrección fueron demasiado para los inconstantes atenienses. Algunos le hicieron burla (32), pues "los griegos buscan sabiduría" (1 Corintios 1:18). Otros postergaron cualquier decisión; posiblemente reconocieron la verdad, pero no estuvieron dispuestos a permitir que provocara consecuencias en sus vidas. Pero este discurso tuvo sus frutos: "algunos... creyeron" (34). En comparación con otras ciudades, los resultados fueron pequeños. Pero Atenas, conocida por su orgullo intelectual, no era una ciudad cualquiera. Y ¿quién puede hablar de fracaso cuando se convierten aunque sean pocos?

"Lo que en Dios puede parecer una tontería, es mucho más sabio que toda sabiduría humana" (1 Corintios 1:25).

Padre, ayúdame a comprender a mis amigos que no te conocen, y a poder empezar allí donde se encuentran, cuando les hablo acerca de ti.

JUNIO
16

"EN NOMBRE DEL AMOR"

FILEMON 1-14

INVESTIGUEMOS...

1. ¿Cuál es la reacción que Pablo busca en Filemón (9, 10, 14)? ____________

____

2. ¿Qué impresión recibes en este pasaje del carácter de Filemón? _________

____

Filemón era un pudiente dueño de esclavos que llegó a ser obrero, junto con Pablo, de la iglesia en Colosas. Aparentemente uno de sus esclavos, Onésimo, le robó (18), se escapó (15) y llegó a tener contacto con Pablo, mientras éste estaba encarcelado en Roma. Pablo lo guió a Cristo (10) y fue servido fielmente por él (11-13). Según la ley romana, Onésimo debía ser ajusticiado sin ser remitido a ningún tribunal. Pablo corría riesgo de un severo castigo por haberlo socorrido. Pero el evangelio transformó la situación.

Para Pablo debe haber sido difícil escribir acerca de este delicado asunto. Pero él se muestra sensible, cariñoso, lleno de tacto. Estas cualidades deberían caracterizarnos en situaciones similares.

La fe de Filemón ayuda a Pablo, quien puede hablar abiertamente acerca de su amor por otros cristianos (5, 7), su amor por los no cristianos (6), y del amor que Pablo espera que Filemón pueda mostrar hacia esta persona que le ha causado daño. Sabía que su amigo estaba dispuesto a sujetarse a ciertas inconveniencias por motivo del evangelio — la iglesia se reunía en su casa — y que también buscaba oportunidades para compartir el evangelio con otros. En base a todo esto Pablo puede pedir con confianza que Filemón perdone todo (21).

Tanto en el Antiguo como el Nuevo Testamentos condenan en teoría la esclavitud, pero la permiten en la práctica. Insisten en que se trate con justicia a los esclavos, y buscan un cambio progresivo y verdaderamente radical en la medida que las personas van respondiendo al evangelio. Un cambio violento hubiera dado lugar a una situación peor aún que la esclavitud.

"Que esta fe nos haga vivir con amor" (Gálatas 5:6).

Padre, te pido que las cualidades que demuestra Pablo en esta situación difícil también sean visibles en mí.

JUNIO
17

DAME UNA FE QUE OBRE

FILEMON 15-25

INVESTIGUEMOS...

1. ¿Qué impresión recibes del carácter de Pablo en esta sección de la carta?

____

____

2. ¿Cómo crees que Onésimo pudo demostrar su fe? ______________

____

Ayer nos vimos desafiados por la calidad cristiana de Filemón. Hoy veamos la de Pablo:

* *¿SUFRES O HAS SUFRIDO POR CRISTO Y SU EVANGELIO* (1, 13) *?*

* *¿ERES UN BUEN MIEMBRO DE UN EQUIPO* (1, 2, 23, 24) *?* Aunque esta carta es estrictamente personal, Pablo menciona a ocho personas más. Era lo suficientemente sabio y humilde como para darse cuenta de que necesitaba de la ayuda y el compañerismo de otros.

* *¿TIENES UNA LISTA DE MOTIVOS DE ORACION Y ALABANZA?* Pablo comienza ocho de sus cartas con el tema del versículo 4.

* *¿ANIMAS A OTROS, MENCIONANDO SUS PUNTOS FUERTES* (5, 7) *?* ¿Consideras los derechos de los demás y no te aprovechas de ellos (12, 14)?

* *¿VES MAS ALLA DE LOS MOTIVOS APARENTES Y BUSCAS EL PROPOSITO DE DIOS* (15, 16) *?* Apreciamos de nuevo la maravilla y el poder de lo que el Señor puede lograr.

* *¿ERES GENEROSO* (18, 19) *?* A la mayoría de nosotros se nos presentan oportunidades de ayudar a los que tienen necesidades más apremiantes que las nuestras. Cuando damos, demos con generosidad (Romanos 12:8) y con alegría (2 Corintios 9:7).

* *¿SABES DEPENDER HUMILDEMENTE DE OTROS* (20-22) *?* Trata de imaginarte en el lugar de Filemón al momento de recibir esta carta. Pablo sabe cómo llegar a tocar el corazón de otros, y lo hace con total sinceridad.

"Que el Señor Jesús derrame su gracia sobre nosotros" (25).

Padre, gracias por esta breve y atrayente carta de Pablo. Gracias porque muestra al evangelio en acción en un caso específico.

NUESTRAS LECTURAS PARA LOS PROXIMOS TRES MESES

Durante las próximas semanas vamos a estar leyendo principalmente los libros de 2 Samuel y el Evangelio de Juan. Algunos cristianos se preguntan si la antigua historia del pueblo de Israel puede tener vigencia para ellos en el siglo veinte. Pero estos libros no son simplemente un registro de los eventos ocurridos a personas que vivieron hace muchos años en países lejanos. Son también la historia de la actividad de Dios.

Las circunstancias y las situaciones cambian, y al leer 2 Samuel posiblemente tendremos que esforzarnos para comprender las acciones y sentimientos de David. Pero Dios se relaciona con nosotros de una manera similar. Su suerte ha cambiado. Ya es rey de Israel. Muchos de nosotros tenemos menos problemas con seguir fielmente al Señor en los momentos de prueba. ¿Cómo le fue a David, después de que pasaron sus apuros y la etapa de estar refugiado en el desierto? Vamos a ir descubriéndolo a través de nuestras lecturas, y así iremos aprendiendo cómo Dios obra en la vida de su pueblo, o sea de nosotros.

Pero estos libros históricos narran la actividad de Dios en otro sentido, en un sentido más importante aun. La actividad de Dios a través de todo el Antiguo Testamento es parte de su plan de salvar a hombres y mujeres de las consecuencias de su pecado. Por eso 2 Samuel y el Evangelio de Juan están más relacionados de lo que pensamos. Pues en éste vemos la culminación de ese plan, con la venida de Jesús, la Palabra de Dios, "el Cordero de Dios que quita el pecado del mundo".

La Biblia entera, de Génesis a Apocalipsis, tiene un tema principal: que nuestro Dios es un Dios Salvador y Redentor, que quiere que todo ser humano tenga una viviente relación con El. También anhela que esta relación afecte a toda área de nuestra vida: nuestra familia, nuestro contexto cultural, la política, la economía. Vamos a ver, tanto en el caso de David como en el de las personas que llegaron a tener contacto con Jesús, cómo esta idea se hizo realidad.

JUNIO
18

LAS MENTIRAS ACARREAN CONSECUENCIAS

2 SAMUEL 1:1-16

INVESTIGUEMOS...

1. ¿Qué diferencias encuentras entre la versión del amalecita, sobre la muerte de Saúl, y la que leímos en 1 Samuel 31?

2. Evalúa francamente tu actitud hacia las mentiras. ¿Crees que hay mentiras que se justifican? ¿Qué puedes hacer si tiendes a mentir en momentos de apuro?

Es difícil no sentir cierta simpatía por el amalecita, que según su versión de la historia, le había hecho un gran favor a Saúl al ayudarlo a morir. Pero parece que en realidad no estaba diciendo la verdad, pues 1 Samuel 31:3-6 nos presenta una versión diferente del asunto. Es posible que David intuyera su falta de sinceridad, y quiso confirmar a su propia gente que Saúl era el elegido del Señor, santo ante El, y que sólo Dios tenía autoridad para acabar con su vida. No podemos dudar de la sinceridad de David, quien dos veces había perdonado la vida a Saúl. El mismo ayudante del rey estaba convencido de esto, y se negó a matar al rey (1 Samuel 31:4).

Es muy probable que el amalecita había ido a propósito al lugar de la batalla, en busca de botín, de armas y armadura que le podrían servir. Ha debido ir durante la noche, antes de que volviesen los filisteos (1 Samuel 31:8). Encontró la corona y el brazalete, y si no se hubiera encontrado con David, que acampaba en las ruinas de Siclag, sin duda los hubiera llevado para sacar ganancia. Pero encontrándose ante David, cambió su versión de la historia, y dijo que estaba trayendo las joyas con el propósito de dárselas.

Como muchos mentirosos, el joven amalecita creía que otros pensaban de la misma manera que él. Seguramente creía que David le daría una recompensa y que se alegraría por la muerte de su rival. La reacción de éste y sus acompañantes debió conmocionarlo (11, 12). David se mantenía leal a Saúl, aun después de la muerte de éste.

"¿Cómo es que te atreviste...?" (14).

Señor, protégeme de la tentación de mentir en momentos de apuro. Que mi "sí" sea siempre "sí" y mi "no", "no".

JUNIO
19

AMOR VERDADERO

2 SAMUEL 1:17-27

INVESTIGUEMOS...

1. ¿Qué rasgos del carácter de David encuentras en esta canción (medita también en el versículo 18)? ____

____

2. "Saúl y Jonatán, amados y queridos" (23). ¿Por qué podemos estar seguros de que David no era hipócrita al hablar así de Saúl? ____________________

____

Si leyéramos sólo este pasaje, nos parecería que David era amigo íntimo tanto de Saúl como de Jonatán. Sabiendo, sin embargo, que Saúl le había perseguido durante muchos años, esperaríamos alguna indicación de alivio de parte de David, y quizás alguna expectativa porque la promesa de Dios estaba por cumplirse en él. Pero en este lamento encontramos una impactante sinceridad.

Esta no es una canción de triunfo personal. David no denuncia a Saúl ni recuerda los apuros y sufrimientos que ha pasado por causa de él. Demuestra una verdadera tristeza por la muerte de su amigo Jonatán.

La canción demuestra el carácter generoso de David. El ordenó que se le enseñara a la gente de Judá este Salmo (18), demostrando así una falta total de mezquindad.

¿Y no es posible que esta canción fuese un lamento más de una política intencionada, que tuviera como propósito ganarse el afecto de la gente? Hemos visto en 1 Samuel muchas demostraciones del espíritu perdonador de David. Finalmente, vemos en esta canción la tremenda capacidad que tenía David de dar y recibir amistad. El amor que tuvo por Jonatán nos impacta a través de su declaración del versículo 26.

¿Cómo amar a los que no nos caen simpáticos, e incluso a los que nos molestan y buscan hacernos daño? El comportamiento de David ante Saúl arroja mucha luz sobre la difícil cuestión. *El decidió amarlo,* o sea que puso su voluntad por encima de sus emociones. Y luego buscó oportunidades para *demostrarle su amor y respeto.* Cada vez que tocaba el arpa para él, cada vez que le perdonaba la vida, su deseo de amarle se iba fortaleciendo, hasta que finalmente pudo cantar con sinceridad: "Saúl amado y querido... "

"Tener amor... es no tener envidia... ni guardar rencor. Es sufrirlo todo... esperarlo todo" (1 Corintios 13:4-6).

Padre, me he acostumbrado a los detalles de la relación entre David y Saúl. Enséñame de nuevo que el amor puede triunfar aun en las relaciones más difíciles que pueda tener.

JUNIO
20

UNA CUESTION DE LEALTAD

2 SAMUEL 2:1-11

INVESTIGUEMOS...

1. Lee el Salmo 101, probablemente escrito por David al empezar su reinado. ¿Qué cualidades busca demostrar como rey? ______________________

____

____

2. ¿Qué medidas sabias puso en práctica David al comienzo de su reinado?

____

____

La muerte de Saúl dejó una situación algo delicada. La cuestión de la sucesión no había surgido antes, pues Saúl había sido el primer rey. Anteriormente, los líderes de Israel habían sido nombrados directamente por Dios y en relación con necesidades específicas. Las naciones vecinas tenían reyes que heredaban el poder a través de sus familias, y Abner siguió la tradición al nombrar a Is-boset, aunque él sabía que David había sido ungido como futuro rey (3:9, 10).

David buscó y obtuvo la guía del Señor en este momento decisivo. Dios le indicó que fuese a Hebrón, una ciudad importante de Judá, al sur. Allí estableció su corte durante los primeros siete años y medio de su reinado.

Durante todo su reinado David luchó por resolver las tensiones que existían, desde el tiempo de los Jueces, entre Judá y las tribus del norte. En el pasaje de hoy él muestra su aprecio hacia los hombres de Jabes de Galaad (una ciudad israelita en el territorio de Gad) que habían demostrado su lealtad a Saúl, el verdadero rey.

"Quiero vivir con rectitud" (Salmo 101:2).

Padre, yo quiero vivir con rectitud, al igual que David al comienzo de su reinado. Haz que esto no sea mero idealismo, sino una realidad que se plasme día tras día en mi vida.

JUNIO
21

SIGUEN CUMPLIENDOSE LOS PROPOSITOS DE DIOS

2 SAMUEL 3:6-21

INVESTIGUEMOS...

1. ¿Cuál fue la consecuencia del pecado de Abner con Rizpa y el consecuente enojo de Is-boset (9, 10, 12)? ________________________________

____

2. ¿Qué impresión recibes del carácter de Abner en este pasaje?

____

David se había mantenido leal a Saúl, considerándolo siempre como el elegido de Dios. Pero ya que él mismo lo era, ahora estaba dispuesto a luchar para establecer su reino. Date tiempo para leer los capítulos 2:1—3:1.

A pesar de sus palabras a Joab en 2:26, Abner seguía buscando la guerra entre Judá e Israel; aun sabiendo que Dios había prometido que David sería el rey (18). Todas las evidencias lo señalan como un guerrero profesional, a quien le gustaba pelear, y por lo tanto provocaba las tensiones que daban lugar a la guerra. El capítulo 2 nos muestra a un hombre brutal e insensible ante el sufrimiento de otros. Habría destruido a Is-boset en cualquier momento, pero el conflicto entre ellos surgió finalmente a raíz de la concubina de Saúl. Abner no aguantaba que Is-boset, a quien despreciaba, le cuestionara. Entonces decidió apoyar a David como rey, pero su motivación estaba totalmente torcida. Era resultado de su rencor contra Is-boset, y no de su obediencia a Dios. De nada sirve actuar correctamente, si nuestra motivación no es correcta.

La abrupta respuesta de David a la oferta de Abner significó un riesgo grande. Quizás quería que la hija de Saúl reforzara sus derechos al trono, pero era más posible que exigiera a Abner el retorno de Mical, por simple amor hacia ella, quien antes le había salvado la vida. De todas maneras ambos hicieron un pacto, y es muy probable que Abner hubiera llegado a ser comandante de las fuerzas de David, y el número dos del gobierno. Un hombre peligroso, ¿no es cierto?

La Biblia no nos dice si David decidió acertadamente o no. Pero sí nos muestra que los propósitos de Dios se logran, aun cuando los hombres hacen todo lo posible manipulando los eventos para lograr sus propios fines. Dios seguía perseverando junto a su pueblo, aunque en este momento la perspectiva de éste era poco atractiva.

"¡Que el Señor me castigue duramente... !", dijo Abner (9).

Padre, no permitas que sea infiel y oportunista como Abner. Sigue enseñándome a través de esta historia.

JUNIO
22

BUENAS RELACIONES PUBLICAS

2 SAMUEL 3:22-39

INVESTIGUEMOS...

1. ¿Cuál fue el motivo de David al ordenar las medidas que aparecen en los versículos 31-36? ____

____

2. ¿Cómo hubieras reaccionado tú estando en el lugar de David? __________

____

"Todos los israelitas quedaron convencidos de que el rey no había tenido nada que ver con la muerte de Abner" (37). David debía haber pensado que la muerte de éste sería un grave obstáculo para sus planes de reinar sobre un Israel unificado. No había tramado el asesinato; sus manos estaban limpias. A través de sus acciones quiso que esto quedara muy claro:

1. Hizo una solemne declaración pública (28).
2. Pronunció una maldición contra Joab y su familia (29 y ver 39).
3. Ordenó un entierro solemne en el cual él mismo pronunció una elegía (31-34).
4. Ayunó durante todo un día (35).

De este pasaje surge la cuestión de las apariencias de las "relaciones públicas". ¿Hasta qué punto deberíamos tomarlas en serio? Desde luego que queremos que todo se vea bien, pero a veces ponemos mucho énfasis en la cuestión de *ver* y no tanto en la del bien. Nos sentimos satisfechos si los demás creen que todo está bien. Si David en realidad era sincero, ¿por qué no despidió al hombre a quien maldijo? (Compara también 1 Reyes 2:5, 6). A veces es muy fácil que al querer dar una buena impresión, caigamos en el pecado de la hipocresía.

Joab era sobrino de David, jefe de sus fuerzas, y muy leal al rey (1 Crónicas 11:6). No tenía pelos en la lengua (24, 25), y muchas veces le dio buenos consejos a David (19:5-7; 24:3). Quizás creía que Abner buscaba tenderle una trampa a éste, pero es probable que la motivación del asesinato que cometió fuese la pura venganza (30).

"Oh Dios examíname, ponme a prueba, reconoce mis pensamientos" (Salmo 139:23).

Señor, veo que David tuvo que enfrentar muchas situaciones complejas. Discernir y hacer tu voluntad le fue difícil. Gracias porque tu palabra es tan franca, mostrándonos la realidad de la vida de personas como David.

JUNIO
23

EL ASESINATO DE IS-BOSET

2 SAMUEL 4:1-12

INVESTIGUEMOS...

1. Al igual que Recab y Baana, David había sido jefe de un grupo de guerrilleros. ¿En qué se diferenció de ellos? ______________________________

____

____

La enseñanza principal de la lectura de hoy ha sido enfatizada en varias otras oportunidades: David no hizo nada engañoso para asegurarse el reino. Consideremos, por lo tanto, los otros personajes de la historia de hoy.

IS-BOSET quiere decir "hombre de vergüenza". Su verdadero nombre era probablemente Is-baal. Originalmente "baal" quería decir tan sólo "señor" (o, a veces, "esposo"), pero luego vino a estar siempre relacionado con el dios de los cananeos. Fue por eso, tal vez, que cambiaron el nombre del hijo de Saúl. El pobre Is-boset no tenía capacidad como para llegar a ser rey. Tampoco tenía carácter de líder. En las manos de Abner era un simple juguete. Al mismo tiempo debemos recordar que no era un niño - tenía cuarenta años (2:10), y había sido testigo de la caída de su padre. Y ¿acaso no habría recibido alguna influencia de su noble hermano Jonatán? David lo llamó "un hombre inocente" y es probable que así fuera.

BAANA Y RECAB eran capitanes de una pandilla de ladrones, o guerrilleros, que incursionaban en territorios ajenos, robando y destruyendo. Is-boset los tenía a su servicio, y este es otro aspecto de su falta de sabiduría. Estos dos hombres intentaron justificar su acción como el cumplimientos de la voluntad de Dios (8). David rechazó sus argumentos (11) y los castigó como se merecían.

MEFI-BOSET, hijo de Jonatán, había sufrido mucho después de la muerte de su padre (4). A él, David lo trató luego con mucho cariño (capítulo 9).

"Han asesinado a un hombre inocente" (11).

Gracias, Padre, por el ejemplo de la integridad de David, que se negó a aprovecharse de las personas débiles, como Is-boset.

DEFECTOS

2 SAMUEL 5:1-16

INVESTIGUEMOS...

1. ¿Cuáles son los pasos decisivos que tomó David en la etapa narrada en el pasaje de hoy (3, 7, 9, 13)? ______________________

____

2. Lee Corintios 10:12 y evalúate a la luz de este versículo y del pasaje de hoy.

____

Es triste que el final de la lectura de hoy quite algo de la satisfacción que sentimos al leer el comienzo. Desde que Samuel lo había ungido (1 Samuel 16:13) hasta que fue consagrado por los hombres de Judá (2 Samuel 2:4), y hasta la tercera ocasión, cuando fue proclamado rey por todo Israel (5:3), David había buscado seguir los caminos del Señor. Poco después, logró capturar Jerusalén y allí estableció su capital. Fue un paso muy sabio, porque hasta ese entonces Jerusalén no pertenecía a ninguna de las tribus judías, así que esto no fue causa de nuevos conflictos entre las tribus del norte y las del sur. El Señor estaba con David (10) – y él se dio cuenta de que esta era la causa del éxito.

Pero el rey tenía sus defectos, y en breves palabras (13-15), el autor de esta historia menciona el principal. Al establecer su capital, David tomó aun más esposas y concubinas. La poligamia crea condiciones para la conspiración y las intrigas.

Una realidad que se puede fácilmente comprobar, tanto en la literatura como en la vida misma, es que las personas buenas pueden estar ciegas ante algunos aspectos de la maldad. Había, por ejemplo, buenos cristianos en el primer siglo, como también en el siglo diecinueve, que no tenían problemas con la esclavitud.

¿Hasta qué punto era David responsable de su defecto? Sabemos que él buscaba activamente hacer la voluntad de Dios. Los salmos revelan a un hombre de mucha sensibilidad espiritual. Y tenía el ejemplo de los patriarcas. Abraham tuvo una sola esposa, y la única vez que él se desvió de esta norma le fue desastrosamente. A través de los ejemplos como los de Gedeón y Elcana, David debía haber sabido de los problemas que vienen cuando en un hogar se practica la poligamia. Tenía información, sensibilidad e inteligencia como para haber actuado mejor. Parece que en su personalidad había un rincón que no estaba rendido al Señor.

"El que cree estar firme, tenga cuidado de no caer" (1 Corintios 10:12).

Padre, la lectura de hoy es una fuerte llamada de atención. Arroja tu luz sobre toda área de mi vida, para que no caiga en tentación.

JUNIO
25

ADIOS, FILISTEOS

2 SAMUEL 5:17-25

INVESTIGUEMOS...

1. ¿Qué aprendes de Dios en este pasaje? ______________________________

____

2. ¿Qué dirías a un amigo que te dice: "Pero Dios no se comunica con nosotros así, como si fuera por teléfono"? ¿Cómo se comunica Dios con nosotros?

____

____

Hoy leemos acerca de cómo David derrotó finalmente a los filisteos, quienes habían oprimido a Israel desde los días del sacerdote Elí. Cuando David mató a Goliat, demostró su confianza en el Señor. Ahora demuestra la misma fe en la guía de Dios (19, 23). Los filisteos se sintieron amenazados cuando David logró unificar a todo Israel, aunque parece que no se dieron cuenta de su poderío, y lo consideraban todavía un gerrillero: "se lanzaron en busca suya" (17). David consultó entonces con Dios y, en base a su respuesta, preparó el contra-ataque.

Ambos encuentros fueron exitosos (20, 25). La primera vez simplemente hizo falta atacar. La segunda vez — casi la misma situación — David podría haber pensado que la estrategia de Dios sería la misma, pero de nuevo consultó al Señor (23). Esta vez tuvo que estar a la espera de la guía de Dios, que iba a hacerse evidente a través de un "ruido de pasos por encima de las copas de los árboles". ¿Qué fue lo que escuchó? ¿Algún ruido fuerte del viento soplando entre los árboles? A lo mejor ni él se dio cuenta de lo que quería decir el Señor hasta que lo escuchó.

Estos dos ataques contra los filisteos ampliaron aun más el concepto que tenía David de Dios. El nombre que puso al lugar de la primera victoria quiere decir "Señor de los pasos abiertos". David conocía de nuevo el poder de Dios que nos va abriendo paso, que va adelante de nosotros, aunque sus pasos sean invisibles, como el viento que hace ruido entre los árboles.

"El Señor me ha abierto paso" (20).

Alaba al Dios invisible, Señor de los ejércitos, porque El está cerca de ti, al igual que estuvo cerca de David.

JUNIO
26

UN EPISODIO ENIGMATICO

2 SAMUEL 6:1-15

INVESTIGUEMOS...

1. ¿Cuál fue el motivo del cambio de actitud de David respecto al traslado del arca (9, 12)? ______________________________

____

2. Lee el Salmo 24. ¿Qué concepto tenía David del culto que se debe rendir a Dios? ______________________________

Con la reciente victoria sobre el enemigo, el ánimo del pueblo estaba muy alto. David era un hombre que amaba a Dios, y no estaba satisfecho con sólo tener al enemigo derrotado. En lo íntimo de su corazón tenía un ardiente anhelo de llevar el arca de Dios a la capital de su reino. Desde hacía unos veinte años, ésta se encontraba en Quiriatjearim, en la casa de Abinadab (1 Samuel 7:1, 2). El Salmo 24, que escribió David para celebrar el traslado del arca, nos muestra cuáles fueron sus pensamientos en esta ocasión. Para él, el arca era mucho más que un mero talismán, más que un objeto santo. El retorno del arca a la capital del reino significaba para él el retorno a un culto puro, y era además un acontecimiento histórico de mucha trascendencia. En vista de todo esto, ¿por qué reaccionó David así ante la muerte de Uza? El versículo 8 nos dice que David "se disgustó mucho" (la versión BJ dice que "se irritó"). Pero él, al igual que Uza, sabía que Dios había prohibido que se tocaran las cosas santas, incluyendo el arca (Números 4:15). Parece que ese mismo día ese disgusto se transformó en un temor saludable (9). El traslado del arca se postergó por tres meses.

El cofre del Señor trajo bendición a Obed-edom y a su familia (11). Dios demostró que El deseaba bendecir a los que le honran. La muerte de Uza no fue un simple capricho, sino la consecuencia de una infracción de sus claras instrucciones. David anhelaba esa bendición para su ciudad, y esta vez se preocupó cuidadosamente de los preparativos para el traslado: a muy poca distancia de la casa de Obed-edom, sacrificó dos animales. ¿Será posible que hoy en día nos hayamos vuelto demasiado tímidos con Dios? ¿Nos olvidamos de que El es santo, que aborrece el pecado? ¿Cómo podemos mantener en equilibrio el concepto de un Dios santo y un Dios de amor y compasión?

"El Señor se enfureció... por el atrevimiento" (7).

Señor, guíame a servirte con fervor y sabiduría.

JUNIO
27

MAS QUE UNA PELEA FAMILIAR

2 SAMUEL 6:16-23

INVESTIGUEMOS...

1. ¿Cuál parece ser el verdadero motivo de las quejas de Mical (16-20)?

____

____

2. ¿Hay algo en nosotros que se identifica con los sentimientos de ella? ¿Qué nos dice este breve, pero doloroso episodio? ____________________

____

La danza sagrada era costumbre de los pueblos antiguos. También en Israel se practicaba en ocasiones especiales. La alegría que David sentía lo impulsó a bailar frenéticamente, y junto con su pueblo expresó con baile, con canto y con música su gran satisfacción al llevar el arca de Dios a su ciudad. Su gozo no hizo que cayera en el mismo error de Uza. Al contrario: su disposición a humillarse por causa de Dios fue algo bueno (21).

Mical no comprendió la situación. Ella estaba más preocupada por las apariencias y por las opiniones ajenas, especialmente las de las sirvientas (20). Al dirigirse David a su casa para bendecir a su familia, Mical le salió al encuentro con una fuerte crítica. Le culpó de haberse comportado como un cualquiera. Ni siquiera esperó hasta estar a solas con su esposo, sino que renegó delante de todos. Ella no pudo percibir el profundo significado espiritual que tenía este momento para David, y su acentuado sentido de pudor sólo revela un espíritu frío e indiferente. Dios aprobó el fervor y el gozo del rey y castigó el sarcasmo y la crítica de Mical.

Pero, ¿qué nos dice este pasaje a nosotros en el siglo veinte? Recordemos la lectura de ayer, y hagámonos la pregunta: ¿Existe alguna superficialidad en el culto que rendimos al Señor, alguna falta de dignidad, o de verdadero contenido, que pueda ofender a algunas personas? O puede que la pregunta que debamos hacernos sea la siguiente: ¿Soy exigente con respecto a lo que yo considero digno y solemne? ¿Soy culpable de criticar lo que en realidad es culto rendido "delante del Señor"? (21).

"He estado bailando, pero ha sido delante del Señor" (21).

Pide al Señor que guarde tu boca de lanzar críticas oficiosas.

JUNIO
28

RECUERDEN Y CUENTEN...

1 CRONICAS 16:8-22

INVESTIGUEMOS...

1. ¿Qué razón central para alabar a Dios menciona David (15)?

2. "Cuenten a los pueblos sus acciones" (8). Piensa en alguno de tus amigos que tienen necesidad de escuchar de Dios. ¿Qué "acción" de El sería apropiado mencionar en cada caso?

Los libros de Crónicas muchas veces incluyen material adicional que no se muestra en Samuel ni en Reyes. Este pasaje pasa por alto la queja de Mical, pero añade un salmo que fue cantado en esta ocasión.

Esta canción es una bella expresión de la soberanía de Dios en toda la tierra (14, 20, 21, 23, 27). Cuenta cómo Dios había cumplido todas las promesas hechas a Abraham, Isaac y Jacob, a pesar de la pequeñez y la debilidad de su pueblo (19). El contenido es un ejemplo valioso para nuestra alabanza.

EL TEMA DE LA ALABANZA (8, 9) es la proclamación del nombre de Dios y la publicación de sus maravillosas obras. Esta fue la misión de Israel, y es la tarea de la iglesia hoy (1 Pedro 2:9).

EL CALOR DE LA ALABANZA (10). El canto y la alabanza tienen que ser ejecutados no sólo con el sonido de la voz, sino también con el calor de un corazón que se ensancha, se goza y busca a Dios.

EL PODER DE LA ALABANZA (11). Dios mismo es la fuente del poder para la alabanza. La persona que busca la íntima comunión con su Dios, hallará el poder para adorarle.

EL ESTIMULO PARA LA ALABANZA (12-22). La promesa que Dios hizo a los antepasados de David, más la acción de cumplir con esta promesa significan para el rey un verdadero estímulo para la alabanza. ¡Cuán grandes son las hazañas que Jesucristo hizo a favor nuestro! ¡Cuán firmes y fieles, sus promesas!

"¡Siéntase alegre el corazón de los que buscan al Señor!" (10).

Antes de dirigir tu plegaria a Dios, recuerda algunos de los beneficios que recibiste y alábale.

JUNIO
29

EL SEÑOR Y LOS DIOSES

1 CRONICAS 16:23-36

INVESTIGUEMOS...

1. Haz una lista de todo lo que el autor de esta canción (probablemente David) había descubierto acerca de Dios. ____________________

____

2. ¿Hasta qué punto describe la expresión de tu relación con el Señor? (Ver especialmente 23, 24, 28-30, 34-36.) ____________________

____

Es muy fácil que los cristianos nos acostumbremos a los conceptos que se expresan aquí, olvidándonos de que hay millones de personas en el mundo que no saben nada del Señor, el Dios y Padre de nuestro Señor Jesucristo, el Creador de toda la tierra. En nuestro contexto latino, es aun más fácil no percibir este hecho, porque las comunidades budistas, musulmanas o animistas se pierden entre las masas supuestamente cristianas, o viven alejadas de los centros urbanos y no las tomamos en cuenta. ¿Podrías hacerte amigo de algún miembro de la comunidad coreana o japonesa o china, de algún dueño de lavandería, y hablar con él o ella acerca de su concepto de Dios, y quizás presentarle algunas de las ideas de este salmo?

Necesitamos saber alabar a Dios. Es fácil caer en un ritualismo frío e irreal, o en un activismo puramente sentimental. Este salmo nos indica:

LA OCASION DE LA ALABANZA (23, 24). Cada día debe ser proclamada la salvación de Dios como un acto de alabanza, en presencia de todos los que nos rodean.

LOS MOTIVOS PARA ALABAR (25-27; 33, 34). Dios es incomparable con los otros dioses. Es todopoderoso y soberano. Existe independientemente de la razón o voluntad humanas. Es justo y juzgará con justicia al mundo. Su bondad y misericordia son amplias para con todos.

LOS ELEMENTOS DE LA ALABANZA (28-32). Conocerlos es entender el significado de la alabanza. "Den al Señor el poder y la gloria... la honra que él merece... con ofrendas preséntense." A diferencia de las peticiones, la alabanza consiste principalmente en "dar" a Dios, o sea, atribuir estas características al único que las posee. Y ¿con qué actitud nos acercamos a El? Con reverencia y humildad (29b, 30), pero también con alegría y gozo (31-33).

"¡El Señor es rey!" (31).

Señor, ayúdame a estar consciente de la necesidad de los miembros de mi comunidad que no te conocen, que tienen otros dioses. Dame oportunidades de "hablar de tu gloria" con ellos.

UN PROYECTO RECHAZADO

2 SAMUEL 7:1-17

INVESTIGUEMOS...

1. ¿Cuál fue la ambición de David (1-3)? ______________________________

____

2. "Yo... mientras Dios..." (2). ¿Qué vigencia tiene la comparación que hace David con respecto a nuestra responsabilidad hacia la obra de Dios? ________

____

Es hermoso ver que David, gozando ahora de un período de paz, medita en Dios y anhela ofrecerle un lugar más apropiado para su culto. Muchas veces es al revés, y pensamos en Dios sólo cuando nos encontramos en apuros. En los momentos de prosperidad, cuando estamos "satisfechos y gordos", como expresa Deuteronomio 31:20, nos olvidamos de El.

La respuesta de Dios viene a través del profeta Natán, que aparece aquí por primera vez en la narración. Es interesante y estimulante el hecho de que este capítulo antecede a toda una serie de fracasos de parte de David. Es como si el autor estuviera diciendo: "Esto es lo que prometió Dios, a pesar de todo lo que luego hizo el rey."

PALABRAS EQUIVOCADAS. Observa cómo Natán ofrece su propia opinión y luego tiene que ser corregido (3, 4-16). No siempre podemos dar por sentado que tenemos la guía del Señor. Debemos estar dispuestos a dedicar tiempo a la oración, aprendiendo así a escuchar. Recuerda también todas las horas que Jesús dedicó a la oración.

PALABRAS ALENTADORAS. Con mucha ternura Dios se niega a aceptar la oferta de David (5, 13). En 1 Crónicas 22:7-10 vemos un posible motivo de rechazo. En todo lo que dice Dios a David a través del profeta, el énfasis está en un Dios proveedor, que suple las necesidades de su pueblo, y no en un Dios que espera que éste le dé cosas (como los dioses paganos). Leemos de nuevo estas palabras asombrosas del Dios todopoderoso, que dice "he andado en simples tiendas de campaña", "jamás le pedí a ninguno... que me construyera un templo". Nos recuerda las palabras de Pablo, hablando de la encarnación de Dios en la persona de Jesús: "Hizo a un lado lo que era propio... nació como hombre" (Filipenses 2:7).

Y es hacia Jesús que señala a Dios en los versículos 12 y 13, cuando promete a David que sus descendientes reinarán para siempre.

"Yo afirmaré su reino para siempre" (13).

Padre, haz que en los momentos tranquilos pueda meditar en ti, buscando hacer tu voluntad y haciendo planes que te honren.

JULIO
1

UN PROYECTO ACEPTADO

2 SAMUEL 7:18-29

INVESTIGUEMOS...

1. ¿Qué es lo que pide David en su oración a Dios (25, 28, 29)? ____________

____

2. "Por eso... me atrevo a hacerte esta súplica" (27). ¿Cuál es la base de tu confianza cuando le pides cosas a Dios? ______________________________

____

Ayer vimos que Dios respondió a David con promesas que trascendían a través del tiempo. La reacción de David fue inmediata: "entró para hablar delante del Señor". Es una frase que sólo se encuentra esta vez en la Biblia e indica una relación muy íntima, como la del padre e hijo. Maravillado por las promesas que Dios le había hecho, David las aceptó con gratitud y con una franqueza impactante. Observa el lenguaje de esta oración: es la de un hombre que conversa diariamente con su Dios. "¡Y tan poca cosa te ha parecido esto, Señor...!" "¿Qué más te puedo decir, Señor?"

¿Qué era lo que David quería expresar a Dios en su oración? Reconoció que El había obrado maravillosamente a su favor (18, 19). Admitió que todo se debía a la iniciativa de Dios y a sus propósitos soberanos: "según lo prometiste y lo quisiste" (21). Confesó la gracia de Dios al escoger al pueblo de Israel, al rescatarlo y al preservarlo (23, 24). Y finalmente, David elevó una súplica, rogando a Dios que cumpliese y confirmase aquellas cosas que le había prometido (25-29).

Dios iba a responder a las peticiones de David de una manera mucho más amplia de la que él pudiera concebir. Y así es siempre con nuestras peticiones: Dios las interpreta, las amplía, las transforma. Las cumple según su perspectiva de la eternidad para que así conozcamos una bendición que va mucho más allá de nuestros limitados planes.

"Ama al Señor con ternura, y él cumplirá tus deseos más profundos" (Salmo 37:4).

Padre, ayúdame a acercarme a ti con la confianza y la intimidad de David. Gracias porque tú interpretas mis palabras torpes, y conoces mis deseos más profundos.

JULIO
2

DAVID Y EL "PERRO MUERTO"

2 SAMUEL 9:1-13

INVESTIGUEMOS...

1. ¿Cuál fue la motivación que impulsó a David a preguntar por algún superviviente de la familia de Saúl? (1)? ______________________________

____

2. Cuando de preocuparse por el bienestar de otros se trata, ¿cómo te calificarías a ti mismo? ______________________________

____

Hemos saltado en este programa de lecturas los capítulos 8 y 10, pero valdría la pena leerlos en algún momento. El capítulo 8 enumera más victorias de David que los libros 1 y 2 Samuel juntos. Su trono ha sido consolidado y goza de la paz que trae la victoria sobre los enemigos. El capítulo 9 trata de una acción muy personal de caridad de parte del rey. Se acuerda de la promesa que había hecho a Jonatán de proteger a los miembros de su familia (1 Samuel 20:15-17), y averigua si existe alguno. Siba, antiguo siervo de la familia de Saúl, le informa que Mefi-boset vive, pero que había sufrido un accidente y que ahora vive en Lodebar, despojado de la heredad de su padre. La generosidad del rey obviamente despierta sospechas en Mefi-boset al comienzo; no puede creer que será objeto de tanta bondad este "perro muerto".

Esta historia debe ser leída en relación con el capítulo 21:7, cuando David le perdona la vida a Mefi-boset, pero entrega a siete de los hijos (o parientes) de Saúl, para que los gabaonitas se venguen de su anterior adversario. En el capítulo 16:7, 8, Simei acusa a David de ser un asesino, vengándose de la familia de Saúl. Pero en nuestra historia de hoy vemos de nuevo la generosidad del rey, cumpliendo la promesa hecha a su amigo, y mostrando una amplitud hacia Mefi-boset que va mucho más allá de lo meramente necesario. Al mismo tiempo, al tenerlo en su propio palacio, lo podía vigilar y controlar.

Tratándose de las intrigas de la corte David no era tonto.

"¿Ha quedado algún superviviente... a quien yo pueda favorecer? (1).

Ora por aquellas personas y organizaciones que buscan aliviar las necesidades de varios sectores de la población.

INTRODUCCION A LOS PROVERBIOS

Uno de los propósitos de ENCUENTRO CON DIOS es el de proveer "comida" espiritual para el cristiano maduro. Por lo tanto, el libro de Proverbios será de especial interés, puesto que es uno de los llamados "Libros de Sabiduría".

Más de una vez el escritor nos recuerda que la sabiduría no debe confundirse con la mera acumulación de conocimientos. La sabiduría es parte de la misma naturaleza de Dios e incluye sensibilidad, perspicacia, discreción y discernimiento de la verdad. La sabiduría comienza con Dios (1:7), y va creciendo en la medida en que vamos profundizando nuestro conocimiento de Dios. Santiago 3:13-18 nos señala la profunda importancia de la sabiduría para nuestra vida cristiana.

Uno de los principios fundamentales de la interpretación bíblica es el de comparar un pasaje de la Biblia con el resto del texto. Nunca deberíamos fundamentarnos en un solo pasaje. Este principio tiene especial vigencia en el caso de Proverbios. Si leemos este libro sin tomar en cuenta otra enseñanza bíblica, podemos tener la impresión de que comunica una perspectiva optimista y un tanto superficial de la vida: confía en Dios y de ahora en adelante vivirás feliz. Cuando leemos un libro como Job, nos damos cuenta de que esta clase de enseñanza simplista y fácil no concuerda con la realidad de la vida, ni con la enseñanza de la Biblia en toda su amplitud. Al mismo tiempo deberíamos admitir, sin embargo, que muchas veces caracteriza nuestro estilo de evangelismo.

El cristiano sabe que esa sabiduría de la cual habla el libro de los Proverbios sólo se encuentra en Cristo. Y por lo tanto, aunque este libro es de mucho valor, sólo se comprende en toda su plenitud a la luz del Nuevo Testamento.

Quisiéramos sugerirle que al leer Proverbios utilice una versión moderna, como *Dios Habla Hoy*, porque muchas veces arroja luz sobre versículos que son difíciles de interpretar.

JULIO
3

PAUTAS PARA LA VIDA

PROVERBIOS 1:1-19

INVESTIGUEMOS...

1. ¿Cuáles fueron los propósitos de Salomón al escribir sus proverbios (2-4)? Medita en ellos al comenzar a leer este libro. ______________________________

____

2. "La sabiduría comienza por honrar al Señor" (7). ¿Cómo pueden darse cuenta otras personas de que tú honras al Señor? ______________________________

____

Casi todos quisiéramos ser más sabios. El tema del libro de los Proverbios es la sabiduría – aquella que viene de Dios – y el autor de la mayor parte de este libro fue Salomón (1). ¿De dónde obtuvo él esta sabiduría? Encontramos la respuesta en 2 Crónicas 1:7-12. Pero recordemos que él tuvo que pedírsela al Señor. En los versículos 1-6 Salomón nos llama la atención sobre siete cualidades del hombre (o la mujer) sabio, y luego nos indica ciertas pautas para la vida.
REVERENCIA A DIOS (7). Hay personas que niegan los aspectos del carácter de Dios que deberían inspirar en nosotros un temor reverencial. La superficialidad hacia Dios evita que El nos hable.
ESCUCHA LOS CONSEJOS DE TUS PADRES (8). Puede ser que con el avance de la ciencia existan muchas lagunas en los conocimientos de los padres. En el campo de la electrónica, por ejemplo, puede ser que los hijos estén mucho más al día que ellos. Pero los padres realmente sensibles espiritualmente pueden ayudar y orientar a sus hijos para que sepan manejarse en una sociedad que ha rechazado muchos valores morales. Y son sabios los que saben aprovechar la madurez espiritual de sus padres.
RESISTE LA TENTACION (10-15). La persona sabia debe estar dispuesta a defender normas diferentes de las de su sociedad. Nunca debemos ceder ante las presiones de una sociedad violenta y corrompida, en la que la norma es aprovechar una situación económica difícil, no pagar impuestos, pagar o aceptar coimas (13, 14).
LA VIOLENCIA NO PAGA (17-19). Desde luego te puede dar una prosperidad perversa y artificial. El hombre sabio sabe que finalmente la maldad y el rechazo de las normas de Dios llevan a la muerte. (Ver Mateo 16:26).

Nota: En la Biblia, la palabra "necio" o "tonto" se refiere a la persona que no quiere entender los propósitos de Dios para su vida. No se trata de no poder entender.

"La sabiduría comienza por honrar al Señor" (7).

Ora acerca de las situaciones violentas en tu país y por las personas que acuden a la violencia, para que puedan darse cuenta de su necedad y acudan a la sabiduría de Dios.

JULIO
4

UNA SABIDURIA ASEQUIBLE

PROVERBIOS 1:20-33

INVESTIGUEMOS...

1. ¿Cuál es el peligro que se advierte en este pasaje (28, 29, 31)? ¿Qué significa para ti en la práctica? ____________________

2. "La sabiduría hace oír su voz... por los puntos más concurridos de la ciudad" (21). Piensa en tu ciudad o pueblo, ¿cómo "hace oír su voz" la sabiduría? ____

____

Sería muy tonto no abrir una carta al recibirla, o no levantar el auricular al sonar el teléfono. Dios siempre toma la iniciativa cuando se pone en contacto con nosotros, cuando nos llama. Nuestra parte es responder a esa iniciativa. En este pasaje, la sabiduría se personifica y, a través de esta metáfora, vemos cómo Dios toma la iniciativa para hacernos llegar noticias de su sabiduría. Vemos dos énfasis:

1. *LA SABIDURIA ESTA A NUESTRO ALCANCE.* Dios ofrece su sabiduría al hombre de la calle, en toda situación de la vida (20). No está a disposición sólo de una élite, sino al alcance de todo el que busque soluciones y quiera resolver problemas (21). Dios es la fuente de esta sabiduría cotidiana (2:6), y El la ofrece a personas como tú y yo que reconocemos nuestra necesidad de ella. Pero en un sentido, la sabiduría no es una oferta abierta y permanente (26, 27). Este pasaje no implica que la sabiduría, o Dios, el autor de la sabiduría, se alegra de una manera vengativa al ver los sufrimientos de la persona que ha rechazado sus buenos consejos. Más bien lo que quiere decir es que el consejo sabio hará reflexionar inevitablemente a la persona que lo rechazó. Llega el momento en que se retira la oferta de sabiduría que Dios hace (28). La sabiduría también nos reprende, nos llama la atención. La persona sabia acepta la corrección, porque se da cuenta del peligro de rechazar la verdad. La seguridad está en saber aceptar la verdad por difícil que ésta sea (31, 32).

2. *LA SABIDURIA ES RECHAZADA POR MUCHAS PERSONAS.* Puede ser que los consejos de Dios sean rechazados por varios motivos (24, 25, 30). Muchas veces decimos: "Yo sé organizar mi propia vida". El resumen que hace Salomón aquí enfatiza la consecuencia de este proceder: "A los necios los destruye su despreocupación" (32).

"Yo los he llamado... pero ustedes no han querido hacerme caso" (24).

Señor, haz que tenga tal humildad y sabiduría que pueda aceptar la corrección.

JULIO
5

CONOCIMIENTO DE DIOS

PROVERBIOS 2:1-15

INVESTIGUEMOS...

1. ¿Cuáles son las condiciones necesarias para que lleguemos a tener sabiduría (1-5)? ____________________

2. Ayer vimos que la sabiduría de Dios es asequible. ¿Encuentras alguna contradicción entre esta idea y los primeros cinco versículos del pasaje de hoy? ¿Se resuelve esta contradicción? ____________________

¿Anhelas tú conocer más íntimamente al Señor? La lectura de hoy te puede ayudar.

¿QUE TENGO QUE HACER YO (1-5) *?* Tenemos que estar dispuestos a aprender (1). El Señor nos habla a través de la Biblia, y muchas veces tenemos que detenernos para entender lo que El nos quiere decir. ¿Dónde podemos encontrar ayuda? El Señor Jesús nos promete la ayuda del Espíritu Santo para poder entender y aplicar su Palabra a nuestra vida (Juan 16:13). También tenemos que escuchar (2). La oración y el estudio bíblico son procesos recíprocos; Dios nos dice: "Si me llamas, yo te responderé" (Isaías 58:9). Además, tenemos que estar dispuestos a buscar. Dios nunca deja defraudado al buscador sincero. No te desesperes si no encuentras inmediatamente la respuesta a tus interrogantes.

¿QUE HACE DIOS (6-8) *?* El es un Dios dadivoso y siempre te dará la sabiduría que le pides (7). También es un Dios que protege a los suyos (7, 8). Es importante observar que la sabiduría de la que habla el autor de los Proverbios es siempre una sabiduría eminentemente práctica, que tiene consecuencias en la vida diaria de la persona.

¿COMO ME AYUDARA LA SABIDURIA (9-15)? La sabiduría que proviene de un verdadero conocimiento de Dios nos guiará (9-11). ¿Hay algo que te tiene perturbado y desconcertado? Conversa con el Señor acerca de ello. También la sabiduría te alejará de todo lo malo (12-15), indicándote las situaciones y personas que debes evitar. Desde luego que podemos ponerle oídos sordos y no hacerle caso. ¿Te está llamando la atención el Señor en estos momentos sobre la necesidad de alejarte de alguien o de alguna situación que está perjudicando tu testimonio cristiano? Por supuesto que esto no quiere decir que el cristiano debe mantenerse en contacto sólo con otros cristianos, pero que debe evaluar sus amistades íntimas a la luz de estas enseñanzas.

"El pueblo ... se mantendrá firme" (Daniel 1:32).

Alaba a Dios por lo que ya conoces acerca de El, y pídele que puedas conocerle mejor.

JULIO
6

SE SABIO, SE FIEL

PROVERBIOS 2:16-22

INVESTIGUEMOS...

1. ¿Cuál es el tema fundamental de este pasaje? ____________________

2. Evalúa el significado de estos versículos para tu vida, anotando aquí algunas implicaciones prácticas. ____________________

____

En una sociedad en la que hay cada vez más hogares destruidos por la infidelidad, la Biblia te ofrece pautas valederas. Este pasaje nos muestra que la verdadera sabiduría:

TE APARTARA DE TODO LO FALSO (16-19). La traducción de la Versión Popular es correcta: La mujer adúltera es literalmente una mujer "ajena", una extranjera, que no pertenece al círculo de relaciones propias de este hombre, porque es la esposa de otro. "El compañero de su juventud" es su esposo, y la palabra "compañero" indica una relación de comunión íntima. La relación exclusiva de un hombre y una mujer, unidos delante de Dios en el matrimonio, que es la norma que exige la Palabra de Dios, no es una relación que se mantiene fácilmente; y en nuestra sociedad es cada vez más difícil de lograr, porque las presiones contra la fidelidad son muy fuertes. Desde luego todo lo que dice Salomón aquí de la mujer adúltera también es aplicable al hombre adúltero. Si este autor hubiera escrito su libro para nuestros países latinos, quizás hubiera enfatizado más esta contraparte.

La licencia sexual es un desastre. El versículo 18 habla del "camino que lleva a la muerte". Esta puede ser una muerte literal; en el Antiguo Testamento el castigo del adulterio era la muerte (Deuteronomio 22:22). O puede ser una recia frase destinada a recordarnos que si quebrantamos deliberadamente las leyes de Dios, nos alejaremos cada vez más de El, hasta ya no poder acercarnos de nuevo. Dios quiere que sus seguidores seamos personas puras, no que neguemos nuestra naturaleza sexual, pero que sí tengamos la sabiduría para canalizar esa tremenda energía de una manera creativa y no destructiva.

TE GUIARA HACIA LO VERDADERO (20-22). El pecado sexual muchas veces se origina en la inseguridad y falta de amor. Pero Dios nos "satisface con todo lo mejor" (Salmo 103:5), y no nos defrauda con algo mediocre o con una parodia de la verdadera intimidad.

"Ama al Señor... y él cumplirá tus deseos" (Salmo 37:4).

Agradece al Señor porque eres hombre o mujer y pídele que te ayude a encaminar bien tu sexualidad.

VIDA LARGA Y FELIZ

PROVERBIOS 3:1-18

INVESTIGUEMOS...

1. ¿Qué clase de relación es ésta en la que Dios corrige (12)? ____________

____

2. ¿Existe en ti una tendencia a elegir las cosas en las que te conviene tener presente al Señor, o lo tienes presente en *todo* lo que haces? Medita seriamente en esta pregunta. ____________________________

Los hebreos del Antiguo Testamento no tenían conocimientos o convicciones muy claras acerca de la vida después de la muerte. Por eso era muy importante para ellos que esta vida les fuera plena y significativa. Dios ha dispuesto que el cristiano sepa cosas, acerca de la vida después de la muerte, que Salomón jamás soñó. Nosotros tenemos por eso una perspectiva que falta en este pasaje. Sin embargo, los años que vivimos aquí en la tierra son mucho más que un mero preludio de la eternidad. Para el cristiano la calidad de estos años es mucho más importante que su cantidad. Observemos las características que Salomón sabía valorar:

1. *LEALTAD Y FIDELIDAD* (3). Estas son el meollo de la amistad, tanto con Dios como con los hombres (4).
2. *CONFIANZA* (5). Esta significa seguridad, y su ausencia significa preocupación e inquietud. La confianza en Dios implica un descansar en El, y resulta no sólo en una vida estable sino también en una nueva percepción de la vida misma.
3. *CONCIENCIA ACERCA DE LA REALIDAD DE DIOS* (6). El Señor está presente, sea que lo reconozcamos o no. Pero es muy importante que nos demos cuenta de que El está presente para llevarnos "por el camino recto".
4. *OBEDIENCIA* (7). Salomón descubrió a costa suya que el "conocer" y el "obedecer" no siempre van juntos. El verdadero conocimiento, que es el conocer a Dios, nos lleva a la obediencia.
5. *HONOR* (9, 10). Cuando Dios ocupa el primer lugar en nuestra vida, no hay campo para el egoísmo, y nuestra vida es enriquecida.
6. *CAPACIDAD DE APRENDER* (11, 12). Los discípulos de Dios son aprendices. Este es el significado de la palabra. Puede ser que el aprender nos cueste, pero siempre rinde sus intereses (Hebreos 12:7-11).
7. *FELICIDAD* (13-18). Esta resulta ser el "derivado" de practicar la sabiduría de Dios, algo mejor que todas las riquezas de Salomón.

"El trabajo de cada cual se verá claramente en el día del juicio" (1 Corintios 3:13).

Señor, tú sabes que mi deseo es construir, durante mi vida, algo que realmente te agrade. Ayúdame por tu gracia.

JULIO
8

LAS CONSECUENCIAS DE LA SABIDURIA

PROVERBIOS 3:19-35

INVESTIGUEMOS...

1. ¿Cómo se relacionan el buen juicio y la discreción con la confianza y la liberación del temor (21-26)? ______________________________

2. ¿Cuándo fue la última vez que te fue imposible ayudar a una persona que te necesitaba? ¿Tuviste motivos válidos para no ayudarla (27)? ______________

____

Casi todos nos damos cuenta de que nuestra vieja naturaleza, que debería considerarse muerta, muchas veces no se da por vencida. Pablo tuvo que enfrentar esta realidad (Romanos 7:18; Efesios 4:22). Salomón también luchó con su vieja naturaleza. Para él la sabiduría fue un recurso contra toda una gama de emociones y actitudes negativas.

EMOCIONES: 1. *No temer a los tropiezos* (23). La Palabra de Dios nos ofrece los recursos de la sabiduría para enfrentar los peligros (ver Salmo 119:100-106). El sabio profundiza su conocimiento bíblico.

2. *No temer a lo desconocido* (24). Muchos de nuestros temores tienen su origen en la ignorancia. Cuando nos damos cuenta de la verdad, desaparece el miedo. La sabiduría – el temor de Dios – nos da un verdadero conocimiento del Señor, llevándonos así a descansar en la seguridad que El nos ofrece.

3. *No temer a las calamidades* (25, 26). La persona sabia sabe que Dios está controlando el mundo del cual El es el Creador (19; Salmo 46:1-3).

ACTITUDES: 1. *Egoísmo* (28). Puede ser que hayas tenido un día agotador en la oficina, o que tus hijos te tengan cansado. Pero, ¿qué de la necesidad de tu vecino en este momento?

2. *Rencor, venganza, sospechas* (29). Estas actitudes se muestran a veces en formas muy sutiles: en los chismes y en las calumnias.

3. *Disputas y peleas* (30). A veces es imposible para el cristiano evitar situaciones conflictivas, pero deberíamos preguntarnos siempre, ¿cuál es la manera *creativa* de enfrentar esta difícil situación? El énfasis aquí está en no buscar peleas.

4. *Envidia y violencia* (31, 32). Es muy posible que en nuestra sociedad observemos a personas con una vida cómoda y lujosa a costa de la injusticia contra otros. Dios nos llama a verlos desde la perspectiva de la eternidad y nos promete bendecir a "los que procuran la paz" (Mateo 5:9).

"El buen juicio... serán para ti fuente de vida" (21, 22).

Lee el Salmo 73 y ora acerca de las situaciones de abierta injusticia en tu sociedad.

JULIO
9

LA VIDA REAL

PROVERBIOS 4:10-27

INVESTIGUEMOS...

1. Anota algunas de las cualidades mencionadas en este pasaje, de la vida de la persona que anda por el camino de la sabiduría. ____________________

____

2. "Cuida tu mente... porque ella es fuente de vida" (23). ¿Qué implica en la práctica cuidar nuestra mente? ____________________

____

Como cristianos estamos maravillosamente seguros en el amor de Dios, pero esto no quiere decir que la vida cristiana sea un cuento de hadas. Estas lecturas en Proverbios nos muestran que el cristianismo no es para aquellos que quieren escaparse de las realidades de la vida. Más bien es para los que quieren enriquecer su propia vida y la de otros...

* *TOMANDO EN SERIO A DIOS* (10-13). El te toma en serio, y te quiere tanto que desea enseñarte acerca de sí mismo. Observa lo que pasa cuando realmente le escuchas y le haces caso (12, 13). Observa también las palabras *activas* de estos versículos. Aquí no se trata de una mera aceptación intelectual de la instrucción de Dios, sino de ponerla en práctica. Nos recuerda las palabras de Santiago en el Nuevo Testamento: "No basta con oír el mensaje; hay que ponerlo en práctica, pues de lo contrario se estarían engañando ustedes mismos" (Santiago 1:22).

* *TOMANDO EN SERIO EL PECADO* (14-19). El pecado nos separa de Dios, y por eso es cosa seria. Es fácil echarle la culpa al diablo de todos nuestros problemas con el pecado, pero preguntémonos si no somos nosotros los culpables, dándole oportunidad a éste (Efesios 4:27). El pecado también se tiene que tomar en serio porque nos endurece cuanto más pecamos, más queremos pecar (16, 17, 19).

* *TOMANDONOS EN SERIO LOS UNOS A LOS OTROS* (20-27). Lo que conocemos de Dios afecta la calidad de nuestra vida, y nuestra vida afecta a la vida de otros. Lo que piensas, lo que dices y lo que haces (23-25) influye profundamente en otros, para bien o para mal.

"Cuida tu mente... porque ella es fuente de vida" (23).

Señor, quiero experimentar una vida cristiana llena del gozo que resulta de "andar por el buen camino". Mantenme siempre cerca de ti.

JULIO
10

LA SABIDURIA Y LAS SITUACIONES PROBLEMATICAS

PROVERBIOS 6:1-19

INVESTIGUEMOS...

1. Explica con tus palabras las siete cosas que aborrece Dios. ¿Eres culpable de alguna de ellas? ¿Qué vas a hacer al respecto? ______________________

____

2. En estos días de tanto desempleo, ¿qué vigencia tienen para nosotros los versículos 6-11? ______________________

____

CUIDADO CON LAS DEUDAS (1-5). Como cristianos somos llamados a ser generosos y cariñosos, pero no ingenuos ni descuidados (1). Dar incondicionalmente a otro puede exponerlo a la tentación y a la irresponsabilidad, y además puede causar serias tensiones entre dador y deudor. Tengamos cuidado con lo que damos o prometemos a otros, y más aun con lo que prometemos a Dios (Eclesiastés 5:4, 5). Si tenemos dudas con respecto a alguna promesa o a alguna donación o préstamo, es mejor no seguir adelante. Y si estamos en situación de deudores, cumplamos lo antes posible, como personas responsables delante de Dios.

CUIDADO CON LA PEREZA (6-11). Sería fácil descartar este pasaje, diciendo que no tiene aplicación en el mundo moderno y en una sociedad en la cual el desempleo es un problema cada vez más agudo. Sin duda la iglesia cristiana tiene que esforzarse mucho más para ofrecer soluciones a este mal, creando fuentes de trabajo, o desafiando a sus miembros a compartir su trabajo, y ayudando al desempleado a reconocer que su valor ante los ojos de Dios no depende de si tiene o no tiene trabajo. Pero, aparte de esto, en este pasaje hay un principio importante que se destaca con respecto al trabajo. La comparación con la hormiga nos hace ver que el trabajador que agrada a Dios no tiene "quien le diga lo que ha de hacer" (7). El cristiano trabaja buscando la aprobación de su Señor, y eso implica muchas veces un servicio callado y humilde que no espera reconocimiento de los jefes humanos (compara Efesios 6:5, 6).

PERSEVERA EN HACER EL BIEN (12-19). Estos versículos nos muestran la verdadera situación del cristiano que busca hacer el bien. Dios aborrece las actitudes que se describen aquí, que llevan al desorden y a la anarquía. Cuando un pueblo se aleja de Dios y de sus sabias normas, estas son las consecuencias.

Una sociedad sana reconoce la sabiduría de Dios.

Ora hoy por tu país, tomando en cuenta algunos de los titulares de los periódicos.

JULIO
11

LA PROSTITUTA

PROVERBIOS 7:1-27

INVESTIGUEMOS...

1. Según la información que se nos presenta en este pasaje, ¿quién es el (o la) culpable en esta historia (6-8; 12, 13; 21, 22)? ______________________________

2. Medita en los versículos 2 y 3. ¿Hasta qué punto puedes decir que la palabra de Dios está grabada en tu mente, y sus resultados en tu vida son visibles para los demás? ______________________________

____

Es impactante observar la cantidad de veces que se menciona la inmoralidad sexual en estos primeros capítulos de Proverbios. Parece que en la sociedad de Palestina de ese entonces la inmoralidad era una amenaza como lo es en la nuestra. La Sabiduría ya ha ofrecido sus consejos (5:1-21 y 6:20-35); ahora el autor nos ofrece un caso de la vida para precisar la importancia de su enseñanza.

La prostitución existe en base a la demanda. Esta mujer "ligera y caprichosa" se ofrece porque los hombres requieren de sus servicios. En esta área como en todas las áreas de la vida, vemos lo que pasa cuando los hombres y las mujeres permiten que el pecado corrompa lo que Dios ha hecho bueno. Somos realmente seres caídos.

Es fácil abusar de las buenas dádivas de Dios y utilizarlas para fines bajos. Entre estas dádivas está el sexo, creación de Dios de belleza y significado únicos. El abuso del sexo es también único por sus resultados dañinos y tristes. (Ver 1 Corintios 6:12-20 y especialmente el versículo 18.)

En este pasaje Salomón enfatiza especialmente la vulnerabilidad de los jóvenes (7) ante la sociedad moderna, que se organiza a propósito para comercializar el sexo a través de toda una gama de revistas, películas, libros, discos y propaganda. Puede ser incluso que el problema más grande hoy en día no sea la prostitución profesional, sino la aceptación general de normas muy bajas en las relaciones sexuales.

Los consejos que Salomón ofrece son: (a) mira más allá de los atractivos superficiales, de la pasión momentánea, de las palabras fáciles, hacia la realidad que es una catástrofe (22, 23); (b) no vayas donde te encontrarás expuesto a la tentación (8, 9, 24-27); (c) reserva para la palabra de Dios el lugar céntrico de tu vida (1-5).

"El que comete inmoralidades sexuales, peca contra su propio cuerpo... su cuerpo es templo del Espíritu Santo" (1 Corintios 6:18).

Padre celestial, te doy gracias porque soy un ser sexual. Ayúdame a cuidar este don tuyo y a glorificarte a través de él.

JULIO
12

SOLO LO MEJOR

PROVERBIOS 8:1-21

INVESTIGUEMOS...

1. ¿Qué te dice el versículo 14 con respecto a la naturaleza de la sabiduría de Dios? ¿En qué sentido es diferente de la sabiduría del hombre? ____________

____

2. Medita en los versículos 15 y 16. ¿Con cuánta frecuencia oras por las personas que figuran en los titulares de los periódicos - incluso las personas con cuyas ideas no estás de acuerdo? ____________________

____

Hoy nos encontramos con la sabiduría personificada, quien se ofrece a sí misma como una piedra preciosa (11), que vale todo lo que tenemos. La sabiduría de Dios es para todos (2-4) - y esto te incluye a ti.

LA SABIDURIA SUPLE TODA CLASE DE NECESIDAD: la necesidad de madurez hace que los inmaduros (5) lleguen a ser hombres y mujeres equilibrados y responsables. Es importante que crezcamos en entendimiento. Por eso Dios nos ofrece sabiduría, *para poder reconocer lo que es correcto y verdadero y evitar el mal* (6-9). Nuestra sociedad relativista, que carece de normas absolutas, necesita de cristianos que sepan qué es lo bueno y lo malo, y que además sepan explicarlos en términos claros. Los valores afectan todo aspecto de la vida, tienen que ser vividos y experimentados, y no sólo discutidos. Así que la sabiduría es también una guía para la vida. Además es imprescindible *para llegar a decisiones válidas* (12-16), sea para hallar "los mejores consejos" para uno mismo (12), o para aconsejar a otros, en situaciones familiares, de trabajo, de política, etc. Los que toman decisiones necesitan la sensibilidad y perspicacia de Dios. No hay respuestas fáciles en situaciones complejas, pero Dios promete su sabiduría a quienes le buscan seriamente (17).

LA SABIDURIA, cuando la vemos en estos términos, resulta finalmente en el éxito (19-21). La capacidad de poder reconocer buenos y malos caminos de acción, la perspicacia para tomar buenas decisiones, y la perseverancia, todas traen prosperidad material. Es cierto que, en la mayoría de los grupos sociales, los cristianos tienden a progresar. Pero la enseñanza de Proverbios es que, con o sin riquezas y bienes materiales, el entendimiento que Dios da es el mejor y satisface más que las grandes riquezas (19, 20). Este es el verdadero éxito.

"Los que me buscan, me encuentran" (17).

Señor, muchas gracias porque me ofreces tu sabiduría. La necesito en las varias situaciones que tengo que enfrentar hoy. Ayúdame a buscarte y a escuchar tus consejos.

JULIO
13

EL SEÑOR ES SABIO

PROVERBIOS 8:22-36

INVESTIGUEMOS...

1. ¿Qué aprendes de los versículos 22-31, acerca del papel de la sabiduría en la creación? ______________________________

____

2. Medita en los conceptos de la alegría y de la felicidad (30, 31, 32, 34). ¿Qué cosas te darán felicidad hoy? ______________________________

____

Este bello pasaje describe a la sabiduría como una persona que estaba con Dios desde el comienzo, participando en el acto de la creación. Desde estos primeros momentos la sabiduría es una característica de la actividad de Dios. El lenguaje que se usa aquí da a entender que la sabiduría es un ser aparte, casi otro ser celestial, y muchas personas ven en estos versículos a Jesús, el Hijo eterno de Dios. Por la naturaleza poética del pasaje, no es esencial aceptar esta idea, aunque indudablemente todas las características de la sabiduría indicadas aquí señalan al Hijo, y el Nuevo Testamento le otorga un papel semejante (Colosenses 1:15-17 y 2:3).

EL SEÑOR PLANIFICA. La creación no fue un acontecimiento fortuito. Refleja más bien una mente que es perfecta en su entendimiento y en sus propósitos. Toda esta descripción de la tarea de la creación, como la de uno que ordena, refuerza y afirma, habla de la importancia del orden y el diseño en las acciones de Dios. Cuando observamos los detalles del universo, desde las órbitas de los planetas hasta la filigrana de un copo de nieve, nos damos cuenta de que detrás de todo ello está una mente majestuosa.

EL SEÑOR SATISFACE. La sabiduría estaba contenta con el mundo que Dios había creado (30, 31). La obra de Dios es siempre buena, como dice la frase repetida de Génesis (1:31).

La sabiduría quiere que esta misma alegría sea también la experiencia de los seres humanos que son la corona de la creación (32-35). Aunque somos seres caídos y muchas veces fallamos y fracasamos, descubrimos que al buscar la sabiduría, nos ponemos en armonía con el carácter de Dios y con su perfecta voluntad.

"Sigan mi ejemplo y serán felices" (32).

Oh Señor, quiero gozar de tu aprobación. Dame hambre y sed de ti, para que en toda área de mi vida puedas reinar tú solo.

INTRODUCCION AL CUARTO EVANGELIO

Escrito por el apóstol Juan a fines del primer siglo, este Evangelio ha sido fuente de inspiración para millones de personas a través de la historia. Es tal vez una de las partes más conocidas, estudiadas y amadas de la Biblia. Miles de creyentes confiesan haber llegado a encontrarse con el Salvador como resultado directo de su lectura.

Si te gusta subrayar tu Biblia, te sugerimos que usando lápices de diferentes colores, lo hagas con las palabras "creer", "mundo", "vida". Al terminar podrás encontrar muchas sorpresas interesantes.

El libro también se presta para hacer colecciones de: (1) textos clave para aprender de memoria; (2) afirmaciones de Jesús en cuanto a sí mismo; (3) personajes, etc.

Te será de valor inestimable si, aparte de la lectura diaria dosificada, realizas una lectura completa de todo el Evangelio sin interrupción.

Quiera Dios cumplir su propósito manifiesto en ti por la lectura de este precioso libro.

BOSQUEJO DEL EVANGELIO DE JUAN

1:1-18	INTRODUCCION	
1:19-25	EL COMIENZO DEL MINISTERIO DE JESUS	
2:1—12:50	SEÑALES Y MINISTERIO PUBLICO	
	2:1-12	Primera señal - agua transformada en vino
	2:13-25	Primeros encuentros
	3:1-36	Nicodemo y el nuevo nacimiento
	4:1-42	La mujer samaritana
	4:43-52	Segunda señal - el hijo del oficial
	5:1-18	Tercera señal - el hombre cojo
	5:19-47	Discusión - el Padre y el Hijo
	6:1-15	Cuarta señal - alimentación de las multitudes
	6:16-21	Quinta señal - caminando sobre el agua
	6:22-71	El pan de vida
	7:1-52	Discusión - el origen y la autoridad de Jesús
	7:53/8:11	La mujer adúltera
	8:12-59	Discusión - la Luz del mundo
	9:1-41	Sexta señal - el hombre ciego de nacimiento
	10:1-42	Discusión - el Buen Pastor
	11:1-57	Séptima señal - resurrección de Lázaro
	12:1-50	Cierre del ministerio público
13:1—17:26	ENSEÑANZA PARA LOS DISCIPULOS	
	13:1-17	Jesús les lava los pies - ejemplo y enseñanza acerca del servicio
	13:18-31	El traidor
	13:32-35	Un mandamiento nuevo
	13:36/14:31	El camino al Padre
	15:1-27	Unidos con Cristo
	16:1-33	La promesa del Espíritu Santo
	17:1-26	La oración de Jesús
18:1—19:42	LA CRUCIFIXION	
20:1—21:25	RESURRECCION Y COMISION DE JESUS A LOS DISCIPULOS	

JULIO
14

¿DE QUIEN HABLAMOS?

JUAN 1:1-13

INVESTIGUEMOS...

1. ¿Puedes mencionar tres (o más) afirmaciones acerca del Verbo (la Palabra)?

2. ¿Qué vigencia personal tiene para ti el pasaje de hoy?

¿Cuál fue el propósito de Juan al escribir este Evangelio? Veámoslo en 20:30, 31. Teniendo esto en mente, Juan señala el pleno significado de la venida de Jesús: El es Dios haciéndose conocer en carne humana. El vocabulario que Juan utiliza es sencillo, pero sus conceptos no siempre son tan fáciles de entender.

* *JUAN LLAMA A JESUS "EL VERBO" O "LA PALABRA"* (1, 14). Los profetas hicieron conocer la palabra de Dios, pero nunca dijeron ser Dios. Jesús es la Palabra de Dios. Dios había dicho muchas cosas a través de sus mensajeros, pero ahora por la voluntad de Dios sus propósitos para los hombres se expresa a través de este mensaje vivo, la persona de Jesús.

* *JUAN LLAMA A JESUS "LA LUZ"* (4-9). En tanto que las tinieblas significan confusión y desorden en nuestros pensamientos y vidas, la luz es símbolo de la presencia de Dios que resplandece y conquista la oscuridad, dándonos entendimiento, mostrándonos nuestro pecado, guiándonos. No hay nada que pueda apagar esta luz.

¿Qué más nos dice Juan acerca de Jesús? El existe desde antes de la creación (1); El fue un agente activo en la creación (3); El es fuente de vida (4). A pesar de todo esto, los seres humanos lo rechazan (10, 11). Rechazaron el testimonio de Juan acerca de Jesús, y no recibieron a Jesús mismo (6, 7, 9).

Ya en la introducción del Evangelio, Juan nos enfrenta con la disyuntiva de aceptar o rechazar a Jesús. Aquellos que lo aceptan y creen en El reciben el nombre de "hijos de Dios". Juan indica que esta es una relación nueva con Dios, y diferente de la que implica el haber sido creado como ser humano. Somos hijos de Dios porque El mismo nos ha engendrado (13).

"El privilegio de llegar a ser hijos de Dios" (12).

Padre, gracias porque te has comunicado conmigo a través de tu Hijo. Hazme completamente receptivo.

JULIO
15

¿QUE NOS COMUNICA LA PALABRA?

JUAN 1:14-18

INVESTIGUEMOS...

1. "Nadie ha visto jamás a Dios; el Hijo... es quien nos lo ha dado a conocer" (18). Entonces, según este breve pasaje, ¿cómo es Dios? ____________________

____

2. ¿Cómo podrías responder a un amigo que te dice: "Está bien para Juan, pero yo no he visto la gloria de Jesús. El no es parte de mi generación..."? ________

____

Alguien dijo que esta nuestra era se podía llamar "la era del hombre solo". Herman Hesse, en su libro "El lobo estepario" induce al hombre a ver la vida desde la perspectiva de la soledad. El es parte de toda una camada de pensadores dados a luz por el pensamiento humanista.

Juan dice que el hombre no está sólo, que la Palabra que creó al hombre, también *se hizo hombre*, y vivió entre nosotros, vino a acompañarnos en nuestra aparente soledad (14). Más aún, vino a transformar la soledad en comunión, a poner al hombre en contacto con su Creador, a capacitarlo para demostrar en su vida las cualidades esenciales de Dios mismo (14:16-18). *GRACIA* (14, 16). La traducción de la Versión Popular es inadecuada en estos versículos. Jesús, tanto al hablar como al actuar, puso de manifiesto la actitud de Dios, que favorece inmerecidamente al pecador desvalido y necesitado. Jamás hubiéramos podido ganarnos ese favor amoroso de Dios; es su obsequio gratuito para nosotros. ¿Cómo puede demostrarse en mi vida la existencia de la gracia de Dios en mí? *VERDAD* (14). En este contexto la palabra no comunica un concepto intelectual, sino algo de lo cual uno puede depender. Jesús mismo es la realidad definitiva, en contraste con las sombras que le antecedieron. Más tarde Jesús dijo que El era la verdad y desafió a sus seguidores a que hicieran verdad (3:21). *GLORIA* (14). Cuando la Biblia habla de la gloria, no se refiere meramente a un esplendor deslumbrante, sino a la idea del valor o mérito del carácter de Dios. La gloria de Dios no sólo se hizo visible en Jesús en el momento de la transfiguración, sino en todo lo que El hizo y dijo.

El versículo 17 no quiere decir que la ley que Dios dio a Moisés era mala o estaba equivocada. Pero guardarla ya era una carga pesada, imposible para el hombre. En relación con Cristo, la obediencia es una respuesta gozosa a la iniciativa del amor de Dios.

Su nombre es Emmanuel, Dios con nosotros.

Padre, haz que pueda comprender cada vez más lo que significa para mí la Encarnación.

JULIO
16

¿QUIEN ERES?

JUAN 1:19-28

INVESTIGUEMOS...

1. ¿Cuál era el concepto que Juan tenía de sí mismo? Exprésalo con tus propias palabras. ____________________

____

2. Trata de contestar, desde tu propia realidad, la pregunta que respondió Juan (22). ____________________

La institución religiosa en Israel estaba conformada por sectas antagónicas y enemigas entre sí. El poder que ejercían estos grupos era celosamente vigilado. Cuando Juan el Bautista predicó su llamado al arrepentimiento, ganando en todo tiempo una gran popularidad, despertó la lógica reacción de los "judíos", término que en este Evangelio se emplea para referirse al pueblo que rechaza al Mesías.

En la cúspide de su ministerio, Juan no se deja tentar por la vanidad. Al contrario, demuestra todo el tiempo gran conciencia de saber de quien y cual es su misión. Le hubiera sido fácil afirmar que en él se cumplía la profecía de Malaquías (3:1; 4:5). Pero cuando las autoridades le exigen una respuesta, dice simplemente que es una voz que llama a la gente a que se prepare para la venida del Mesías. Dice que ni siquiera merece ofrecerle el más humilde servicio de esclavo (23, 27).

Respondiendo a la pregunta específica de los fariseos acerca de su autoridad para bautizar, Juan enfatiza el carácter parcial del bautismo con el Espíritu Santo que ofrecerá el Mesías (ver 33). El bautismo con agua limpiaba los pecados pero no garantizaba ningún cambio permanente, ningún poder contra el pecado.

Meditemos en el concepto que Juan tenía de sí mismo como voz y como siervo humilde. Ser humilde no quiere decir tener esa actitud que dice: "Yo no sirvo para nada". Quiere decir poner en primer lugar a Cristo, reconocer el valor de otros, y ser realista acerca de las propias capacidades. Aunque no merecía quitarle las sandalias a Jesús, habló clara e inequívocamente acerca de El. El problema con muchos de nosotros es que ni siquiera somos una voz.

Los que te rodean te hacen la misma pregunta: "¿Quién eres?" ¿Qué les vas a contestar?

Permite, Señor, que evalúe conscientemente mi papel, y sin envanecerme, pueda desempeñarlo según tu voluntad.

JULIO
17

EL CORDERO DE DIOS

JUAN 1:29-34

INVESTIGUEMOS...

1. Date tiempo hoy para leer algunos pasajes del Antiguo Testamento que arrojan luz sobre la afirmación de Juan acerca de que Jesús es el Cordero de Dios (Génesis 22; Exodo 12:3-17; Isaías 53). ______________________________

____

2. En tu criterio, ¿qué significa pecado? ¿Y qué implica para ti el hecho de que tu pecado es quitado por Jesús? ______________________________

____

Juan ya había bautizado a Jesús (32 y compara Lucas 3:21, 22). Las señales que había visto entonces le hicieron comprender definitivamente que Jesús era el Mesías (31-34). El describe a Jesús de dos formas:

1. *EL ES EL CORDERO DE DIOS* (29). Para entender el significado del cordero al que hace alusión Juan, nos es imprescindible pasear por el Antiguo Testamento, donde veremos que la parte central del culto a Dios estaba ocupada por el sacrificio expiatorio. Esto es, un animal ocupaba simbólicamente el lugar de la persona que sufría el castigo de la muerte por su pecado. Toda la gente que escuchó a Juan en esta oportunidad sabía que cuando Dios rescató a los israelitas de Egipto, estos tuvieron que sacrificar un cordero y pintar con su sangre el marco de sus puertas. Todas las personas que se encontraban en una casa marcada así, estuvieron aseguradas contra el juicio de Dios. Juan se dio cuenta de que Jesús era el Cordero que iba a sufrir en nuestro lugar para borrar las manchas de nuestro pecado y anular el poder de la maldad. Dios no ha dejado que el hombre busque su propia solución al pecado, o que desesperadamente ofrezca a Dios cualquier cosa para apaciguar su ira. No, Dios mismo ha provisto el sacrificio que le es aceptable. A nosotros nos corresponde recibir con gratitud el perdón que nos ofrece, aceptando la validez del sacrificio del Cordero. El problema es que somos muy autosuficientes. Preferimos sugerir a Dios otras soluciones. Pero las palabras de Juan nos llegan a través de los siglos, y siguen siendo la única solución: "¡Miren, este es el Cordero de Dios!"

2. *EL BAUTIZA CON EL ESPIRITU SANTO* (33). Ser bautizado con el Espíritu trae nueva vida, nueva pureza. Jesús nos asegura que somos perdonados, y luego nos da ese poder que nos capacita para vivir como hijos de Dios.

Perdonados y capacitados por el Espíritu Santo.

Alaba al Señor, como si por primera vez estuvieras escuchando las noticias de Juan el Bautista.

JULIO
18

"VENGAN A VER"

JUAN 1:35-51

INVESTIGUEMOS...

1. ¿Por qué razón o razones invitó Andrés a su hermano, y Felipe a Natanael, a conocer a Jesús (41-45)? ______________________________

____

2. "Vieron dónde vivía, y pasaron con él el resto del día". ¿Por qué crees que es importante para nosotros este dato? ______________________________

____

En el cuarto día de esta importante semana de la vida de Jesús, Juan el Bautista de nuevo lo señala como el Cordero de Dios. Dos de sus seguidores (el anónimo probablemente era Juan, el autor del evangelio) entienden esto como una invitación directa a seguir a Jesús. Este les hace una pregunta y les extiende una invitación.

LA PREGUNTA: "¿Qué están buscando?" Las personas se acercaban a Jesús por muchos motivos y muchas veces El insistió en que aclararan sus verdaderos intereses (Lucas 18:41). Cristo nos pide que examinemos nuestros deseos, nuestra motivación, nuestras ambiciones. ¿Qué es lo que realmente queremos que haga por nosotros? ¿Qué buscamos al leer este pasaje?

LA INVITACION: "Vengan a ver". Jesús podría haberles dado su dirección. Pero en todo su contacto con sus discípulos, ahora y en los tres años siguientes, El se dio cuenta de la importancia de convivir con ellos, de abrirse a ellos. No les enseñó cómo ser discípulos, sino que a través del contacto diario que empezó en este momento, los fue forjando, formando. ¿Cómo testificamos nosotros? ¿Entregamos un tratado y nos vamos? ¿O abrimos nuestro hogar a los amigos no cristianos?

Como resultado de haber pasado este tiempo con Jesús, los dos hombres quisieron compartir sus tesoros. Al igual que Jesús había dicho "Vengan a ver", así también Felipe hace la misma invitación a Natanael (46). Las palabras, tanto de Andrés (41) y de Felipe (45) fueron una simple declaración de quién era Jesús. ¿Cómo podemos prepararnos para testificar así? ¿Es Jesús tan real para nosotros que podemos decir a otros, de la manera más natural, quién es El?

"Andrés llevó a Simón donde estaba Jesús" (42). Esto es todo lo que podemos hacer. El Señor hará todo lo demás.

Señor, desafíame de nuevo a hablar de ti con otros. Haz que no tenga que inventar nada, sólo decir quién eres.

JULIO
19

HUESPED EN LA BODA

JUAN 2:1-12

INVESTIGUEMOS...

1. "La primera señal milagrosa con la cual mostró su gloria" (11). ¿Cómo mostró esta señal la gloria de Jesús? (Compara también el comentario de julio 15). ____________

2. "Sus discípulos creyeron en él". ¿Cómo podemos presentar a Jesús a nuestros amigos de tal manera que ellos depositen su fe en El? ____________

____

Muchos opinan que esta es la historia de un milagro innecesario, por su naturaleza pasajera y la aparente extravagancia de Jesús. Pero hemos notado el cuidado con que Juan selecciona y organiza su material. Para él, este milagro tenía mucha importancia como señal, o sea, un acontecimiento cuyo significado tenía más importancia que sus detalles materiales. Observemos:

1. Juan respalda la afirmación que hizo en 1:3, al demostrar el poder que tenía Jesús sobre los elementos de la naturaleza: El pudo transformar agua en vino.

2. Este poder está libremente a disposición de los hombres para suplir sus necesidades. Lo único que pide el Señor es que aceptemos su autoridad, sin cuestionarla (2-5).

3. Problemas aparentemente insignificantes y de naturaleza doméstica, como el que enfrentaba el encargado de la fiesta, también le interesa al Señor de Gloria. El nos invita a compartir *todos* nuestros problemas con El.

4. Jesús utilizó las seis tinajas de piedra, símbolos del ritualismo legalista de los judíos (6, 7), llenándolas de vino nuevo de mucha calidad (10). Esto nos sugiere la naturaleza transformadora de su propio ministerio; El vino al mundo trayendo el vino nuevo del evangelio que proporcionaría una satisfacción permanente a los hombres (Marcos 2:22). Un día El hará nuevas todas las cosas (Apocalipsis 21:5).

5. El propósito de su venida era que "todos creyeran" (1:7; 20:31). En este caso, una demostración limitada de su gloria, de su capacidad de transformar, impulsó a sus amigos más íntimos a que creyeran en El (11). Esa gloria iba a manifestarse plenamente en la cruz y a convencer a personas de todas las edades y de todas las razas para que creyeran en El.

"Hemos visto su gloria" (Juan 1:14).

Señor, no permitas que vea sólo lo superfluo ni que me beneficie de tus bendiciones sin darme cuenta de que ellas revelan tu gloria.

JULIO
20

COMERCIALIZACION DE LA RELIGION

JUAN 2:13-25

INVESTIGUEMOS...

1. Anota todo lo que puedes apreciar de la persona de Jesús en este pasaje.

____

2. Según Pablo, ¿qué es el templo? (Ver 1 Corintios 6:19, 20). ¿Cómo podemos glorificar a Dios en nuestro cuerpo? ______________________________

____

Jesús purificó en *dos* ocasiones el templo de Jerusalén. Sólo Juan registra la primera, cuando el Señor visitó por primera vez el templo y desafió a las autoridades religiosas judías a poner en orden las cosas. La segunda visita, al final de su ministerio (Mateo 21:12-17), nos muestra que no hubo una respuesta responsable de parte de ellos.

Cuando los judíos llegaban a Jerusalén para celebrar la Pascua, tenían que ofrecer como sacrificio en el templo un animal sin defecto, y tenían que pagar un impuesto con cierta moneda judía. Por eso los sacerdotes habían organizado un sistema para proveer estos animales y para cambiar las monedas necesarias. Al mismo tiempo se aseguraban una buena ganancia. Los puestos de venta de animales y de cambio de moneda se encontraban en el patio de los gentiles. El único lugar del templo donde los extranjeros podían rendir culto a Dios se había convertido en un bullicioso bazar. El fuerte enojo de Jesús se enciende contra esta horrible comercialización de lo espiritual. En semejante ambiente, la verdadera religión se marchita y muere. Esto se puede observar hoy en día, al visitar los mejor conocidos santuarios y grutas de nuestros países.

A pesar de la tremenda autoridad que demostró Jesús en esta ocasión, los judíos cuestionaron sus credenciales (18). Ni siquiera sus seguidores más íntimos entendieron su respuesta (19-22). Una interpretación literal de ella fue la base, tres años después, de la acusación hecha en el juicio contra Jesús (Mateo 26:61). Jesús quería decir que su propio cuerpo, y no el templo, era el verdadero lugar de encuentro entre Dios y el hombre. Recién después de su muerte y resurrección los discípulos iban a poder entenderlo.

Los últimos versículos del pasaje enfatizan el rechazo de Jesús a todo lo superficial (23-25). No quería que la gente lo siguiera como a un milagrero. Nos desafía a examinar los motivos de nuestro compromiso con El.

El conoce el corazón del hombre.

Querido Señor, muéstrame las sutilezas del pecado de una religiosidad sin ti.

JULIO
21

COMENZANDO DESDE EL PRINCIPIO

JUAN 3:1-15

INVESTIGUEMOS...

1. En el versículo tres Jesús contesta una pregunta que Nicodemo no le hizo. ¿Cuál fue esta pregunta y qué podemos aprender de la no-pregunta de Nicodemo a la respuesta de Jesús?

2. Si Nicodemo aparentemente lo tenía todo para ser acepto ante Dios, y tuvo que enfrentarse al hecho de tener que comenzar desde cero, ¿cuál crees que es tu situación?

¿ES NECESARIO EL "NUEVO NACIMIENTO"? "Te aseguro" que sí, dice dos veces Jesús a Nicodemo. "Todos *tienen* que nacer de nuevo" (3, 5, 7). Y el caso particular de Nicodemo enfatiza aún más la necesidad de este paso. Este hombre era miembro del grupo religioso de más prestigio de su sociedad; entre ellos, era maestro (1, 10). Era un *sincero buscador* de la verdad, en contraste con la gente superficial de 2:23-25. *No tenía prejuicios*, y aceptaba las evidencias de una autoridad divina en Jesús (2). Era *un hombre franco*, dispuesto a expresar sus dudas (9). La única cosa en contra suya es su aparente miedo a sus colegas fariseos; por eso se supone que vino de noche. Recién después de la muerte de Jesús tuvo la valentía de hacer público su compromiso con el Señor (19:39). Sin embargo, a este hombre honrado y destacado le hacía falta "nacer de nuevo". No era una opción extra. Jesús le demuestra, a través de esta conversación, que el conocimiento de lo espiritual no tiene nada que ver con lo externo y formal. Sólo el Espíritu Santo revela las cosas de Dios. Nicodemo, a pesar de ser un experimentado teólogo, no entendía lo que Dios quería de él.

¿QUE ES EL "NUEVO NACIMIENTO"? La frase "de nuevo" en el versículo tres es una traducción inadecuada. "De lo alto" (BJ) es mejor y más correcta, e indica el origen divino del proceso, como también lo hace la diferencia de Jesús al nacimiento "del Espíritu" (5) y su analogía con el viento (4-8).

El nuevo nacimiento no es algo controlado ni iniciado por el hombre. Además, tiene que ver con lo ocurrido en el Calvario (14, 15). Aquí Jesús compara su futura muerte con el peregrinaje de los israelitas. Los enfermos al ver la serpiente de bronce fueron sanados (Números 21:4-9). Los que creen en Jesús y en su muerte ya no están separados de Dios, reciben perdón y el cambio radical que experimentan sólo se puede calificar de "nuevo nacimiento".

Todo el que cree en El tiene vida eterna.

Ora por todos aquellos que conoces y que basan su presunción de salvación en cualquier cosa que no es el sacrificio del Salvador.

CONTRASTES DESAFIANTES

JUAN 3:16-21

INVESTIGUEMOS...

1. Según este pasaje, ¿cuál es el motivo que impulsa a los hombres a no creer en el Hijo de Dios? ____________________

2. A Juan le gusta la palabra "luz" para describir a Jesús y al evangelio. ¿Qué propiedades de la luz nos ayudan a tener un concepto cabal de la verdad que Dios quiere comunicar? ____________________

____

La lectura de hoy está llena de contrastes: Salvación y juicio (17, 18). Luz y oscuridad (19, 20). Hacer lo malo y vivir de acuerdo con la verdad (20, 21). Vida eterna y muerte (16).

La llave que abre la puerta para pasar de un grupo al otro, es la fe, es el acto de creer. Superficialmente este acto parece ser algo demasiado pequeño para que pueda determinar nuestra salvación o nuestra perdición. Pero en realidad no es así. El creer implica un cambio fundamental en nuestro ser. Implica el reconocimiento del pecado. Según Jesús, la naturaleza torcida del hombre lo impulsa más bien a *evitar* la luz que pone al descubierto su pecado (19-21). Implica, además, el reconocimiento de nuestra necesidad, la conciencia de nuestra insuficiencia y la aceptación de la solución que Dios ha provisto. Todo esto implica la necesidad de hacernos la pregunta: ¿Cuáles son las normas de Dios? ¿Cuál es la opinión de Dios acerca de mí? La conversión, el nuevo nacimiento, tiene que tener inevitablemente *consecuencias prácticas* en la vida. El mismo Juan lo expresa en términos muy sencillos en su primera carta: "Si decimos que estamos unidos a él y al mismo tiempo vivimos en la oscuridad, mentimos de palabra y de hecho" (1 Juan 1:6).

Querido hermano o hermana, es posible que tú hayas hecho alguna vez una profesión de fe, que hayas nacido de nuevo, pero sigues ocultando ciertos aspectos de tu vida frente a la luz de la verdad de Dios. Medita en las serias palabras de Juan: "mentimos de palabra y de hecho". Nunca es demasiado tarde para dar este paso que quizás hemos venido postergando y postergando. Confiesa tu pecado al Señor, y a tu hermano, si fuera necesario, y vuelve a vivir de acuerdo con la verdad. Lee la promesa de Dios para ti en 1 Juan 1:9 y confía en ella. No camines más en la oscuridad.

"Los que viven de acuerdo con la verdad, se acercan a la luz" (21).

Inunda, oh Dios, mi vida con tu luz y perdona mis obras hechas en la sombra.

JULIO
23

¿A QUIEN SEGUIMOS?

JUAN 3:22-36

INVESTIGUEMOS...

1. ¿Puedes explicar con tus propias palabras el significado de la figura de la boda (28, 29)? ______________________________

____

2. Medita en los dones y capacidades que Dios te ha dado. ¿Cómo los puedes usar de tal manera que llamen la atención hacia Cristo en vez de servir a tu propio orgullo? ______________________________

Si Juan hubiera reaccionado carnalmente al comentario de sus seguidores, podría haber dicho: "Es un mal agradecido; yo le preparé el camino le he cedido a mis mejores discípulos, he anunciado que es el Cordero de Dios ante todo el pueblo, le he bautizado. Pero ahora él me hace sombra..." Sin embargo, en su hermosa respuesta, Juan se compara al padrino de boda, al amigo del novio, que ocupa un lugar prominente durante todos los preparativos, pero que luego de la llegada de éste "disminuye en importancia" (30). El versículo treinta es el lema de la vida de Juan y habla de su actitud fundamental hacia la vida y hacia el Señor. Ser una simple señal de tránsito que guía hacia Jesús es una hermosa ambición.

En los versículos 31-36 Juan explica otros aspectos de la diferencia entre el testigo y el mismo Hijo de Dios, tema de su testimonio. Todos nosotros, al igual que Juan el Bautista, damos un testimonio limitado de Cristo, un testimonio de segunda mano, porque somos seres finitos, terrenales. Cristo habla de las realidades celestiales de primera mano, de su propia experiencia. Aun así, El tuvo que experimentar la tristeza y la frustración del escepticismo de los hombres (32). Cuando te sientas tentado a callarte, a no hablar más acerca de Cristo, recuerda que El mismo ha sentido esa decepción, ese rechazo. No te desanimes.

Es de vital importancia que no te desanimes, porque la aceptación o el rechazo de Cristo es cuestión de vida o muerte (36). Rechazar deliberadamente al Hijo es rechazar la promesa de vida eterna y exponerse al "terrible castigo de Dios". Observa que el que rechaza al Hijo lo hace conscientemente: "no *quiere* creer en el Hijo", "*rehúsa* creer en el Hijo" (BJ). No es cuestión de no *poder* creer, no se trata de una capacidad intelectual. Se trata de la *voluntad*.

"El ha de ir aumentando en importancia, y yo disminuyendo".

Señor, hazme ver la urgencia de llegar con tu mensaje a otros. Haz que pueda ser una señal muy visible que indique tu presencia a otros.

JULIO
24

MIS CAMINOS NO SON TUS CAMINOS

JUAN 4:1-15

INVESTIGUEMOS...

1. Menciona tres razones por las que se podría afirmar que Jesús tenía aprecio por esta mujer samaritana. ______________________

2. ¿Qué modelos observas en este encuentro que te ayudan en tu testimonio personal con otros? ______________________

Tengamos en cuenta la época en que se desarrolla este encuentro. Después de siglos de rencores y resentimientos, judíos y samaritanos no se hablaban, mantenían un mutuo pésimo concepto. Por otra parte, no estaba bien visto que un hombre, y menos un rabino, dirigiera la palabra a una mujer a solas. Por la hora inusual en que ella se dispone a sacar agua del pozo, así como por el hecho de encontrarse sola, podemos deducir que se trataba de una persona socialmente rechazada. (Mañana veremos el por qué.)

¡Qué contraste con Nicodemo! El era judío, ella samaritana; él, hombre, ella, mujer; él un teólogo culto, ella una mujer de mala fama, supersticiosa; aquél buscó al Maestro, ésta se topó con El "casualmente". Pero tanto para el uno como para la otra Jesús tiene una invitación, una oferta de amor. Si personajes tan distintos obtuvieron la atención de Jesús, ¿habrá alguien despreciado? El afirmó posteriormente "a los que vienen a mí, no los echaré fuera" (Juan 6:37).

¿Qué podemos aprender del Maestro en este encuentro?

1. Aunque se sentía cansado (6), Jesús respondió inmediatamente ante la necesidad de la mujer. El testigo eficaz debe tener el mismo sentido de urgencia (2 Timoteo 4:2).

2. Para Cristo las barreras tradicionales de raza, sexo y reputación no son obstáculos.

3. Al comienzo del encuentro Jesús expresa una necesidad a la mujer. Dice que tiene sed, y acepta agua de ella. Tengamos cuidado de no ser siempre "expertos" que sabemos todo acerca del evangelio y no estamos dispuestos a aceptar nada de los demás.

4. Cristo provoca la curiosidad de la mujer. El busca un punto de contacto en base a su deseo de tener una adecuada provisión de agua. Al comienzo, el interés de ella es simplemente material; Jesús ha captado su atención. Le hacen falta las palabras chocantes de 16-18 para poder reconocer su necesidad.

"Si supieras lo que Dios da..." (10).

Padre, hazme consciente de todo lo que tú me ofreces, para que pueda pedir y recibir de ti.

JULIO
25

LLAMANDO AL PAN, PAN

JUAN 4:16-26

INVESTIGUEMOS...

1. ¿Cómo reacciona la mujer ante el conocimiento que Jesús tiene de ella (19, 20)? ______________________

____

2. Medita en el versículo 23. Si "el Padre quiere que así lo hagan los que lo adoran", ¿cuál debe ser nuestra actitud con respecto a la asistencia a un templo y hacia nuestro tiempo devocional? ______________________

____

Ayer vimos cómo Jesús se acercó a la samaritana para ofrecerle el agua de vida. Nos maravillamos viendo cómo superó cualquier impedimento que pudiera haber habido entre los dos. Pero veamos ahora el verdadero impedimento. Jesús saca a luz la vida pecaminosa de la mujer (16, 17) y la enfrenta con la realidad de su inmoralidad. Aunque ella evade la conversación, hablando de un tema diferente (20), queda muy claro que para Jesús nada hay oculto. La reacción de la mujer, que trata de distraer la atención de Jesús, es típica de la persona que empieza a sentirse convencida de su pecado. ¿Cuántas veces hemos escuchado preguntas (o nosotros mismos las hemos hecho) acerca de aspectos exteriores de la religión que evitan un enfrentamiento con la verdad? Es muy popular, por ejemplo, la excusa: "Todas las sectas dicen tener la verdad; no sé a cuál creer."

Jesús no pasa por alto la interrogativa, muy parecida, de la mujer (20), pero sí le indica que no viene muy al caso (21, 22). La religión de los samaritanos, que se basaba sólo en el Pentateuco, era insuficiente, pues descartaba todo el plan de redención revelado en las escrituras de los profetas. Entonces Jesús, basándose siempre en el comentario de la samaritana, afirma que lo importante no es el lugar donde rendimos culto, sino a quién se lo rendimos, y cómo lo rendimos (22, 23). Con la encarnación de Dios en la persona de Jesús, ya no hacía falta el templo ni ningún otro culto local. La venida de Jesús hacía posible un culto espiritual que correspondía a la misma naturaleza de Dios (23, 24). Finalmente, Jesús se revela a la mujer como Cristo, el Mesías.

Dios busca adoradores verdaderos.

Gracias, oh Señor, porque tú eres el Cristo, y te haces conocer y me hablas en este momento.

JULIO
26

TESTIMONIO CONTUNDENTE

JUAN 4:27-42

INVESTIGUEMOS...

1. "Muchos creyeron ... Y muchos más creyeron ..." (39, 41). ¿Por qué razones creyeron los samaritanos? ______________________________

2. ¿Qué pautas importantes para el evangelismo encuentras en este pasaje, y especialmente en los versículos 34-38? ______________________________

Es imposible encontrar en el Nuevo Testamento una oportunidad en la que el Señor se haya revelado con tanta claridad a alguien. La Biblia no describe la reacción de la mujer, pero podemos suponer que algo grandioso ocurrió en ella. Este encuentro tuvo consecuencias no sólo para la samaritana, sino para muchos otros también.

LA MUJER. Su cosmovisión deja de ser materialista (compara 11, 12). Abandona su cántaro y piensa en compartir su conocimiento.

Su soledad cambia; hay diálogo y aceptación (42). Es interesante especular acerca de las consecuencias de este encuentro para su "marido".

EL PUEBLO. La mujer compartió su experiencia de una manera tan convincente (29, 42) que la gente llegó a ver y a escuchar por sí misma. Muchos llegaron a tener una comprensión profunda de quién era Jesús (42).

JESUS MISMO. Aquellos que alguna vez han podido ayudar espiritualmente a otra persona se identificarán con las palabras de Jesús en el versículo 34. Trae una satisfacción incomparable el responder a los impulsos del Espíritu Santo y obedecerle a través del evangelismo personal.

LOS DISCIPULOS. Ellos se asustaron al encontrar a Jesús con la mujer (27). Lo habían dejado cansado y con hambre (6), pero ahora lo encuentran alerta y animado (31-33).

Pero quizás la sorpresa más grande para los discípulos fue el comentario de Jesús acerca de la cosecha cercana entre los samaritanos.

Posiblemente ellos creyeron que haría falta arar y sembrar mucho, antes de cosechar entre esta gente (35). Muchas veces el lugar que menos esperanza nos infunde, ya está listo. El problema es la falta de labradores. Este es un comentario que tiene mucha vigencia actual para nuestro mundo tan necesitado y nuestras iglesias que tantas veces no ven más allá que la reunión de los días domingo.

"Les digo que se fijen en los sembrados" (35).

Señor, a veces busco cualquier excusa para no hablar de ti. Enséñame a través del ejemplo de esta mujer.

LA SEÑAL DE LA SANTIDAD

JUAN 4:43-54

INVESTIGUEMOS...

1. ¿Qué elementos de fe verdadera ves en este pasaje? ____________________

____

2. Al observar el desarrollo de la fe de este oficial, evalúa la calidad de *tu* fe. ¿En qué etapa estás? ____

Afirmando, a través de un proverbio, que no recibiría honra en su propia tierra (se refería probablemente a Jerusalén, la tierra espiritual de todo judío), Jesús evita un enfrentamiento prematuro con los líderes religiosos en el sur. Sigue su viaje hacia el norte, a Galilea. Allí le dan una calurosa bienvenida porque le conocen por sus milagros hechos en Caná y en Jerusalén (45, 46). Más tarde lo iban a rechazar también en Galilea, y Jesús pronunciaría el mismo proverbio acerca de esta gente. En Jerusalén el problema fue el prejuicio de los judíos. En Galilea, la supuesta familiaridad. Ambos factores influyen en las personas, hoy en día, para mantenerlas alejadas de Cristo.

En Caná, Jesús tuvo la oportunidad de ayudar a un hombre, posiblemente un oficial de la corte de Herodes Antipas. Este hombre viajó los treinta kilómetros de Capernaum a Caná para rogarle a Jesús que viniera a sanar a su hijo, gravemente enfermo. Veamos la evolución de su fe:

- primero cree en el Hacedor de milagros, porque ha visto u oído de sus milagros (47).
- luego cree en la palabra del Hacedor de milagros, sin ver el prodigio (50).
- finalmente él y toda su familia, creen en Jesús mismo (53).

Al comienzo, sin embargo, Jesús cuestionó su fe (48). Sabía que la fe que se fundamenta en milagros no es una fe adecuada, y quería que este hombre demostrara una comprensión más completa y una confianza más profunda aún. El oficial aceptó las asombrosas palabras de Jesús y se fue, un ejemplo en vivo de la definición de la fe en Hebreos 11: "Tener fe es tener la plena seguridad de recibir lo que se espera; es estar convencidos de la realidad de cosas que no vemos" (Hebreos 11:1).

En esta segunda señal, al igual que en la primera, la fe y obediencia del individuo reciben una respuesta de parte de Cristo con el resultado de que él y otros creen (53). ¿Qué principio de vigencia permanente encontramos aquí?

"Creyó lo que Jesús le dijo, y se fue" (50).

Señor, te pido que sigas entrenando y enriqueciendo mi fe, permitiendo que experimente tu presencia conmigo y tus respuestas a mis oraciones.

JULIO
28

¿QUE ES LO IMPORTANTE A LOS OJOS DE DIOS?

JUAN 5:1-18

INVESTIGUEMOS...

1. ¿En qué forma se demostró la fe del paralítico (8, 9)? ____________________

____

2. Escribe una lista de tus propios mandamientos sagrados. ¿Cuántos de ellos crees que cumplen con los propósitos del Señor?____________________

____

Dios llega al hombre. La luz brilla en las tinieblas. Jesús llega al necesitado. Llega y le hace una oferta. Pero aquellos que se sienten más cómodos en la oscuridad (3:19), se molestan.

"EL QUE ME DEVOLVIO LA SALUD." Hacía treinta y ocho años que este hombre esperaba inmóvil al lado del estanque. Según la creencia popular, las aguas tenían propiedades milagrosas, y se atribuía a la acción de un ángel el movimiento de un manantial intermitente. Nadie había ayudado a este hombre durante todos esos años. Jesús tomó la iniciativa, y lo sanó, pero no sin antes desafiar su fe con la pregunta del versículo 6.

"RECOGE TU CAMILLA Y ANDA." Jesús esperó que el hombre diera evidencias del milagro obrado en él. Sus acciones debieron demostrar lo que Cristo había hecho por él. ¿Es así en nuestra vida? La maravilla del milagro se ensombrece por la actitud de insensibilidad y dureza de aquellos que tendrían que haber cantado de alegría al observar el prodigio. Eran legalistas fríos y ciegos, que sólo veían la letra de la ley. Si no era así, ¿cómo nos explicamos el hecho de que preguntaron por el que le ordenó al paralítico caminar y cargar su camilla, en vez de averiguar quién lo sanó? ¿Cómo podemos explicar que el Señor Jesús ordenara concretamente realizar una acción vedada por la ley que El mismo había dictado a Moisés? Sabemos que el fin no justifica los medios. Para los judíos el día de reposo significaba holganza, para Jesús, trabajo para Dios (17). Y, sin embargo, para ellos constituía una pesada carga, para El un verdadero descanso. En la respuesta del hombre curado (11), podemos ver gran sabiduría: si alguien puede hacer una obra tan gloriosa, también puede ordenar que se quebrante una ley que la interpretación rabínica había transformado en una caricatura.Pero el conflicto con las autoridades religiosas se intensifica al reconocer éstas que Jesús se atribuía una relación única con Dios (17, 18).

"El que me devolvió la salud me dijo: Recoge tu camilla y anda" (11).

Señor, no permitas que teniendo vista no veamos. No dejes que nos quedemos en las palabras, sino que vayamos al espíritu.

¿ES JESUS DIOS?

JUAN 5:19-29

INVESTIGUEMOS...

1. ¿Cuáles acciones de Dios son la expresión más completa de su soberanía (21, 22)? ____________________

____

2. ¿Qué quiere decir Jesús cuando declara que los que creen y obedecen ya pasaron de la muerte a la vida? ¿Cómo afecta esto la actitud del cristiano frente a la muerte? ____________________

____

El impase ocurrido a raíz de la curación del paralítico, que desemboca en la determinación de los judíos de matar a Jesús (18), impulsa a éste a identificarse abierta y claramente. Para ello hace enfáticamente varias afirmaciones ("Les aseguro... " 19, 24).

VOLUNTADES QUE COINCIDEN (19-23). No olvidemos que la razón por la querían matarlo era porque decían que había quebrantado el cuarto mandamiento y porque afirmaba que era igual a Dios. Jesús dice que la total coincidencia de voluntades y propósitos muestra que El es el Hijo de Dios. Dos de las acciones más características de Dios – el poder de la resurrección y el juzgar al hombre – han sido entregadas al Hijo, quien merece recibir el mismo honor que el Padre.

FUENTE DE VIDA (24). Si Jesús tiene vida en sí mismo, y prueba evidente de ello era el milagro recién observado, posee una característica del Dios creador. Jesús dice que si creemos en su palabra, también creemos en El que lo envió. Y si hacemos esto, tenemos vida eterna. Esta vida comienza y se goza aquí y ahora, no es sólo para el futuro.

AUTORIDAD PARA JUZGAR (25-29). El hecho de que Jesús se hizo hombre le da autoridad para juzgar (27). Quizás hubiéramos esperado que más bien el hecho de ser Hijo de Dios le concedería este derecho. Pero Dios le ha dado esta autoridad porque Jesús ha compartido las experiencias de la humanidad.

"Ya ha pasado de la muerte a la vida" (24).

Señor Jesús, gracias por la vida eterna que tú me das. Gracias también porque en tus manos está el juicio de este mundo y puedo confiar en que tú juzgarás con justicia.

JULIO
30

TRISTE, PERO CIERTO

JUAN 5:30-47

INVESTIGUEMOS...

1. Como prueba de sus afirmaciones, Jesús ofrece varios testimonios, ¿a qué testigos puedes identificar? ______________________________

____

2. ¿Cuál es la advertencia implícita en los versículos 39 y 40? ¿Podrías tener una aplicación para ti? ______________________________

____

El Señor concede que de ser El únicamente quien testifica de su calidad mesiánica, los hombres no le iban a creer. Según la ley judía tenía que haber dos o tres testigos para respaldar las afirmaciones en un caso dado. Así que Jesús cita a algunos:

1. *JUAN EL BAUTISTA* (33-35). Muchos se habían gozado de la predicación de Juan, pero se negaron a tomar en serio las implicaciones de lo que había dicho.

2. *LOS MILAGROS* (36). Las obras de Jesús eran un testimonio aun más impactante que respaldaba sus aseveraciones. Eran demostraciones palpables del poder de Dios.

3. *LAS ESCRITURAS* (39, 46, 47). Por la tradición y la historia sabemos que había fariseos que podían citar el libro de Isaías de principio a fin y otros hacían lo mismo con los Salmos. No obstante, no fueron capaces de reconocer al Enviado de Dios. ¿No hay aquí una fuerte advertencia para nosotros? Posiblemente hemos llegado a conocer a Cristo a través de su palabra, leída o escuchada. En cierto momento tuvo impacto en nosotros, encontramos vida eterna en ella. Pero quizás nos hemos acostumbrado a ella, ya no queremos permitir que nos desafíe. ¿Cuándo fue la última vez que actuaste en base a la palabra de Dios?

4. *DIOS EL PADRE* (32, 37). El es el único testigo que Jesús considera verdaderamente importante (34). El dio testimonio a través de las poderosas obras de Jesús y de las Escrituras que había inspirado. Con tantas evidencias, ¿por qué no reconocieron la verdad? Jesús sugiere dos razones: sencillamente, no amaban a Dios (42) y les importaba más su propio honor y reputación que el honrar a Dios (44).

"Estudian las Escrituras... sin embargo... no quieren venir a mí" (39, 40).

Padre, protégeme del grave peligro de tener un interés meramente intelectual por tu palabra. Permite que ella me redarguya constantemente.

JULIO
31

EL GRAN PICNIC

JUAN 6:1-15

INVESTIGUEMOS...

1. Recordando que los siete milagros que se relatan en Juan son señales, seleccionadas para el propósito mencionado en 20:31, ¿qué dimensión de la divinidad de Jesús se revela aquí? ______________________________

____

2. ¿Puedes ver cómo esta experiencia, y especialmente la pregunta del versículo 5, ayudaría a los discípulos en el futuro, en la expansión de la nueva iglesia relatada en Hechos? ¿Cómo te ayuda a ti en tu servicio a Dios? __________

____

Este es el único milagro que se encuentra registrado en los cuatro Evangelios. Así que podemos suponer que señala algo muy importante acerca de Jesús. En realidad, deberíamos leer este pasaje a la luz del comentario de Jesús en los versículos 32-40. Pero, en breves palabras, habla de Cristo como el que *satisface* el hambre de la humanidad, tanto física como espiritual, y como El que *cumple* con las expectativas de su pueblo, aunque en esta oportunidad, las expectativas estuvieron mal orientadas (14, 15).

¿Qué cosas resaltan en este relato?

1. En esta primera fase de su ministerio, Jesús provocó mucho entusiasmo popular (2). Pero, al igual que en Jerusalén, no hubo una respuesta profunda a su persona ni a su enseñanza.

2. Felipe calculó la necesidad humana en términos meramente económicos, aun estando en Presencia del Hijo de Dios, con sus recursos ilimitados. Y ¿qué de Andrés? ¿Tenía más fe? El se encontró con un recurso mínimo, realmente irrisorio, pero lo llevó a Jesús. Parece que en él había por lo menos una esperanza de que Jesús podía hacer algo.

3. Jesús no sólo apaciguó el hambre de la gente, sino que proveyó tanta comida que todo el mundo quedó satisfecho, y hasta hubo cantidades de sobras. ¿No será así con *toda* necesidad humana?

4. La gente respondió rápidamente ante el milagro, queriendo hacer rey a Jesús. Pero en realidad sólo querían a alguien que les diera de comer y que cuadrara con sus propias ideas. Cristo rechazó decididamente esta tentación que lo presionaba a evitar la cruz. Buscó fuerzas y consolación en un tiempo a solas con su Padre (Mateo 14:22, 23).

"Dándoles todo lo que querían" (11).

Señor, no permitas que mis ojos no vean quién eres, ni que desconozcan tu obra.

AGOSTO
1

“¡EN VERDAD ES EL HIJO DE DIOS!”

JUAN 6:16-24

INVESTIGUEMOS...

1. Señala los dos hechos sobrenaturales que se mencionan en el pasaje.

____

2. Esta señal tiene vigencia para nosotros hoy en día. ¿Qué necesidad tienes, o conoces en otros, que necesita del poder de Jesús? ____________________

____

¿Puedes imaginar un reportaje sobre este evento en un periódico nacional? ¡No creo que se limitaría a este breve párrafo! Juan acorta su relato hasta mencionar sólo los detalles esenciales: una tempestad de noche en el lago, los discípulos en una barca pequeña. Es la quinta señal que Juan nos relata.

LOS DISCIPULOS: muchos de ellos eran pescadores experimentados, conocedores del lago. Sin embargo, la tempestad les causó problemas. Las versiones de Mateo y Marcos nos dicen que remaban con dificultad porque tenían el viento en contra. Las dos versiones también nos dicen que habían obedecido a Jesús, zarpando antes que El, para volver a Capernaum. La obediencia al Señor no nos garantiza un camino sin problemas. Incluso puede significar más problemas, pero El estará con nosotros.

JESUS: cuando Jesús caminó sobre el agua aquella noche, los discípulos lo percibieron como el Maestro de dos mundos. Estaba claramente presente en el mundo de ellos y al mismo tiempo pudo traspasar las limitaciones físicas y controlar la fuerza del viento y de las olas. Los otros Evangelios también nos informan que mientras los discípulos se embarcaron, Jesús se fue al monte a orar. En realidad ellos nunca estuvieron solos. En el momento oportuno, no antes ni después, vino “El que anda sobre las olas del mar” (Job 9:8) y se les reveló como Dios, Creador y Soberano de la naturaleza.

NOSOTROS: para poder experimentar el poder del Señor, y la alegría de tenerlo con ellos en la barca, los discípulos tuvieron que entrar al lago. Además, lucharon contra las olas por un buen tiempo, habían avanzado cinco a seis kilómetros (19). Las implicaciones para nosotros son claras; si nos quedamos en la orilla, no vamos a ver obrar el poder de Dios. Si le obedecemos, emprendiendo las tareas que El nos encarga, viviendo “en las fronteras” de la fe, veremos su poder , y escucharemos sus palabras: “¡Soy yo, no tengan miedo!”

“Aunque pase por el más oscuro de los valles, no temeré, ... porque tú, Señor estás conmigo” (Salmo 23:4).

Te doy gracias, oh Señor, porque no prometes guardarme de toda tempestad, pero sí, prometes estar conmigo en medio de ella.

AGOSTO
2

PAN QUE DA VIDA

JUAN 6:25-40

INVESTIGUEMOS...

1. De este pasaje saca un mandamiento, una promesa y una advertencia.

2. ¿Compartes la actitud de los que pedían señales? Si no, ¿por qué?

LA PRIMERA PREGUNTA (25) demuestra que ésta era la misma gente que había visto el milagro de la alimentación de los cinco mil. Buscaban a un líder nacional, milagrero y proveedor de comida. Sufrían de un materialismo espiritual (26, 30, 31 y 34). En vez de ver en el pan una señal, ven en la señal sólo el pan. Jesús les ofrece el Pan que satisface profundamente al hombre, el Pan de Dios, eterno, gratuito, auténtico, que viene del cielo y da vida al mundo (27).

LA SEGUNDA PREGUNTA (28) revela un problema fundamental en la naturaleza humana: el deseo de ganarse el favor de Dios a través de las propias obras (compara Romanos 10:3). Jesús aclara que lo único bueno que el hombre puede hacer es creer en "aquel que él ha enviado" (29). Sin embargo, las buenas obras deben ser siempre consecuencia del haber creído (Efesios 2:10).

LA TERCERA PREGUNTA (30, 31) parece extraña, después del milagro que esta gente acaba de presenciar. Pero para los judíos, Jesús tenía que hacer cosas aun más grandes. El haber dado de comer a una multitud en cierta ocasión equivalía a dar maná a todo Israel durante cuarenta años. En realidad, aquellos que piden ver para creer solamente buscan pretextos para desobedecer. Lo que el Señor busca es la fe, y por eso El les llama la atención hacia sí mismo, no a las obras que El hace. "Yo soy el pan de vida" (35) es la primera de siete declaraciones acerca de sí mismo que Jesús hace en este Evangelio. Así El reclama satisfacer nuestra hambre más profunda. Nuestros anhelos y deseos, presentes y futuros, encontrarán satisfacción en El. Esa satisfacción está garantizada por la voluntad del Padre, que se menciona tres veces en los versículos 38-40. El Padre respalda y aprueba todo lo que Jesús nos promete.

"A los que vienen a mí, no los echaré fuera" (37).

Señor, si no siento hambre del Pan que me ofreces, ¿cómo me vas a alimentar? Dame hambre de ti.

AGOSTO
3

"EL QUE COME DE ESTE PAN, VIVIRA PARA SIEMPRE"

JUAN 6:41-59

INVESTIGUEMOS...

1. Según este pasaje, ¿cuáles son las consecuencias de comer el pan que es Jesucristo (50, 51, 54, 55, 56, 57)? ______________________

____

2. "El que se alimenta de mí, vivirá por mí (57). ¿Es ésta tu experiencia? ¿Cómo lo puedes comprobar? ______________________

____

Si Jesús es el Pan de Vida, entonces no es necesario buscar más fuentes de satisfacción. No permitamos que nada oscurezca esta verdad, no dejemos lugar a dudas. Es la importancia de este hecho lo que hace que Jesús recalque tantas veces los mismos datos: el que come del pan vivo vivirá para siempre, será resucitado, se sostiene de una verdadera comida, vive unido a Cristo, vive *por* Cristo. Pero había dos problemas que causaron interrogativas en la mente de los judíos que escuchaban a Jesús:

1. *EL ORIGEN APARENTEMENTE HUMILDE DE JESUS* (42). ¿Cómo podía El hacer estas asombrosas aseveraciones, siendo el hijo de una pareja humilde, conocida por todo el mundo? Antes de juzgar a los judíos, recordemos las opiniones que muchas veces formulamos en base a conocimientos inadecuados. Sin embargo, Jesús aclara que el malentendido es consecuencia del rechazo de la gente a la clara enseñanza de Dios a través de la revelación de Cristo en el Antiguo Testamento (45). Más tarde hace la sensacional declaración de los versículos 46-51, que sólo se puede entender si nos damos cuenta de que, a través de todo este capítulo, Jesús está rechazando la interpretación material y desarrollando una espiritual.

2. *EL SIGNIFICADO DE LAS PALABRAS "MI PROPIO CUERPO"* (51). El lenguaje que Jesús utiliza es figurativo, desde luego, aunque los judíos insisten tercamente en una interpretación literal (52). El tema del discurso, que hasta aquí ha sido el pan de vida, se vuelve la necesidad de comerlo (51). La fe cristiana consiste en la fe en Cristo crucificado. Si no comemos esa carne, o sea, si no aceptamos por la fe la eficacia de ese sacrificio, entonces moriremos, porque no recibimos alimento espiritual. Este proceso de alimentación se desarrolla constantemente, cada vez que nos apropiamos de los beneficios espirituales que la muerte de Jesús nos garantiza.

"Mi cuerpo es verdadera comida" (55).

Señor, haz que mi relación de dependencia de ti, de obediencia a ti y de amor hacia ti, pueda ser tan íntima, que sólo se la pueda calificar de "alimentación".

AGOSTO
4

MOMENTO DECISIVO

JUAN 6:60-71

INVESTIGUEMOS...

1. ¿Qué razones tenían los judíos para afirmar que la palabra de Jesús era dura? ______________________________

____

2. ¿Qué cosas son las que hoy en día ofenden y dividen a la gente con respecto al cristianismo? ¿O es que el evangelio ya no ofende? ______________________________

____

Casi cualquier persona en nuestra sociedad dice ser cristiana. Muchos hombres públicos, especialmente políticos, lo afirman enfáticamente. En el ambiente juvenil llamarse cristiano ha llegado a ser motivo de cierto prestigio. Se ha manoseado tanto el término que ya, para muchos, nada significa. Ayer vimos que en la enseñanza del Señor se implican algunas condiciones fundamentales. Los judíos, aunque obviamente interpretaron mal algunos términos, entendieron el sentido de Jesús, y prefirieron dejar de caminar con El (60, 66). Al comienzo todo había sido fácil. Seguramente a muchos de estos seguidores les gustó la popularidad del Maestro. Les había gustado la magnificencia de Jesús, dando de comer a cinco mil. Pero ahora la enseñanza del Señor, y las demandas que hace, empiezan a tornarse demasiado exigentes para su gusto. Primero se va la gente, y luego comienzan a alejarse los mismos seguidores. Si nunca has encontrado duras las demandas de Cristo, entonces quizás nunca las tomaste en serio. Estas personas que se alejaron de Jesús eran por lo menos sinceras y consecuentes.

Aun el grupo de los doce fue confrontado. ¿También ustedes quieren irse? Les pregunta Jesús. Pedro, seguramente recordando vívidamente la reciente experiencia con el Señor en el lago, pronuncia una magnífica e inspiradora confesión de fe.

Pero aun en el círculo más íntimo de Jesús había división. Jesús sabía acerca del traidor. Judas estuvo todo el tiempo con Jesús y los otros once. Vio lo que los demás vieron. Oyó las mismas enseñanzas, pero jamás atendió a las palabras que son espíritu y vida (63).

"Señor, ¿a quién podemos ir? (68).

Señor, haz que tu Espíritu obre en mí, para que todo lo que tú me dices en tu palabra sea espíritu y vida para mi.

AGOSTO
5

MINISTERIO SOLITARIO

JUAN 7:1-13

INVESTIGUEMOS...

1. ¿Qué intentaban los hermanos de Jesús? ____________________

____

2. ¿Cuál era la relación de Jesús con el mundo? ¿Estás tú en la misma relación?

____

El glorioso versículo 16 del capítulo 3 afirma que Dios ama al *mundo*. Jesús dijo que daría su cuerpo por la vida del mundo. Sus hermanos le instan a revelarse al *mundo*. Ahora el Hijo de Dios aclara que el *mundo* le aborrece porque El testifica de sus malas obras (7). El culpable odia a aquel que revela su culpa, aunque en lo íntimo sepa que tiene razón. Sólo hay una alternativa al odio y al rencor; el arrepentimiento. Quien rechaza a Jesús no lo hace porque no puede creer, sino porque no quiere obedecer, dejar su pecado, confesarlo y pedir perdón. Es más fácil ser terco y mantener su propia opinión.

El Señor Jesús tuvo que soportar ese tipo de incredulidad resentida a todo nivel.

1. Primero tuvo que abstenerse de ir a Judea. (1). Las autoridades religiosas estaban decididamente tramando su muerte. El versículo 11 también debería interpretarse en este sentido. Su hostilidad era tan abierta que suprimía cualquier discusión acerca de Jesús (13).

2. También Jesús tuvo que soportar las maliciosas palabras de sus hermanos (3). ¡Que gran soledad la suya! El hecho de que le dieron estas instrucciones implica una falta total de fe en los propios planes de El. Según ellos, Galilea era un rincón perdido de poca importancia. Si Jesús quería tener impacto, debía ir a Judea y desplegar su poder. Con paciencia, Jesús les muestra que El no está obrando al azar. Ellos sí podían ir en cualquier momento a Jerusalén. Pero El tenía que esperar el momento indicado por su Padre, para evitar los peligros de la hostilidad de los judíos y de una manifestación popular a su favor.

3. La gente estaba profundamente dividida con respecto a su opinión acerca de Jesús (12). Más tarde estas diversas opiniones iban a plasmarse en grupos muy identificables (ver 12:9-11).

"Ni siquiera sus hermanos creían en él" (5).

Ora por cada cristiano que tiene que seguir en soledad e incomprensión al Señor.

AGOSTO
6

SABER SIN HABER ESTUDIADO

JUAN 7:14-31

INVESTIGUEMOS...

1. ¿Cuál es la condición necesaria para poder discernir si alguna enseñanza realmente proviene de Dios (17, 18)? ________________________________

____

2. El versículo 17 es clave para cualquier estudiante de la Biblia. "Dispuesto a hacer la voluntad de Dios": ¿Describe esto tu actitud al estudiar la palabra de Dios cada día? ________________________________

____

Nuestro mundo está lleno de ideas y filosofías. También lo estaba en los tiempos de Jesús. La pregunta importante para la gente de aquel entonces, como también para nosotros hoy en día, es si la enseñanza revelada por Jesús es efectivamente sobrenatural. Los judíos se preguntaron acerca del conocimiento de alguien que seguramente era catalogado como provinciano ignorante (15). Jesús no había estudiado con ningún rabí conocido. Sin embargo, la autoridad con que hablaba sembraba confusión entre sus oponentes (25, 26). Para muchas personas, en El se evidenciaban las características del Mesías (31).

En medio de tanta controversia, Jesús es la única persona totalmente segura de sí misma, de su origen y de su misión. El sugiere al público una prueba muy práctica para solucionar el dilema en que se encuentran. Les invita a hacer una investigación honesta de sus enseñanzas, pero con la voluntad dispuesta a buscar y hacer la verdad de Dios (17). Nos recuerda las palabras de Felipe a Natanael: "Ven y compruébalo" (1:46). Jesús también recuerda a la gente que El ha estado preocupado siempre por la reputación de su Padre, y no ha buscado honores para sí mismo (18). Finalmente, Jesús se refiere a la tendencia de la gente a juzgar los casos según las apariencias superficiales, a medir las cosas por su propia conveniencia (21-24).

La autoridad con que Jesús presenta sus argumentos convence a muchos, como ya hemos visto, mientras otros siguen repitiendo los mismos argumentos vacíos acerca del origen del Mesías (25-29).

"Si alguien está dispuesto a hacer la voluntad de Dios, podrá reconocer ..." (17).

Señor, no permitas que me engañe a mí mismo, leyendo y estudiando tu palabra, pero negando tu autoridad en mi vida.

AGOSTO
7

SED SATISFECHA

JUAN 7:32-39

INVESTIGUEMOS...

1. Dios es mencionado en tres diferentes formas. ¿Cuáles son (33, 38, 39)? ___

____

2. La vida de muchas personas es como "el último día de la fiesta" no hay agua, y tienen sed. ¿En qué forma les están llegando los ríos de agua viva que brotan de ti? ____

____

Los fariseos no temían a los milagros de Jesús, ni tampoco a su predicación. Algún tiempo después, cuando los apóstoles habían comenzado su labor, Gamaliel convenció al Sanedrín de lo pasajero que puede ser el éxito en estos campos (Hechos 5:34-39). El verdadero temor de los fariseos era que en el interior de los individuos se produjera un cambio. Es acerca de ese cambio, y de las tres personas de la Trinidad que lo efectúan, que Jesús sigue enseñando:

1. *EL TIEMPO QUE LE QUEDABA EN LA TIERRA* (33-36). Jesús enfatiza de nuevo que El está trabajando según un plan. El que tomó la iniciativa en ese plan era su Padre, Dios (33). A Jesús le queda poco tiempo en la tierra, su ministerio está llegando a su culminación. Su muerte no significará su desaparición total, sino un simple traslado a otra esfera, donde sus enemigos ya no le podrán seguir (34). Al comentar sobre estas palabras misteriosas de Jesús, los judíos inconscientemente profetizan la proclamación del evangelio a todo el mundo (35).

2. *LA VENIDA DEL ESPIRITU* (37-39). Hemos visto muchos ejemplos de los cambios efectuados en la vida de las personas que tuvieron contacto con Jesús aquí en la tierra (Nicodemo, la mujer samaritana, el paralítico). Pero, ¿qué posibilidad de cambio habría después del ministerio de Jesús aquí en la tierra? Durante los siete días de fiesta, se ofrecía agua del estanque de Siloé, en el templo, como recuerdo de las bendiciones de Dios. En el octavo día no se ofrecía el agua, para recordar a la gente su necesidad constante de Dios. Y fue precisamente en ese día que Jesús proclamó la plena satisfacción que trae el Espíritu Santo a todos los que vienen a El, reconociendo su sed. El agua viva del Espíritu no sólo nos transforma a nosotros, sino que también sobreabunda y alcanza a otros (38).

"Si alguien tiene sed, venga a mí y beba" (37).

Lee Lucas 11:13, y pide con confianza.

AGOSTO
8

JESUS EXIGE UN VEREDICTO

JUAN 7:40-53

INVESTIGUEMOS...

1. ¿Qué fue lo que movió a los guardianes del templo a hacer su declaración (45 y 46)? ______________________________

____

2. ¿Qué es lo que te ha impactado más acerca de Jesús en estas lecturas de Juan?

____

____

Dios no hace acepción de personas. Pablo se refugia en esta verdad y consuela a los creyentes con la misma (Gálatas 2:6 y 3:28). La diferencia está en nuestra respuesta a Cristo (Lucas 11:23). Esta diferenciación no es en ningún sentido una discriminación de parte de Dios. Cada persona debe atender al llamado del Señor. Cada individuo es responsable. Veamos algunas reacciones muy variadas en el pasaje de hoy:

1. *LOS RACIONALISTAS Y PSEUDO-CIENTIFICOS* (41-44). Ellos cuestionaban el lugar del nacimiento de Jesús. Su prejuicio los llevó a objetar sin razón, a no investigar adecuadamente. ¿No es lo mismo hoy? Conozco a personas que nada en concreto saben del evangelio, pues no lo han leído, pero que dominan las teorías acerca de las supuestas incongruencias de la vida y práctica de Jesús.

2. *LOS OBJETIVISTAS NEUTRALES* (45-52). Tenían una opinión positiva y estaban convencidos acerca de Cristo, pero no querían comprometerse. Los guardianes y el mismo Nicodemo pretendieron ver los sucesos desde afuera.

3. *LOS CONVENCIDOS* (40, 41). Estos confesaron su confianza en la verdadera identidad de Jesús. En ellos se cumplió la voluntad del Padre (6:65). Su definición trajo naturalmente división (43). Dios nos llama a la unidad, pero ésta sólo se da sobre la base de la verdad, es decir, en Jesús mismo.

"La gente se dividió por causa de Jesús" (43).

Señor, que la vida del Espíritu en mí se manifieste claramente en palabras y obras. No permitas que sea un cristiano tibio, un cristiano a medias.

AGOSTO
9

¿EL GRAN PECADO?

JUAN 8:1-11

INVESTIGUEMOS...

1. ¿Cómo interpretas la reacción de los fariseos ante las palabras de Jesús, y especialmente en la de los más viejos (9)? ____________________

____

2. Haz una lista de los cinco peores pecados que, en tu opinión, una persona puede cometer. ¿Cómo quedan a la luz de este relato?

____

Este asombroso acontecimiento, relatado sólo por Juan, es tan tierno sin ser melodramático; tan rico, aunque escueto; tan relevante a pesar de la diferencia de tiempos y culturas, que bien merece su lugar en nuestras Biblias, memorias y corazones.

LA MUJER. Para los escribas y fariseos era un simple objeto, instrumento político a usarse frente a Jesús para entramparlo (6). Para Jesús era una persona que, siendo culpable y sabiéndose culpable, estaba más apta para recibir el perdón que El había traído. Su encuentro con El fue un ejemplo en vivo de lo que dijo Juan al comienzo del Evangelio: "La ley fue dada por medio de Moisés; el amor y la verdad se han hecho realidad por medio de Jesucristo" (1:17).

LOS ESCRIBAS Y FARISEOS. "Sepulcros blanqueados" les había llamado Jesús (Mateo 23:27). ¡Qué alegría poder encontrar a esta pecadora! El pecado en sí mismo, ¿qué les importaba? De lo contrario, ¿por qué no la apedrearon? Dios ama al pecador, pero aborrece el pecado, mientras que el fariseo, sea de este o de otro tiempo, aborrece al prójimo, pretextando el pecado. Observemos cómo obra la conciencia de estos hombres en presencia de Jesús. Convencidos, sin duda, de más carga de pecado. "Señor, si tuvieras en cuenta la maldad, ¿quién podría mantenerse de pie?" se expresó el Salmista. Nadie puede declararse completamente inocente delante de Dios (Romanos 3:9-12). y aquellos que insisten severamente en los detalles de la letra de la ley, pueden tenderse a sí mismos una trampa.

JESUS. En contraste con las autoridades, Jesús muestra una tierna sensibilidad hacia la mujer. El habló en varias ocasiones muy claramente acerca de la inmoralidad sexual. Condenó el adulterio y aun la intención del mismo (Mateo 5:27, 28). Sus palabras a la mujer no condonan al pecado, pero tampoco la condenan. La perdonan, le infunden esperanza y le desafían a cambiar.

"Vete y no vuelvas a pecar" (11).

Muchas gracias, Señor, porque tú perdonas con tanta generosidad, pero también porque me desafías a buscar cambios y a no volver al pecado de antes.

AGOSTO
10

CRISTIANISMO ES CRISTO

JUAN: 8:12-20

INVESTIGUEMOS...

1. Señala tres razones por las que rechazarías las palabras de los fariseos (13).

____

____

2. ¿Se acerca la gente a la luz, una vez que la encuentran? ¿Por qué sí/no? (Ver Juan 3:14-21). ______________________________

____

Un actual best-seller "cristiano" lleva por título "Cristianismo sin Dios". El autor afirma que hay que rescatar todos los grandes principios morales de la fe cristiana y desechar lo supuestamente mítico, entre ello a Cristo como persona real, y a Dios mismo.

Quien pretenda hacer lo anterior quitará al cristianismo todo su contenido esencial, porque el cristianismo es Cristo mismo y ser cristiano es conocer a Cristo, confiar en El y obedecerle. Grave error es tratar de separar las enseñanzas de su propia persona. Por eso en este Evangelio, a través de las palabras "Yo soy...", siete afirmaciones acerca de sí mismo. Tómate el tiempo necesario y medita en sus palabras (6:35; 8:12; 10:7; 10:11; 11:25; 14:6, 15:1).

Jesús pronunció estas palabras en el templo (20), un lugar lleno de símbolos religiosos, y especialmente de luces. Jesús está diciendo: "No busquen la luz de la salvación de Dios entre estos símbolos religiosos; búsquenla en mí." La luz da sentido y perspectiva a todo. Sin Jesús, el hombre queda en las más profundas tinieblas, en un mar de confusión, en anarquía y caos completos.

Jesús pudo hacer estas afirmaciones en base a su relación única con su Padre. Si las hubiera hecho por sí solo, tendríamos por qué dudar. Pero el Padre le concedió el poder que se manifestaba de manera tan impactante en las señales que venimos viendo a través de todo este Evangelio.

Si me sigues, tendrás luz, tendrás vida, y nunca más andarás en la oscuridad.

Señor, la luz me habla de tantas cosas; de libertad, de temores, de la vida biológica, del entendimiento, de las cosas que quedan al descubierto. Sé tú la luz de mi vida.

¿QUIEN ERES TU?

JUAN 8:21-30

INVESTIGUEMOS...

1. ¿Por qué crees que en este momento la gente preguntó a Jesús quién era (21-25)? ______

______

2. Hoy en día las personas siguen preguntando quién es Jesús. ¿Cómo les podríamos contestar según nuestras lecturas en Juan? ______

______

En la lectura de ayer vimos que Jesús no fue una especie de cartero. Vimos que El mismo *es* el mensaje; que su persona y sus palabras no pueden ser separadas. Por eso en el pasaje que nos toca leer hoy, la confusión y la controversia continúan en torno a la persona y la identidad de Jesús; la incapacidad de los judíos para entender las palabras, y su determinación de matarlo (ver 8:37).

Jesús habla cada vez más desafiantemente acerca de su identidad y las implicaciones de su existencia para los hombres. Aquí la frase clave se encuentra en el versículo 24: "Si no creen que yo soy el que soy, morirán en sus pecados." Lo que nadie puede hacer es permanecer neutral; ello, al igual que el rechazo, equivale a permanecer en pecado.

Como si quisieran alargar la discusión para no tener que llegar a conclusiones, los judíos le preguntan de nuevo: "¿Quién eres tú?" La respuesta, un tanto impaciente de Jesús (quien nunca se mostró impaciente frente a un verdadero buscador) enfatiza de nuevo los datos fundamentales acerca de su persona:

Su lugar de origen (23)
El propósito de su venida (24-28)
Su relación con el Padre (26-28):
- enviado por El
- dirigido por El
- constantemente con El
- agradándole

La total convicción con que Jesús pronunció estas declaraciones hizo que "muchos creyeran en él" (30).

"Si no creen que yo soy el que soy ..." (24)

Señor Jesús, sabemos quién eres. Eres aquel que cumple las promesas de Dios para nosotros y nos salva de nuestros pecados. Te damos gracias y te adoramos.

AGOSTO
12

LIBERTAD

JUAN 8:31-47

INVESTIGUEMOS...

1. ¿Cuáles son las características de un discípulo de Jesús, según el criterio de éste (31, 32, 35, 36, 42, 47)? ____

____

2. Ponte en el lugar de estos oyentes de Jesús, y evalúa la relación de discípulo que tienes con El. ____

____

El tiempo del verbo "habían creído" (31) indica un nivel de creencia muy diferente de aquel del versículo 30 ("muchos creyeron"). Era un conocimiento meramente intelectual que no involucraba la voluntad ni las emociones de la persona. El pasaje nos muestra con cuánta facilidad se desvaneció. Cristo, que discierne la realidad de esta gente, declara que el verdadero discipulado es mucho más que un entusiasmo pasajero. Es un compromiso que debe afectar todo aspecto de la vida y controlar cada acción (31b). Este anhelo sincero de encontrar y hacer la verdad, trae libertad (32).

La gente que escucha a Jesús, pasando por alto el concepto espiritual de sus palabras, se fija en lo que El dice acerca de la libertad, y acusa al Señor de insinuar que ellos no son libres (33). Ellos depositaban mucha confianza en el hecho de ser descendientes de Abraham (33-39) y por lo tanto daban por sentada su relación especial con Dios. "Nunca hemos sido esclavos de nadie", dicen a Jesús, olvidándose de los siglos de esclavitud bajo el dominio de asirios, babilonios, persas, griegos y romanos. Su ceguera espiritual es trágica. Cristo enfatiza que su esclavitud del pecado es total, su dueño es el diablo (38-44), y no tienen ningún derecho de reclamar una relación especial con Dios (42).

Leamos de nuevo las palabras de Jesús en los versículos 43-47. "No quieren escuchar mi palabra"; "no quieren escuchar". ¿Somos nosotros de aquellos que creen que Jesús es un buen maestro que tiene hermosas enseñanzas, pero que eligen con cuidado las que les convienen, pasando por alto aquellas que realmente requieren de un cambio radical? Si es así, dice Jesús, entonces somos esclavos y no discípulos.

"Si el Hijo los hace libres, ustedes serán verdaderamente libres" (36).

Señor, líbrame del autoengaño de una obediencia parcial. Hazme conocer la verdadera libertad que tú me ofreces.

AGOSTO
13

"YO SOY"

JUAN 8:48-59

INVESTIGUEMOS...

1. ¿Qué observas en este pasaje con respecto a la actitud de Jesús hacia su Padre?

2. ¿Qué implicaciones tiene el versículo 54 para tu vida en este día?

El pecado empuja al hombre hacia un síndrome terrible. Por causa de sus celos y envidia los judíos desean matar a Jesús. Al ser descubiertos, se ven obligados a negarlo enfáticamente y a acusar al Señor de no saber lo que dice por estar bajo posesión demoníaca (52). Nos recuerda la anécdota del predicador que escribió en el margen de los apuntes de su sermón: "Argumento débil: hablar más fuerte y golpear el púlpito." Hay mucho de esta actitud en los adversarios de Jesús. Incapaces de hacer frente a sus enseñanzas, recurren al abuso y a las falsas acusaciones (48-52).

En su respuesta Jesús hace tres grandes afirmaciones:

1. *Dice que El es el autor y dador de la vida eterna* (51). La muerte a la que se refiere aquí no es un evento, sino un estado en el que se encuentra el hombre hasta que recibe la vida que Cristo le da.

2. *Dice que El es más grande que Abraham y todos los profetas,* quienes murieron (52, 53, 58). Lo que dice Jesús en el versículo 56 acerca de Abraham se refiere probablemente a la calidad de su fe, que respondía constantemente a las promesas de Dios.

3. Lo más significativo de todo es *la contundente afirmación de Jesús de que El es Dios, que existe desde antes de Abraham.* Los judíos reconocieron inmediatamente la referencia al nombre de Dios: "Yo soy" (58). El impacto de esta afirmación se ve en su reacción (59). En este momento Jesús los condena, y se aleja de ellos. Ya no habrá más oportunidad para dialogar con El.

"Jesucristo es el mismo ayer, hoy y siempre" (Hebreos 13:8).

Señor, puedo engañar a todo el mundo; sólo tú sabes si realmente tu palabra tiene lugar en mi corazón.

AGOSTO
14

"A DAR VISTA A LOS CIEGOS"

JUAN 9:1-12

INVESTIGUEMOS...

1. ¿Qué prejuicio de los discípulos se saca a la luz en el versículo 2?

____

2. "Para que en él se demuestre lo que Dios puede hacer" (3). ¿Qué casos conoces de tragedias humanas que han resultado en la gloria de Dios?

____

¿Quién había pecado? Cuando Juan relata un milagro, generalmente lo acompaña de una explicación cuidadosa, y lo hace a propósito para ilustrar alguna verdad. Jesús sana a un hombre, ciego de nacimiento y que nunca ha visto la luz. Las afirmaciones del Señor acerca de su presencia como luz en el mundo, se hacen realidad ante los discípulos.

Estos daban por sentado la existencia de alguna conexión entre el pecado y la enfermedad. Para ellos la única interrogante es acerca de quién ha pecado (2). La Biblia no nos muestra en todo caso de enfermedad una conexión directa con el pecado. Hoy mismo existen discípulos fervientes, pero igualmente equivocados, que caen en el mismo error y en otros parecidos: por ejemplo, que toda enfermedad es consecuencia de la actividad demoníaca.

De todas maneras, Jesús interrumpe las especulaciones de los discípulos y señala más bien el poder de Dios, que puede transformar una tragedia humana y glorificarse a través de ella (3). También era parte de la misión de Jesús arrojar su luz en la oscuridad de la superstición y la insensibilidad.

Mientras los discípulos debaten, Jesús actúa con amor. Procede acertadamente y toma la iniciativa. Parece que el mendigo ciego no se da cuenta de la presencia de Jesús hasta que éste le unta los ojos. ¿Nos parece extraña, repulsiva la forma de obrar de Jesús? Pero, qué manera más eficaz de comunicarse con el ciego, a través del tacto, a través de algo palpable. Además, Jesús no permite que el hombre se quede pasivo. Le exige algo: que vaya y se lave en Siloé. Cuando hablamos con otros acerca de Cristo, nuestro propósito debe ser siempre despertar la fe. Tarde o temprano esa fe tiene que demostrarse de manera práctica y concreta. No puede ser algo meramente pasivo.

Donde está Jesús, está la luz.

Gracias, Señor, porque tú sigues haciendo el trabajo de tu Padre en nosotros, a través de tu Espíritu. Envíame hoy a hacer tu trabajo, y ayúdame a tener la obediencia del ciego.

AGOSTO
15

"UNA COSA SE"

JUAN 9:13-34

INVESTIGUEMOS...

1. ¿Cuál fue la causa de la división entre los mismos fariseos (16)?

---

2. "Era ciego y ahora veo" (25). ¿Puedes tú calificar así el cambio operado en ti por ser seguidor de Cristo? Si no, ¿cuál es el problema?

NO HAY CELEBRACION. En vez de encontrarnos en medio de una maravillosa fiesta, celebrando la bendición de Dios sobre nuestro amigo, el exciego, estamos atrapados en un amargo interrogatorio. Los fariseos, divididos entre sí, exigen una respuesta al hombre sanado (17) y quieren intimidar a sus padres (19). Pero a pesar de las presiones que tratan de ejercer las autoridades, el hombre se mantiene firme, aferrándose al hecho innegable:"Lo único que sé es que yo era ciego y ahora veo" (25). Puede ser mendigo, puede ser que toda su vida ha estado en la oscuridad, no tiene educación, no puede responder con argumentos sofisticados, sólo a tientas saca conclusiones acerca de Jesús. (17). Pero las preguntas, las críticas, la incredulidad y el odio, todos se ven confundidos por la realidad de su experiencia con Jesús. "Me puso lodo sobre los ojos, me lavé y ahora veo... ¿También ustedes quieren seguirle? (15, 27).

NO HAY INCERTIDUMBRE. En realidad son las autoridades que se encuentran arrinconadas por la innegable lógica de las palabras y la experiencia del exciego. Su odio y rencor los impulsan a sacarlo de la sinagoga, él es el primer seguidor de Jesús que experimenta la persecución (34).

En él no había incertidumbre, no vaciló en ningún momento, porque había *experimentado* el poder de Cristo. Y así debe ser con nosotros. Puede ser que nuestras explicaciones no sean muy claras, y que nos sintamos muy pequeños en comparación con los que cuestionan nuestra fe. Pero si el poder de Dios realmente está efectuando cambios en nuestra vida, entonces nadie puede negar las evidencias.

Evidencias que exigen un veredicto.

Padre, me siento muy desafiado por el testimonio de este hombre. Quiero que tu presencia en mi vida sea tan visible y palpable como en el caso suyo.

AGOSTO
16

JUAN 9:35-41

INVESTIGUEMOS...

En vez de leer nuestro comentario y contestar las preguntas, sugerimos que medites en el breve pasaje de hoy con la ayuda de las preguntas de la *Guía de Meditación* que se encuentra en la quinta página de este libro. Anota las conclusiones que sacas en el espacio de abajo.

1. ¿Cuál es la enseñanza principal de este pasaje? ____________________

____

2. ¿Qué revela Dios Padre, Hijo y Espíritu Santo acerca de sí mismo? ________

____

____

3. ¿Qué se muestra acerca de la naturaleza y las necesidades de la humanidad ante Dios? ____________________________________

____

4. ¿Cómo puedo apropiarme del pasaje? ¿Hay algún ejemplo que seguir o advertencia que atender? ¿Algún pecado que evitar o alguna promesa que reclamar?

____

____

5. ¿Qué es lo que el Señor me pide ahora, ya sea en pensamiento, palabras o acciones? ____________________________________

____

¿Qué título le pondrías a la lectura de hoy? Anótalo en el espacio de arriba. Anota abajo una frase que exprese el mensaje de este pasaje, y una oración que quisieras hacer al Señor en base a lo que acabas de meditar.

AGOSTO
17

EL BUEN PASTOR

JUAN 10:1-21

INVESTIGUEMOS...

1. Anota todas las características del buen pastor que encuentras en este pasaje.

2. ¿Hasta qué punto los versículos 3-5 describen tu relación con el Buen Pastor?

El impacto de este maravilloso pasaje se encuentra en el eco que hace del pensamiento y de las promesas del Antiguo Testamento.

EL DIOS-PASTOR. A través de todo el Antiguo Testamento Dios se describe como el pastor de su pueblo (Salmo 23). Israel puede pedir su protección (Salmo 80:1), y esperar de El todo el cuidado que reciben los pequeños corderos de las manos del experimentado y devoto pastor (Isaías 40:11). Dios también delega esta tarea a los "subpastores", a los líderes de su pueblo.

LOS PASTORES FRACASARON. Israel había tenido tristes experiencias con pastores que no valían. Lee Isaías 56:9-12. Vimos un ejemplo de estos supuestos pastores en el último capítulo. Hoy en día hay, a nuestro alrededor, muchos pastores falsos ("desconocidos", 5; "ladrones y bandidos" 1, los que trabajan solamente por la paga, 12). Sus enseñanzas falsas y su mal ejemplo causan confusión entre las ovejas.

EL PASTOR PROMETIDO. Dios prometió a su pueblo un verdadero pastor (ver Ezequiel 34:23, 24). El "nuevo David" mencionado en este pasaje señala a Jesús. El ha venido y el pueblo de Dios es objeto de su cuidado cariñoso (3, 4, 11, 14, 15).

EL BUEN PASTOR. Lo hemos visto en el capítulo 9, buscando y recogiendo a una de sus ovejas. Ayudando a la comprensión de sus oyentes (6), Jesús se describe no sólo como el Pastor que guía a las ovejas, sino también como la puerta por donde éstas pueden entrar y encontrar total seguridad. La relación del Pastor con sus ovejas es muy personal: El conoce a cada una por su nombre, y ellas reconocen su voz entre muchas otras (3-5). El Pastor también se preocupa por el bienestar de las ovejas. Va delante de ellas, como guía, no arreándolas desde atrás. Así debe ser el líder o pastor cristiano. Su vida debe servir de guía y de ejemplo para todos. Debe poder caminar delante de su rebaño, y no tener que empujarlo desde atrás. La verdadera dimensión de la relación pastor-ovejas se ve en la disposición del pastor de dar su vida por éstas (11, 15).

"Reconocen su voz" (4)

Alaba al Señor por su cuidado cariñoso de ti y por la nueva vida que te ha dado a través del sacrificio del Pastor.

AGOSTO
18

INVIERNO EN EL TEMPLO

JUAN 10:22-42

INVESTIGUEMOS...

1. ¿Qué contradicción encuentras en las palabras de los judíos en el versículo 33?____

2. ¿Cuáles son las implicaciones para ti, hoy, del versículo 28? ____________

____

En un contexto de falta de sinceridad, de escepticismo y odio, Jesús hizo algunas de las aseveraciones más contundentes de todo su ministerio (28, 29). Su tema es la protección que Dios asegura a las ovejas. La impactante declaración del versículo 30 tiene mucho significado teológico. No sólo nos dice algo clave acerca de la persona de Jesús como Dios, sino también nos asegura que Dios y Jesús juntos garantizan la seguridad de aquellos que han depositado su confianza en el Señor. Qué consolador saber que Dios nos mantiene en la vida cristiana. Tantas veces creemos que somos nosotros los que nos tenemos que mantener en ella, y perdemos nuestra confianza. Al mismo tiempo esta confianza en el poder de Dios y en nuestra seguridad en El no debe ser motivo de descuido. Nos toca un papel activo como ovejas del Señor, en términos de escuchar, creer, seguir (27, 28). El Buen Pastor "saca del redil" a las ovejas (3), no las guarda allá adentro, aisladas del mundo.

Los enemigos de Jesús no dudaron con respecto al verdadero significado de lo que El dijo en el versículo 30. Por eso agarraron piedras y quisieron tomarlo preso (31, 39). Sabiendo que el momento indicado por su Padre todavía no había llegado, Jesús se alejó del escenario y se fue de nuevo al norte. El breve relato de los versículos 40-42 es un contraste completo con la incredulidad de los religiosos de Jerusalén.

El argumento que usa Jesús en los versículos 34-38 se expresa en términos típicamente judíos. Jesús toma la iniciativa con su pregunta desafiante del versículo 32. Las implicaciones son claras: si sus oyentes rechazan las evidencias de sus obras, tiene forzosamente que acusar a Jesús de blasfemia. Pero aun esta conclusión es más honesta que la de la persona que dice que Jesús fue un hombre y nada más. La respuesta agnóstica es la respuesta del cobarde. Finalmente Jesús dice que si los jueces judíos merecían el título de dioses por su autoridad, cuánto más El, cuya persona y cuyas obras eran tan claramente divinas.

"Jamás perecerán ni nadie me las quitará" (28).

Padre, gracias por las declaraciones plenas de certeza del versículo 28. Ayúdame a vivir por ti a la luz de ellas.

AGOSTO
19

"CUANDO LOS REYES ACOSTUMBRAN SALIR A CAMPAÑA"

2 SAMUEL 11:1-13

INVESTIGUEMOS...

1. ¿Cuál fue la táctica empleada por David después de recibir la noticia del embarazo de Betsabé? ____________________

____

2. ¿Qué consejos darías a David para evitar semejante pecado? ¿Son consejos que tú practicas en tu diario vivir? ____________________

____

Betsabé era hija de Eliam, probablemente uno de los "treinta y siete valientes" de David (23, 34). Urías también era uno de ellos, un hitita convertido al culto de Jehová, y, por todas las evidencias, un hombre valiente, decidido y honrado. Obedeció estrictamente a las reglas que gobernaban el comportamiento de los miembros de la élite a la que pertenecía (compara 1 Samuel 21:4). Se negó a acceder a las sugerencias de David, que quería ocultar las evidencias de su pecado (8-13).
¿Quién puso en marcha esta serie de acontecimientos tristes? Examinaremos luego el papel de David, pero no nos olvidemos de Betsabé. ¿Qué hacía ella bañándose donde el rey podía mirarla? Ella debía conocer su reputación con respecto a las mujeres. Parece que ella tuvo cierta responsabilidad en el asunto. Por su parte, David...
* *DESCUIDO SUS RESPONSABILIDADES* (1). Se dio el lujo de enviar a otros a la batalla, mientras él se quedaba en la capital. Después de tantos años de vida como guerrillero, ¿no era justificable su proceder? Pero éste fue sólo un síntoma, entre muchos, que indicaba una degeneración en David, una falta de esa disciplina que lo había fortalecido tanto en años anteriores.
* *HIZO MAS AVERIGUACIONES* (3, 4) acerca del objeto de su tentación. El primer paso que nos lleva al fracaso lo damos en el momento en que mostramos interés en algo que sabemos que es pecado.
* *CAYO EN PECADO* (4). Y su pecado inicial no fue el último, pues para encubrirlo, tuvo que recurrir a otras medidas pecaminosas. Casi siempre es el caso, que un pecado lleva a otro.
* *SE DIO A LA INTRIGA* (6-13). Muchas otras personas fueron afectadas. Betsabé apareció deshonrada; David involucró a Joab en un complot (6); Urías fue presionado a pecar contra su conciencia por las ofertas de David de obsequios (8), comodidad (10) y bebida (13). Nuestro pecado y egoísmo siempre afectarán a otras personas.

"Como él mismo fue puesto a prueba, ahora puede ayudar a los que también son puestos a prueba" (Hebreos 2:18).

Tú conoces las cosas que te tientan. Pide al Señor que te ayude a vencerlas.

AGOSTO
20

ENCUBRIENDO LAS EVIDENCIAS

2 SAMUEL 11:14-27

INVESTIGUEMOS...

1. ¿Qué impresión recibes de la persona de Joab en este pasaje?

____

2. "Pero al Señor no le agradó lo que David había hecho" (27). ¿Hay algo en tu vida que sabes que no agrada a Dios? ¿Qué vas a hacer al respecto?

____

La caída de David empezó de manera casi inadvertida: con una cierta flojera y un descuido de sus responsabilidades. Pero a un pecado se le añade otro, cuando buscamos encubrir nuestra culpabilidad.

* *CEGUERA MORAL* (14-17). David no percibió en Urías a su valiente y leal servidor. Lo consideró un inconveniente que debía desaparecer. Cuando permitimos que el pecado ejerza control en nosotros, sólo vemos nuestros deseos egoístas. Muchas personas resultarán heridas y dañadas si exigimos sólo la satisfacción de nuestros deseos.

* *DUREZA DE CORAZON.* "Que no se preocupe demasiado por esto" (25). Así fue el mensaje de David a Joab. El pecado no confesado endurece la conciencia. El diablo no sólo nos tienta a cometer pecado, sino que también nos ayuda a olvidarnos de él.

* *OIDOS SORDOS.* Sin duda, muchas personas se dieron cuenta de la ansiedad de David por casarse con Betsabé (27). Pero parece que a David no le importaban los comentarios, él tenía lo que quería. Parece que tampoco le importó la opinión de Joab, a quien había involucrado en todo este sucio asunto. Joab sabía bien de qué se trataban las órdenes de David (15). Conocía bien el carácter del rey y cómo iba a reaccionar ante las malas noticias de la batalla (20, 21). Pero también se dio cuenta de que frente a la noticia de la muerte de Urías, el informe de la batalla tendría poca importancia para David. Y así fue (22-25). Más tarde veremos hasta qué punto David perdió autoridad moral sobre Joab.

Como cristianos, debemos preocuparnos de nuestro testimonio y ejemplo. Si nos despreocupamos, si nos olvidamos, si somos superficiales con respecto al pecado, entonces deshonramos a nuestro Señor y constituimos un peligro para otros que no son cristianos. ¿Cómo van a creer, si nuestra vida niega el evangelio?

"Haciendo siempre lo que a él le agrada, dando frutos de toda clase de buenas obras y llegando a conocer mejor a Dios" (Colosenses 1:10).

Padre, guárdame de hacer cualquier cosa que pueda dañar mi testimonio de ti.

AGOSTO
21

DESCUBIERTO

2 SAMUEL 12:1-14

INVESTIGUEMOS...

1. ¿Cuáles serían las consecuencias del pecado de David (10, 11, 14)? ______

____

2. Examina de nuevo la parábola que Natán cuenta a David. ¿Qué advertencias tiene para ti? ____

____

Natán era un hombre valiente. No era fácil enfrentarse con el rey y llamarle la atención sobre su pecado. La tarea que el Señor mismo le encomendó (1) no sólo era peligrosa, sino también psicológica y espiritualmente difícil. Los eventos de los versículos 25-31 de este capítulo probablemente tomaron lugar antes del encuentro de David con el profeta. David se había lanzado de lleno a la guerra para así olvidarse de su pecado y culpabilidad.

Ante esta situación, Natán emprendió la tarea de ablandar la conciencia de David a través de una sencilla parábola. David no percibió la aplicación de esta historia a su conducta frente a Urías y Betsabé, pero sí, reaccionó violentamente ante la injusticia del hombre rico (5, 6). El mismo pronunció el veredicto sobre sus acciones: "Actuó sin mostrar ninguna compasión." Entonces Natán, en breves palabras, lo identificó como aquel hombre rico.

En las reacciones de David vemos muchos rasgos de las nuestras. Estamos muy dispuestos a identificar y condenar el pecado de los demás (5, 6). Pero ¿somos igualmente francos y honestos con respecto a nuestros propios pecados y fracasos? Al igual que David, nos olvidamos de todo lo que Dios es, y de lo que El ha hecho por nosotros (7, 8) y respondemos con ingratitud ante su amor y paciencia (9).

Dios no podía pasar por alto el pecado del rey, que debía dar ejemplo a todo su pueblo. Aunque David se arrepintió de su pecado, y fue perdonado por Dios, tuvo que ver en su propia familia las consecuencias de su desobediencia (11, 12 y compara con 2 Samuel 16:21, 22).

"No hay nada escondido que no llegue a descubrirse" (Lucas 8:17).

Lee el Salmo 51, que David escribió en esta ocasión, y ora tomándolo como ejemplo.

AGOSTO
22

ARREPENTIMIENTO

2 SAMUEL 12:15-25

INVESTIGUEMOS...

1. ¿Qué actitud hacia Dios se hace evidente en las palabras de David en los versículos 22 y 23? ____________________

2. El arrepentimiento incluye muchos elementos. ¿Qué aprendes acerca de él a través de la lectura de hoy? ____________________

Es importante leer este pasaje junto con el Salmo 51 que David escribió después de la visita de Natán. Posiblemente lo escribió durante esos terribles siete días, cuando su recién nacido hijo agonizaba (15-18). Durante este tiempo David meditó mucho acerca de lo que implica el verdadero arrepentimiento. Y según lo expresa en el Salmo, incluye el reconocimiento de la culpabilidad (Salmo 51:3); implica el reconocer contra quién realmente hemos pecado. David había pecado contra Urías, contra Betsabé, contra Joab, pero sus palabras reflejan otra realidad: "Contra ti he pecado, y sólo contra ti", le dice a Dios (4). David también reconoce que el arrepentimiento no es sólo cuestión de llorar: es cuestión de *cambiar de dirección* en la vida, de buscar afanosamente volver a hacer la voluntad de Dios: "Dame un espíritu nuevo y fiel", le pide al Señor (10).

¡QUE TERRIBLE EL CASTIGO QUE TUVO QUE ACEPTAR DAVID! (15-19). Le hubiera sido más fácil sufrir el castigo de su pecado en su propia persona. Pero Dios, en su soberanía, eligió hacerle ver la consecuencia de su pecado en la persona de su pequeño hijo. David no dejó de interceder por la vida del bebé durante siete días. Su estado de ánimo fue tal que sus oficiales temían por su vida cuando el niño murió (18).

¡QUE GENEROSA LA BENDICION DE DIOS! (20-25). David no se quejó de la decisión del Señor. Incluso, su reacción sorprendió a sus oficiales. Es que él tenía un concepto de Dios que le ayudó a enfrentar esta tragedia: "El camino de Dios es perfecto", así escribió en el Salmo 18:30. David tampoco era fatalista: él sabía que en otro tiempo y en otra dimensión él y su hijo iban a estar reunidos (23). David y Betsabé, adúlteros y (David por lo menos) homicidas, recibieron de Dios más bendición de la que pudieran haber soñado. Observemos los dos nombres del nuevo bebé: "Salomón" quiere decir "hombre de paz". El verdadero arrepentimiento le trajo paz con Dios. "Jedidías" significa "amado del Señor". Dios respondió con amor a su confesión.

"La tristeza que se soporta..." (2 Corintios 7:10).

Padre, dame buena disposición para aceptar tu voluntad en mi vida, aunque ésta incluya la disciplina.

TOMA EN CUENTA

2 SAMUEL 13:1-22

INVESTIGUEMOS...

1. Anota los pasos que llevan a Amnón al pecado de los versículos 14 y 17. ___

2. ¿Cómo te explicas el odio de Amnón hacia Tamar (15)? ¿Qué te enseña acerca del pecado sexual? ___

"Jamás se apartará de tu casa la violencia", dijo Natán a David. "Voy a hacer que el mal contra ti surja de tu propia familia" (12:10, 11). Aunque el pecado de David había sido perdonado, desató consecuencias que cambiarían el curso de la historia de la familia real. El propio ejemplo de David entre los miembros de su familia quedó arruinado, y en esta triste historia vemos otros resultados de la degenerada vida familiar del rey. Amnón era el hijo mayor de David y Ahinoam (2 Samuel 3:2); Absalón era hijo del rey y de otra esposa suya, Maaca, una mujer pagana. En el Salmo 51:13 David oró para que pudiera enseñar "a los rebeldes tus caminos", pero la amarga verdad es que él fue también ejemplo de pecado para sus hijos. Amnón hizo exactamente lo que había hecho su padre en otro contexto, y de igual manera Absalón. Absalón esperó la oportunidad de vengarse (22). Pero observemos más de cerca el pecado de Amnón.

* *LA TENTACION ERA FUERTE* (1, 2). ¿Te acuerdas de un rey que se enfermó porque no podía tener lo que deseaba (1 Reyes 21:4)? La tentación, y quizás especialmente la tentación sexual, puede venir con toda la fuerza de una tremenda ola de mar. Pero tendrá más fuerza aún si nosotros le preparamos el terreno. Es de suma importancia aprender a practicar el rechazo a la tentación en las cosas aparentemente pequeñas.

* *LA TENTACION ERA SUTIL* (4, 5). El primo de Amnón le da precisamente los consejos que éste quiere escuchar. A pesar de que Amnón no le habla directamente de lo que quiere (4), Jonadab se da cuenta al instante. Pero tampoco le aconseja directamente que debe pecar. Simplemente le hace una sugerencia, sabiendo muy bien a dónde lo va a llevar. Compara su estrategia con la de Satanás en el jardín del Edén (Génesis 3:1-5).

* *EL PECADO ES EGOISTA* (11-19). Una vez satisfecho su apetito, ya no quiso ver más a Tamar. Una reacción típica de la sensualidad sin amor.

1 Pedro 5:8.

Padre, ayúdame a tomar en serio la realidad de la tentación. Manténme cerca de ti.

AGOSTO
24

LA PAGA DEL PECADO...

2 SAMUEL 13:23-39

INVESTIGUEMOS...

1. ¿Qué conclusiones sacas acerca de la persona de Jonadab en los versículos 32, 33, 35? ____________________

____

2. "Toda escritura... es útil para enseñar y reprender, para corregir y educar en una vida de rectitud" (2 Timoteo 3:16). ¿Qué cosas de valor hay para tu vida en este pasaje? ____________________

____

Durante dos años Absalón alimentó su odio y rencor hacia su hermano (23). Su venganza refleja posiblemente la tradición de su madre, Maaca. Ella era hija de un jefe beduino de Gesur, en el nor-oeste del país. David se casó con ella, probablemente para cimentar su pacto con su padre, pero parece que también la amó apasionadamente, pues siempre tuvo un cariño especial por su hijo. Al final del pasaje, nos damos cuenta de que el dolor que David siente por la muerte de Amnón es de poca duración; anhela ansiosamente volver a ver a Absalón, el engañoso homicida que asesinó a su propio hermano en medio de un banquete, supuestamente dado en su honor (24-26). Jonadab, el primo de Absalón y Amnón, aparece ante nosotros cada vez peor: su conocimiento de los eventos nos hace suponer que él mismo estuvo involucrado en el complot. Quizás él persuadió a Amnón de que asistiera al banquete, al igual que lo animó a cometer el pecado contra Tamar.

¿Cuál es nuestra actitud al leer esta historia? ¿Nos sentimos conmovidos por la franqueza de la Biblia al exponer la triste falibilidad aun de los más grandes líderes del pueblo de Dios? ¿O la leemos como si fuera otro capítulo más de la "Dinastía" u otra telenovela, sintiéndonos estremecidos por el "escándalo" de otro nuevo episodio? Dios dispuso que estos capítulos aparecieran en su Palabra para enseñarnos y reprendernos, para corregirnos y educarnos en una vida de rectitud. El odio y la ambición de Absalón lo impulsaron a matar a su hermano. Pero el odio, la envidia y la ambición están presentes en nosotros también "Todo el que odia a su hermano es su asesino", dice Juan (1 Juan 3:15); Pablo analiza el carácter de las personas que hacen oídos sordos a Dios: "Son envidiosos, asesinos, pendencieros..." (Romanos 1:29). Dios quiera que estos capítulos nos lleguen al corazón, y que los aprovechemos no sólo a nivel histórico, sino a nivel de ejemplo y advertencia.

"Hazme saber cuál debe ser mi conducta, porque a ti dirijo mis anhelos" (Salmo 143:8).

Padre, quita de mi vida cualquier cosa que impida que se cumpla tu voluntad en mí.

AGOSTO
25

LAS MAQUINACIONES DE JOAB

2 SAMUEL 14:1-20

INVESTIGUEMOS...

1. ¿Puedes explicar cuál fue el propósito de Joab al enviar a esta mujer a David?

____

2. ¿Crees que fue bueno el propósito de Joab? ¿Qué razones das para tu respuesta? ____

____

Se ve que David se sentía deprimido (1). Muchas cosas iban mal desde que él cometió adulterio con Betsabé. Su hijo recién nacido había muerto; su hijo mayor había sido asesinado; otro hijo se encontraba exiliado, y David lo extrañaba como si estuviera muerto. Esta es la realidad del pecado. Un momentáneo placer deja huellas de vergüenza y aleja de Dios. Muchos años después, Isaías dijo al pueblo de Israel: "Las maldades cometidas por ustedes han levantado una barrera entre ustedes y Dios" (Isaías 59:2). ¿En cuántas oportunidades en estos últimos capítulos hemos visto a David consultar o conversar con el Señor? Durante sus años en el desierto mantuvo una relación de mucha confianza e intimidad con El, pero ahora las cosas son muy diferentes.

El truco al que recurre Joab para lograr el retorno de Absalón a Jerusalén pone en evidencia el estado anímico del rey. Ya no era un hombre con quién se podía razonar; había perdido contacto con el pueblo. La historia que le cuenta la mujer, al igual que aquella parábola que le narró Natán, le conmueve inmediatamente. Pero vemos con cuánta facilidad la mujer instruida por Joab, lo enreda para que quede impotente ante el pecado de su propio hijo. El "pariente que quiera vengar la muerte de mi hijo" es el mismo David (11), que debía haber castigado a Absalón por el asesinato de Amnón. Atrapado por sus propias palabras, David se ve obligado a permitir el retorno de Absalón.

Joab era un hombre muy hábil. sabía que a David no le convencerían argumentos superficiales. Observa con cuánta sutileza la mujer manipula la voluntad del rey: "Dios no quita la vida a nadie, sino que pone los medios para que el desterrado no siga alejado de él" (14). David sabía que aquello no era verdad; ¿Acaso no había visto morir a su propio hijito? Y él también sabía que Dios no sólo es amoroso, sino también *justo.* Dios sí dispone de los medios para que los pecadores no sigamos alejados de El, pero hace falta que reconozcamos la necesidad de acudir a ellos.

"El amor y la verdad se darán cita, la paz y la rectitud se besarán (Salmo 85:10).

Padre, gracias porque el perdón que nos ofreces no es un perdón superficial, ni a medias.

AGOSTO
26

ABSALON, EL EXIGENTE

2 SAMUEL 14:21-33

INVESTIGUEMOS...

1. ¿Qué impresión recibes del carácter de Absalón en este pasaje? __________

____

2. ¿Encuentras rasgos típicos de un hijo rebelde cuyo padre es moral y espiritualmente débil? ¿Cuáles son? ______________________

____

Algunos comentaristas interpretan este pasaje como una demostración de gracia de parte de David hacia su hijo. Personalmente, no encuentro ninguna base para esta interpretación. En primer lugar, no fue una decisión que David tomara libremente. Se dejó convencer por el truco de Joab (21, 22). En segundo lugar no ofreció a su hijo un perdón completo. Permitió que volviese a Jerusalén, pero se negó a verlo durante dos años (24-28). Finalmente, permitió que Absalón se saliera con la suya, cuando recurrió a medidas de presión contra Joab (30-32) y contra el propio David (32, 33). Aquí no vemos ninguna demostración de gracia, sino el triste cuadro de un rey vacilante, manipulado por sus consejeros, sin autoridad.

Por otro lado, el cuadro que se nos presenta aquí de Absalón es opuesto al de su padre. Era un hombre vanidoso, de lo contrario, ¿por qué hizo pesar su pelo cortado? Era también un hombre exigente que insistía en que otros le obedecieran. No tuvo ningún problema en presionar a otros para tomar represalias contra Joab (30). Hizo exactamente lo mismo que en el caso de los criados que tuvieron que matar a su hermano (13:28). Era un hombre insolente, retador. Las palabras del versículo 32 son un desafío a David para que tome las medidas que señalaba la ley. Pero David no hizo nada; "recibió con un beso" a su hijo favorito, y así abonó el terreno para la abierta rebelión de Absalón.

En todo este episodio hay importantes lecciones para los padres cristianos. La inconsciencia puede hacer que los hijos dejen de respetar a sus padres y abandonen el camino del Señor. Los padres que son miembros de una iglesia, que leen la Biblia, que insisten en que los hijos estén en el culto familiar, que están todas las noches en reuniones de la iglesia, pero cuya vida en el hogar, en la oficina, etc., niega totalmente su testimonio cristiano, se verán como David. Sus hijos no se someterán y ellos habrán perdido toda autoridad.

"Padres, no hagan enojar a sus hijos, sino... críenlos con disciplina e instrúyanlos en el amor del Señor (Efesios 6:4).

Si eres padre, pide al Señor que te ayude a ser consecuente en tu testimonio frente a tus hijos. Si eres hijo, ora por tus padres, recordando que el testimonio en el hogar no es fácil de sostener.

AGOSTO
27

TRAICION

2 SAMUEL 15:1-12

INVESTIGUEMOS...

1. ¿Qué factores ayudaron a Absalón a lograr sus rebeldes propósitos? ______

______

2. "Fueron con él de buena fe y sin saber nada del asunto" (11) ¿Contra qué peligros nos advierte este versículo? ______

______

Absalón era un hombre muy astuto. No quería arriesgar sus planes actuando precipitadamente. Esperó un buen tiempo antes de empezar a formar su guardia personal (1). Durante cuatro años se dedicó a cultivar la amistad de la gente que venía en busca de justicia (7). Es difícil creer que en todo este tiempo David no se diera cuenta de las actividades subversivas de su hijo. ¿Es que no pudo creerlo? ¿O su pasividad fue simplemente otro síntoma de su indiferencia espiritual?

Utilizó a otras personas para lograr sus propósitos. Les atrajo con falsas promesas (4) y con cariño fingido (5). Muchas de ellas perdieron la vida durante la revolución que estalló a continuación. Tengamos mucho cuidado de no manipular a otros, aunque no sea para lograr fines tan mezquinos como los de Absalón. Sin embargo, observemos que David mismo había facilitado las circunstancias que Absalón pudo explotar con tanta comodidad. El sistema de justicia del país era totalmente obsoleto: el rey era el único que escuchaba pleitos (2). La gente se sentía frustrada. Las sugestivas propuestas de Absalón (3, 4) resultaron muy atractivas. ¿No hay aquí una llamada de atención para nosotros? Muchas iglesias se quejan porque sus jóvenes dejan de asistir, los adolescentes ya no vienen a la escuela dominical. Pero a veces en nuestras iglesias somos como David que fue insensible ante la necesidad de su pueblo, insistiendo en un sistema de justicia anticuado. No proveemos lo que nuestros jóvenes realmente necesitan, y luego nos sorprendemos cuando ellos se "rebelan" contra el sistema, al igual que Absalón.

Quizás el pecado más grave de éste fue su falsa piedad (7-9). Para Absalón su religión fue simplemente una conveniencia que aprovechó para lograr sus ambiciones.

"De tus preceptos he sacado entendimiento; por eso odio toda conducta falsa" (Salmo 119:104).

Señor, ayúdame a ser íntegro y confiable en tu servicio.

FUGA

2 SAMUEL 15:13-23

INVESTIGUEMOS...

1. ¿Cuál fue la actitud de David hacia Itai y de éste hacia el rey? ___________

____

2. ¿Qué nos impacta más acerca de David en su momento de prueba? ¿Qué podemos aprender de su ejemplo? _______________________

____

Hemos observado el lamentable estado espiritual de David, su pasividad e indiferencia ante la traición de su hijo, su desastrosa vida familiar, y el aparente decaimiento de su relación con Dios. Con todo esto, ¿cómo reaccionó ante las noticias que le trajeron de Hebrón (13)? Parece que este duro golpe fue exactamente lo que David necesitaba para poder retomar las riendas de su vida y actuar de nuevo con la autoridad de antes. El respondió ante la emergencia con inteligencia, y sus oficiales reaccionaron positivamente ante sus sabias instrucciones (15). En poco tiempo la ciudad de Jerusalén fue casi totalmente evacuada mientras que David, con su familia y su pequeño ejército salía hacia el este, cruzando el arroyo Cedrón y tomando el camino del desierto, hacia Jericó y Mahanaim (17:24). Era la única ruta disponible; al oeste estaban los filisteos, al norte las tribus más leales a Absalón, al sur, Hebrón, donde su hijo había establecido su corte. Parece que en este momento despertaron todos los viejos instintos de David el guerrero. Se dio cuenta de que la ciudad constituía una trampa en la que Absalón fácilmente podía encerrarlo. Unicamente en el desierto hacia el este había seguridad.

También es animador observar que David, en este momento de angustia, pudo demostrar su generosidad de antes, y despertar en los demás la misma gran lealtad. Itai era un miembro relativamente nuevo de su guardia personal (20). David le llamó la atención a los peligros que le esperaban y le dio la oportunidad de volver a su pueblo. Pero algo había en el rey que convenció a Itai, y éste se negó a abandonarle. Había dejado atrás su país y se había entregado de lleno al servicio de su nuevo rey, dispuesto a acompañarle en toda circunstancia (21). ¿Es ésta una descripción de nuestra experiencia con Jesucristo?

"¡Felices los que buscan protección en él!" (Salmo 2:12).

Padre, te doy gracias por los momentos de crisis y de prueba. Fortalece mi fe a través de ellos, para que pueda ser un seguidor tuyo más útil.

AGOSTO
29

TRES LECCIONES PARA UNA CRISIS

2 SAMUEL 15:24-37

INVESTIGUEMOS...

1. ¿Por qué David ordenó a Sadoc que regresara el arca a Jerusalén?

____

____

2. ¿Calificarías de fatalistas las palabras de David en el versículo 26? ¿Cómo justificas tu respuesta? ____

____

Caminemos un trecho con David y sus acompañantes. Han cruzado el arroyo Cedrón y ahora suben la cuesta del monte de los olivos (30). Es uno de los momentos más oscuros de la vida de David. Ha perdido su hogar, su reino, su hijo Absalón y muchos de sus seguidores. Hay poca esperanza para él y para su familia. Absalón tiene un ejército bien entrenado que hace mucho tiempo se ha preparado para aprovechar esta oportunidad. David está fugándose junto con las mujeres y niños de la casa real y con un grupo de guerreros bastante reducido (18). Tratemos de identificarnos con él en este momento de lágrimas y de dolor (30). Pero David no sólo lloró. Hizo cosas que señalaban una alentadora mejoría en sus relaciones con el Señor.

1. *SE ENTREGO EN LAS MANOS DE DIOS* (25, 26). Sadoc y Abiatar habían sacado el arca de la ciudad. Pero David se dio cuenta de que no hacía falta la presencia del arca de la promesa con ellos. El había depositado su confianza en el Dios de las promesas. Estaba dispuesto a obedecerle, seguro de que El haría justicia. David sabía que su forma de vivir no había agradado a Dios, y que si El le favorecía sería sólo por su gracia (25, 26).

2. *PIDIO AYUDA A DIOS* (31). Lee el Salmo 3 que David escribió cuando huía de Absalón. ¿Cuál fue el concepto de Dios que David tenía? ¿Cómo nos ayuda a nosotros para orar en momentos difíciles?

3. *DAVID RECIBIO AYUDA DE DIOS* (32). ¡Qué inmediata la respuesta de Dios a David! Husai, "el amigo de David" vino a su encuentro y aceptó el peligroso encargo de ir a Jerusalén y ser "los oídos" de David entre sus enemigos.

"Que haga conmigo lo que mejor le parezca" (26).

Padre, ayúdame a confiar en ti respecto al futuro, reconociendo que los planes que tienes para mí son buenos y amorosos.

AGOSTO
30

CONFORME CON LA VOLUNTAD DE DIOS

2 SAMUEL 16:1-14

INVESTIGUEMOS...

1. ¿Qué motivó a Siba a hacer lo que hizo (4)? ____________________________

____

2. ¿Cómo respondió Jesús ante los insultos (1 Pedro 2:21-24)? ¿Cómo tienes que responder tú? ____________________________

____

En esta etapa de su viaje, David se encontró con dos hombres:

* *SIBA* era un hombre ambicioso, antiguo servidor de Saúl ("tu amo" 3), y ahora siervo de Mefi-boset. El quería explotar las circunstancias ganándose la aprobación de David con su obsequio de comida, y denunciando a Mefi-boset, acusándolo de traición (3). Observemos que él mismo no se ofreció a acompañar a David.

* *SIMEI* era un hombre abusivo. También aprovechó la difícil situación de David para lanzarle acusaciones. Sus palabras (7, 8) no tenían fundamento. Más de una vez David había perdonado la vida a Saúl. En el caso de la muerte de Urías, David se había arrepentido públicamente.

Ante estos dos hombres, David reaccionó de dos maneras muy distintas. Ante las palabras lisonjeras de Siba, sus obsequios y sus acusaciones contra Mefi-boset, David respondió sin pensar, apresuradamente (4). Más tarde se arrepentiría de su precipitación (2 Samuel 19:25, 26). Se olvidó de las promesas que había hecho al amo de Siba (2 Samuel 9:7), y se olvidó de pedir la guía de Dios en este momento. Cuando escuchamos acusaciones contra otros es el momento de pedir discernimiento del Señor. Desde luego que es más fácil ponernos del lado del acusador, seguir escuchando con simpatía los chismes. Pero el Señor nos ha llamado a ser reconciliadores, y para eso hace falta escuchar a ambas partes y tratar de buscar puntos de contacto.

Ante las amargas acusaciones de Simei, David responde con una asombrosa humildad. No era culpable de la muerte de ningún miembro de la familia de Saúl, pero sí seguía consciente de su culpabilidad por la muerte de Urías. El estuvo conforme con que el Señor permitiera estas acusaciones (10). ¿Es así como respondemos ante las falsas acusaciones, permitiendo que, a través de ellas y el dolor que nos cuesta soportarlas, el Señor nos pula, enseñándonos paciencia?

"Porque el Señor se lo ha ordenado" (10).

Padre, cuando soy objeto de calumnias o cuando me veo atacado a causa de mi fe, dame tu paz y tu gracia y una confianza total en ti.

SIN TOMAR EN CUENTA A DIOS

2 SAMUEL 16:15—17:14

INVESTIGUEMOS...

1. ¿Por qué crees que Absalón aceptó los consejos de Husai? ______________

____

2. ¿Cómo reaccionamos ante las mentiras y el engaño de Husai? ¿Es un caso de "ética situacional"? ¿Hasta qué punto podemos tomar su ejemplo como norma?

____

____

Absalón tenía toda su vida bien planeada. Ya hemos visto cuán despiadadamente tramó la muerte de su hermano Amnón, y cuán cínicamente logró su retorno a Jerusalén para congraciarse con su padre. Su meta ahora es hacerse rey, pero es una meta que no toma en cuenta a Dios, y por eso va a fracasar. Dos hombres juegan un papel importante en este momento de la historia:

**AHITOFEL* era el confidente íntimo de Absalón, un enemigo formidable a quien hasta David tenía miedo (15:31). La estrategia que él sugirió a Absalón era la única que podía lograr la derrota del rey. Ahitofel sabía que si David lograba llegar a sus antiguos escondites del desierto, jamás lo atraparían. Lo importante era atacar inmediatamente y sorprenderlo (17:1, 2). Sí, Ahitofel era un brillante estratega militar, pero moralmente era un desastre. ¡Qué concepto más asqueroso con respecto a la manera de lograr la unificación y lealtad del pueblo (21-23)! Absalón lo obedeció, "pues, en aquel tiempo, pedir un consejo a Ahitofel era como consultar la palabra de Dios". Por eso resulta más sorprendente el hecho de que, habiendo escuchado los acertados consejos de Ahitofel acerca de la campaña contra David, Absalón quiera que Husai diera su opinión. Es un impactante ejemplo en vivo de la doctrina de la soberanía de Dios.

**HUSAI.* El amigo de David había evaluado muy bien el carácter de Absalón. Apeló a la vanidad de éste, describiéndole un brillante cuadro en que Absalón aparecía encabezando un potente ejército (11, 12). Husai era sutil y valiente; no era fácil contradecir los consejos del confidente de Absalón. ¿Cuál fue su papel en esta historia? Mintió, engañó, tomó en vano el nombre del Señor (16:18). ¿Puede un propósito noble y justo justificar estos métodos? Esta es una pregunta que tiene mucha vigencia para los cristianos que vivimos en una sociedad en la que las mentiras, el engaño, la coima son norma. ¿Qué implica la integridad para nosotros?

"El Señor había determinado..." (14).

Señor, tu palabra a veces me deja con interrogantes. Dame paciencia e integridad para investigar tu verdad, y más que nada, para hacerla.

SEPTIEMBRE
1

REFUGIO Y CONSUELO

2 SAMUEL 17:15-29

INVESTIGUEMOS...

1. ¿Encuentras alguna contradicción entre la reacción de Absalón al plan de Husai y el mensaje que éste envía a David (14, 15, 21)? ____________________

____

2. "Dios, que tiene poder para hacer muchísimo más de lo que nosotros pedimos o pensamos" (Efesios 3:20). Esta fue la experiencia de David. ¿Es también la tuya? ____

¿Quién dirá que la Biblia es aburrida? ¡Tenemos aquí todos los elementos de la mejor novela detectivesca! Espías, mensajes confidenciales, agentes secretos, escondites sorpresivos, y, finalmente, la victoria de los "buenos". David recibe el mensaje que Husai le manda a través de los dos hijos de los sacerdotes (21), y se apresura a cruzar el río Jordán y a refugiarse en la ciudad de Mahanaim.

¿Por qué Husai se apresuró tanto para informar a David acerca de la decisión de Absalón? ¿Acaso no había rechazado éste el plan acertado de Ahitofel? ¿No iba a tardar mucho en organizar un ejército unificado, tal como él había sugerido? ¿Desconfiaba Husai de Dios? No creo que fuera eso el motivo de la prisa de Husai. Sabía que David tenía que caminar muy despacio por causa de las mujeres y niños que llevaba con él. Fue cuestión de sentido común ponerlo sobre aviso para que pudiera empezar el cansador viaje a Mahanaim cuanto antes. El valle del Jordán era como una selva, difícil de atravesar, y para llegar a Mahanaim tuvieron que subir por el barranco del río Jaboc.

En este momento las cosas que más necesitaba David eran información, amistad y comida. Dios le proveyó de todo, y ¡con cuánta generosidad! ¡Hasta le llevaron camas! No sabemos por qué Sobi, Maquir y Barzilai trataron con tanto respeto y cariño a David. El historiador Josefo nos cuenta que éste último era un hombre noble y grande, ya viejo, probablemente un ganadero. Lo cierto es que aquí en el campo, en las montañas, David encontró lealtad, socorro y ayuda muy práctica: "pensaron que, viniendo del desierto, estarían cansados, hambrientos y sedientos" (29). Es muy posible que esta ocasión inspiró a David a escribir el Salmo 23: "Me has preparado un banquete ante los ojos de mis enemigos... has llenado mi copa a rebosar. Tu bondad y tu amor me acompañan a lo largo de mis días, y en tu casa, oh Señor, por siempre viviré."

"Dejen todas sus preocupaciones a Dios, porque él se preocupa de ustedes" (1 Pedro 5:7).

Padre, gracias por todas las personas que me han consolado y socorrido en tantas ocasiones de mi vida.

SEPTIEMBRE
2

¡PELIGRO! ¡ORGULLO!

2 SAMUEL 18:1-18

INVESTIGUEMOS...

1. ¿Cuál crees que fue el verdadero motivo de los consejos de los tres líderes a David (3, 4)? ______________________

____

____

2. ¿Tuvo razón Joab al matar a Absalón? ______________________

____

Esta no fue la única guerra provocada por la vanidad y el orgullo de un solo hombre. Aquel día murieron veinte mil hombres en los bosques de encinas de Efraín, y Joab no iba a permitir que Absalón, el autor de tanta matanza, saliera sano y salvo.

Absalón, aun con un ejército más numeroso, no tuvo ninguna oportunidad contra las tácticas guerrilleras de David. A éste lo vemos decidido y bien organizado, empleando sus mejores líderes, listo para cualquier tipo de combate, flexible (observa los grupos de mil y de cien hombres, 1). David también estuvo dispuesto a entrar en batalla (2). Pero Joab, Aisai e Itai rechazaron su oferta, temerosos, quizás, de las consecuencias de tener al padre del hijo enemigo metido en la batalla.

Absalón murió, víctima de su propia vanidad, colgado de sus largos cabellos de un árbol, victimado cruelmente por Joab y diez de sus hombres. El diálogo registrado aquí, entre Joab y el soldado que había encontrado al atrapado Absalón, es muy interesante por la luz que arroja sobre el carácter de Joab. "Tú no habrías hecho nada para protegerme", dice el soldado a Joab, al insistir en su derecho de cumplir las instrucciones de David. Joab sin duda era oportunista, pero en esta ocasión tuvo razón. Salvarle la vida a Absalón hubiera sido un acto insensato, que sólo hubiera traído más conflicto a la nación.

"Sólo el Señor mostrará su grandeza en aquel día... en que el Señor todopoderoso actúe contra todo hombre orgulloso y soberbio" (Isaías 2:12).

Padre, hazme consciente del orgullo y la arrogancia en mí. Ayúdame a ser auténticamente humilde.

SEPTIEMBRE
3

¡ABSALON, HIJO MIO!

2 SAMUEL 18:19-33

INVESTIGUEMOS...

1. ¿Cómo te explicas las palabras de Joab en el versículo 20? ______________

____

2. Medita en todo lo que venimos leyendo acerca de la relación de David con Absalón. ¿Encuentras razonable su reacción ante la muerte de su hijo? ¿Qué puedes aprender de ella? ______________________________________

____

Por qué no era Ahimaas la persona idónea para avisar a David de la muerte de Absalón (20)? Era un fiel siervo del rey, uno de los dos que se había arriesgado para llevarle la noticia de los planes de Absalón (17:21). ¿Tenía miedo Joab de que Ahimaas le diera a David la verdadera versión de la muerte de su hijo? No lo sabemos. Este es un pasaje que provoca varias preguntas. La actitud de Joab es difícil de analizar. Sin duda, estaba consciente del dolor que le iba a causar a David esta noticia (20). Al mismo tiempo fue capaz de cierta ironía y humor en su respuesta del versículo 22. Finalmente, fueron dos mensajeros a Mahanaim.

David es una figura patética. Sabiendo todo lo que sabía acerca de la traición de Absalón, sin embargo esperaba ansiosamente la noticia de que aún vivía. "Si viene solo es que trae buenas noticias", exclama al ver al soldado etíope (25). Un tropel hubiera significado derrota). ¿Esperaba la noticia de una victoria contra los israelitas, y de un hijo preso, pero vivo? Ahimaas se adelanta al otro soldado, y llega primero donde David. Pero no se atreve a decirle la verdad (28, 29). La verdadera preocupación del rey se demuestra en sus ansiosas palabras de los versículos 29 y 32. Finalmente el etíope llega y le comunica la noticia que esperaba con tanto temor (32). El dolor del rey nos conmueve, pero no de la misma manera que nos conmovió su dolor por la muerte del hijo de Betsabé. El dolor que sintió por la muerte de Absalón nunca se expresó a través de un salmo; podríamos decir que no fue un dolor "consagrado" a Dios.

"La tristeza del mundo produce la muerte" (2 Corintios 7:10).

Medita en 2 Corintios 7:8-11 y ora en base a este pasaje.

SEPTIEMBRE
4

SER REALISTA, SER HONESTO

2 SAMUEL 19:1-10

INVESTIGUEMOS...

1. ¿Cómo afectó psicológicamente a la gente el dolor de David?

____

____

2. ¿Cómo calificas la reacción de Joab ante el dolor del rey?

____

____

Joab era un hombre cruel, brusco, tajante. Desde el momento en que David lo involucró en el asesinato de Urías (10:14-25) Joab tenía autoridad sobre su tío, podía hacerle víctima de chantajes. Ya hemos visto cómo lo desobedeció en el asunto de la muerte de Absalón.

Pero en este momento él sabía lo que necesitaba el país. Lo que no necesitaba era gente dividida, confusa, era un rey que lloraba la muerte de un traidor, aunque fuese su hijo. El enojo de Joab estaba justificado. David estaba ensimismado, tan perdido en su dolor, que se había olvidado completamente de los hombres que se habían arriesgado aquel día para ganar la victoria. Realmente, David estaba demostrando un orden de valores muy alterado: "Ama a quienes lo odian y odia a quienes le aman" (6). Es importante poder desahogarnos, mostrar el dolor y no ocultarlo. Pero llega el momento cuando hay que pensar en los demás: "Aliente con palabras a sus seguidores", dice Joab. Si David no lo hacía, había verdadero peligro de que perdiera el respeto y lealtad de toda la gente.

Mientras tanto, los rebeldes, ya de regreso en sus territorios, evaluaban la situación. Recordaban los beneficios del reinado de David (9). Absalón ya estaba muerto. ¿Por qué no hacer volver a David? Estaban dispuestos a aceptar de nuevo al rey, pero su actitud carecía de verdadera lealtad. Era una solución pragmática, no la respuesta de un pueblo que amaba y respetaba a su monarca. Nunca más pudo David despertar en el pueblo el respeto y amor de antes.

"El rey se mantiene seguro en su trono cuando practica el amor y la verdad" (Proverbios 20:28).

Padre, ayúdame a estar siempre consciente de las necesidades de otros, y a poder alentarlos con una palabra oportuna y apropiada.

SEPTIEMBRE
5

CAMINO A JERUSALEN

2 SAMUEL 19:11-23

INVESTIGUEMOS...

1. ¿Qué impresión general tienes de la gente que fue a recibir a David?

____

____

2. ¿Crees que David mostró sabiduría al perdonar a Simei?

____

____

* *DAVID APELA A JUDA* (11-15). Los rumores llegaron hasta David en Mahanaim (11). El se daba cuenta de los graves peligros de un reino dividido y de la anarquía resultante. Estaba enojado por la falta de entusiasmo de su propio pueblo. Si las tribus norteñas podían demostrarle lealtad, entonces ¿por qué no Judá? Su desafío logró unificar al pueblo: "como un solo hombre", lo llamaron para que volviera a Jerusalén (14).

Por otro lado, su decisión de reemplazar a Joab fue muy desatinada. Quizás lo hizo para vengarse por la muerte de Absalón. De todas maneras, Amasa resultó muy ineficiente, y Joab aprovechó la primera oportunidad para matarlo en la campaña contra Seba (capítulo 20). David nos da la impresión de ser un hombre cada vez más cansado y falto del buen juicio que antes le caracterizó.

* *DAVID PERDONA A SIMEI* (16-23). La última vez que vimos a Simei, estaba maldiciendo al rey y arrojándole piedras (16:13). Según las normas de aquellos tiempos, David bien hubiera podido darle muerte. Pero se mostró misericordioso , se mostró más misericordioso que sus seguidores (22). David se sentía agradecido por ser de nuevo rey en Israel y quería mostrar esa generosidad y magnanimidad que antes también habían sido características suyas (compara 1 Samuel 30:23, 24 y todas las veces que David perdonó la vida a Saúl). Las palabras lisonjeras de Simei (20) nos hacen dudar de su sinceridad. Pero no fue por ingenuidad que David le perdonó. Su actitud demuestra algo del perdón del mismo Señor hacia nosotros: perdón por la gracia, el perdón que no merecemos.

"Perdónense unos a otros, como Dios los perdonó a ustedes en Cristo" (Efesios 4:32).

Padre, dame la generosidad y la voluntad de perdonar que tuvo David.

SEPTIEMBRE
6

TERMINA LA REBELION

2 SAMUEL 19:24-43

INVESTIGUEMOS...

1. ¿Qué impresión puedes formarte del estado de ánimo de David a través de los datos registrados en este pasaje? ______________________________

____

2. "Se debe orar por todos los que gobiernan y por todas las autoridades" (1 Timoteo 2:2). ¿Cómo nos muestra este pasaje la necesidad e importancia de orar por nuestros líderes? ______________________________

____

Ayer vimos la actitud generosa y perdonadora de David hacia Simei. Hoy vemos a dos personas más que vienen al encuentro del rey.

MEFI-BOSET (24-30). Este había lamentado al ausente rey desde el día de su salida de Jerusalén (24). Le explica a David el engaño de su siervo, Siba, y le pide clemencia por no haberle acompañado a Mahanaim (27). La respuesta del rey es dura y tajante, y es la reacción generosa y humilde de Mefi-boset lo que realmente nos impacta. Sólo podemos especular acerca del por qué de esta reacción de David. ¿No quería reconocer su error al haber dado la razón a Siba? ¿Fue éste el proceder imprudente y precipitado de un hombre física y emocionalmente cansado?

BARZILAI (31-38). Sin la ayuda de éste, David jamás hubiera logrado la victoria contra Absalón, Barzilai le había provisto lo que necesitó durante su estadía en Mahanaim (32). Entre las muchas personas que en estos capítulos vemos tramando intrigas, queriendo aprovecharse de David, él es quizás el único verdaderamente generoso y desinteresado. ¿O quería aun él sacar alguna ventaja para su hijo (37, 38)?

LOS HOMBRES DE JUDA E ISRAEL (41-43). La disputa entre las tribus fue tonta y pueril. Nos recuerda a aquella que surgió entre los discípulos acerca de quién sería el más importante en el reino de Dios. Pero muchas veces es precisamente en este nivel, aparentemente superficial, que surgen divisiones, las envidias, las comparaciones que estropean a la familia de Dios. Este pasaje también refleja la realidad de los líderes políticos de nuestros países. Las palabras lisonjeras, la gente que quiere aprovechar, que quiere sacar ventaja: ¿cómo puede un líder caminar con rectitud, vivir con integridad de corazón? Oremos por nuestros líderes, y especialmente por todos los cristianos que tienen cargos públicos.

"No es bueno el afán sin reflexión; las muchas prisas provocan errores" (Proverbios 19:2).

Ora por los líderes de tu país a la luz de este pasaje, y por ti mismo, para que puedas reflexionar siempre antes de emitir juicios.

SEPTIEMBRE
7

NUESTRO PODEROSO DIOS

2 SAMUEL 22:1-16

INVESTIGUEMOS...

1. ¿Cuál es el concepto de Dios que predomina en esta sección del salmo?

____

2. "En mi angustia llamé al Señor... y El me escuchó" (7). Repasa los eventos de tu vida de los últimos dos o tres meses. ¿Es tuya la experiencia de David?

____

¿Acostumbras escribir un diario? ¿Sueles releerlo de vez en cuando para recordar las experiencias del pasado? Este capítulo es el diario de David que registra la bondad de Dios en su vida. Es muy probable que lo escribiera mucho antes, pues es casi igual el Salmo 18. Ahora, en sus últimos días, lo recuerda porque expresa las lecciones más importantes que la vida le había enseñado.

EN TODO PELIGRO, PODEMOS ESTAR SEGUROS DE LA PROTECCION DE DIOS (2-4). Observa todas las figuras que David menciona en estos versículos. Reflejan su propia experiencia en el desierto, cuando era víctima de la persecución de Saúl. Allá en las montañas, entre las rocas y las cuevas, había encontrado su escondite (1 Samuel 23:25, 28). Cuando nosotros buscamos expresar nuestra adoración a Dios, hagámoslo en lenguaje que realmente exprese nuestra experiencia de El. ¿Cuáles son nuestros equivalentes de "roca" y "escudo"? ¿Cómo podemos decirle a Dios: "Confío plenamente en ti. Sé que nunca me vas a fallar. Eres confiable, Señor"?

EN TODA NUESTRA ANGUSTIA, DIOS ESCUCHA LA ORACION (5-7). ¿Alguna vez has pensado seriamente que sería mejor morir que seguir viviendo angustiado? David se había sentido muy cerca de la muerte en varias ocasiones. El mismo quiso morir en vez de Absalón. No había callado su dolor: había gritado, clamado al Señor, y siempre encontró respuesta. Nuestro Dios nos escucha.

EN MEDIO DE NUESTRA DESESPERACION, SU PODER ES ABSOLUTO (8-16). En un hermoso pasaje, David describe una tormenta en los cerros de Judea. Este es el concepto de Dios que David tenía, tal fue su experiencia del poder de la intervención de Dios en su vida. Nuestro Señor no es un tímido pastor, vestido de blanco: es el Señor, el Altísimo, que monta sobre las alas del viento y hace huir en desorden a sus enemigos.

"El Dios único, Salvador nuestro, tiene poder para cuidar..." (Judas 24, 25).

Señor, renueva cada día mis alabanzas a ti. Ayúdame a no caer en la rutina.

SEPTIEMBRE
8

NUESTRO DIOS PERSONAL

2 SAMUEL 22:17-31

INVESTIGUEMOS...

1. Si pudieras conversar con David acerca de este salmo, ¿con qué ideas estarías en desacuerdo? ____________________

2. Evalúa los versículos 20 y 21-28 a la luz de Mateo 5:43-48 y 7:21; 12:50; 25:31-46. ____________________

Observa de nuevo los primeros versículos de este capítulo. ¿Cuántas veces aparecen las palabras "mi" o "me"? Para David, el Señor es mucho más que "la roca"; El es *su* Dios y *su* roca. Este salmo refleja la experiencia *personal* de David con Dios.

Los versículos 17-20 recuerdan experiencias concretas de David en el pasado. Pero también en el momento actual David conoce la fidelidad de Dios, la realidad de su presencia (29), y sabe que en el futuro Dios le proveerá todos los recursos que necesita (30).

¿Qué podemos decir acerca de los versículos 21-25? Nos incomoda la aparente auto satisfacción de David, ¿no es cierto? La enseñanza del Nuevo Testamento concuerda con la idea expresada en el versículo 20: "me salvó porque me amaba". Así es la gracia de Dios, que nos rescata sin tener por qué, sólo por amor. Pero David dice que realmente Dios sí tenía por qué amarlo a él.

Tenemos que entender estos versículos en el contexto de los tiempos de David, recordando que Dios se iba revelando poco a poco a su pueblo, y que el concepto de la gracia inmerecida de Dios se revela plenamente sólo con la venida de Jesús. Aún así, hemos visto a través de los libros de Samuel, que David tenía una idea muy cabal de lo que significaba el perdón de Dios, y lo que era el verdadero arrepentimiento. Era un hombre que buscaba ser recto y justo delante de Dios. No buscaba honores para sí mismo.

Los versículos 26-28 tampoco son toda la verdad, tal como se ve en la enseñanza del Nuevo Testamento, pero sí, hay algo cierto en ellos. El Señor busca estas cualidades en los que decimos ser cristianos: fidelidad o confiabilidad, conducta irreprochable, sinceridad, sagacidad, humildad.

"Dios me tendió la mano desde lo alto" (17).

Señor, muchas gracias porque tú no me recompensas según mi conducta. Gracias porque me revistes con tu limpieza.

SEPTIEMBRE
9

NUESTRO VICTORIOSO DIOS

2 SAMUEL 22:32-43

INVESTIGUEMOS...

1. Anota algunas de las diferencias que David señala entre él y sus enemigos.

____

2. "Dios es... quien hace intachable mi conducta" (33). ¿Puedes tú decir esto? ¿En qué áreas de tu vida necesitas más que Dios *haga*? ______________

____

El Señor nunca prometió una vida cómoda a sus seguidores. Incluso les advirtió que seguirle les podría costar la vida (Mateo 16:24, 25). Pablo también nos recuerda que la vida cristiana es una vida de combate: debemos luchar contra el diablo (Efesios 6:12) y pelear por la fe (1 Timoteo 6:12). Pero ni el Señor ni Pablo nos llamaron a entrar en combate sin los recursos necesarios. Al igual que David, sabían que Dios mismo los provee.

* *EL NOS EQUIPA PARA LA BATALLA.* El había llamado al joven pastor, pero lo había equipado para ser combatiente. Aquí David describe una batalla física, contra los filisteos o algún otro enemigo, pero los principios de ésta se aplican también a la lucha espiritual. Al igual que todo el cuerpo: pies, manos, brazos (34-37), es importante en la batalla, también todo nuestro ser, nuestra mente, nuestras capacidades, tienen que estar a disposición del Señor y equipados por El para la batalla destinada a retomar los territorios del reino de Dios.

* *EL NOS ACOMPAÑA EN LA BATALLA* (36, 40). Dios es muy diferente de los "dioses" (32) y confiar en El es muy diferente de confiar en otros recursos. El nos *entrena,* nos *protege,* nos *salva,* nos da *fuerzas,* nos *escucha.* Muchas otras religiones exponen la maldad que hay en el hombre y en la sociedad, pero no ofrecen nada que sirva de verdadero recurso para combatir el mal. ¿De qué nos sirve estar conscientes de nuestro pecado y de lo lejos que estamos de la perfección de Dios?

Lo que necesitamos es que alguien se ponga a nuestro lado en la batalla, que nos instruya, que nos provea recursos. Y David reconoce que esto es exactamente lo que hace el Señor, "quien hace intachable mi conducta... que me salvas". Pablo nos dice: "Dios es quien hace nacer en ustedes los buenos deseos y *quien les ayuda a llevarlos a cabo,* según su buena voluntad" (Filipenses 2:13).

"Dios... quien me hace estar firme" (34).

Señor, a veces la lucha me tiene abrumado. Gracias por tu compañía, tus fuerzas, tu protección, y tu mano que nunca me suelta.

SEPTIEMBRE
10

NUESTRO DIOS VIVIENTE

2 SAMUEL 22:44-51

INVESTIGUEMOS...

1. ¿Por qué citó Pablo el versículo 50 en Romanos 15:9? ________________

____

2. ¿Qué versículo de este salmo quisieras que sea tu lema para este día? _____

____

Dicen que la esposa de Martín Lutero llegó un día a comer, vestida de negro, como si estuviera de luto. Cuando se le preguntó la razón, dijo: "¿Pero no han escuchado la noticia? ¡Dios está muerto!" Cuando su esposo la reprendió, ella dijo: "Entonces ¿por qué te portas como si lo estuviera?" A veces podemos comunicar la misma impresión a nuestros amigos. La esperanza, la confianza y la verdadera alegría no nos caracterizan, a pesar de que asistimos a las reuniones de la iglesia y decimos ser cristianos. "Que Dios, que da esperanza, los llene de alegría y paz a ustedes que tienen fe en él", dice Pablo en Romanos 15:13.

DIOS ESTA CONTINUAMENTE OBRANDO. David pudo escribir acerca de las bendiciones del pasado. Hasta gente desconocida y extranjera había sido afectada por la obra de Dios en su vida (45, 46). Pero El no es un Dios sólo del pasado, un Dios de la historia. El vive, y David dio testimonio de que en el presente su obra es de liberación y victoria (47-49). Debemos tener ese mismo testimonio de la obra de Dios en el pasado de nuestra vida, y de su obra actual.

DEBEMOS ESTAR CONTINUAMENTE ALABANDO (50, 51). Aun en los momentos de más profunda angustia, David recordó siempre el amor "la inmensa ternura" (BJ) del Señor (compara el versículo 51 con el Salmo 51:1). Nuestra fe varía muchas veces según nuestro estado anímico. Pero nos guarda y cuida un Dios invariable, que nunca duerme, nunca se descuida (Salmo 121:3, 8). ¡Alabémosle! El es nuestro Dios viviente.

"Santo, santo, santo es el Señor, Dios todopoderoso, el que era y es y ha de venir" (Apocalipsis 4:8).

¡Bendito seas, mi protector! ¡Seas enaltecido, tú que me salvas y me proteges!

SEPTIEMBRE
11

UNA CARIÑOSA ADVERTENCIA

1 TIMOTEO 1:1-11

INVESTIGUEMOS...

1. Compara la lista de pecados en los versículos 9 y 10 con los Diez Mandamientos. ¿Qué tienen en común y por qué crees que hay diferencias?

____

2. "El amor que proviene de ..." (5). Medita en los tres requisitos que Pablo menciona. ¿Son características tuyas? ______________________________

____

1. *SALUDO* (1, 2). Dos veces Pablo menciona el nombre de Jesús en relación con Dios el Padre, de una manera que claramente enfatiza la igualdad entre ambos. (Compara Efesios 1:1, 2.) Pablo tenía muchos "hijos en la fe" y Gálatas 4:19 nos recuerda que al Apóstol le costó mucho darlos a luz.

2. *ADVERTENCIA* (3-7). Las falsas enseñanzas se habían introducido en la iglesia en una etapa muy temprana. A través de sus dos cartas, Pablo llama la atención de Timoteo sobre ellas. Al comienzo de esta primera carta él señala el peligro de dejarse llevar por las "inútiles discusiones". Las ideas especulativas, o la lucha contra ellas, pueden llegar a obsesionarnos, a tal punto que perdamos de vista nuestra preocupación central, que Pablo define en el versículo 5: el amor. Los argumentos acerca de las doctrinas son notorios por sus consecuencias destructivas en las relaciones interpersonales. El amarse unos a otros no quiere decir ser indiferentes o superficiales con respecto a la verdad. Pero sí, implica buscar siempre lo positivo y los puntos de contacto, y mantener un equilibrio sabio en estos asuntos. El amor que Pablo tiene en mente se alimenta de tres fuentes: un corazón limpio, o sea una devoción a Cristo sin doblez; una buena conciencia (quizás este elemento nos sorprenda, pero para tener libertad para amar, hace falta una relación ininterrumpida con el Señor); una fe sincera, que no debe ser fingida, ni ante Dios ni ante otros.

3. *ENSEÑANZA* (8-11). Parece que los falsos maestros interpretaban mal el lugar de la ley en la vida del cristiano. Pablo dice que la ley es buena y de mucho valor, pero que no asegura la salvación. Cualquier forma de legalismo socava "el glorioso mensaje de salvación".

Amor sincero e inteligente, no discusiones inútiles.

Señor, ayúdame a amar como tú quieres que ame. Dame discernimiento con respecto a la verdad.

INTRODUCCION A LAS CARTAS DE TIMOTEO

Existe poca duda de que estas cartas fueron escritas por Pablo. Encontramos varias referencias personales, aunque el lenguaje y los énfasis doctrinales son diferentes de los de otras cartas del apóstol. Podemos explicar estas diferencias al recordar que Pablo las escribió en la última etapa de su vida, posiblemente cuando fue puesto en libertad después del período de encarcelamiento domiciliario que está registrado en Hechos 28. Escribió a un joven amigo que enfrentaba problemas como líder de su iglesia. Timoteo conocía las enseñanzas fundamentales que Pablo le había comunicado, pero le hacían falta instrucciones, ayuda y consejos en áreas específicas. Todo esto explica el espacio que Pablo dedica al tema del gobierno de la iglesia.

No es posible analizar estas cartas de la misma manera como, por ejemplo, Efesios. Tenemos una serie de advertencias y consejos animadores dirigidos a Timoteo y, a través de él, a todos los que desean servir a la causa del evangelio. 1 Timoteo trata fundamentalmente de la organización de la iglesia. 2 Timoteo es una carta alentadora y más personal.

Se destacan tres temas que preocupan a Pablo. Todos ellos tienen importancia para la iglesia hoy en día.

SANA DOCTRINA. Se estaban insinuando ideas falsas en la iglesia y Pablo se mantenía firme condenándolas. Hacía falta convicción, sensibilidad y amor para combatirlas.

CULTO DIGNO Y ORDENADO. Con el desarrollo de la iglesia era inevitable que el culto llegara a ser más formal. Pablo ofrece pautas para guiar a Timoteo, pautas que no limitan la libertad del Espíritu Santo.

ORGANIZACION PRACTICA. Pablo insiste en la importancia de tener líderes de alta calidad. El liderazgo en la iglesia es una noble vocación y debe ser visto como tal. Pero el liderazgo no puede existir en un vacío. Debe estar estructurado de tal manera que las necesidades de la iglesia sean suplidas de manera ordenada y sensible.

SEPTIEMBRE
12

"DIOS TUVO MISERICORDIA DE MI"

1 TIMOTEO 1:12-20

INVESTIGUEMOS...

1. Anota todo lo que puedes apreciar, en este pasaje, de Pablo y de su relación con el Señor. ______________________________

____

2. ¿Cómo reaccionas ante la advertencia del versículo 19? ¿Cómo calificarías el estado de salud de tu conciencia? ______________________________

____

1. *"DOY GRACIAS..."* (12-17). Es importante observar la relación que guarda este versículo con el párrafo anterior. Pablo se acuerda de que Dios le ha encomendado el "glorioso mensaje de salvación" (11). Pero, ¿cómo se atreve a proclamar este evangelio un antiguo perseguidor de la iglesia? Sólo por la abundante gracia de Dios (14). Pablo nunca se olvidó de su pecaminoso pasado. No es que quería revolcarse de manera enfermiza en estos recuerdos, o llamar la atención sobre sus anteriores actividades contra los cristianos. Sólo quería recordar constantemente, y hacer recordar a otros, que lo debía todo a la misericordia del Dios viviente (16). Esa misericordia estaba a disposición no sólo de él, sino de todo el mundo. El testimonio de Pablo enfoca siempre aquel amor paciente de Dios que lo había aguantado durante tanto tiempo y que luego lo había transformado. Si estamos conscientes de haber sido rescatados, y de lo que hubiera significado *no* haber sido alcanzados por Dios, apreciaremos cada vez más la bondad del Señor, y estarán en nuestros labios más continuamente las alabanzas (17).

2. *TIMOTEO, TEN CUIDADO...* (18-20). Las "profecías" pronunciadas sobre Timoteo fueron un elemento del culto de ordenación del joven líder (compara 4:14). Estos datos nos ayudan a entender la manera en que la iglesia primitiva apartaba a ciertas personas para el ministerio. Pero Pablo está preocupado aquí, no tanto por estas características carismáticas, sino más bien por la buena conciencia de Timoteo (19). Ya hemos visto su rechazo al legalismo (8-1). Al mismo tiempo él insiste en que el hecho de que el Espíritu Santo esté manifestándose visiblemente en la iglesia no da licencia para hacer oídos sordos a las demandas de la conciencia. El versículo 20 es difícil de interpretar sin más información. Este caso tiene mucho en común con el de 1 Corintios 5.

"Dios tuvo misericordia de mí" (13, 16).

Expresa al Señor tu gratitud por lo que ha hecho por ti. Si no sientes gratitud, díselo y pídele que te dé un corazón agradecido.

SEPTIEMBRE
13

LA ORACION EN PRIMER LUGAR

1 TIMOTEO 2:1-15

INVESTIGUEMOS...

1. ¿Con qué actitud debemos orar (8)? ______________________________

____

2. ¿Cómo te calificas con respecto a tu manera de orar (8) y a los temas de tu oración (1, 2)? ______________________________

____

1. *"ANTE TODO TE RECOMIENDO..."* (1-7). Pablo deja las preocupaciones personales de 1:12-20 y vuelve su atención al mundo y los propósitos de Dios para la humanidad. "El Nuevo Testamento no sabe nada de un evangelio que haga un divorcio entre la soteriología (teología de la salvación) y la ética, la comunión con Dios y con el prójimo, la fe y las obras" (René Padilla). El hombre que es consciente de su propia naturaleza pecaminosa, y que ha experimentado el amor redentor de Dios, es el que debe comprender mejor el dolor del mundo y su necesidad de transformación que brinda el evangelio. Veamos las dos áreas sobre las que deberíamos orar: (a) "una vida tranquila y pacífica, llena de reverencia a Dios y respetable en todo sentido'; Dios quiere orden, estabilidad y seguridad para el hombre. "Los que gobiernan" y "las autoridades" son los instrumentos de Dios para lograr estos propósitos, y, como tales, deben ser reconocidos por el pueblo de Dios; (b) 'que todos se salven': así se expresa el propósito especial y eterno de Dios, de llamar a un pueblo que lleve su nombre.

2. *"QUIERO QUE..."* (8-15). Al leer este pasaje, es muy fácil que discutamos los difíciles temas de los versículos 11-15, omitiendo el 8. El enojo, las discusiones, la impureza de corazón, hacen ineficaces nuestras oraciones. ¿Y que de los versículos 9 y 10? Por falta de espacio no es posible comentar los versículos 11-15. Pablo se refiere a una situación de *culto público* (ver 1 Corintios 14:34, 35). El Espíritu Santo fue derramado sobre hombres y mujeres (Hechos 2). Pablo menciona a muchas mujeres que trabajan en el ministerio con el (Romanos 16:6, 12; Filipenses 4:2, 3). Cualquier discusión sobre este tema tiene que tomar en cuenta *toda* la enseñanza bíblica, y estar sometida a la advertencia de "no vivir según los criterios del tiempo presente" (Romanos 12:2). En latinoamérica estos criterios están influenciados tanto por el feminismo como por el machismo. ¿En qué consiste el criterio bíblico sobre el papel de la mujer?

La cruz: la demanda de un nuevo estilo de vida caracterizado por el amor.

Ora por los líderes de tu país, tomando en cuenta el versículo 8.

SEPTIEMBRE
14

CUALIDADES DEL LIDER

1 TIMOTEO 3.1-7

INVESTIGUEMOS...

1. ¿En que área es más importante que un líder de la iglesia sea "irreprensible", según este pasaje? ____________________

____

2. "A un buen trabajo aspira" (1). En tu país, ¿cuál es el "nivel social" que tiene un pastor? ¿Crees que en tu iglesia el pastor recibe el trato que merece?

____

PASTORES, OBISPOS, LIDERES. Al igual que Pablo da por sentado la necesidad de tener autoridades que gobiernen los asuntos del mundo (2:2), también reconoce la necesidad de líderes dentro de la familia de Dios, en la comunidad cristiana. La palabra "obispo" ("dirigente" en la VP) debe ser entendida en forma amplia. No quiere decir necesariamente "obispo" en el sentido jerárquico. Las congregaciones del Nuevo Testamento tenían cada una varios "obispos" y "presbíteros". En vez de especular acerca del significado exacto del título, es de mucho más provecho observar los principios delineados por Pablo, que se aplican a cualquiera que ejerza autoridad entre el pueblo de Dios.

Nos llama la atención el hecho de que la calidad de la vida familiar del líder sea de tanta importancia. Su relación con su esposa, con sus hijos y con todos aquellos que llegan a su casa debe ser irreprensible. No siempre es fácil para un líder cristiano "gobernar su propia casa" (5). Sus responsabilidades ante la congregación, los viajes, las visitas pastorales lo alejan de su casa. Son muchos los casos de hijos de pastores y líderes que han dejado de caminar con el Señor por la pobre calidad de su vida familiar. ¿Nos preocupamos de este aspecto de la vida de nuestros líderes? Aprendamos a tomar en cuenta sus necesidades físicas, emocionales, y las de su familia.

Un líder debe ser, además, sabio, capaz de emitir juicios, maduro en la fe, de buena reputación, capaz de controlarse. Y Pablo menciona otro factor importante: debe ser "desinteresado en cuanto al dinero". En nuestro medio el problema es, más bien, que no sabemos dar el debido honor a nuestros pastores. Esperamos que vivan con un mísero sueldo, y no nos preocupa nada el hecho de que tengan que buscar otro empleo. Pablo dice: "Si alguno aspira al cargo de epíscopo, desea una *noble* función." Tratemos bien a nuestros pastores; "el trabajador tiene derecho a su paga" (Lucas 10:7).

"Un buen trabajo".

Ora por tu pastor y por los líderes de tu iglesia, dándote cuenta de las grandes responsabilidades que tienen.

SEPTIEMBRE
15

LIDERES EN LA FAMILIA DE DIOS

1 TIMOTEO 3:8-16

INVESTIGUEMOS...

1. ¿Qué diferencias observas en la lista de requisitos para los obispos o dirigentes y la de los diáconos?

____

2. El versículo 15 nos hace ver que estas cualidades deben caracterizar a todo cristiano. Vuelve a leer los versículos 8-12 y evalúate a la luz de ellos.

____

LOS DIACONOS (8-13). La palabra significa simplemente "ministros". Otras referencias en la Biblia sugieren que el trabajo de los diáconos tenía que ver especialmente con asuntos administrativos y económicos y con hacer visitas pastorales. Quizás por eso las instrucciones con respecto a sus motivaciones (8) y a la bebida se expresan en términos más fuertes que en el caso de los obispos. Los diáconos estarían más expuestos a este tipo de tentación. Pero es importante observar que estas personas no sólo deben tener dones prácticos y administrativos. Deben ser también personas de profunda convicción espiritual: "que guarden el misterio de la fe con una conciencia pura", dice Pablo (9 BJ). "Las mujeres" del versículo 11 se refiere con más probabilidad a las diaconisas que a las esposas de los diáconos. Tanto en el caso de hombres como de mujeres hay énfasis especial en su confiabilidad, de palabra y de hecho: "que nunca falten a su palabra" (8); "fieles en todo" (11) .

LA FAMILIA DE DIOS (14-16). Aquí vemos tres diferentes aspectos del pueblo de Dios. (a) La *familia* (15) - ordenada y unificada por la gracia que ha recibido del Padre y caracterizada por cierto comportamiento; (b) la *iglesia*, "los llamados a separarse" según el significado de la palabra griega; los que han sido separados para el servicio de Dios, y que son positivamente distintos del mundo; (c) el *testigo*, que da evidencia del evangelio y defiende la verdad. ¿Son evidentes todos estos aspectos en la vida de nuestra congregación?

"Para que... sepas cómo debe portarse uno de la familia de Dios" (15).

Padre, gracias te doy porque me has colocado en la familia de tu iglesia. Ayúdame a aportar cada vez más a mi congregación.

SEPTIEMBRE
16

"EN LOS ULTIMOS TIEMPOS"

1 TIMOTEO 4:1-5

INVESTIGUEMOS...

1. ¿Qué aspectos del carácter de Dios señala Pablo en este párrafo?

____

2. "Todo lo que Dios ha creado es bueno". ¿Crees que en nuestro contexto sociocultural se cree esto? ¿Hay en nuestro medio gente como la del versículo 3? ____

Dondequiera que el pueblo de Dios busque sinceramente la verdad, allí surgen falsas enseñanzas. No sólo en este pasaje, sino en varios otros de la Biblia, "el Espíritu dice claramente" que los falsos maestros serán un problema cada vez más agudo para la iglesia de Cristo. (Ver, por ejemplo, 2 Tesalonicenses 2:1-12.) Las falsas enseñanzas tienen dos características sobresalientes: son *engañadoras* y sus autores son seres *sobrenaturales demoníacos* (1). ¿Cómo se divulgan estas enseñanzas? A través de personas que ya están predispuestas a darles lugar, gente "hipócrita y mentirosa" (2), cuya conciencia está "cauterizada", "endurecida". (Este es el significado de la frase "marcada con el hierro".) Generalmente, al pensar en el pecado y la tentación, nos viene a la mente la idea de una voz que nos dice: "Hazlo ..." Pero es precisamente en esto que vemos el engaño de estas enseñanzas tergiversadas, consistentes en prohibiciones. Los falsos maestros prohibían casarse, pues consideraban que las relaciones sexuales eran de naturaleza corrompida y pecaminosa. Y en cuanto a la comida, su actitud reflejaba el legalismo judío. En todo esto influía el pensamiento gnóstico, que negaba que Dios hubiese creado lo material. Por eso, lo único importante era lo espiritual, y todo lo material o corporal constituía una corrupción de la cual el hombre tenía que liberarse.

Al rechazar estas ideas Pablo insiste en un principio fundamental. *Lo que ha creado un buen Creador tiene que ser bueno,* y por eso "no debe ser rechazado" (4). La palabra "rechazado" quiere decir "tachado de tabú". O sea, para el cristiano que tiene una idea cabal del Dios creador, no debe haber tabúes. Obviamente, esto no implica dar rienda suelta a nuestros apetitos, sea el sexual o el de comida. Pablo menciona tres factores que nos deben controlar: *acción de gracias* (el reconocimiento de Dios como el Dador); *la palabra de Dios* (que nos instruye acerca de nuestras responsabilidades como mayordomos de las bendiciones de Dios), *la oración.*

"Todo lo que Dios ha creado es bueno" (4).

Oh Dios, te alabo porque eres bueno y toda tu creación es buena. Ayúdame a ser un buen mayordomo de todo lo que tú me das.

SEPTIEMBRE
17

"UN BUEN SIERVO DE JESUCRISTO"

1 TIMOTEO 4:6-16

INVESTIGUEMOS...

1. Según Pablo, ¿cuáles son los dos requisitos de un "buen siervo de Jesucristo" (6)? ____

____

2. "Trabajamos y luchamos, porque hemos puesto nuestra esperanza en el Dios viviente" (10). ¿Encuentras una contradicción en ello? Si no, ¿por qué no?

____

____

UNA VIDA DEDICADA A DIOS (6-10). Pablo comienza dando a Timoteo instrucciones y sugerencias personales, que al mismo tiempo son de provecho para todos los que en algún momento tienen que enfrentar situaciones similares. Un buen siervo de Jesucristo siempre buscará dar respuesta positiva a la doctrina falsa o negativa. Por eso Pablo señala la urgente necesidad de *recibir* alimento espiritual de Dios además de *ofrecerlo.*

Cualquiera que predique el evangelio, o enseñe o dirija un estudio bíblico o ministre en otra forma a otros, tiene que preocuparse también de recibir. Si no recibe del Señor, tarde o temprano no tendrá nada que dar a otros. La figura que Pablo utiliza en los versículos 7 y 8 es la de un atleta que se entrena. Le duelen los músculos, todo su cuerpo protesta, se levanta muy temprano, y como sólo esta entrenándose, no hay gritos animadores del público, ni tiene a su lado a competidor alguno. Así es la autodisciplina y la resolución que necesitamos si buscamos tomar en serio la vocación de seguir a Cristo.

FIDELIDAD EN EL MINISTERIO (11-16). Observa la triple tarea de un ministro del evangelio, tal como la define Pablo (13): la lectura pública de las Escrituras; la predicación o la exhortación fundamentada en ellas (la palabra sugiere la aplicación práctica de la palabra de Dios); y la instrucción en las doctrinas de la fe cristiana. Tanto estilo de vida como doctrina deben tener como fundamento La palabra de Dios.

"Ejercítate en la devoción a Dios" (7).

Señor, raras veces me dedico con el entusiasmo del atleta a ejercitarme en tu Palabra. Hazme ver lo que pierdo si me conformo con ser un siervo mediocre.

SEPTIEMBRE
18

PABLO, EL PRACTICO

1 TIMOTEO 5:1-16

INVESTIGUEMOS...

1. ¿Cuál debe ser la actitud de los miembros de la familia hacia sus ancianos?

2. Vuelve a leer los versículos 1 y 2, si es posible en varias traducciones. ¿Cuáles son las implicaciones prácticas de estos versículos para la vida de la iglesia y para tus relaciones con otros?

EL PASTOR (1, 2). Existe una fuerte influencia hoy en día, que proviene principalmente de los Estados Unidos, que simplemente busca imponer nuevas metodologías en el evangelismo y en el ministerio pastoral. Se nos presentan nuevos movimientos, nuevos slogans, nuevas técnicas. En el Nuevo Testamento el énfasis está más bien en la calidad del carácter y de las relaciones interpersonales. Por eso Pablo recuerda a Timoteo la necesidad de respetar a otros y de preocuparse por ellos. El debe portarse como un querido y respetado hijo y hermano de los miembros de su congregación. En cuanto a sus relaciones con las jóvenes, Pablo le advierte contra el peligro de la atracción sexual. Cuántas tragedias se evitarían en nuestras iglesias si los ancianos tuvieran sentido común y valentía para ayudar a los jóvenes líderes de la misma manera que Pablo a Timoteo.

LAS VIUDAS (3-16). En aquella época cuando no había remedio para muchas enfermedades, había gran cantidad de huérfanos y viudas. El versículo 9 nos da a entender que en la iglesia existía algún tipo de lista oficial de viudas (compara Hechos 6:1). Las mujeres que figuraban en esta lista posiblemente tenían también algún ministerio específico, cuidando a niños, especialmente huérfanos, y a mujeres más jóvenes. En cada época, los detalles varían, pero aquí vemos algunos principios importantes que deben controlar el ministerio de la iglesia a los necesitados. (a) *La responsabilidad de la familia es fundamental* (4, 8, 16). En algunos de nuestros países el sistema de seguro social es muy bueno y la familia tiende a delegarle la responsabilidad de cuidar a los ancianos. En otros, el sistema existe, pero no responde a las necesidades, o existen sectores de la población que simplemente no gozan de la cobertura de ningún sistema de seguro. Según la Biblia, la familia, y la iglesia, no deben descuidar sus responsabilidades en este campo. (b) *La persona que recibe ayuda también tiene responsabilidades,* tanto positivas como negativas (4, 6, 10, 13). La iglesia no debe ser ingenua al respecto.

Ora tomando en cuenta las siguientes palabras: "Quien no se preocupa de los suyos ... ha negado la fe y es peor que los que no creen" (8).

SEPTIEMBRE
19

APRECIO Y SENTIDO COMUN

1 TIMOTEO 5:17-25

INVESTIGUEMOS...

1. ¿Qué actitudes debemos tener hacia los pastores y líderes de nuestras iglesias, según los versículos 17-19? ______________________________

____

2. Medita en el versículo 25, y compara 5:14 y 6:1, 2. ¿Con qué motivo o con qué actitud debemos hacer "las buenas obras"? ______________________________

____

1. *Liderazgo en la iglesia* (17-22). Pablo ofrece consejos a Timoteo con respecto a cómo debía relacionarse con los ancianos (los presbíteros o líderes de las iglesias locales). Estos consejos señalan principios generales que se aplican a todo caso de liderazgo en la iglesia. (a) *El líder debe recibir apoyo adecuado.* A Pablo le gustó mucho la cita de Deuteronomio 25:4 acerca del buey y el bozal (compara 1 Corintios 9:9). Observa que él se refiere tanto a una adecuada rẽmuneración financiera como también a una actitud de honor y aprecio hacia los líderes cristianos. Nuestra responsabilidad hacia el pastor no termina con simplemente pagarle el sueldo. (b) *El pastor debe ser protegido contra acusaciones falsas* (19). El pastor es, por la naturaleza de su trabajo, vulnerable. Los seres humanos – y eso incluye lamentablemente a los cristianos – estamos siempre dispuestos a creer lo peor de otra persona, a pasar la voz y a exagerar los detalles. ¿Somos nosotros ciento por ciento leales a nuestros líderes? (c) *El líder debe tener especial cuidado de mantener un buen testimonio* (20). No está claro si a un anciano se le debe reprender delante de toda la congregación o sólo delante de los demás ancianos; pero sí que un anciano, un líder cristiano, no puede hacer lo que le dé la gana. (b) *Es de suma importancia la imparcialidad* (21, 22). Una de las tentaciones más fuertes que tiene que resistir el líder cristiano es la de tratar con preferencia a sus amigos o familiares. Otra es la de ganarse el favor de otros, cediendo en asuntos de conciencia.

2. *El sentido común en la vida cristiana* (23). Este versículo no da apoyo bíblico ni a la abstinencia total de la bebida ni a la borrachera. Hasta este momento, Timoteo había sido abstemio. Pero Pablo se niega a ser legalista.

"Las obras buenas se ven claramente" (25).

Ora acerca de cualquier situación en tu iglesia que requiere que se apliquen los principios que Pablo enseña en este pasaje.

SEPTIEMBRE
20

LOS ESCLAVOS Y EL PROBLEMA DE LA CODICIA

1 TIMOTEO 6:1-10

INVESTIGUEMOS...

1. ¿Qué problema fundamental describe Pablo en los versículos 3-10?

____

2. ¿El versículo 8 te describe a ti? ¿0 estás en peligro de caer en la trampa del versículo 9? ______________________________

____

1. *LOS ESCLAVOS,* un grupo especial dentro de la comunidad cristiana. Después de dictar sus instrucciones acerca de los ancianos y las viudas (capítulo 5), Pablo vuelve su atención hacia un tercer sector importante del pueblo de Dios: los esclavos. El mismo hecho de que el apóstol los menciona específicamente, nos muestra que no era indiferente ante ellos, ni mucho menos. La frase "bajo el yugo de la servidumbre" (1, BJ) nos muestra qué concepto tenía Pablo de la esclavitud: el yugo es algo pesado, que molesta y restringe la libertad. Pablo no se encontraba en condiciones de poder recomendar una revolución. Pero en la misma naturaleza del problema que él define aquí – que los esclavos cristianos a veces se tomaban ciertas libertades con sus amos – vislumbramos los comienzos de la destrucción del sistema de esclavitud.

2. *EL ORGULLO EGOISTA - UN PELIGRO ESPECIAL* para la comunidad cristiana (3-10). Si nos preguntamos qué tiene que ver la primera parte de este párrafo con la segunda, qué tienen que ver las falsas enseñanzas con la codicia, encontramos la respuesta en dos palabras: "orgullo" (4) y "deseos" o "codicias" (9). El falso maestro, bajo una capa superficial de preocupación por la verdad, está motivado por el orgullo. El orgullo es un pariente muy cercano de la codicia que motiva a todos aquellos que "quieren hacerse ricos". Más de una vez estos dos pecados se han juntado y causado tristes escándalos en la iglesia. Así que el versículo 7 es realmente el eje de todo el párrafo. La piedad, el sincero deseo de reconocer a Dios en todo detalle de nuestra vida, nos da una perspectiva diferente de ella (6) que a su vez hace posible la satisfacción y la paz. No es difícil ver las consecuencias de la codicia en nuestra sociedad materialista de orientación consumista.

"El hombre que amontona riquezas para sí mismo, pero es pobre delante de Dios" (Lucas 12:21).

Padre, dame un concepto saludable con respecto a las cosas materiales. Gracias porque tú suples mis necesidades.

SEPTIEMBRE
21

INSTRUCCIONES PARA EL HOMBRE DE DIOS

1 TIMOTEO 6:11-21

INVESTIGUEMOS...

1. En este pasaje se mencionan dos clases de personas ricas. ¿Cuáles son y cuáles sus características (17-19)? ______________________________

____

2. ¿Qué te ha impactado más al leer esta carta? ¿Cómo lo estás poniendo en práctica? ______________________________

____

¿Quién es el "hombre de Dios"? La frase puede emplearse para describir a cualquier cristiano maduro. ¿Y qué le dice Pablo?

1. *HUYE* (11). La debida reacción ante el error y la codicia (3-10) es evitarlas. Que huyas de la tentación no quiere decir que seas débil o cobarde. Quiere decir que tienes sentido común y sabes tomar en serio las advertencias de Dios.

2. *CORRE AL ALCANCE* (11, BJ). Al alcance de una formidable lista de cualidades, de frutos del Espíritu, que nos recuerdan la lista de Gálatas 5:22, 23. Pero la palabra "corre" ("sigue", RV) es muy importante. Estos "frutos" no se producen sin un esfuerzo consciente de nuestra parte. La palabra da a entender un esfuerzo consistente, un propósito que no se deja desviar.

3. *"PELEA* (12)... la buena batalla de la fe" puede parecernos una contradicción. ¿No resulta mejor la descripción de Moisés: "el Señor va a pelear por ustedes" (Exodo 14:14)? Pero la verdad es que mientras el hombre de Dios (o la mujer de Dios) descansa, seguro de la protección del Señor, también se encuentra sumergido en la batalla contra todas las fuerzas del pecado, la injusticia, la violencia. Está realmente en la batalla, con muertos y heridos. No es una mera figura literaria.

4. *CONQUISTA* ("no dejes escapar"; "echa mano de", 12). Mientras "pelea" es un verbo imperfectivo, "conquista" se refiere a un acto completo y terminado. El concepto de seguridad del cristiano quiere decir que éste no se encuentra continuamente cuestionando o examinando su posición como hijo o hija perdonado de Dios.

"Hasta que venga nuestro Señor Jesucristo" (14).

Padre, ayúdame a huir de la tentación, a correr al alcance de las cualidades que tú buscas en mí, a pelear la batalla de la fe y a echar mano de la vida eterna que tú me das. ¡A ti para siempre sean el honor y el poder!

SEPTIEMBRE
22

BUENAS INFLUENCIAS

2 TIMOTEO 1:1-7

INVESTIGUEMOS...

1. ¿Qué rasgos de la personalidad de Timoteo descubres en este pasaje?

---

2. ¿Qué buenas influencias has tenido en tu vida? ¿Las recuerdas con gratitud?

Teniendo en mente la fe sincera de Timoteo, Pablo oraba agradecido por él constantemente. Dios había permitido que Timoteo experimentara buenas influencias, algunas de las cuales fueron:

LA FORMACION FAMILIAR. Pablo menciona a la madre y a la abuela de Timoteo (5). Tienen gran influencia en nosotros nuestros antepasados, nuestro hogar. Nadie puede heredar la fe de la misma manera que hereda rasgos en la personalidad, pero un niño puede ser conducido a la fe mediante la enseñanza, el ejemplo y las oraciones de los padres. En la familia de Timoteo había personas que temían a Dios, que creían en Jesús.

LA AMISTAD ESPIRITUAL. Después de nuestros padres, son los amigos los que más influyen en nosotros. Pablo era para Timoteo un maestro excepcional. No lo olvidaba, lo recordaba constantemente. La última vez que se separaron Timoteo fue incapaz de contener las lágrimas (4). Pablo deseaba volver a verlo para llenarse de gozo y le escribía cartas aconsejándolo, animándolo. Esta amistad con Pablo tuvo en Timoteo un poderoso efecto en su formación.

LA DISCIPLINA PERSONAL. Los dones de Dios, tanto los naturales como los espirituales, necesitan ser desarrollados y usados. En su primera carta Pablo le pide a Timoteo que no "descuide" su don (1 Timoteo 4:14); en la segunda le llama la atención para que lo "avive" (6) y después le dice por qué (7).

En lo mucho o en lo poco que hayamos recibido de Dios, ya sea directamente por donación natural y espiritual, ya sea indirectamente a través de los padres, amigos o profesores, de cualquier manera debemos aplicarnos en un activo esfuerzo para cooperar con la gracia de Dios y para conservar bien encendido el fuego interior.

"Porque me acuerdo de la fe sincera que tienes. Primero la tuvieron tu abuela,... tu madre..." (5).

Pídele al Señor amistades verdaderas y autodisciplina. Agradece por aquellos que influyen en ti positivamente.

SEPTIEMBRE
23

¿EN QUIEN CREES?

2 TIMOTEO 1:8-18

INVESTIGUEMOS...

1. ¿Qué es lo que ha hecho aquel que es llamado Salvador (10)? ¿Por medio de qué? ______________________________

____

2. "Dios me ha encargado..." (11). ¿Qué cosas te ha encargado El?

____

____

Es imposible hablar del evangelio y no hablar de salvación. El evangelio es buenas nuevas de salvación o buenas noticias de nuestro Salvador Jesucristo (10). Somos salvos en Cristo Jesús por determinación, gracia y llamado de Dios, no por nuestras obras. Dios, desde la eternidad, ya había planeado esta gran salvación (9), la cual tiene su fundamento indestructible en que Cristo vino a este mundo, destruyó la muerte y dio vida e inmortalidad a aquellos que lo aceptan (11). ¿Crees en un Jesús que te da seguridad de salvación y vida eterna?

¿Quién es el que preserva este evangelio? Es Dios mismo que "tiene poder para guardar... lo que me ha encomendado" (12). El mismo se responsabiliza por conservarlo. Dios nunca permitirá que la luz del evangelio se apague. El ha colocado su tesoro en frágiles vasos de barro, en los seres humanos, quienes deben asumir la parte que les toca en proclamar y defender la verdad. Pero aunque lo haya entregado en nuestras manos, Dios no retira las suyas. El es el mejor vigía. ¿Has confiado en este Dios poderoso?

Debemos resistir la tentación de eliminar aquellos elementos del evangelio que provocan "aflicciones" (8 RV), y "padecimientos" (12 RV); no debemos silenciar las palabras que hieren el orgullo y la injusticia de los hombres. Si recibimos a Jesús tenemos responsabilidad por la comunicación del evangelio, y si así procedemos, ciertamente sufriremos por El, ya que el auténtico evangelio pone en evidencia al pecador.

"Yo sé en quién he puesto mi confianza" (12).

Confiesa a Dios que quieres conocerlo tal como es. Pídele que se te revele.

LO DEMASIADO FACIL NO TIENE VALOR

2 TIMOTEO 2:1-13

INVESTIGUEMOS...

1. Se usan tres figuras en los versículos 3 a 6, ¿cuáles son? ¿Qué características tiene cada una?

2. ¿Has buscado recompensas sin esforzarte? ¿Cuál ha sido la fuente de la cual has sacado fuerzas?

Si no nos esforzamos no recibiremos recompensa. El buen soldado es aquel que está siempre dispuesto a sufrir y a permanecer en guardia, es una persona dedicada (3, 4). El atleta que no cumple con las reglas de la competencia, que no es disciplinado, no puede esperar buenos resultados (5). El labrador que diligentemente se dedique al trabajo, tendrá éxito, podrá cosechar, pero para esto tendrá que sudar. Es ridículo pensar que nuestra vida no nos va a costar nada.

No olvidemos el ejemplo de Cristo (8). Las palabras "del linaje de David" nos muestran su humanidad porque hablan de qué descendencia fue. Las palabras "resucitado de los muertos" testifican su divinidad porque fue declarado Hijo de Dios por haber resucitado de entre los muertos (Romanos 1:4). Entonces el que murió, resucitó; el que nació humildemente como descendiente de David, ahora reina en gloria. Jesús es nuestro supremo ejemplo. También Pablo era un convencido de que sus sufrimientos tendrían recompensa (10). Soportaba prisiones, cadenas, con el fin de que los elegidos obtuviesen salvación y gloria. En este pasaje Pablo insiste en que las bendiciones fluyen a través del esfuerzo, la cosecha del trabajo, la vida a través de la muerte y la gloria a través del sufrimiento. Esto es algo que invariablemente sucede. Solamente si nos entregamos sin reservas a nuestra labor como soldados dedicados, como atletas disciplinados y como labradores diligentes, podremos esperar buenos resultados. Tenemos de dónde sacar fuerzas, Jesús es nuestra fuente inagotable de recursos (1).

"Saca fuerzas de los dones que has recibido de Cristo Jesús."

Porque no seas acomodado ni flojo. Pídele al Señor que te disponga a esforzarte a buscar la vida abundante.

SEPTIEMBRE
25

EL OBRERO APROBADO

2 TIMOTEO 2:14-26

INVESTIGUEMOS...

1. ¿Qué cosas debe evitar hacer Timoteo (16, 22, 23)?

___

2. ¿Qué grado de conocimiento tienes de la Biblia? ¿Cómo la manejas?

___

EL OBRERO BUENO Y EL MALO (14-19). El buen obrero cristiano es conocido por su fidelidad a las Escrituras. El buen obrero "usa bien" (15) la palabra de verdad. Es alguien que ha sido probado y hallado legítimo. El obrero malo "se desvía" (18) de la verdad. El buen obrero no tiene de qué avergonzarse; el malo sí se debe avergonzar profundamente, porque delante de la alternativa de enseñar la palabra de verdad escogió desviarse de ella, trastornando la fe de algunos.

UTENSILIOS DE HONRA Y DE DESHONRA (20-22). En una casa hay dos clases de utensilios, unos que son nobles, para uso en ocasiones especiales, y otros que son comunes, Para uso diario. Hay dos clases de maestros: los auténticos como Timoteo y los falsos como Himeneo y Fileto (17). El utensilio de honra, el obrero auténtico, debe mantenerse limpio (21), debe evitar el contacto con la maldad y los errores de los falsos maestros. La pureza de doctrina y de vida son las condiciones necesarias para que seamos útiles a Cristo.

EL SIERVO DEL SEÑOR (23-26). La característica fundamental del siervo del Señor es "ser manso" (24, 25a). Ya vimos que fue llamado para enseñar bien la palabra de verdad. Vimos también que interiormente debe mantenerse limpio, puro. Ahora vemos que su actitud hacia los demás debe ser de servicio, de mansedumbre. Cuando esté instruyendo o corrigiendo su actitud no será de contiendas; más bien, soportará el mal sin resentimiento.

Solamente si no nos desviamos de la verdad, seremos aprobados por Dios y no tendremos de qué avergonzarnos. Solamente si nos purificamos de las malas influencias y del pecado seremos utensilios de honra para el Señor. Solamente si somos bondadosos y contrarios a las intrigas como todo fiel siervo del Señor, Dios concederá a nuestros adversarios arrepentimiento, conocimiento de la verdad y liberación del diablo.

"Procura con diligencia presentarte a Dios aprobado..."

Agradécele al Señor el gran privilegio de conocer la palabra de verdad y pídele que te haga fiel a ella.

SEPTIEMBRE
26

VENDRAN TIEMPOS PELIGROSOS

2 TIMOTEO 3:1-9

INVESTIGUEMOS...

1. ¿Cuál es la razón por la que vendrán tiempos peligrosos? ____________

____

2. Analiza tu vida. ¿Estás permitiendo en ella desvíos provocados por sectas falsas o conceptos mundanos? ____________________

____

Vivimos días peligrosos, días difíciles de soportar; vendrán tiempos todavía peores. El por qué, la razón de eso es que "habrá hombres..." (2). Los hombres son y serán los responsables por los tiempos difíciles, por los días amenazadores que enfrentamos y que enfrentaremos. Los hombres en vez de ser en primer lugar "amigos de Dios", son amigos de sí mismos, amigos del dinero y amigos de los placeres. Los versículos 2 al 4 describen hombres que en relación con ellos mismos son desobedientes, ingratos, irrespetuosos e inhumanos; la inevitable consecuencia de todo esto es un egocentrismo sin Dios.

Esta gente que es indiferente a los mandamientos de Dios puede ser al mismo tiempo piadosa, religiosa (5). El apóstol Pablo está previniendo a Timoteo de gente que, aunque aparentemente piadosa (que alaba a Dios, que ora, que da ofrendas), su realidad interior es otra.

Es realmente sorprendente que aquí se describa a personas llenas de maldad, de amor propio, totalmente apartadas de Dios, que también son religiosas y no sólo eso, sino también propagadoras de la religión (6-9). El método de esas personas no es directo y abierto, es escondido, secreto. Engañan a "mujerzuelas" que son moralmente débiles e intelectualmente inestables e ingenuas. Son mujeres que siempre aprenden pero jamás llegan a comprender la verdad. Ese tipo de mujeres (como también de hombres), son presa fácil para los vendedores religiosos ambulantes.

Así como en el Antiguo Testamento Janes y Jambres, dos magos del Faraón, se opusieron a Moisés, también esa gente se opone a la verdad buscando convencer a los débiles con sus errores. Timoteo no debe ser contagiado, ni dejarse llevar por ese ambiente (56). Antes debe resistir y evitar con valentía esas malas influencias.

" ... en los postreros días vendrán tiempos peligrosos" (1).

Señor, hay maldad en mí. Límpiame, santifícame y prepárame para los tiempos difíciles.

SEPTIEMBRE
27

NUESTRA ARMA INFALIBLE

2 TIMOTEO 3:10-17

INVESTIGUEMOS...

1. ¿Qué atributos reciben las Sagradas Escrituras en los versículos 15 y 16?

---

2. ¿De qué y cómo se nutre tu alma? ¿Cuál es tu alimento espiritual?

En este párrafo, Pablo primeramente recuerda a Timoteo su procedimiento hasta ahora. "Pero tú..." (10). Timoteo no era un mero estudiante o un observador desinteresado de la doctrina que Pablo enseñaba; él llegó a ser un dedicado discípulo suyo. No podría comprometerse con la doctrina y con la conducta de Pablo sin participar también de sus sufrimientos (11). La inevitable persecución que todo cristiano sufre (12) es explicada aquí por la actividad de los falsos maestros (13), de los engañadores que "irán de mal en peor". Después de describir el pasado fiel de Timoteo, Pablo le exhorta a persistir (14), le recomienda con insistencia permanecer fiel en el futuro y le da razones fuertes. Debe permanecer en lo que aprendió porque sabe de quién lo aprendió: su maestro más inmediato, Pablo, y también su madre y su abuela (15a). Permanecer firmes y fieles es permanecer en la enseñanza de toda la Biblia.

EL ORIGEN Y EL PROPOSITO DE LA ESCRITURA (15b-17). Dos verdades fundamentales sobre la Escritura son afirmadas aquí. La primera afirma de dónde proviene y la segunda para qué fue escrita. La primera verdad es: "Toda escritura es inspirada por Dios ... " (16); ella fue originada en la mente de Dios y fue comunicada por su Espíritu (2 Pedro 1:21). La segunda verdad tiene que ver con el propósito de las Escrituras, ellas "te pueden hacer sabio para la salvación" (15b). Toda la Biblia explica el plan de salvación de Dios y no sólo eso sino que te instruye para la salvación "por la fe que es en Cristo Jesús". La utilidad de la Escritura se refiere a la doctrina tanto como a la conducta (17). ¿Quieres dejar el error y crecer en la verdad, vencer el mal y crecer en santidad? Entonces recurre a la Biblia porque ella es "útil" para estas cosas. ¡Es nuestra arma infalible!

"Toda Escritura es inspirada por Dios y útil..." (16).

Pídele a Dios que te dé de su Espíritu para poder hacer un diligente estudio de la Escritura y buscar en ella perfección.

PREDICA LA PALABRA

2 TIMOTEO 4:1-8

INVESTIGUEMOS...

1. ¿Por qué debemos predicar el mensaje del evangelio (1, 3)? ____________

____

2. ¿Has tenido la oportunidad de compartir el evangelio? ¿Cómo la has aprovechado? ____

____

¿POR QUE PREDICAR EL EVANGELIO? La primera razón es que Cristo volverá (1), para juzgar y constituir su reino. Tanto los que predican como los que oyen tendrán que rendirle cuentas a El. La segunda razón es que llegarán tiempos en los cuales las personas no podrán soportar la verdad ni querrán escucharla (3-4). Cuanto más difíciles los tiempos y más sordas las personas, tanto más clara y convincente debe ser la proclamación del evangelio (5). La tercera razón está relacionada con la ya próxima desaparición de Pablo (6). El ya está a las puertas de la muerte. Un obrero de Dios puede irse pero la obra de Dios continúa. El evangelio es transmitido de generación en generación. El joven Timoteo tenía que sustituir a Pablo en el liderazgo de la iglesia. Estos tres incentivos, estas tres razones son suficientes para que el buen obrero predique, 'peleando la buena batalla', seguro de recibir la corona (7, 8).

¿COMO PREDICAR EL EVANGELIO? (2). Toda buena predicación transmite un sentido de urgencia y de importancia de lo que está siendo predicado. "Instar" significa "pedir con mucha insistencia", o sea, que no sólo debemos estar alertas a compartir, sino que debemos insistir, no siendo groseros, pero sí, venciendo nuestra flojera.

El que anuncia la palabra "redarguye, reprende y exhorta"; es hábil en el uso de la palabra, que habla a hombres diferentes en situaciones diferentes, según la necesidad. Nuestra responsabilidad es ser fieles en la predicación de la palabra. Los resultados de la proclamación son responsabilidad del Espíritu Santo. Por eso debemos esperar pacientemente por su obrar, y no ser rudos e impacientes.

"Te encarezco delante de Dios... que prediques la palabra" (1, 2 R.V.R.).

Reconoce delante del Señor tus fallas en la publicación del evangelio y pídele que te capacite, que te haga apto, para anunciar el mensaje del Señor.

SEPTIEMBRE
29

ABANDONADO PERO NO SOLO

2 TIMOTEO 4:9-22

INVESTIGUEMOS...

1. ¿Cómo se sentía Pablo? ______________________________

____

2. ¿Cuál es tu testimonio de vida para el presente y tu confianza para el futuro?

____

____

Hay situaciones en la vida cuando nos sentimos muy vulnerables. Al estar solos, cuando nadie nos apoya, cuando todos están en contra de nosotros, nos sentimos frágiles. Así se siente Pablo en este pasaje. Un hombre con la misma naturaleza y las mismas pasiones que las nuestras. Sus amigos más íntimos, por diferentes razones tuvieron que dejarlo; se siente mucha falta de comunión con ellos (10, 11 y 12). Lo que más le duele es que Demas haya preferido las cosas de este mundo y lo que más quisiera es que Timoteo vaya a su encuentro, pues siente mucha nostalgia por él. Dos veces insiste en que Timoteo debe venir luego (9, 21). "Sin cesar me acuerdo de ti... deseando verte" (1:3, 4), le dice al inicio de la carta. Los verdaderos amigos son una provisión amorosa de Dios.

Al hacer su primera defensa nadie lo ayudó (16). Estaba siendo objeto de acusaciones, necesitaba de apoyo, pero estaba sin asistencia, solo, sus amigos cristianos no querían o no podían ayudarlo. Pero, a pesar de que todos lo desampararon, el Señor estuvo a su lado (17). Cristo le estuvo fortaleciendo interiormente y capacitándolo para predicar el evangelio a los paganos presentes en su defensa. En cuanto al futuro, prosigue confiando ("el Señor me librará de toda obra mala..." 18).

¡Qué gran ejemplo nos da Pablo, aun estando solo, abandonado, bajo presión de sus enemigos, delante de una posible condena a la muerte. Lo que más le preocupa no es él mismo, sino Cristo, y su causa.

"Pero el Señor estuvo a mi lado y me dio fuezas..." (17).

"Si anduviere yo en medio de la angustia, tú me vivificarás; contra la ira de mis enemigos extenderás tu mano y me salvará tu diestra" (Salmo 138:7 R.V.R.).

INTRODUCCION A LAS LECTURAS DE LOS PROXIMOS TRES MESES

Cualquier definición de la vida cristiana incluirá las tres cosas que tienen preeminencia en nuestras lecturas de octubre a diciembre.

CREENCIA. Es realmente importante saber lo que creemos. En su carta a los romanos Pablo enuncia clara y sistemáticamente el mensaje cristiano. En estos días, cuando existe tanta confusión acerca de lo que es el cristianismo, es importante que echemos mano de estas enseñanzas. Hace más de 450 años William Tyndale, uno de los primeros traductores ingleses de la Biblia, describió a esta epístola como "el pan cotidiano del alma", agregando: "cuanto más se la mastica, más sabrosa es ..." Así que, ¿por qué no darte un poco más de tiempo en estas semanas para meditar, rumiar, la palabra de Dios?

OBEDIENCIA. En su carta a los romanos, así como en todas las demás, Pablo no sólo explica las doctrinas cristianas, sino que también muestra cómo éstas deben tener consecuencias prácticas para nuestra vida. Como cristianos no vivimos para agradarnos a nosotros mismos, sino para honrar y engrandecer a Dios. Eso hacemos, más que nada, viviendo de una manera que le agrade, obedeciéndole. *Proverbios y Malaquías,* en diferentes formas, señalan la tremenda importancia de poner en primer lugar a Dios y buscar sinceramente hacer su voluntad.

AMOR. Dicen que en su vejez el apóstol Juan, cuando le faltaban las fuerzas para predicar, sólo decía a su congregación: "Hijitos míos, ámense los unos a los otros." Este es el mensaje que encontramos en su primera carta: no podemos llamarnos cristianos si el amor no caracteriza nuestras relaciones con Dios, y las de los unos con los otros, de manera visible y palpable. Juan enfatiza también que la creencia, la obediencia y el amor van interrelacionados. Uno no puede existir sin los otros. "Todo el que cree... ama ... El amar a Dios consiste en obedecer sus mandamientos."

BOSQUEJO DE LA CARTA A LOS ROMANOS

- 1:1-17 Introducción
- 1:18—2:30. Todos han pecado y se encuentran bajo el juicio de Dios
- 3:21—5:21. Todos pueden ser justificados y tener paz con Dios a través de la fe
- 6:2—8:39. La nueva vida en Cristo a través de la obra del Espíritu Santo
- 9:1—11:36. El lugar de los judíos en el plan de Dios
- 12:1-15-33. El nuevo estilo de vida que pueden gozar los cristianos
- 16:1-27. Saludos de Pablo a sus amigos cristianos en Roma

SEPTIEMBRE
30

¿QUIEN ES REALMENTE JESUS?

ROMANOS 1:1-7

INVESTIGUEMOS...

1. ¿Qué aprendemos de la persona de Cristo en este pasaje? ____________

____

2. "Siervo de Jesucristo" (1). "Siervo" significa "esclavo", alguien que no tiene derechos propios. ¿Cómo reaccionas ante la idea de no tener derechos?

____

"Ustedes que viven en Roma. Dios los ama, y los ha llamado a ser de Jesucristo y a formar parte de su pueblo" (6, 7). Los prisioneros de guerra viven anhelando el día cuando serán puestos en libertad. Nosotros, al igual que los cristianos romanos, somos los prisioneros de guerra de Satanás. Las Buenas Noticias, cuya síntesis es el titular de esta carta, describen en detalle el plan de rescate de Dios. Sus propósitos son: poner fin a la rebelión del hombre contra Dios; encontrar la manera de perdonarle sus pecados; librarlo del poder de Satanás.

¿DE QUE TRATAN LAS BUENAS NOTICIAS? Son hechas realidad en Jesucristo. El llevó a cabo el plan de rescate de su Padre. Este plan había sido comunicado por los profetas muchos siglos antes, para infundir esperanza al pueblo de Dios (2).

Jesús no llegó disfrazado de hombre: El *se hizo hombre,* descendiente de uno de los reyes más grandes de Israel (3). Y cuando hubo cumplido su misión, Dios hizo público este hecho, al levantarlo de la muerte. La tumba vacía lo declara.

¿QUE HACER CON LAS BUENAS NOTICIAS? Estas noticias tienen que ser difundidas. Por eso Dios elige, llama y envía a sus representantes especiales. Entre ellos está uno de los más destacados pioneros de su época, Pablo. Algunos de nosotros somos llamados a llevar el mensaje a todas las naciones. *Todos* nosotros estamos llamados a compartirlo con nuestros vecinos.

Las Buenas Noticias también tienen que ser *recibidas.* Pablo escribe a un grupo de creyentes en Roma quienes las escucharon y las creyeron y obedecieron (5).

"El mensaje que trata de su Hijo Jesucristo" (3).

Te alabo, Señor, porque te comunicaste conmigo a través de Jesucristo. Haz que pueda recibir tus buenas noticias y vivirlas de tal manera que las comunique eficazmente a otros.

OCTUBRE
1

EL CORAZON DE UN APOSTOL

ROMANOS 1:8-15

INVESTIGUEMOS...

1. ¿Qué motivos te da este pasaje para creer que Pablo era un misionero eficaz?

____

____

2. ¿Puedes encontrar un versículo aquí que indique que Pablo estaba dispuesto a aprender de otros? ______________________________

Pablo es, posiblemente, el más grande misionero de todos los tiempos. Fue responsable de la expansión de la iglesia a través de todo el imperio romano. Al observar cómo él se describe a sí mismo en estos versículos, pregúntate hasta qué punto éstos son una descripción de ti mismo.

DOY GRACIAS A MI DIOS (8). Pablo no era egoísta. El no había fundado la iglesia de Roma, pero se alegraba porque estaba prosperando, y se interesaba mucho por el bienestar de sus miembros. ¿Caes tú en la trampa de tener envidia de otros cristianos?

YO SIRVO CON TODO MI CORAZON (9). Pablo no era siervo del evangelio simplemente para ganarse la vida, o como mera formalidad. Dios no nos llama a ser funcionarios públicos en la administración del evangelio, sino combatientes dispuestos a arriesgarlo todo por la causa del Señor.

EN MIS ORACIONES (9). Pablo tenía por delante todo un mundo, tenía a muchas iglesias bajo su cuidado, tenía grandes proyectos (15). Entonces, cómo pudo disponer de tiempo para orar? En el caso de Pablo, cuanto más tenía que hacer, más tiempo se daba para orar por otros. Las muchas ocupaciones no son excusa válida para no orar e invertir tiempo con el Señor.

ME SIENTO EN DEUDA (14). Pablo no cayó en la trampa del favoritismo. Tanto los cultos y educados griegos como los ignorantes bárbaros tenían necesidad de Cristo, y Pablo se sentía en deuda con todos ellos, y dispuesto a recibir de ellos. En el evangelismo personal, ¿tenemos estas mismas actitudes?

ESTOY ANSIOSO DE ANUNCIAR (15). Roma le ofrecía a Pablo un desafío que quizás muchos de nosotros hubiéramos preferido evitar. ¡No así Pablo!

¿Energía y entusiasmo para el evangelio, o una fe estancada?

Padre, mantén siempre viva mi fe. Que nunca deje de aprender de ti.

OCTUBRE
2

LA VERDAD ACERCA DE DIOS

ROMANOS 1:16-23

INVESTIGUEMOS...

1. ¿Por qué "los malvados no tienen disculpa" (20)? ____________________

____

2. ¿Cuáles son las "imágenes" ante las cuales los seres humanos rinden culto hoy en día? ____

____

Algo falta en este pasaje, y en los versículos siguientes. No encontramos ninguna referencia a Jesucristo. ¿Por qué? La respuesta es que Jesús es aquel a través del cual podemos tener una relación con Dios. Pero uno no puede llegar a tener una relación con alguien a quien no conoce. No se construye un puente mientras no se sabe lo que hay en *ambos* lados. Por eso Pablo primero declara la verdad acerca de *Dios.*

LA JUSTICIA DE DIOS (17). La idea de ser justo quiere decir, en este caso, "tener razón" o "quedar libre de toda acusación". La cruz nos muestra cómo Dios puede perdonar nuestros pecados y también ser justo, porque no los pasa por alto ni los toma superficialmente. El evangelio también nos muestra cómo podemos nosotros ser justos con Dios a pesar de habernos rebelado contra él.

LA IRA DE DIOS (18). Por el mismo hecho de que Dios es perfectamente justo y puro, él tiene que tomar medidas contra el pecado. El nos ama y por eso odia aquellas cosas que estropean su mundo y hacen daño a las personas. Este odio al pecado se expresa a través de su ira, o el castigo al pecado.

LA GLORIA DE DIOS (23). El Señor ha hecho visibles muchos aspectos de su carácter en este mundo que él ha creado. Al igual que a un artista se le puede conocer por su estilo, también a Dios se le puede conocer en su creación. El demuestra, en particular "su poder eterno y su divinidad" (20, BJ). Pero los seres humanos no nos damos cuenta de las implicaciones de lo que vemos a nuestro alrededor, y rendimos culto a ídolos o sustitutos de Dios.

"El evangelio... poder de Dios para salvación" (16 R.V.R.).

Oren por las personas que son esclavas de otros "dioses" como, por ejemplo, las drogas o el poder político.

OCTUBRE
3

LA VERDAD TRAS LOS TITULARES

ROMANOS 1:24-32

INVESTIGUEMOS...

1. ¿Qué constituye los "titulares" de este pasaje y cuál es la verdad tras ellos? (28, 29)? ______________________________

____

2. Vuelve a leer el versículo 32. ¿Qué es peor que pecar? ¿Cuáles son las implicaciones de este versículo para ti? ______________________________

____

¿Qué dicen los periódicos hoy? Si tuviéramos que hacer un resumen en breves palabras de las noticias de hoy, nos vendría muy al caso el versículo 29. "Envidiosos, asesinos, pendencieros, engañadores, perversos y chismosos." Así son las personas que generalmente figuran en los reportajes de los periódicos. Pero Pablo no sólo diagnostica el mal. El explica por qué estas dañinas y trágicas cosas son tan comunes. Son "la ira de Dios" que se manifiesta (18). ¿Quiere decir Pablo que Dios hace que estas cosas ocurran? Por supuesto que no. Tres veces (24, 26 y 28) él repite la frase que nos explica el porqué.

DIOS LOS HA ABANDONADO... O sea, él permite que hombres y mujeres hagan lo que quieran. El nos trata como a seres responsables, y permite que cosechemos las consecuencias de nuestras propias decisiones. Por eso tenemos que hacernos otra pregunta: ¿Por qué los seres humanos eligen hacer cosas tan destructivas? ¿Por qué existe tanta violencia, tanta injusticia, tanto odio? Pablo aclara la cosa:

ELLOS ABANDONARON A DIOS. "Cambiaron la verdad de Dios por la mentira" (25). Hicieron imágenes en la forma de animales y de seres humanos y los adoraron. Como consecuencia, no hay nada ni nadie que controle sus impulsos egoístas y violentos. ¿Quién respeta a algo que él mismo ha creado? En nuestra cultura la idolatría puede tener una variedad de formas: puede se culto a la tecnología o a algún sistema político. O también puede expresarse a través del sincretismo, de una religión que dice ser cristiana, pero que tiene profundas raíces paganas.

"Dicen que son sabios..." (22)

Señor, haz que nuestra sociedad pueda darse cuenta de su enfermedad, y no sólo de ella, sino también de sus causas. En la medida que vas revelando tu ira, ayuda a tu iglesia a demostrar el poder del evangelio como remedio al mal.

OCTUBRE
4

UN JUICIO CIERTO

ROMANOS 2: 1-11

INVESTIGUEMOS...

1. ¿Qué dicen estos versículos a la persona que se cree lo suficientemente buena? ¿Y qué tienen que ver con aquella que dice: "Dios es tan amoroso que no será capaz de juzgar a nadie"? ____________________

____

____

EL HOMBRE QUE SE JUZGA A SI MISMO (1-3). Ponte en el lugar de una persona que se encuentra en el grupo que escucha la lectura de esta carta de Pablo. Acabas de escuchar sus duras palabras con las personas pecadoras y su forma de vivir. "Sí, Pablo tiene toda la razón", dices. "Esta gente merece todo el castigo que les viene encima. Me alegro de que no soy como ellos..." Sonríes, lleno de satisfacción. Pero de repente te das cuenta de lo que Pablo dice enseguida. "No tienes disculpa, tú que juzgas a otros" (1). "Puede ser que no seas culpable de algunos de los pecados más descarados que he mencionado, pero, ¿qué de los chismes, qué de hacer daño a la reputación de otro, qué de tu manera de tratar a tus padres? Cuando condenas a otros en realidad te condenas a ti mismo..."

EL DIOS QUE JUZGARA A TODOS LOS HOMBRES (4-11). Ayer vimos cómo Dios juzga en este tiempo presente, dejando al hombre libre para elegir. Pero ésta es una justicia incompleta. Deja sin solución muchos males. Por eso, habrá un juicio final, en el que Dios, el juez justo "se manifestará para dictar sentencia" (5) sobre todos, hombres y mujeres, judíos y gentiles. La verdad importante de este pasaje se encuentra en el versículo 11. Dios no tiene favoritos, su juicio es imparcial y correcto. Existen muchas situaciones en este mundo que nos dejan con interrogantes acerca de cómo Dios puede ejercer su justicia. Pero "él no juzgará por la sola apariencia, ni dará su sentencia fundándose en rumores" (Isaías 11:3). No podemos engañarlo a El.

"Dios juzga conforme a la verdad" (2).

Padre, ayúdame a ver a otros de la misma manera que tú me ves a mí, y a estar dispuesto a perdonar a otros como tú me perdonas a mí.

OCTUBRE
5

¡NO ES SUFICIENTE!

ROMANOS 2:12-24

INVESTIGUEMOS...

1. ¿Cómo nos ayuda este pasaje a entender el caso de las personas que nunca han escuchado acerca de Jesucristo? ____________________

____

2. ¿Qué advertencia tienen los versículos 17-24 para nosotros que nos llamamos cristianos? ____________________________

____

LA SINCERIDAD NO ES SUFICIENTE (12-16). ¿Qué pasa con los que nunca han escuchado el evangelio? Esta es una pregunta que con mucha frecuencia se nos hace. ¿Son juzgados por Dios como si lo hubieran escuchado? “No”, dice Pablo. “Las personas son juzgadas según la verdad que han conocido”. “Bueno, ¿entonces los incas y los aztecas y nuestras tribus selváticas, y la gente de nuestras “selvas urbanas”, no serán condenados porque nunca han escuchado?” “No, no es ese el caso”, dice Pablo. “Aunque ellos no hayan escuchado las buenas noticias acerca de Jesucristo, ellos sí saben algo acerca de Dios (1:18-20), y tienen conciencia (15)”. Aquella pequeña voz interior que nos incomoda cuando pecamos no es consecuencia de un largo proceso evolucionario. Es una de las buenas cosas que Dios ha regalado a su especial creación: a hombres y mujeres.

LA RELIGION NO ES SUFICIENTE (17-24). Pablo desafía a sus lectores judíos. Ellos se sentían orgullosos por haber recibido la Ley de Dios. Y creían, además, que Dios les había encargado la tarea de enseñar la verdad al resto del mundo (20). Pero todo esto carecía de eficacia; ellos mismos no eran capaces de obedecer la Ley de la cual se jactaban. Poco antes de la fecha de esta carta, el emperador romano Tiberio había echado a todos los judíos de Roma por causa de un escándalo público. Cuatro líderes judíos habían persuadido a una noble dama romana a donar generosamente para el templo de Jerusalén, y luego se habían apropiado del dinero. Pero meditemos seriamente en este pasaje, volviendo a leerlo y empezando así:”Tú dices que eres cristiano...” ¿En que Ley te basas (17)? ¿De qué estás convencido? ¿Sabes enseñarte a ti mismo (19-21)?

No los que solamente oyen... sino los que obedecen (13).

Ora para que no traiciones la causa de Jesucristo con un comportamiento que no encuadre con el evangelio.

OCTUBRE
6

LO EXTERIOR Y LO INTERIOR

ROMANOS 2:25-29

INVESTIGUEMOS...

1. ¿Qué sería para nosotros el equivalente de la circuncisión?

____

____

2. ¿Cómo te afectará esta lectura en tus preparativos para asistir al templo hoy u otro domingo? ______________________________

____

La circuncisión era un rito religioso cuyo propósito era demostrar que el haber nacido judío no era cuestión simplemente de pertenecer a cierta raza o nación. Era señal de pertenecer al pueblo de Dios. Por eso, podemos aplicar lo que dice Pablo acerca de la circuncisión a cualquier rito o ceremonia religiosa en el que participamos: asistir a las reuniones de una iglesia, ser bautizado, participar de la cena del Señor, ofrendar para la obra de Dios. ¿Qué dice Pablo acerca de tales cosas? El contrasta lo que pasa en el exterior, lo que se ve y se escucha, con lo que ocurre en la mímica acostumbrada, de rendir culto a Dios en la cena del Señor, por ejemplo, y al mismo tiempo abrigar en nuestro corazón envidia, codicia, orgullo o lascivia.

LAS PRACTICAS RELIGIOSAS NO TIENEN VALOR INTRINSECO (25). Nuestra actuación exterior cobra valor sólo a través de lo que pasa en nuestro interior. Una moneda puede tener el mismo color, peso y tamaño que una antigua de oro. Pero si no es realmente de oro, no tiene el mismo valor.

CUANDO ESTA BIEN NUESTRO CORAZON, NO HACE FALTA EL RITO EXTERNO (26). Esto no quiere decir no tomar en serio, o pasar por alto, las celebraciones que acostumbra nuestra iglesia. Quiere decir más bien que debe haber concordancia y armonía entre lo exterior y lo interior.

"Aprobado, no por los hombres, sino por Dios" (29).

Padre, haz que mi vida sea íntegra, y que en mí puedan estar en armonía la verdad interior y el celo exterior, como en la vida de Jesús.

OCTUBRE
7

PREGUNTAS DIFICILES

ROMANOS 3:1-8

INVESTIGUEMOS...

1. Trata de expresar con tus propias palabras los tres problemas intelectuales que Pablo contesta en esta sección ______________________________

____

2. "Hacer lo malo para que venga lo bueno". ¿Qué ejemplos puedes dar de esta actuación? ¿Son justificables? ______________________________

____

Pablo se imagina las preguntas de algunos opositores.

PREGUNTA 1: "Bueno, en este caso, no hay ninguna ventaja en ser judío" (1). "No es así", dice Pablo. "Siempre es un privilegio haber recibido la Ley de Dios." Pero observa la palabra "confió" (2). La Ley no les había sido dada para su provecho egoísta, sino para que la divulgaran para beneficio de otros. Tal es también el caso con el evangelio.

PREGUNTA 2: Pero los judíos no hicieron lo que Dios esperaba de ellos. Así que, ¿ha fracasado Dios (3)?" "no", dice Pablo, "Dios necesita de siervos fieles, pero si le fallan, el busca otras formas de llevar a cabo sus planes". Dios nos necesita. Pero no depende de nosotros. Siempre es al revés.

PREGUNTA 3: "Entonces, ¿por qué culparles de haberle fallado? ¡Le han dado a Dios la oportunidad de demostrar su sabiduría y su poder de otra manera!" (5-8). Si lo expresamos de otra forma, éste argumento diría: "Puedo seguir pecando, pues así daré a Dios más oportunidades de mostrar su amor." Pero recordemos lo que le costó a Dios perdonarnos. Cristo tuvo que morir en nuestro lugar. Así que, si a sabiendas damos rienda suelta al pecado, estamos "crucificando otra vez al Hijo de Dios" (Hebreos 6:6).

"¿Dejará Dios de ser fiel? ¡Claro que no!" (3)

Señor, me alegro porque tú me perdonas los pecados. Inspírame la misma alegría al reconocer tu señorío en toda área de mi vida.

OCTUBRE
8

UN CUADRO SOMBRIO

ROMANOS 3:9-20

INVESTIGUEMOS...

1. Describe la situación del hombre frente a Dios, según este párrafo.

____

2. ¿Estás de acuerdo con este cuadro? ¿Te parece muy duro? ¿En qué estás confiando para no caer "bajo el juicio de Dios": tu moralidad, tu religión, tu asistencia a las reuniones de la iglesia? ______________________

____

En este párrafo Pablo llega a una conclusión: todo el mundo (el pagano, 1:18-32; el moralista, 2:1-16; el judío religioso, 2:17—3:20) está bajo el poder del pecado (9) porque no ha vivido de acuerdo con su conocimiento de Dios. Este es un cuadro muy negro, un cuadro que no nos gusta y nos cuesta aceptar. Nota estos aspectos del argumento de Pablo:

UNIVERSALIDAD DEL PECADO. El pecado se define comúnmente en términos de ciertos actos: asesinato, robo, adulterio, etc. Pero esta definición se queda corta. El pecado tiene que ver tanto con lo bueno que no hacemos como con lo malo que hacemos; tanto con lo que decimos como con lo que hacemos; tanto con nuestras actitudes como con nuestros actos. Nadie está exculpado.

IGUALDAD DE LA GENTE FRENTE A DIOS. No hay clases privilegiadas. Aunque los judíos tienen la Ley, están en el mismo plano que los demás: bajo el juicio de Dios. No basta saber sólo lo que Dios quiere.

INCAPACIDAD DEL HOMBRE para salvarse a sí mismo. Si los judíos – respetados en el mundo pagano por su vida familiar ejemplar, su conducta recta y su religión – no alcanzaron a justificarse ante Dios, ¿qué esperanza hay para el resto del mundo? Librado a sus propios recursos, nadie puede lograr salvarse.

AUTORIDAD DE LA ESCRITURA. Para Pablo, esta cadena de citas de los Salmos e Isaías sella su argumento: la Escritura enseña que todo hombre es pecador.

"Porque nadie queda libre de culpa por hacer lo que manda la Ley" (Gálatas 2:16).

Danos, Señor, una visión real de lo que somos ante tus ojos.

OCTUBRE
9

LA CLAVE: LA FE

ROMANOS 3:21-31

INVESTIGUEMOS...

1. Busca las palabras *fe* y *creer* en este párrafo. Nota cuándo aparecen y cómo están usadas. Ahora haz lo mismo con *justicia, justo* y *justificar* ("declarar libre de culpa"). ¿Cómo se relacionan los dos grupos de palabras?

---

2. ¿Has experimentado la liberación, seguridad y confianza que pueden ser tuyas, al saber que tu salvación depende sólo de la gracia de Dios, y no de tus pobres, tambaleantes esfuerzos?

El corazón del evangelio está expresado en este párrafo. Trata de darte más tiempo para estudiar en detalle estas verdades tan profundas. Pueden cambiar tu vida como cambiaron la vida de Martín Lutero, quien llamó a este pasaje "la puerta del cielo". Fíjate en que aquí está la "dinamita" del evangelio (... poder [Dynamis, en griego] de Dios 1:16, 17).

LA JUSTICIA de Dios. Se refiere al acto de Dios de *declararnos justos,* atrayéndonos la justicia que nunca podremos lograr por nuestros propios esfuerzos. Es el resultado de la gracia y bondad de Dios. Nota que viene de Dios (21), que es nuestra fe (22), y que es gratuita. Jesucristo murió en nuestro lugar para satisfacer las demandas de Dios (25) y comprarnos y liberarnos del pecado. La redención es el acto de comprar a un esclavo para darle su libertad (24). Tengamos cuidado de no memorizar sólo el versículo 23; queda incompleto sin el 24.

LA FE. Llegamos ahora a lo que nos corresponde a nosotros: la fe. No es que la fe sea un tipo de buena obra que nos da méritos ante Dios. Es simplemente nuestra mano vacía extendida para recibir lo que Dios nos da. La fe es indispensable; es nuestra responsabilidad aceptar el regalo que nos quiere dar por medio de Jesucristo. Dios no nos da lo que no queremos recibir.

¿Y NOSOTROS? ¿Cómo quedamos? Este pasaje nos deja humillados, sin orgullo, frente a la magnitud de la gracia de Dios. Nos deja con la confianza de que nuestra salvación descansa en la obra de Cristo.

"Así llegamos a esta conclusión: que Dios declara libre de culpa al hombre que tiene fe" (28).

Señor, creo. Ayuda mi incredulidad" (Marcos 9:24 R.V.R.).

UN EJEMPLO DE FE

ROMANOS 4:1-8

INVESTIGUEMOS...

1. ¿Cómo se describe la posición de Abraham frente a Dios (3)?

____

2. Trata de definir la *fe*, según este ejemplo. ¿Qué significa para ti creer?

____

El hombre siempre ha tratado de subir por su propia escalera para llegar al cielo: su escalera de buenas obras, de méritos, de servicio, de caridad. Si hubo alguien que según este criterio mereció llegar al cielo, ese debió ser Abraham, padre de la nación judía y amigo de Dios (Isaías 41:8); o quizás David, el hombre "conforme al corazón" de Dios (1 Samuel 13:14; Hechos 13:22). ¿Cómo fueron justificados estos héroes de la Biblia?

En 3:21 Pablo afirma que el Antiguo Testamento muestra que la fe es la única base de la salvación. Aquí da dos ejemplos.

ABRAHAM. Una cita de Génesis 15:16 da cuenta de la posición de Abraham. A pesar de las circunstancias, *creyó* al Dios que le había hecho grandes promesas, y éste lo aceptó como justo. Todas sus buenas obras y su obediencia a Dios fueron el *resultado* de su fe. Creyó, Dios lo aceptó y vivió en obediencia. Dios no es deudor de nadie. Lo que Abraham recibió lo recibió por pura gracia de Dios y por medio de la fe (4, 5).

DAVID. David representa otro ejemplo. Fue un hombre de cuyo pecado no hay duda, pero un hombre que experimentó el perdón de Dios, como está descrito en el Salmo 32.

No hay escalera que nos lleve a Dios; no hay obras que nos aseguren la salvación. Lo único que vale es la acción de Dios, quien bajó a nuestro mundo en la persona de Jesucristo para rescatarnos.

"Lo que Dios quiere que hagan es que crean en aquel que él ha enviado" (Juan 6:29).

¡Gracias a Dios, porque nos ha hecho un regalo tan grande que no tenemos palabras para expresarlo! (1 Corintios 9:15).

OCTUBRE
11

LA FE: EL PRIMER PASO

ROMANOS 4:9-12

INVESTIGUEMOS...

1. Toma nota de los pasos que dio Abraham en su relación con Dios.

____

____

2. ¿Por qué es importante el orden de estos pasos? ____________________

____

Para nosotros puede resultar difícil entender la división tan profunda entre judíos y no judíos. Era la división más marcada de la humanidad, a los ojos de todo el mundo en los tiempos de Pablo. Para el judío, los gentiles eran pecadores, alejados de Dios, seres humanos inferiores; los judíos eran superiores, el pueblo escogido de Dios. La circuncisión era la señal de esta relación especial. Y tanto que la "circuncisión" es otro nombre del pueblo judío.

Notemos los pasos del peregrinaje de Abraham:

1. *FE*. Abraham creyó a Dios hasta poner toda su confianza en la persona y palabra de Dios.

2. *JUSTIFICACION*. Dios aceptó a Abraham en base a su fe antes de que éste fuera circuncidado.

3. *OBEDIENCIA*. Abraham siguió las instrucciones de Dios; catorce años más tarde recibió la circuncisión como "sello de que Dios ya lo había aceptado como justo por causa de su fe" (11).

4. *RECOMPENSA*. A Abraham se le llama "padre" de los creyentes: de judíos y no judíos. Padre de todos los que tienen fe.

Estos deberían ser los pasos de la vida de todo creyente. No podemos invertir el orden y comenzar, por ejemplo, con la obediencia. Lo que hacemos para Dios es consecuencia de la salvación, que a su vez es nuestra por la fe. Las buenas obras de la obediencia son el resultado inevitable de nuestra gratitud a Dios por la salvación.

"Somos salvos, no *por* buenas obras, sino *para* buenas obras" (Efesios 2:8-10).

Pidamos a Dios que ayude a su pueblo a ver claramente la prioridad de la fe y la salvación en un deseo de servir a los necesitados.

OCTUBRE
12

¿FE EN QUE?

ROMANOS 4:13-25

INVESTIGUEMOS...

1. Toma nota de las veces que Pablo usa *fe* y *creer* en este párrafo. ¿Cómo describirías la fe de Abraham? ________________________________

____

2. ¿Se aumenta o se debilita tu fe de acuerdo con las circunstancias de la vida? ¿Sufres períodos de depresión y falta de fe cuando las cosas te van mal? ¿Qué ayuda encuentras en este pasaje? ________________________________

____

Abraham sigue sirviéndonos de ejemplo en cuanto a dos principios muy importantes para la fe del creyente.

1. Nuestra salvación depende sólo de la gracia de Dios. Es un favor que nunca podemos merecer, que recibimos por fe. La Ley, al igual que la circuncisión, no puede salvar al hombre. En el caso de Abraham, Dios lo declaró justo 430 años antes de dar la Ley a Moisés (Gálatas 3:17). Por eso, es inconcebible pensar que el cumplimiento de la Ley puede servir de base para la salvación. Nuestra salvación no depende de lo buenos que podamos ser; descansa en algo muchísimo más seguro.

2. ¿Cuál fue la base de la fe de Abraham? Las circunstancias de su vida no le daban ninguna esperanza. Dios le había prometido una descendencia innumerable - y él no tenía ni un solo hijo. Además, él y su esposa eran demasiado viejos para tener descendencia. Pero su fe estaba puesta en Dios mismo, el Dios poderoso, el Dios que cumple sus promesas.

¡Cuánto más sólida es la base de nuestra fe (23-25)! ¿Cómo podemos permitir que los problemas de la vida nos ahoguen cuando tenemos un Salvador que ha mostrado que es digno de nuestra fe?

" ... Yo sé en quién he puesto mi confianza; y estoy seguro de que él tiene poder..." (2 Timoteo 1:12).

Oremos por nuestros hermanos que están débiles en la fe, que Dios les dé una nueva visión de sí mismo para que puedan confiar plenamente en El.

OCTUBRE
13

LA FE Y SUS FRUTOS

ROMANOS 5:1-11

INVESTIGUEMOS...

1. Haz una lista de los resultados de la justificación por la fe que Pablo describe.

____

____

2. ¿Te has dado cuenta de la profundidad del amor de Dios? ¿Cómo te ha mostrado su amor? ______________________________

____

EL AMOR DE DIOS (6-11). Mucha gente dice que no puede creer en Dios porque hay demasiado sufrimiento en el mundo. ¿Cuál es la prueba del amor de Dios (8)? La muerte de su Hijo es la prueba más contundente de un amor que nos alcanza a pesar de nuestro pecado y rebelión contra Dios. Este es amor real y verdadero. La fe que salva es precisamente la fe que acepta este amor.

LAS CONSECUENCIAS DE LA FE (1-5). En este párrafo Pablo nos lleva un poco más adelante, a la experiencia de los que han puesto su fe en Cristo y han sido aceptados por Dios. Nota estas bendiciones: paz con Dios (ausencia de temor frente a Dios); acceso directo a su presencia; esperanza en que hay algo más allá de esta vida, que la muerte no es el fin; capacidad de ver el potencial del sufrimiento, creciendo a través de las situaciones difíciles; reconciliación con Dios; salvación del castigo final.

"Si Dios no nos negó ni a su propio Hijo, sino que lo entregó a la muerte por todos nosotros, ¿cómo no habrá de darnos también... todas las cosas?" (8:32).

Oremos por nuestros hermanos que están sufriendo, que Dios les muestre el sentido y propósito de sus tribulaciones.

DOS COMUNIDADES

ROMANOS 5:12-21

INVESTIGUEMOS...

1. Haz una lista de los contrastes entre Adán y Cristo y los resultados para nosotros del actuar de ambos.

Adán: ____________________

____

Cristo: ____________________

____

2. ¿En qué línea te ubicas? ¿Estás todavía en la de Adán? ¿O estás en la nueva comunidad, encabezada por Cristo, la comunidad de la vida?

____

Al hombre le gusta sentirse independiente, dueño de su destino. Pero ¿cuán libre es?

Como seres humanos sufrimos las consecuencias del pecado de Adán y participamos de la naturaleza heredada de él. Pablo enumera algunas de estas consecuencias: pecado (una característica que nos impulsa a cometer los actos que normalmente definimos como pecado); muerte (el resultado del pecado), condenación, etc. En la práctica se ve que el hombre, abandonado a sus propios recursos, no puede escapar de las condiciones de su humanidad, por más que lo intente.

Pero Pablo no nos deja aquí. Hay otra identidad, una nueva creación. Hay un nuevo Hombre que encabeza una nueva humanidad: el Hombre Jesucristo. Por medio de su obediencia se presentan elementos nuevos: la gracia (la bondad y favor de Dios que no merecemos), el don de Dios, la vida nueva, la justificación, la justicia.

Todo hombre, por más que se crea dueño de su vida, en realidad sufre las limitaciones de su humanidad, marcada por el pecado y la muerte. El creyente, en cambio, por medio de su relación con Cristo participa de la vida de la nueva humanidad, señalada por la gracia, la vida, la victoria, la libertad.

"El que está unido a Cristo es una nueva persona" (2 Corintios 5:17).

Pidamos que Dios nos dé un sentido de comunidad con todos los que participan de la nueva humanidad y con quienes compartimos la vida nueva en Cristo.

OCTUBRE
15

RESUCITADOS PARA UNA VIDA NUEVA

ROMANOS 6:1-4

INVESTIGUEMOS...

1. ¿Cuál debe ser la actitud del cristiano frente al pecado (1-2)? ____________

____

2. En tu propia vida, ¿qué precauciones tomas para evitar el pecado? ________

____

En diferentes momentos de la historia de la iglesia, surgieron personas que interpretaron erróneamente la Palabra de Dios. Uno de estos errores fue pensar que cuanto más pecamos, recibimos una porción mayor de la gracia de Dios. Es cierto que Dios, en su gran misericordia nos perdona aun siendo pecadores. Pero existe una gran diferencia entre pensar eso y pensar que cuanto más pequemos, más perdón recibiremos de Dios.

El apóstol Pablo señala en estos versículos el proceso por el cual nos alejamos del pecado. Consiste en tres hechos paralelos a los que vivió Jesús mismo, al vencer al pecado.

PRIMERO, MORIR AL PECADO (1-2). El apóstol Pablo nos desafía a vivir alejados del pecado. Dice que "nosotros ya hemos muerto" al pecado (2). El pecado continúa tentándonos, pero debemos declararle que ya no le pertenecemos. Este es el significado de morir, no ser del pecado.

SEGUNDO, SEPULTARNOS CON CRISTO (3-4a). Aquí se unen dos figuras con una misma idea. Por un lado, sepultar, y por el otro, bautizar. Ambas tienen implícita la idea de sumergir, en el agua o en la tierra. Nota que no es sólo la inmersión de Cristo, es necesaria la nuestra también. Morir al pecado es identificarse con Cristo, venciendo al pecado.

TERCERO, RESUCITADOS A UNA VIDA NUEVA (4b). Luego de renunciar y vencer al pecado, surgimos a una nueva manera de vivir. Esta resurrección nuestra implica el olvido y separación del pecado. Es un milagro que solo puede hacerse por la obra de Dios en nosotros (4b).

"Si alguno quiere ser mi discípulo... cargue con su cruz cada día y sígame" (Lucas 9:23).

Te agradezco Señor el costo que pagaste por mis pecados.

OCTUBRE
16

DOS CARAS, UNA MONEDA

ROMANOS 6:5-11

INVESTIGUEMOS...

1. Según los versículos 8 y 9, ¿cuál es la esperanza de los cristianos? ________

____

____

2. ¿Con qué frecuencia agradeces a Dios por la esperanza que te ha dado?

____

La muerte es un evento común para todos, no podemos escapar de ella, pero no todos reaccionamos de la misma manera ante este acontecimiento. Los niños tienen conocimiento de su existencia pero no son conscientes de su alcance. Para los adolescentes es algo tan lejano, y falta tanto, que ni vale la pena hablar de ella. Los mayores tratan el tema con respeto y algunos, con miedo.

Nuestros países latinoamericanos han sido influenciados por actitudes negativas hacia la muerte. Es cierto que hay un aspecto negativo, la separación, la pérdida. Morir es renunciar a una manera de vivir para pasar a otra. La muerte no es el fin, sino el paso a otra etapa de nuestra existencia. ¿Qué piensas acerca de la muerte? ¿Qué actitud tienes hacia ella?

Pablo nos explica en estos versículos, que la otra cara de la moneda es la resurrección. En otras palabras, para resucitar es necesario morir primero. Usted encontrará que Pablo no habla solo de la muerte como el momento en que concluye nuestra existencia; sino, que aun estando vivos, morimos y resucitamos. Morir es renunciar a nuestra vida de pecado y renacer a una nueva vida.

Aquí está la grandeza de la vida que Dios nos ofrece. No son pérdidas solamente, es resucitar libres del pecado (7), es vivir con la promesa de estar eternamente con Jesucristo (8), es vivir para Dios (10-11). Morimos cada día, para resucitar a una vida mejor, primero en este mundo y luego en el más allá. Pero recuerda, comenzamos aquí, todos los días. ¿Puedes identificar las áreas de tu vida a las que debes morir? ¿Cuál será la nueva forma que se incorporará para reemplazar a la anterior?

"... considérense muertos..., pero vivos..." (11).

Señor, dame tu poder para enfrentar mi muerte diaria y resucitar para servirte plenamente.

OCTUBRE
17

INSTRUMENTOS, ¿DE QUIEN?

ROMANOS 6:12-19

INVESTIGUEMOS...

1. Según el versículo 16, ¿cuál es la decisión que debemos tomar? __________

____

____

2. ¿Eres obediente? ¿En qué áreas de tu vida te cuesta más obedecer a Dios?

____

____

Si recordamos las ideas que ha desarrollado hasta aquí el apóstol, notaremos que ha enfatizado dos ideas básicas. Por un lado, la inmensa obra de Dios a favor del hombre, sin ella es imposible lograr algo en nuestras vidas. Por otro lado, la responsabilidad nuestra es hacer que esta obra sea efectiva cada día; depende de nosotros.

LA DECISION ES PERSONAL. El pecado esclaviza al hombre, obligándolo a vivir bajo sus leyes. La bondad de Dios nos libera de esta esclavitud, pero él espera nuestra decisión. Lee nuevamente el versículo 13 y nota la reiteración de una misma idea: "entréguense a Dios" y "entréguenle su cuerpo". Dios no nos presiona, espera nuestra decisión. ¿Cómo haces para detectar lo que debes "entregar" a Dios?

NO UNA CARGA, SINO UN PRIVILEGIO. Por ser pecador, el hombre no merece la salvación de Dios. Pero "la bondad de Dios" (14) lo hace posible. Es un privilegio incalculable ser libres del pecado, todo lo que hagamos para disfrutar este privilegio siempre será poco. La vida cristiana no es una carga, sino un privilegio que solemos valorar muy poco.

Te invito a releer el pasaje nuevamente y observar la lucha entre el pecado y Dios, ambos esperan nuestra lealtad. No hay dudas de que entre ambas alternativas, la opción es ser fieles al Señor (16). ¿Qué debes rechazar para ser fiel al Señor?

Cristiano es quien ha dado el dominio total de su vida a Cristo y no se reserva nada.

Hazme, Señor, un instrumento fiel a ti.

OCTUBRE
18

NUEVAS RELACIONES

ROMANOS 6:20-23

INVESTIGUEMOS...

1. ¿Cuáles son los frutos de la justicia (22)?

____

2. Pablo nos invita a "una vida de rectitud". ¿Cómo puedes eliminar cada día los frutos del pecado (20)? ____________________________

____

Nota la expresión que utiliza Pablo en el versículo 22: "pero ahora". Lo anterior era la vida en el pecado, ahora, para Dios. Nos recuerda que ser cristiano es entrar a una nueva forma de vida. Ya no vivimos para el pecado, sino para Dios. En el pasaje de hoy se mencionan cuatro relaciones que surgen en esta nueva forma de vida.

Estas son:

1. *NUEVA RELACION CON EL PECADO.* Observa estos dos conceptos opuestos: esclavos - libres. Somos "libres" del pecado, pero aun existe una tensión para volver a ser "esclavos". ¿Cuán consciente eres de tu libertad con respecto al pecado? ¿Cómo se manifiesta en tu vida diaria?

2. *NUEVA RELACION CON DIOS.* Por un lado, permanecer en el pecado nos acarrea castigo (23). Pero, ¡gracias a Dios!, si somos libres tenemos el privilegio de entrar "al servicio de Dios" (22). "Una vida consagrada" es una vida separada especialmente para servir a Dios. ¿Qué haces cada día para "consagrar" tu vida al Señor?

3. *NUEVA RELACION CON UNO MISMO.* Ser libres del pecado es liberarse de los errores y las limitaciones que nos llevan a la muerte (20). Por nuestra nueva relación con Dios, se nos abre un nuevo mundo, una nueva vida. Somos diferentes y tenemos infinitas posibilidades para desarrollar una vida significativa. ¿Agradeces a Dios frecuentemente por estas posibilidades?

4. *NUEVA RELACION CON EL FUTURO.* No sólo el pasado y el presente han sido afectados, también nuestro futuro entra en una nueva dimensión. Vivimos para lo que nos es "provechoso" (22). Vivimos para disfrutar la "vida eterna" (22). Vivimos para estar unidos "con Cristo Jesús, nuestro Señor" (23). ¿Te preocupa con frecuencia el futuro? ¿En qué ha cambiado tu futuro por la obra de Cristo?

"El regalo de Dios es vida eterna" (23).

Te alabo, Señor, porque tú has dado una dimensión diferente a mi vida.

OCTUBRE
19

LIBRES PARA SERVIR

ROMANOS 7:1-6

INVESTIGUEMOS...

1. Según el versículo 4, la salvación de Jesucristo tiene un propósito específico, ¿cuál es? ____

2. ¿Podrías enumerar todo aquello que es parte de tu vida y que puede ser útil a Dios? ____

UNA LEY PARA AQUI Y AHORA (1). En el versículo 1 el apóstol introduce el tema de la relación que existe entre los creyentes y la ley de Dios. Nos explica que la ley es útil en tanto que la persona vive. En otras palabras, Dios ha dado su ley para ordenar la vida en este mundo. No es para otro mundo, ni para otra situación, nos es útil "aquí y ahora". ¿De qué manera guía tu vida cotidiana la ley de Dios? Lee y compara con el Salmo 119:33, 34.

UN EJEMPLO (2, 3). Pablo intuye que sus oyentes no captarán el significado de sus palabras. Para evitarlo, introduce un ejemplo de la vida cotidiana. La relación del hombre con la ley es semejante al compromiso que existe entre los miembros de una pareja. Según Pablo, este compromiso perdura para toda la vida. No podemos ignorar la ley de Dios, en tanto que existimos estamos comprometidos con ella, la cumplamos o no.

UN NUEVO CAMINO (4a). Hemos visto que estamos subordinados a la ley de Dios. Pero a causa de nuestra debilidad en cumplirla, Dios abrió un nuevo camino para el hombre. No es la anulación de la ley, sino una superación de la misma. Es Cristo, por su muerte y resurrección, quien hace que esto sea realidad en nuestras vidas.

TRIPLE RESULTADO (4b-6). Ahora, no es la relación con la ley, sino con la misma Trinidad. Jesucristo es quien nos abre la puerta a una "nueva vida" y a causa de esto le pertenecemos (4). El Espíritu nos da su poder para alcanzar la "nueva vida", colocando la ley de Dios dentro de nosotros (comparar el versículo 6 con Jeremías 31:33). Y Dios el Padre es el que le da sentido y orientación a la "nueva vida", de este modo, "nuestra vida será útil delante de Dios". ¿Con cuánta frecuencia piensas en la obra que realiza diariamente en ti la Trinidad?

Somos salvos por Jesucristo, por el poder del Espíritu.

¡Que mi vida te sea útil!

OCTUBRE
20

LO BUENO, RESULTA MALO

ROMANOS 7:7-13

INVESTIGUEMOS...

1. Pablo señala una contradicción: algo bueno, resulta en frutos malos. ¿Cuál es la razón de este fenómeno (13)? ______________________________

____

2. ¿Te ocurre con frecuencia que la tentación comienza con algo bueno? ¿Podrías mencionar algunas cosas buenas en tu vida, que te hacen pecar?

____

En los últimos veinte años han surgido varias corrientes de pensamiento que insisten en dejar libre al hombre de todo tipo de leyes. Quienes así piensan, dicen que las leyes esclavizan y anulan a la persona.

El famoso conjunto musical *The Beatles* hizo popular una canción que sería el resumen de esta manera de pensar, se titula "Déjalo ser". En otras palabras, pedían que no se les molestara y se les permitiera ser tal como se les ocurriera. Según esta manera de pensar, la libertad del hombre consiste en crear su propio sistema de leyes por el cual regirse.

Analicemos nuestra vida personal y nuestra iglesia a la luz de estas corrientes de pensamiento. ¿Te identificas con ellas? ¿Justificas tu rebeldía bajo el pretexto de la libertad personal? ¿Te resulta difícil ajustarte a las normas?

LA LEY ILUMINA (7). Aun cuando la ley no había sido promulgada, el pecado ya existía. Pablo deja bien claro que el pecado no es producto de la ley, pero, sin embargo, la ley tiene un papel importante, y es el de iluminar el pecado. La ley señala lo malo, de modo que puedo verlo con claridad.

EL PECADO SE APROVECHA (8-10). Por la ley, el pecado ha quedado evidenciado ante nosotros. Desde esa posición, el pecado nos desafía diciéndonos: "aquí estoy, pero no puedes tocarme". Nos infunde el deseo de abandonar lo bueno para seguir lo malo. Como a un niño, lo prohibido nos atrae grandemente. ¿Te atrae con frecuencia lo prohibido? ¿Qué haces para alejarte de la tentación?

LA LUCHA INTERIOR (11-13). Tanto uno como el otro se encuentran en mí: la ley "santa, justa y buena" (12) y el pecado, "terriblemente malo" (13). No es la ley la que me lleva a la muerte, sino el pecado que se aprovecha de ella. ¿Qué armas te ha dado Dios para vencer la tentación?

"Dios siempre cumple sus promesas..." (1 Corintios 1:9).

Ayúdame Señor, a vencer el mal.

OCTUBRE
21

VIVIR CON MIS CONTRADICCIONES

ROMANOS 7:14-25

INVESTIGUEMOS...

1. Al leer este pasaje, ¿piensas que Pablo se siente frustrado por su propia manera de ser? ____________________

____

2. El apóstol menciona su propia experiencia (21-23), ¿te ha ocurrido lo mismo? ¿Cómo lo has solucionado? ____________________

____

¡Quién no ha escuchado a alguna persona hablar sobre sí misma y concluir con esta frase: "la verdad es que ni yo me entiendo"! No todos lo expresamos, aunque todos queremos conocernos mejor. Con este intento, consultamos revistas, libros, amigos y cuanta fuente pueda ayudarnos en esta búsqueda. El ser humano ha buscado incesantemente, a través de la historia, encontrar respuesta a sus conflictos. Pero las respuestas no son fáciles. En este pasaje Pablo nos da algunas ideas sobre nuestra propia naturaleza. Estas son:

1. *SOMOS CONTRADICTORIOS.* "No entiendo lo que me pasa ..." (15). Todos llegamos a esta conclusión en algún momento; y algunos viven vencidos por la frustración de no saber qué les pasa. Pablo no se detiene, es consciente de sus contradicciones, pero continúa buscando la manera de resolverlas. ¿Pierdes el deseo de continuar luchando cuando no entiendes lo que te ocurre?

2. *SOMOS PECADORES.* "Porque yo se que en mí, ... no hay nada bueno" (18). La conciencia de ser pecador y que "el pecado esta en mí" (20), es el comienzo para superar los conflictos que se nos presentan. Es tonto pensar que somos buenos y no hemos hecho nada malo; de esta manera no solucionamos nada.

3. *SOMOS CAPACES DE RAZONAR.* "Yo entiendo que debo someterme a la ley de Dios" (25). Dios le ha dado al hombre la capacidad de razonar, de pensar. Así podemos descubrir nuestros errores y debilidades. Aunque esto no nos asegura que se solucionen, porque "veo en mí algo que se opone a mi capacidad de razonar" (23). Nuestra razón es necesaria, pero no suficiente para vencer al pecado. Necesitamos la ayuda y la gracia de Dios.

"¿Quién me librará... ? Solamente Dios" (24, 25).

... que cuando con mis fuerzas ya no pueda luchar contra el pecado, tu gracia me libere.

OCTUBRE
22

¡AL RESCATE!

ROMANOS 8:1-8

INVESTIGUEMOS...

1. El versículo 5 describe dos clases de personas, ¿cuáles son las características de cada una? ______________________________

____

2. ¿Con cuál de las dos te identificas? ¿Qué evidencias hay en tu vida que corroboran tu afirmación? ______________________________

____

En la lectura anterior descubrimos que el ser humano tiene la capacidad de razonar, la que le permite descubrir sus errores. Pero también vimos que aunque podemos descubrirlos, no somos capaces de solucionarlos (3). ¡Necesitamos que nos rescaten! Y en respuesta, la Trinidad en pleno trabaja para darnos una salida.

DIOS PADRE preparó un plan para hacer "lo que la ley de Moisés no pudo hacer" (3). El principio de solución está en este plan: ¡Dios quiere rescatarnos! Pero además de salvarnos, Dios nos da un sentido para la vida: vivimos para El, vivimos para agradarle. Los versículos 7 y 8 nos muestran claramente que este es un privilegio de quienes han sido liberados del pecado.

EL PROPIO HIJO DE DIOS se hizo hombre para vencer al pecado "en la propia naturaleza humana" (3). La identificación de Jesucristo con la condición del ser humano fue total, por eso mismo fue posible vencer al pecado. Esta identificación nos da confianza al saber que él comprende nuestros conflictos y debilidades. Pero aún más, "¡no hay ninguna condenación para los que están unidos a Cristo Jesús!" (1).

"*LA LEY DEL ESPIRITU*... nos libera de la ley del pecado y de la muerte" (2). Cristo quitó la condenación que existía sobre nosotros y el Espíritu nos guía en la nueva vida. Quienes hemos sido liberados del pecado, debemos preocuparnos "por las cosas del Espíritu" (5) y como consecuencia, tendremos "la vida" y "la paz" (6).

¿Te has detenido a observar la obra de la Trinidad en tu vida? Agradece a Dios Padre, Hijo y Espíritu Santo por la obra realizada en tu favor. Toma estos motivos para alabarle.

"... pues ya no vivimos conforme a la naturaleza del hombre pecador sino conforme al Espíritu" (4).

Señor, recuérdanos que nuestra vida está ahora gobernada por tu Espíritu.

OCTUBRE
23

GUIADOS POR LA NUEVA VIDA

ROMANOS 8:9-17

INVESTIGUEMOS...

1. ¿Cuál es la tarea del Espíritu en nosotros (16)? ____________________

____

2. ¿Cuál es nuestra obligación (12, 13)? ____________________

____

En la lectura anterior observamos la obra de la Trinidad en el creyente. Relee estos versículos y nota el juego de palabras que hace Pablo para describir la armonía de la Trinidad. Dios ha perdonado nuestra culpa y en consecuencia el Espíritu mora en nosotros (10); al tener el Espíritu, podemos ser considerados de Cristo (9); y al tener el Espíritu y ser de Cristo, podemos ser llamados hijos de Dios (14).

Como consecuencia de la obra trinitaria, se producen varios efectos en el creyente, observemos los siguientes:

1. *SOMOS LIBRADOS DE LA CULPA* (10). El pecado ha manchado nuestra vida y nos conduce al error. Nuestra conciencia nos acusa y Dios nos ha librado de ella. ¿Te autocastigas por pecados que Dios ya te ha perdonado en su misericordia?

2. *SOMOS UNO CON EL ESPIRITU* (16). No es posible ser hijo de Dios si su Espíritu no se une al nuestro. Tampoco es posible caminar por la "nueva vida", a menos que el Espíritu nos guíe (14). Esta es la razón por la que Pablo dice que no debemos tener miedo, ya que en esta unión estamos seguros. ¿Existen algunas circunstancias de la vida que te producen miedo? ¡El Espíritu está con nosotros para enfrentarlas!

3. *SOMOS HEREDEROS DE DIOS* (17). Todos tenemos la tendencia de aferrarnos a los bienes materiales y los protegemos como si nunca fuéramos a dejarlos. Pero como hijos de Dios debemos revisar nuestras actitudes hacia lo que poseemos. Es posible que por cuidar demasiado lo que tenemos, no hagamos lo necesario para recibir una herencia mejor. Hemos sido aceptados como hijos de Dios y en condición de tales, heredaremos junto con Cristo lo que Dios nos ha prometido.

" ... el mismo que resucitó a Cristo dará nueva vida a sus cuerpos mortales ..." (11).

Espíritu de Dios, guíame para vivir como un verdadero hijo de Dios.

OCTUBRE
24

DESPUES, MEJOR QUE AHORA

ROMANOS 8:18-30

INVESTIGUEMOS...

1. El versículo 8 habla de dos épocas diferentes; ¿cuáles son y en qué consisten?

2. Completa la siguiente frase con tus propias palabras: "Cuando atravieso por algún problema, me alienta pensar en ..."

Algunos cristianos piensan desmedidamente en el futuro, en la vida del "más allá", del cielo. De este modo ven el presente como una situación despreciable, infeliz. En consecuencia se deprimen con los problemas, o se escapan de la realidad, o prefieren no enterarse de lo que ocurre en el mundo. Pablo nos ofrece aquí un camino para equilibrar nuestras actitudes.

1. *EL PRESENTE ESTA LLENO DE SUFRIMIENTOS.* Tanto la naturaleza (18-22) como los seres humanos (23-25) sufrimos. El universo "perdió su razón de ser" (20) y espera ser liberado de la esclavitud presente junto con los hijos de Dios.

2. *EL FUTURO AUN ES UNA ESPERANZA.* Pablo dice que la esperanza consiste en "esperar" y, por lo tanto, aún no es real lo que esperamos. Pero sabemos que será real porque Dios lo prometió. Vivamos el presente con intensidad, sabiendo que el futuro está asegurado por Dios.

3. *LA TRINIDAD UNE EL HOY CON EL MAÑANA.* La Trinidad nos acompaña cada día para vivir este presente lleno de dificultades. Presta atención, la Trinidad no elimina problemas, te ayuda a sobrellevarlos. El Espíritu Santo "ruega a Dios" (26) según nuestras necesidades. Jesucristo, el hermano mayor, es nuestro modelo de ser humano (29) y quien ruega por nosotros (34). El Padre nos libra de la culpa y asegura un lugar para nosotros (30).

"A los que de antemano Dios había conocido... les dio parte en su gloria" (29, 30).

Señor, dame valor para no escapar de los problemas, ayúdame a superarlos.

OCTUBRE
25

DIOS PERMANECE A MI LADO SIEMPRE

ROMANOS 8:31-39

INVESTIGUEMOS...

1. ¿Por qué razón nada, ni nadie podrá separarme del amor de Dios (39)?

2. ¿Con cuánta frecuencia adoras a Dios agradeciéndole su presencia a tu lado?

CONVENCIDOS DE SU PRESENCIA. Pablo dice que está "convencido de que nada podrá separarnos del amor de Dios" (38). La palabra convencido es clave para entender la actitud del apóstol hacia las circunstancias negativas de la vida. Sabemos que Dios está con nosotros y nos hemos apropiado de esta realidad. Al hacerlo nuestro, se integra a la vida como parte de nosotros mismos. Estar convencidos de la presencia de Dios, es reconocer su compañía en toda circunstancia de la vida, sea esta positiva o negativa.

DIOS HIZO TODO LO POSIBLE POR ESTAR A MI LADO. Pablo formula varias preguntas (31-35), las que se responden aproximadamente con esta idea: nadie puede separarme de Dios porque El ha hecho lo necesario para estar conmigo. La prueba de la buena intención de Dios queda demostrada en los hechos concretos en los cuales basamos nuestra fe; envió a su Hijo, quien murió por nosotros, luego resucitó, está con el Padre orando por nosotros. Dios está presente, a mi lado aun cuando no lo siento, porque su presencia no depende de mis sentimientos sino de su voluntad. Dios está a mi lado porque así El lo quiso.

DIOS ES SUPERIOR A TODO. En nuestra condición de seres humanos estamos expuestos a muchos problemas y dificultades (36-38). La vida cristiana no consiste en eliminar todos los problemas, sino en salir de ellos "más que vencedores". La presencia de Dios en nuestra vida nos asegura la victoria. Y aun cuando los problemas llegan a ser mayores que nosotros, Dios que está a nuestro lado, es superior a todos ellos.

Recuerda, lo importante no es eliminar los problemas, sino que Dios nos ayude a enfrentarlos.

Enséñame Señor, a atravesar las dificultades tomado de tu mano.

HACEDORES DE JUSTICIA

2 SAMUEL 23:1-7

INVESTIGUEMOS...

1. ¿Cuáles son las consecuencias de un gobierno justo y temeroso de Dios (3, 4)?

____

____

2. ¿Hay algo que puedas hacer para que el gobierno de tu país sea justo y temeroso de Dios? ______________________________

____

NO HAY GOBIERNO SIN JUSTICIA. Hemos escuchado decir que un buen gobierno es aquel que ha implementado una buena estructura política. Sin embargo, notamos que para David este principio no fue la base de su gobierno. David sabía que debía estar cimentado en el ejercicio de la justicia y el temor a Dios (3). Con suma frecuencia, nuestros gobernantes olvidan estos dos principios divinos. En tiempos como los que vivimos, lo cotidiano es el atropello de las grandes potencias a los países pobres, y de los gobernantes a los ciudadanos. Es necesario que nos unamos a David e Isaías y que juntos proclamemos: "La justicia producirá paz, tranquilidad y confianza para siempre" (Isaías 32:17).

NO HAY JUSTICIA SIN TEMOR A DIOS. No es posible hablar de auténtica justicia sin un temor reverente hacia Dios. En el contexto bíblico la justicia y el temor a Dios son inseparables. En estos tiempos de crisis para Latinoamérica, se ve que la justicia está basada en el hombre. Se habla de Dios pero sólo en el sentido religioso. En nombre de Dios y del cristianismo se destruyen pueblos y se cometen atrocidades.

NO HAY TEMOR A DIOS SIN UN COMPROMISO CON EL. El temor a Dios comienza con un pacto entre David y Dios (5). En este pacto el hombre asume el compromiso de sujetarse a sus leyes, sabiendo que son "firmes", "eternas" y "seguras" (5). Nuestros gobernantes han perdido de vista esta base y es tarea de la iglesia proclamar este mensaje. Pero, ¿cómo podremos proclamar estas verdades bíblicas, si no las vivimos cotidianamente en la familia, la iglesia, el trabajo? "El que gobierne en el temor de Dios, con justicia, será como la luz de la aurora, como el resplandor del sol en una mañana sin nubes" (3, 4).

"Dichosos los que sufren persecución por hacer lo que Dios exige..." (Mateo 5:10).

Señor, ayúdanos a vivir de acuerdo con el mensaje que predicamos.

OCTUBRE
27

¿QUIEN SE LLEVA LOS HONORES?

2 SAMUEL 23:8-23

INVESTIGUEMOS...

1. ¿Quién les dio la victoria a los soldados más valientes de David (10, 11)?

2. Cuando algo te sale bien, ¿piensas si Dios tuvo algo que ver en esta acción?

No es fácil comprender este período de la historia israelita en el que se describen tantas muertes y batallas. Pero debemos recordar que nuestra comprensión de este período es muy limitada. Fácilmente podemos cometer el error de juzgar en forma simplista el modo de actuar de Dios con su pueblo. A pesar de las dificultades para comprender lo que ocurre, es posible extraer lecciones útiles de estos hechos.

EL SEÑOR LUCHA POR NOSOTROS. El autor afirma: "Aquel día el Señor alcanzó una gran victoria" (10). Esta frase es clave para entender el modo de actuar de Dios en la historia de Israel. En aquellos tiempos, como en la actualidad, las guerras se ganaban de acuerdo al poderío bélico de cada país. Es decir, ningún rey se atrevía a atacar si no contaba con armas y hombres suficientes. Pero para Israel este principio no tenía validez. Las batallas las ganaba el Señor. El Señor fue el que libró a Israel de manos egipcias. El Señor fue el que guió a su pueblo hasta Canaán. El Señor fue el que proveyó la tierra a los israelitas (leer Josué 1:10, 11; Salmo 18:49, 50). ¿Qué ha hecho el Señor por ti?

LA GLORIA ES PARA EL SEÑOR. Una de las razones principales por la cual Jehová luchaba por su pueblo es la que se menciona en Jueces 7:2. Cuando Gedeón tuvo que enfrentarse con los madianitas: "El Señor le dijo a Gedeón: Traes tanta gente contigo que si hago que los israelitas derroten a los madianitas, van a alardear ante mí creyendo que se han salvado ellos mismos." Al igual que los israelitas, muchas veces creemos que nuestros logros son pura y exclusivamente producto de los esfuerzos personales. Dios nos quiere enseñar a través de este relato. ¿A quién le atribuyes tus logros?

"Gracias a Dios que siempre nos lleva en el desfile victorioso de Cristo Jesús" (2 Corintios 2:14).

Señor, dame humildad para reconocer tu obra en mi vida.

OCTUBRE
28

SI CONFESARES...

1 CRONICAS 21:1-15

INVESTIGUEMOS...

1. ¿Cuál fue el pecado de David (7, 8)? ______________________

____

2. ¿Cómo restauras tu relación con Dios después de haber pecado?

____

____

Nos resulta difícil comprender por qué el censo fue un pecado de David. Tampoco es fácil entender por qué Dios permitió que el censo se realizara. Dios no sólo lo permitió, aún más, incitó a David para que lo realizara (2 Samuel 24:1-17). Pero antes de buscar respuestas debemos reconocer que el castigo de Dios siempre tiene su fundamento y debemos admitir que las razones de Dios no siempre las conocemos.

Al parecer, la intención de hacer un censo escondía intereses ocultos. David tomó una actitud arrogante al dar esta orden. Quería organizar el sistema de impuestos, servicios militares y trabajo forzado. Evidentemente este acto estaba fuera de la voluntad de Dios. En tiempos del profeta Samuel, Dios advirtió a su pueblo acerca de las consecuencias que surgirían al tener un rey terrenal (1 Samuel 8:1-22). Ahora, el pueblo estaba cosechando lo que había sembrado.

Dios le ofreció tres alternativas a David, quien escogió en base a la misericordia de Dios. David conocía a Jehová y había experimentado su misericordia en su propia vida. A pesar de recibir un castigo por la desobediencia, sabía que tenía la esperanza de restauración.

La ira de Dios recayó y afectó aun a aquellos que no tenían parte en el pecado de David. Sin embargo, aun en el castigo, la misericordia de Dios pudo ser experimentada. Con frecuencia otros sufren como resultado del pecado de unos pocos. ¿Eres partícipe de algún pecado que afecte a otros? En términos actuales, algunos de estos pecados pueden ser: especulación económica, mal uso de las provisiones que Dios nos da, consumismo, mantener silencio ante situaciones injustas, racismo, etc. ¿Te incluyes en algunas de éstas?

"Si confesares tus pecados, él es fiel y justo..."

Señor, ayúdame a discernir el bien del mal, para que pueda vivir según tu voluntad.

OCTUBRE
29

RESPONSABLE POR LAS CONSECUENCIAS DEL PECADO

1 CRONICAS 21:16-22

INVESTIGUEMOS...

1. Cuando David vio el ángel del Señor apuntando con su espada hacia Jerusalén, ¿qué actitud tomó (17)? ______________________________

____

2. "No presentaré al Señor mi Dios holocaustos que no me hayan costado nada" (2 Samuel 24:24). ¿Qué importancia tienen para ti estas palabras de David?

____

____

David se había equivocado al querer censar el pueblo. Como vimos en la meditación de ayer, David actuó impulsado por intenciones que no agradaban a Dios. También vimos que las consecuencias de su pecado cayeron sobre el pueblo. El ángel devastador ya había comenzado su tarea. Pero al ver David lo que estaba sucediendo, no pudo soportar la situación sin declararse culpable. ¡Yo fui quien mandó hacer el censo de la población! ¡Yo soy quien ha pecado y quien ha hecho mal! (17).

David supuso que la misericordia de Dios lo alcanzaría (13). Hasta el momento, la situación no se había presentado tan fácil. Jehová está cumpliendo su palabra y David se ve obligado a apelar a la justicia de Dios. David sabía que Dios actúa con justicia y que el castigo lo debía recibir él. Entonces, David actuó por un profundo amor hacia su pueblo y por un sentido de justicia. De este modo, asumió definitivamente la responsabilidad por las consecuencias de su pecado.

La misericordia divina tuvo lugar y el ángel del Señor detuvo la matanza. Inmediatamente, el ángel ordenó la construcción de un altar en honor a Jehová. El propósito del altar sería examinar la misericordia divina dispensada por Dios ese día. ¿Crees que tus pecados son causados por las circunstancias históricas?

Lo único que sabemos de la historia, es que el hombre no aprende de ella.

Enséñame a no repetir mis errores.

OCTUBRE
30

EL DIOS DE LOS MANSOS

1 CRONICAS 22:2-19

INVESTIGUEMOS...

1. ¿Por qué Dios no permitió que David construyera el templo (8)?

____

____

2. ¿Qué te enseña este evento del carácter de Dios? ________________

____

El pueblo, junto con su rey David, había sido una vez más objeto de la misericordia divina. Los israelitas acostumbraban a edificar monumentos conmemorativos de los actos salvíficos de Dios (ver Josué, las dos piedras conmemorativas). Aquí vemos una vez más el intento de construir un altar. El ángel del Señor fue quien ordenó al profeta Gad la construcción de un altar donde había terminado la matanza.

David cumplió con el mandato. Sin embargo, quiso ir más allá de lo que el Señor le había pedido. En su intento de agradar a Dios dijo: "Aquí estará el templo de Dios, el Señor." David quiso ir más allá de la petición divina con el fin de agradar a Dios. Dios no le había pedido a David que construyera un templo, simplemente le había ordenado construir un altar y hacer sacrificios. ¿Cuántas veces te impones hacer más de lo que Dios espera de ti?

Las características de la persona que iba a construir el templo estaban estipuladas en el versículo 9. No sería un hombre de carácter violento el que había de construir el templo de Jehová, sino un hombre pacífico. Esta característica fundamental apunta hacia el carácter mesiánico de Jesús: "lo llevaron como cordero al matadero". A Dios no le agradan las personas que intentan manejar las cosas por medio de la violencia. Dios es el Dios de los mansos, de los que esperan en él y confían en que "él hará". El manso no se adelanta a la situación, sino que espera en Jehová. El manso es contemplativo, espera conocer la voluntad de Dios.

"Guarda silencio ante el Señor; espera con paciencia a que él te ayude" (Salmo 37:7).

Perdóname Señor, por no esperar plenamente en ti, por intentar hacer cosas con mis propias fuerzas.

OCTUBRE
31

LAS CONVICCIONES PARA LA VIDA

1 CRONICAS 28:1-8

INVESTIGUEMOS...

1. Haz una lista de los diferentes personajes mencionados en el versículo 1.

____

2. Piensa en quiénes serían las personas que ocupan cargos similares o equivalentes en tu sociedad. ______________________

____

David reunió a sus colaboradores y líderes naturales de la sociedad, para dirigirles su discurso de despedida como rey. En las palabras de David encontramos varias ideas importantes para quienes tenemos algún puesto de liderazgo. Podremos aplicar estas ideas a nuestra vida como padres, maestros, jefes de oficina, capataces de fábricas o ejecutivos.

1. *RECONOCER A DIOS COMO SEÑOR SOBERANO DE LA VIDA* (2, 4). David, como rey podría haberse envanecido y propuesto que el pueblo le rindiera culto. Pero él sabía que no hay otra persona en el mundo más importante que Dios.

2. *LA CONVICCION DE HABER SIDO ESCOGIDO POR DIOS PARA ESA TAREA* (4, 5). Esta convicción le permitió a David concretar sus planes con la seguridad de que Dios los aprobaba. Y si se cometían errores, Dios en su misericordia mostraría la manera de enmendarlos.

3. *TENER UN PLAN PARA LA VIDA DENTRO DE LA VOLUNTAD DE DIOS* (3, 6). Dios no desaprobó la construcción del templo, sino que le puso algunas condiciones. El plan era bueno, Dios al aprobarlo lo perfeccionó.

4. *DELEGAR LA RESPONSABILIDAD A PERSONAS QUE VIVEN SEGUN LA VOLUNTAD DE DIOS* (6). David tenía muchos hijos, pero sólo uno entraba en los planes de Dios. Podría haber impuesto otro hijo, pero entendió que para perdurar en la historia, se requería delegar la responsabilidad en la persona correcta.

5. *ESTIMULAR A OTROS PARA QUE SE SUBORDINEN A DIOS* (8). Finalmente, David exhorta al pueblo a poner todo su empeño en obedecer a Dios. Este es el único camino para hacer de nuestra sociedad, nuestra familia, nuestro trabajo un lugar según la voluntad de Dios.

"...guarden con empeño todos los mandamientos del Señor, para que este hermoso país continúe siendo propiedad de ustedes" (8).

Te ruego, Señor, por mi país; que sus gobernantes te reconozcan como Dios y que los ciudadanos cumplan tu ley.

NOVIEMBRE
1

EL DIOS DE DAVID

1 CRONICAS 28:9-21

INVESTIGUEMOS...

1. ¿Qué concepto de Dios quería transmitir David a su hijo Salomón?

____

____

2. ¿En qué medida reflejan las palabras de David tu concepto de Dios?

____

____

David compartió con su hijo Salomón lo que él mismo había aprendido acerca de Dios.

DIOS CONOCE NUESTRA MOTIVACION (9). El quería que las personas que iban a construir el templo fuesen trabajadores y entusiastas. Hoy, El busca las mismas cualidades en sus seguidores.

DIOS NOS INDICA COMO QUIERE QUE LE SIRVAMOS (19). El plano del templo que David dio a Salomón no fue hecho en base a sus propias ideas. El lo había escrito en base a las indicaciones que Dios le había dado. Quizás nosotros estamos dispuestos, e incluso somos entusiastas, para servir al Señor; ¿pero estamos dispuestos también a servirle según sus planes e instrucciones?; ¿o insistimos en nuestros métodos? ¿Hemos aprendido a preguntar al Señor cómo quiere El que obremos?

DIOS NOS ACOMPAÑA CUANDO BUSCAMOS SERVIRLE (20). Dios prometió estar con Salomón, y por eso él pudo enfrentar la inmensa tarea de construir el Templo. Por eso también nosotros podemos aceptar las tareas desafiantes que el Señor nos encomienda.

DIOS LLAMA A OTROS A QUE LE SIRVAN (21). Los sacerdotes, los levitas, los voluntarios, los expertos, los jefes y todo el pueblo estaban a disposición de Salomón para ayudarle en el trabajo. Veamos a nuestro alrededor y preguntémonos si estamos involucrando a otros en la obra del Señor. ¿O preferimos ser "solistas"? A veces requiere de mayor esfuerzo involucrar a otros. Es más fácil, aparentemente, trabajar solos. Pero no es el modelo bíblico.

"El no te dejará ni te abandonará hasta que se acabe toda la obra" (20).

Padre, hazme conocer la tarea que tú tienes para mí; dame la confianza de saber que tú me acompañarás en medio de ella y dame la sabiduría para compartirla con otros.

NOVIEMBRE
2

COMO OFRENDAR A DIOS

1 CRONICAS 29:1-9

INVESTIGUEMOS...

1. ¿Cuál fue la actitud de la gente al dar sus ofrendas a Dios (6, 7)?

____

____

2. Compara los detalles de las ofrendas para el tabernáculo en Exodo 35 y 36. Observa las cosas que tienen en común con estas ofrendas. ¿Qué podemos aprender de ellas? ____________________________

____

1. *UN PUEBLO ELEGIDO SABE OFRENDAR* (1-4). David ya había recordado al pueblo que Dios lo había elegido a él (28:4). Por eso quería ofrendar para la construcción de este templo, que estaba destinado al servicio del Dios que lo había elegido. Su amor y devoción al Señor lo impulsaron a dar abundantemente de estos materiales y de sus tesoros personales. Nosotros también somos el pueblo elegido de Dios. ¿Somos igualmente entregados a la obra del Señor como David? ¿Estamos también dispuestos a ofrendar las cosas que más nos importan?

2. *UN PUEBLO CONSAGRADO SABE OFRENDAR* (5). "Se ofrendaron a sí mismos, primero al Señor". Así escribió Pablo acerca de algunos cristianos generosos de Macedonia (2 Corintios 8:5). Y fue lo que pidió David a los líderes de la nación en esta oportunidad. La frase que se usa en el versículo 5 describe a los sacerdotes que se consagran a Dios. La pregunta es también un desafío para nosotros: "¿Quién quiere contribuir voluntariamente haciendo un donativo para el Señor?"

UN PUEBLO AGRADECIDO SABE OFRENDAR (9). No dieron porque David insistiera. Dieron de buena gana y con sinceridad, y el hecho de dar fue motivo de mucha alegría para ellos. Pablo nos dice que el Señor ama al dador alegre (2 Corintios 9:7). ¿Se alegrará el Señor por nuestras actitudes al ofrendar?

"La gente se alegró... porque habían dado estas cosas al Señor con toda sinceridad" (9).

Padre, hazme conocer la profunda alegría de ofrendar con sinceridad y de buena gana.

NOVIEMBRE
3

OFRENDAS PARA UN DIOS GRANDE

1 CRONICAS 29:10-22

INVESTIGUEMOS...

1. ¿Qué te impacta más en este discurso de David? ____________________

____

2. Lee 2 Corintios 8 y 9 y medita en los motivos que tienes para estar agradecido a Dios y mostrarle esa gratitud. ____________________

____

Ya hemos observado las grandes cantidades de dinero que David y su pueblo habían ofrendado a Dios. Hemos visto con cuánta generosidad dieron sus bienes. David bien pudiera haber expresado su orgullo personal en esta oportunidad. Pero en este pasaje no es su generosidad el tema de su discurso. Es más bien...

LA GRANDEZA DE DIOS (11-15). ¡Cuántos contrastes encontramos en estas palabras de David! El retrata a Dios como soberano, grande poderoso, dueño de todas las cosas. En cambio, el hombre es nada más que una sombra, un peregrino en esta tierra. ¿Cómo puede entonces el hombre ofrecer algo a un Dios que ya lo posee todo? Sólo por...

LA GENEROSIDAD DE DIOS (14, 16). Dios nos da no sólo lo que necesitamos, sino también lo suficiente para ofrendar a El. Cuando ofrendamos, no le estamos haciendo ningún favor. Estamos simplemente reconociendo y pagando una deuda, y demostrándole...

NUESTRA GRATITUD (13, 17, 18). David expresó su gratitud al Señor con palabras, pero él y el pueblo ya la habían expresado también con sus ofrendas. David no le pidió a Dios que siempre pudieran tener lo suficiente para poder ofrendar, sino que pudieran siempre tener el deseo y la disposición de dar (18).

Quizás algunos de nosotros decimos que para el pueblo de Israel y para un rey tan rico como lo era David, no había problema con ofrendar, pero en la situación económica que muchos de nosotros estamos pasando, no es realista hablar de ofrendar. La Biblia nos enseña claramente que los momentos de apuro económico son precisamente los que nos ofrecen una oportunidad especial de demostrar nuestra confianza en el poder de Dios para suplir nuestras necesidades. "Traigan su diezmo al tesoro del templo, y así habrá alimentos en mi casa. Pónganme a prueba en eso, a ver si no les abro las ventanas de los cielos para vaciar sobre ustedes la más rica bendición" (Malaquías 3:10).

"Todo viene de ti y sólo te damos lo que de ti hemos recibido" (14).

Ora acerca de tu actitud hacia las ofrendas y los diezmos. Pide al Señor que te dé integridad en este asunto.

NOVIEMBRE
4

EL PRIVILEGIO DE SER PUEBLO

ROMANOS 9:1-18

INVESTIGUEMOS...

1. ¿Cuál es el estado de ánimo del apóstol al escribir estos conceptos? (2, 3)?

2. Confecciona una lista con las personas allegadas a tu vida que no conocen a Jesucristo. ¿Puedes sentir por ellas lo mismo que el Apóstol?

En estos párrafos, Pablo analiza la relación entre Dios y su pueblo. Estos conceptos también se aplican a nuestra vida. Veámoslos:

1. *LOS PRIVILEGIOS DE UN PUEBLO* (4, 5). Pablo sintetiza la extraordinaria obra de Dios entre su pueblo. Enumera en un papel todas las acciones que realizó Dios en favor de los suyos, desde el comienzo hasta la llegada del Mesías. ¿Ha hecho Dios cosas maravillosas en tu vida? ¿Cuáles?

2. *EL ERROR DE UN PUEBLO* (6, 7). Aquí se señala un error tan antiguo como el pueblo de Israel y tan moderno como nosotros. Ellos pensaron que por el solo hecho de ser parte del pueblo ya no había necesidad de preocuparse por su relación con Dios. A esta idea, Pablo dice que "no todos los descendientes de Israel son verdadero pueblo de Israel" (6). ¿Qué es lo que te constituye en verdadero miembro del pueblo de Dios?

3. *LA ESENCIA DE UN PUEBLO* (8). Nadie llega a ser hijo de Dios por herencia o por membresía a iglesia alguna. Pablo destierra estos conceptos para que ninguno caiga en error. Serán pueblo aquellos que se ajustan a la promesa de Dios y como resultado se les llama hijos, o pueblo. ¿Eres parte del pueblo de Dios? ¿Por causa de tu raza, tu religión o por tu decisión de someterte a Dios?

4. *LOS PLANES DE DIOS PARA UN PUEBLO* (14-18). Dios, en su sabia voluntad, decidió formar el pueblo de determinada manera. Nos puede parecer un acto injusto de Dios, pero a esto Pablo responde que Dios tiene el derecho de decidir unilateralmente. Por el contexto bíblico sabemos que Dios ofrece las mismas oportunidades a todos los hombres, aunque no todos responden. Compara con San Juan 1:13 y 3:16.

..."no depende de que el hombre... se esfuerce, sino de que Dios tenga compasión" (16).

Te alabo Padre, porque en tu gran misericordia me has permitido ser parte de tu pueblo. ¡Aleluya!

NOVIEMBRE
5

UN PRIVILEGIO UNICO

ROMANOS 9:19-29

INVESTIGUEMOS...

1. ¿Qué nos dice acerca del carácter del Señor el versículo 28?

____

____

2. ¿Estás convencido de que el Señor es todopoderoso (29)? ¿Cómo has experimentado su poder en tu vida? ______________________________

____

Dios formó su pueblo para que cumpliera con los propósitos que se fijó al crear al hombre. Pero al igual que Adán, el pueblo no se sometió a la voluntad de Dios. Tanto Adán como el pueblo fallaron por sus propias debilidades. Fue necesaria la intervención de Dios, quién proveyó lo necesario para reincorporarse a su pueblo.

1. *LA VOLUNTAD DE DIOS* (19-21). Sólo la arrogancia del hombre puede llevarle a cuestionar una decisión de Dios. Sólo una persona arrogante puede dudar de la justicia de Dios. Pablo compara nuestra relación con Dios, como la que existe en una vasija de barro y el alfarero. No estamos capacitados para saber comprender la voluntad de Dios en su plenitud. Pero nos basta con saber que es "buena y perfecta" y que "todo lo hizo bueno en su tiempo".

2. *LA PACIENCIA DE DIOS* (22-23). Dios no está obligado a ocuparse del hombre desobediente, pero su misericordia reclama una acción en su favor. Su amor por el hombre lo llevó a actuar y ofrecerle una alternativa. Pablo señala que este acto de misericordia en una demostración de su gran poder, ya que no implica meramente perdonar sino también regenerar al hombre. Sólo una persona transformada por Dios, puede participar de su gloria.

A unos, Dios los tomó de entre los judíos, a otros de entre los no judíos. Tanto unos como los otros tienen el privilegio de oír a Dios diciendo "...los llamaré mi pueblo" (25). ¿Has agradecido a Dios por el privilegio de ser parte de su pueblo?

"...serán llamados hijos del Dios viviente" (26).

Te alabamos Señor, porque nos has dado el privilegio de ser tus hijos.

NOVIEMBRE
6

¿CUANTO VALE EL EVANGELIO?

ROMANOS 9:30-33

INVESTIGUEMOS...

1. Según el versículo 32, algunos judíos no fueron liberados. ¿Qué error cometieron para que esto ocurriera? ______________________________

____

2. ¿Te asemejas a los judíos, aferrándote a normas eclesiásticas? __________

____

____

¿Cuánto vale el evangelio? Jesús respondió a esta pregunta con dos parábolas: el tesoro escondido y la perla de mucho valor (Mateo 13:44-46). Con estas parábolas, Jesús quiso decir que para mantenerse dentro del evangelio se justifica cualquier precio. Veamos algunos aspectos que lo hacen tan valioso.

1. *ORIGEN DEL EVANGELIO.* Dios es quién decidió comunicar el evangelio al hombre. Toda la autoridad y el poder del evangelio vienen de Dios mismo. El evangelio es la voluntad de Dios expresada en nuestras palabras.

2. *UNIVERSALIDAD DEL EVANGELIO.* La voluntad de Dios no tiene como único destinatario al pueblo judío. La oferta de Dios se extiende a todas las personas del mundo, sin distinción alguna. ¿Crees que algunos merecen el evangelio más que otros? No es ésta la idea de Dios.

3. *EFECTO DEL EVANGELIO.* Quienes aceptaron el evangelio fueron "liberados de la culpa" (30, 31). Sólo Dios tiene el poder y la autoridad de efectuar tal liberación. Si aún sientes remordimientos por tus errores, Dios puede producir este milagro en tu vida.

4. *DEMANDAS DEL EVANGELIO.* El evangelio es como una piedra que nos hace caer o nos da firmeza. El evangelio espera que depositemos nuestra confianza en lo que Dios quiere hacer en nuestras vidas. De lo contrario, despreciamos la oferta de Dios.

"El que confíe en ella, no quedará defraudado" (33).

Perdóname Señor por no valorar suficientemente el evangelio que me has dado.

NOVIEMBRE
7

EL CAMINO A LA LIBERACION

ROMANOS 10:1-13

INVESTIGUEMOS...

1. ¿Cuál es la tarea de Jesucristo en favor del hombre (4)? ____________

____

2. ¿De qué culpas te ha liberado el Señor? ¿Le has agradecido por esta obra en tu vida? ____________

____

Pablo continúa analizando la situación de los judíos y sus posibilidades de liberación. Aun cuando habla de un grupo humano específico tiene aplicación a nuestras vidas. El apóstol señala que no todos los caminos nos liberan, ya que algunos están equivocados y otros incompletos. Veamos algunas de estas ideas.

1. *LA RAZA NO LLEVA A LA LIBERACION* (1 y 12). Pablo ora por sus compatriotas, los judíos. Ellos también necesitan salvación. Su raza no les da ninguna ventaja, porque para Dios "no hay diferencia entre los judíos y los no judíos" (12). Para Dios no existen razas superiores, ni clases sociales superiores. En tanto que somos seres humanos, somos todos iguales. ¿Acostumbras hacer diferencia entre las personas, según su actividad, su clase o su sexo?

2. *LOS MERITOS PROPIOS NOS LIBERAN* (2-4). El apóstol reconoce que los judíos tenían buenas intenciones, pero no son suficientes para alcanzar la liberación. Se da mayor valor a la acción del hombre, que a la intervención de Dios (3). La conclusión es que todo el esfuerzo que hagamos no basta para nuestra salvación. ¿Piensas con frecuencia que las bendiciones son un premio de Dios a tus buenos actos?

3. *LA OBSERVANCIA DE LAS LEYES NO LLEVA A LA LIBERACION.* Los judíos recibieron la ley como el camino para alcanzar la liberación. Pero cometieron el error de poner el énfasis en el mero cumplimiento, y no en la forma de vida que Dios esperaba de ellos. ¿Te sujetas a las leyes? ¿Cómo haces para no convertirte en un legalista?

4. *CREER EN JESUCRISTO Y CONFESARLE PUBLICAMENTE ES VIVIR LIBERADO* (9-11). Pablo nos dice que para alcanzar la salvación son necesarias dos acciones: creer y confesar (10). Una refleja la confianza en que Dios puede hacer lo que yo no puedo hacer por mi salvación (3). Y la otra, es reconocer públicamente que mi debilidad ha sido completada por Jesucristo.

"El que confíe en él, no quedará defraudado" (11).

Señor, reconozco mi impotencia para cambiar. Libérame y podré vivir para ti.

NOVIEMBRE
8

LOS SEMBRADORES

ROMANOS 10:14-21

INVESTIGUEMOS...

1. ¿Cuáles son los requisitos que debe cumplir quien lleva las buenas noticias (15)? ______

2. Cuando has compartido el evangelio con otros, ¿qué te produjo mayor alegría y satisfacción? ______

En los primeros versículos de esta sección hay una secuencia de ideas que dependen una de la otra (14, 15a) y culmina con una expresión de alegría (15b). Basados en estas ideas, podemos hacer dos afirmaciones: a) los cristianos somos enviados a proclamar el evangelio; no es una idea nuestra: b) la manera de transmitir el evangelio y lo que decimos puede facilitar el surgimiento de la fe en la otra persona. Nuestra responsabilidad es grande y seria. Pero, al mismo tiempo, debemos ser conscientes de que aun cuando predicamos el evangelio de Jesucristo, pueden existir reacciones negativas. Veamos cuáles menciona Pablo.

SE ESCUCHA EL MENSAJE, PERO NO PRODUCE FE. Pablo se pregunta: "¿Será tal vez que no oyeron el mensaje?" El mensaje ha sido escuchado, pero no floreció la fe en la persona. El evangelio tiene la virtud de producir fe (17), pero depende del que escucha, el tipo de respuesta que dará. Quien transmite el evangelio debe ser consciente de que Dios ha hablado con claridad a todos los hombres (18). La voz de Dios ha llegado hasta lo último de la tierra. La tarea del cristiano es colaborar con Dios en la transmisión de las buenas nuevas; creer en el mensaje es responsabilidad de quien lo escucha.

SE ESCUCHA EL MENSAJE, PERO NO PRODUCE OBEDIENCIA. Pablo se hace una segunda pregunta: "¿Será que no se han dado cuenta?" Tampoco este argumento puede ser esgrimido, ya que Dios no sólo les ha dado la oportunidad de escuchar, sino que les ha provocado a la obediencia. Dios no presiona a la persona, sino que le facilita el camino. Los "celos" (19) a los que les provoca tienen como fin hacerles reaccionar positivamente a Dios. Pero la persona está libre para hacerlo o no. En tal caso, la responsabilidad del mensajero es cumplir su tarea de anunciar, insistir, pero no obligar a tomar una decisión. Observa la actitud de Dios: "todo el día extendí mis manos". La paciencia de Dios, su compasión y su deseo de que el pueblo obedezca, deben ser un ejemplo claro de cómo debemos actuar: proclamar, insistir, sin obligar.

"¡Qué hermosa es la llegada de los que traen buenas noticias!" (15).

Respalda, Señor, el anuncio de tu evangelio, para que produzca fe y obediencia en las personas.

NOVIEMBRE
9

LA SALVACION DEBE CUIDARSE

ROMANOS 11:1, 2

INVESTIGUEMOS...

1. Muchos fueron escogidos para ser parte del pueblo de Dios, pero sólo unos pocos aceptados. ¿Cuál fue la condición que puso Dios para aceptarles (4, 5)?

____

2. ¿Con cuánta frecuencia analizas tu vida para eliminar a los dioses que te fabricas? ______________________________________

____

Judíos y no judíos deben cumplir los mismos requisitos para recibir la salvación de Dios. ¡Atención! De igual manera que le ocurrió al pueblo judío puede acontecernos a nosotros. Ellos pertenecían al pueblo escogido (2) y confiaron desmedidamente en esa condición y olvidaron obedecer a Dios. Este ejemplo nos lleva a formularnos las siguientes preguntas:

1. *¿QUIENES SON LOS QUE FRACASAN?* Pablo afirma que quien escogió a Israel fue Dios mismo (2). El pueblo judío no hizo ningún mérito para ser escogido (6). Pero a pesar de tener este privilegio, el pueblo se atrevió a desobedecer y matar a los profetas de Dios (3). Tuvieron todas las posibilidades, pero no las supieron aprovechar. ¿No nos ocurre frecuentemente lo mismo?

Este tipo de conducta hizo reaccionar a Dios de manera dura: "los hizo espiritualmente insensibles" (8) y "al tropezar, cayeron por completo" (11). Tenían todo a su favor, pero no supieron aprovecharlo.

2. *¿CUALES SON LAS ALTERNATIVAS DE SALVACION?* En primer lugar, depende de la voluntad de Dios. El apóstol Juan nos dice que Dios tomó la iniciativa y quiere que todos sean salvos (Juan 3:16). La segunda condición es que Dios sea lo suficientemente bueno como para aceptar a la persona tal como es. Pablo nos dice que Dios ha demostrado su bondad respetando a unos pocos de entre una sociedad perversa (5). El tercer requisito es que Dios pueda abrir un camino a la salvación, a pesar del pecado que rodea al hombre (12). Cuando el pueblo judío desobedeció, la bondad de Dios abrió un nuevo camino para los que no eran pueblo. Dios ofreció su salvación a quien quisiera beneficiarse con ella.

Dios ha hecho todo lo posible para nuestra salvación. ¿Qué hacemos nosotros para conservarla?

"Ocúpense de su salvación con profunda reverencia..." (Filipenses 2:12).

Te agradezco Señor, por tu bondad manifestada en mi vida. Ayúdame a corresponderte en obediencia.

NOVIEMBRE
10

NUESTRO LUGAR COMO PUEBLO DE DIOS

ROMANOS 11:13-24

INVESTIGUEMOS...

1. Explica con tus propias palabras la figura que Pablo utiliza del olivo. ¿Qué es lo que él quiere enfatizar con esta figura? ____________________

____

____

2. ¿Existe en ti una tendencia a sentirte orgulloso o satisfecho de ser cristiano? ¿Qué te dice la lectura de hoy al respecto? ____________________

____

____

Cuando un experto jardinero injerta la rama de un árbol en el tronco de otro, la rama injertada llega a ser parte del árbol original, recibiendo vida de él, y dando más y mejores frutos.

1. *ISRAEL ERA EL CANAL ORIGINAL QUE LLEVABA A LA BENDICION DE DIOS AL MUNDO.* El "olivo" había sido plantado por Dios. La ley que Dios reveló a Moisés fue sólo uno de los muchos frutos que Israel había dado al mundo.

2. *LOS GENTILES DEBIAN TODO A ESTOS COMIENZOS QUE SE HABIAN PRODUCIDO EN EL PUEBLO DE ISRAEL.* Algunas de las ramas dejaron de producir frutos. Luego vino el jardinero, trayendo ramas de otros olivos, y las injertó en el árbol cultivado. Ellos empiezan a recibir savia a través del árbol original y producen buenas aceitunas. De la misma manera, dice Pablo, los cristianos gentiles son hechos parte del pueblo original de Dios a través de la fe en Cristo Jesús. Jesús mismo era judío, y vino para cumplir todo lo que Dios había prometido en la ley de Moisés. Por eso nosotros debemos tanto al "olivo" elegido de Dios, el pueblo de Israel.

3. *NADIE TIENE POR QUE JACTARSE.* Fue Dios quien "plantó" el árbol de Israel, el olivo original. Fue también Dios quien "injertó" a los gentiles. Todo lo hizo por su amor y su misericordia, que a su vez nos impulsan a seguir amando y confiando en sus buenos propósitos.

Dios - bueno y estricto.

Ora acerca de cualquier contacto que puedas tener con judíos, para que puedas ser un buen ejemplo de Jesucristo.

NOVIEMBRE
11

LA CLAVE PARA LA HISTORIA

ROMANOS 11:25-36

INVESTIGUEMOS...

1. ¿Qué nos dice Pablo en este pasaje acerca del carácter de Dios?

____

____

2. ¿Cómo influye este pasaje en tu concepto de la historia?

____

____

1. *DIOS TIENE UN PLAN PARA LA HUMANIDAD* (25-32) "¿Cómo llegará todo a su fin?", preguntan los cristianos al ver tanta confusión, crueldad y maldad en el mundo. El incrédulo dice: "Nada tiene propósito". Tiene mucho significado el hecho de que la nación de Israel ha sido durante todo este siglo el foco de mucha turbulencia. Esta pequeña nación ha sobrevivido siglos de persecución, exilio y sigue siendo objeto de mucha agresividad. Tenemos que reconocer que Dios tiene sus planes para Israel y que este antiguo pueblo ocupa un lugar especial en el escenario de la historia. Esto no significa que debemos aprobar todas sus acciones y actitudes. Incluso, nos cuesta a veces saber cómo reaccionar como cristianos ante los acontecimientos de la historia de Israel. Los planes de Dios para su pueblo incluyen dos etapas: en primer lugar, un período cuando la mayoría de los judíos no creen ("se han endurecido" 25), mientras muchos gentiles sí llegan a tener fe. Es lo que viene ocurriendo ahora. Luego, en los tiempos finales, los judíos también se volverán a Dios en grandes cantidades, y la familia de Dios estará completa. Todos aquellos que llegan a conocer a Dios y a depositar su confianza en El, lo harán sólo por su misericordia (32).

2. *LOS PROPOSITOS DE DIOS SON MISTERIOSOS* (33-36). Existen muchos vacíos en lo que sabemos de Dios y sus planes. Si pudiéramos saber todo acerca de El, con nuestra inteligencia limitada, entonces El no sería Dios sería simplemente otro ser humano al igual que nosotros. Por eso tenemos que confiar plenamente en él y en sus propósitos en la historia.

La sabiduría y el entendimiento de Dios.

Ayúdame Señor a decir "Amén" a todo lo que tú eres y haces.

NOVIEMBRE
12

BASE PARA UN ESTILO DE VIDA

ROMANOS 12:1-8

INVESTIGUEMOS...

1. Pablo recomienda que cada uno se autoanalice (3). ¿Cuál es la finalidad de esta autoevaluación? ______________________________

____

2. ¿Con qué frecuencia observas tu propia vida para detectar aciertos y errores?

____

____

En este pasaje, Pablo nos da las pautas para un estilo de vida diferente, que no se basa en "los criterios del tiempo presente"(2). Analicemos cuatro aspectos que nos permitirán alcanzar esta nueva forma de vida.

1. *UNA BASE DOCTRINAL.* A través de la historia Dios fue revelando al hombre su voluntad. De este modo podemos comprender el significado de "agradable". "bueno", "grato", "perfecto", "cuerpo", "dones". Todos estos conceptos son, para el cristiano, una guía en la vida y una meta para alcanzar.

2. *UNA DECISION PERSONAL.* En el versículo 1, Pablo utiliza la expresión "que se presenten ustedes mismos". Esta presentación nace cuando interiormente decido subordinarme a Dios. El Señor no nos obliga; espera que nosotros mismos lo queramos.

3. *UN PROCESO CONTINUO.* No se espera una decisión única, sino una entrega continua de la vida. Este proceso forma parte de nuestro culto a Dios. Al entregarnos a El, le estamos adorando, le estamos reconociendo como nuestro Señor.

4. *UN CONTEXTO COMUNITARIO.* Es importante no perder la idea de Pablo; él coloca la entrega personal dentro de un contexto comunitario (4-8). Quien dice que realiza este culto a Dios diariamente, pero no está integrado a una comunidad cristiana, no rinde un culto completo.

"Cambien su manera de pensar para que así cambie su manera de vivir" (2).

Quiero adorarte con mi vida, Señor. Quiero adorarte en la comunión de mis hermanos.

NOVIEMBRE
13

UNA LEY DIFERENTE

ROMANOS 12:9-21

INVESTIGUEMOS...

1. ¿Cuál de estos mandamientos necesitas tomar más en serio? ____________

____

2. Si todos estos mandamientos fuesen obedecidos en tu iglesia, y por ti en primer lugar, ¿cuáles serían los resultados? ______________________

____

Moisés subió al Monte Sinaí y bajó con los Diez Mandamientos. Pablo había estado "en los cielos" en unión con Cristo (Efesios 1:3), y ahora "vuelve" con unos nuevos mandamientos, con instrucciones positivas para un nuevo estilo de vida cristiana.

1. *AMENSE SINCERAMENTE UNOS A OTROS* (9, 10). Esto incluye decir "no" a lo malo y el hacerse competencia en mostrar respeto los unos por los otros.

2. *MANTENGANSE FERVIENTES* (11). El secreto es el Espíritu Santo, y es en el servicio al Señor que se mantiene el fervor, no en una vida cristiana estancada.

3. *SIGAN ADELANTE CON PERSEVERANCIA* (12) especialmente en la oración.

4. *AYUDEN A LOS NECESITADOS* (13) y ofrezcan hospitalidad a otros.

5. *CUANDO OTROS TE HAGAN DAÑO, BUSCA SU BIENESTAR* (14).

6. *COMPARTAN LAS EXPERIENCIAS DE OTROS* (15): éstas pueden ser tristes o felices. Lo importante es identificarnos con otros a través de ellas.

7. *PIENSEN EN OTROS Y NO EN USTEDES MISMOS* (16). "Armonía" quiere decir que suenan varias notas, pero que todas en conjunto tienen un son hermoso.

8. *SEAN NOBLES DE PENSAMIENTO* (17). De esta manera estarán libre del peligro de buscar venganza o mostrar rencor.

9. *HAGAN TODO LO QUE PUEDAN PARA ESTAR EN PAZ* (18). Si vienen los problemas que no sean ustedes los que los causen.

10. *CONFIA EN DIOS PARA HACER SU JUSTICIA* (19, 20). Puedes cooperar con Dios en esto al hacer el bien a los que buscan hacerte daño. Esto va más allá aún que el versículo 14.

"El amor sea sin fingimiento" (9 R.V.R.).

Padre, me siento tan incapaz de vivir según estas normas. Te confieso mis fracasos, mi falta de amor, mi falta de sinceridad y mi deseo de venganza. Ten misericordia de mí.

NOVIEMBRE
14

¡A MI, NADIE ME MANDA!

ROMANOS 13:1-7

INVESTIGUEMOS...

1. ¿Qué significa tener autoridad? ______________________

____

2. ¿Quiénes son las personas que tienen autoridad sobre tu persona? ¿De qué manera colaboras con ellas? ______________________

____

Pablo dice que los cristianos deben "someterse a las autoridades" (1) porque ellas "están al servicio de Dios" (4, 6). También dice (2) que quien se opone a la autoridad "va en contra de lo que Dios ha ordenado". La intención de Pablo no es exhortar a los gobernantes. Sin embargo, podemos inferir algunas enseñanzas tanto para ellos como para nosotros.

1. *LA RESPONSABILIDAD DEL GOBERNANTE CONSISTE EN ...*

... no desobedecer a Dios (1). El gobernante ha sido puesto por Dios y en tal condición es responsable de su conducta. Lamentablemente la realidad nos muestra que no siempre es así.

... no provocar el miedo entre los ciudadanos (3). El gobernador es responsable de proveer un clima de tranquilidad social. Provocar a los ciudadanos a ejercer violencia es desobediencia a Dios.

... no utilizar los bienes materiales con fines egoístas (6). Dios lo ha puesto como administrador de los impuestos y es responsable ante El de la forma cómo utiliza ese dinero.

2. *LA RESPONSABILIDAD DEL CIUDADANO CONSISTE EN ...*

... respetar a los gobernantes (1, 5). Respetamos a los gobernantes porque deseamos obedecer a Dios. Nuestra fidelidad es a Dios, no a los gobernantes.

... discernir la obra de Dios en la sociedad (4, 6). Debemos reconocer en los actos del gobierno, parte de la obra de Dios en la sociedad.

... ayudar a los gobernantes para que cumplan con el mandato que Dios le ha dado (6). Colaborar con el desarrollo armónico de la sociedad, es colaborar con Dios.

"Se debe orar por los que gobiernan y por todas las autoridades" (1 Timoteo 2:2).

Señor, quiero pedirte que podamos ser mutuamente responsables: yo con mis padres, mis maestros, mis empleados, mis gobernantes.

NOVIEMBRE
15

DOS VIRTUDES: AMOR Y ESPERANZA

ROMANOS 13:8-14

INVESTIGUEMOS...

1. ¿Qué significa para ti revestirte del Señor Jesucristo (14)? ______________

____

2. Algunas personas creen equivocadamente que para revestirse de Cristo es necesario cumplir con algún rito religioso. ¿De qué manera el amor y la esperanza te permiten revestirte de Cristo? ______________

____

Pablo continúa su carta señalando aspectos prácticos de la vida cristiana. En la sección que nos ocupa hoy encontramos dos virtudes que deben regir nuestra vida cotidiana: el amor y la esperanza. Analicemos cada una de ellas.

1. *"AMA, Y HAZ LO QUE QUIERAS"* (8-10). Para Pablo la vida cristiana no se separa de lo cotidiano y lo terrenal. Observa que él comienza hablando del dinero (8) y luego pasa al tema del amor. Insta a los hermanos a pagar sus deudas. Quien ha pagado sus deudas puede olvidarse de ellas. Pero no ocurre lo mismo con el amor. Nunca terminaremos de pagar nuestra deuda de amor hacia quienes nos rodean. No amamos para pagar un servicio, o retribuir una atención. El amor está en nosotros porque Cristo nos amó primero. El amor surge de nuestro interior como resultado de la obra de Cristo en nosotros. Brindar amor es reflejar algo de la persona de Cristo.

2. *"CON LOS PIES EN LA TIERRA"* (11-14). Pablo insiste en la necesidad de comprender los problemas de la sociedad en que vivimos (11), y de reconocer nuestras debilidades personales (12). Estos conceptos del Apóstol son un llamado de atención, para que los cristianos pensemos equilibradamente. El cristiano no debe pensar únicamente en el futuro, en el cielo y olvidarse del presente, cuando debe brindar amor. La esperanza es la energía que Dios nos da para poder vivir el presente. La esperanza nos desafía a perseverar con optimismo en situaciones difíciles, tanto en la vida personal como en la sociedad. La esperanza nos desafía a buscar cambios y transformaciones en nuestra vida personal y en la sociedad que nos rodea (12, 13).

"Tengan en cuenta el tiempo en que vivimos" (11).

Señor, por favor perfecciona tu amor en mí, hasta que vengas.

NOVIEMBRE
16

¡NO ESTOY DE ACUERDO!

ROMANOS 14:1-12

INVESTIGUEMOS...

1. El versículo 9 sintetiza la obra de Cristo. ¿Qué hizo? ¿Para qué lo hizo?

____

2. ¿Qué áreas de tu vida aún no se encuentran bajo el señorío de Cristo?

____

____

Muchas veces en la vida cotidiana nos encontramos en desacuerdo con otros. Estos desacuerdos pueden dar lugar a una abierta enemistad. Pero, ¿será cierto que el respeto y el cariño entre dos personas dependen necesariamente de que piensen igual? Pablo nos advierte que no es así.

1. *LA INTOLERANCIA NOS SEPARA*. En menor o mayor grado todos creemos que nuestra manera de actuar y hacer las cosas es la mejor. Según esta perspectiva medimos a los demás y los juzgamos. Al actuar así damos lugar a que la intolerancia controle nuestras relaciones interpersonales. La intolerancia nos hace pensar que las cosas se deben hacer de una sola manera, y que quien piensa de otra forma está errado. Leamos de nuevo el pasaje y observemos que Pablo nos insta a dejar de ser intolerantes.

2. *LA COMPRENSION NOS ACERCA*. Pablo da por sentado que no todos han de pensar igual, no todos tendrán las mismas costumbres; pero Pablo no insiste en que todos pensemos y actuemos como robots cristianos, programados por Dios. El pide que los cristianos se comprendan mutuamente. Cuando dos personas de diversas opiniones se encuentran, cada una debe esforzarse por comprender a la otra y aceptarla. La responsabilidad es de ambas.

3. *JESUCRISTO NOS UNIFICA*. Hay un punto en el que todos debemos pensar de la misma forma: el Señor mismo es el centro de nuestros actos. No son las enseñanzas, ni los ritos religiosos, sino la persona de Cristo que nos une. Como cristianos somos llamados a aceptar y respetar a quienes tienen costumbres denominacionales diferentes de las nuestras, y a recordar que nos unifica la persona de Cristo. En El somos uno. ¿O no lo somos en realidad?

"Tanto en la vida como en la muerte, del Señor somos" (8).

Señor, haz que pueda aceptar con amor y comprensión a quienes piensan y actúan de una manera diferente.

CAMINANDO CON AMOR

ROMANOS 14:13-23

INVESTIGUEMOS...

1. Busca una frase en este pasaje que sirva para resumir toda su enseñanza.

2. Para nosotros es probable que la comida no sea el área problemática con respecto a nuestro testimonio. Pero en la práctica, ¿cómo podemos usar de nuestra libertad sin cargos de conciencia (22)?

"En el amor se cumple perfectamente la ley", dice Pablo (13:10). Pero, ¿qué quiere decir esto en la práctica?

1. *SENSIBILIDAD HACIA LOS DEMAS.* El versículo 8 define el principio fundamental: tenemos que responder en primer lugar y primordialmente ante Dios. Así que podríamos decir: "A mí me preocupa sólo lo que opina Dios, y no me importa el parecer de los demás." Pero no, dice Pablo, tu manera de vivir influye en otras personas, y podrías hacerles daño haciendo algo que para ti es perfectamente inocente. Un cristiano de aquel entonces bien pudiera haber ido al mercado y con una conciencia perfectamente limpia haber comprado carne que había sido sacrificada a los ídolos. Otro cristiano podría haberlo visto y dicho: "Así que no importa si me identifico con mi cofradía en el culto de los ídolos en el templo..." Este segundo cristiano hubiera desobedecido a Dios porque no entendió plenamente por qué el primero estaba actuando de esa manera. Lo que hacemos lo hacemos a la vista de todos, pero nuestra motivación puede que no sea tan obvia.

2. *DAR PRIORIDAD A DIOS* (17). Es muy fácil que lleguemos a estar tan preocupados por las cosas que podemos o no hacer, o comer, o beber, o ver, que nos olvidamos de las cosas que realmente tienen importancia, el crecimiento y desarrollo del reino de Dios.

PARA MEDITAR: ¿Cuáles son las cosas que, según tu opinión, son las realmente importantes en el reino de Dios? (No mires el versículo 17 hasta después de tratar de contestar la pregunta.)

Agradable a Dios y aprobado por los hombres.

Señor, ayúdame a darte el primer lugar en todo, a darme cuenta de mi influencia en otras personas, y a estar dispuesto a negarme cualquier cosa que podría causar problemas a otros. Gracias porque tú me das la libertad para poder negarme.

FUERTES Y DEBILES

ROMANOS 15:1-6

INVESTIGUEMOS...

1. ¿Qué esperanza nos da este pasaje para poder vivir agradando a nuestro prójimo y no a nosotros mismos? ______

______

2. ¿Cuál sería tu definición de alguien que es "fuerte en la fe" y de otro que es "menos fuerte"? ______

______

Para el cristiano, la fuerza o la fortaleza que más le importa es aquella que describe Pablo en este pasaje: se trata de ser fuertes o *débiles en la fe* (ver 14:1). Con la fe, Pablo se refiere a una combinación de dependencia de Dios y una comprensión de la voluntad de Dios, especialmente cuando se trata de decidir qué hacer y qué evitar (ver 14:22, 23 de nuevo). Una fe "débil" está muy preocupada con las cosas prohibidas (14:2) y se siente más segura si tiene una buena cantidad de reglas que prohíben ciertas cosas. Una fe "fuerte' o robusta reconoce que Dios es el Señor de todo, y que todo lo que El ha hecho es "limpio" (14:20), y no puede hacerse sucio por la mera opinión de los hombres. Generalmente los "débiles" critican a los "fuertes" por ser demasiado tolerantes; los "fuertes critican a los débiles" por ser demasiado tímidos (14:10). Entonces, ¿cómo evitamos conflictos en la iglesia?

* *LOS "FUERTES"* tienen que tomar en cuenta las vulnerables conciencias de los "débiles" y no insistir en sus propios derechos. Al contrario, deben hacer todo lo posible para ayudar a sus colegas cristianos (1, 2), al igual que Jesús (3).

* *LOS "DEBILES"* no deben imponer sus reglas a otros (14:10).

* *TODOS* deben tener en mente el ejemplo de Jesús, buscando mantener las mejores relaciones interpersonales (5), alabando a Dios juntos (6) y recordando que lo primordial es su honra y gloria.

¿Acepto como mías las debilidades de los que son menos fuertes (1)?

Ora acerca de los problemas que puedas tener en esta área, evaluándote a ti mismo como "fuerte" o "débil".

NOVIEMBRE
19

ACEPTANDO AL HERMANO

ROMANOS 15:7-13

INVESTIGUEMOS...

1. ¿Quiénes se beneficiaron por la obra de Cristo (7-9)? ____________________

____

2. ¿De qué manera concreta podemos "recibirnos unos a otros"? ____________

____

Los destinatarios de esta carta estaban complicados en un serio problema religioso-racial. Las diferencias existentes entre judíos y gentiles, afectaban la comunión entre cristianos. El apóstol exhorta a una vida de renuncias por amor a Cristo y a sus hijos.

IMITEMOS A CRISTO (7). Para recibir a un hermano es necesario aceptarnos mutuamente tal cual somos. Factores como el origen, el rango, la raza o el idioma, no deben motivar divisiones. Tomemos en cuenta el ejemplo vivo de Cristo que nos amó sin distinciones (Romanos 5:8). ¿Aceptas a tu prójimo tal como Dios lo ha aceptado? ¿Le amas?

VIVIENDO EN UNIDAD (8-12). Pablo cita el Antiguo Testamento para demostrar que los gentiles están en el plan de Dios. ¿Es posible que judíos y no judíos puedan convivir en amor? "Jesús vino a ser siervo" (8, Marcos 10:45), se humilló hasta lo sumo por amor (Filipenses 2:8). La actitud de Jesucristo nos demuestra que dentro del pueblo de Dios no existen privilegiados, por el contrario todos deben estar al servicio del otro (Filipenses 2:3-5).

De acuerdo con la profecía, el injerto del "olivo silvestre" era una referencia a la salvación de los no judíos (1 Pedro 2:10). En consecuencia, en el pueblo de Dios conviven unos y otros cooperando, estimulándose, amándose, en obediencia a Dios.

CON RENOVADA ADORACION (13). La conclusión es una plegaria a modo de bendición, deseando que el propósito del evangelio sea real en cada cristiano.

"Amaos los unos a los otros como yo os he amado" (Juan 13:34 R.V.R).

Padre, quita de mí la parcialidad.

NOVIEMBRE
20

SOMOS CANALES

ROMANOS 15:14-21

INVESTIGUEMOS...

1. ¿Cuáles son las evidencias de la obra de Jesucristo en la vida de los creyentes (14)? ______________________________

____

2. Más allá de la obra de Jesucristo, ¿cuál es nuestra tarea (20, 21)?

____

____

El apóstol reconoce que los cristianos de Roma han demostrado un profundo amor por Cristo, pero al mismo tiempo les hace notar que es posible exhortarse mutuamente dentro de un ambiente de camaradería, comprensión y afecto.

MISION APOSTOLICA (14-16). Según estos versículos, Pablo escribe para recordarles cuál ha sido su llamamiento y testifica acerca de la manera en que el Señor le ha utilizado. Pablo es el ministro (sacerdote) escogido para los gentiles, quienes han sido dedicados en "ofrenda santificada" al Señor (16).

AUTORIDAD APOSTOLICA (17-21). El apóstol es consciente de que ha sido un canal de Dios (18). ¡Qué importante es reconocer la obra de Dios a través de nosotros! En muchas ocasiones nos hemos podido jactar de "nuestras" acciones, fundamentando "nuestro" éxito en la posición social, económica o intelectual. Pablo tiene de qué gloriarse. No es la primera vez que le vemos exaltar al Señor, dándole gloria (Romanos 5:2, 3, 11; 1 Corintios 1:31; 2 Corintios 10:17; Gálatas 6:14).

Pablo ha llegado a esta situación porque reconoció que en Cristo todo lo puede (Filipenses 4:13), y porque ha sabido ubicar sus capacidades y dotes a los pies del Señor (Filipenses 3:7, 8). Supo humillarse, aceptar y vivir las demandas del reino de Dios, abandonando así toda jactancia personal. Por esto Pablo tenía autoridad para predicar y exhortar a los romanos (Hechos 28:23-31).

Analiza tu trabajo en la obra del Señor. Glorifica a Dios por cada tarea que puedes realizar.

"Tengo que gloriarme en Cristo" (17).

"Tuya es, oh Señor, la gloria y el honor"

NOVIEMBRE
21

ACEPTEMOS LA VOLUNTAD DIVINA

ROMANOS 15:22-33

INVESTIGUEMOS...

1. ¿Cuál era la causa por la que Pablo aún no había visitado Roma?

____

____

2. ¿Qué hacemos para conocer la voluntad de Dios? _______________

____

____

Pablo, con su espíritu misionero, manifiesta el deseo de visitar Roma, y luego España. Pero antes debía pasar por Jerusalén. Finalmente llega a Roma, pero encadenado.

UNA LECCION APRENDIDA. Los cristianos de Macedonia y Acaya (regiones de Grecia) deseaban ayudar a la iglesia de Jerusalén, que estaba pasando por necesidades apremiantes. Pablo les exhortó a demostrar su amor ya que eran deudores por haber recibido el evangelio por su ministerio.

¡Qué buena actitud! Piensa por un instante a quién o a quiénes utilizó Dios para que llegaras a conocer y aceptar el evangelio. Agradece al Señor por ellos. Si tienes oportunidad de comunicarte, ayúdales en lo que necesiten, de acuerdo con tus posibilidades.

UN DESEO GENUINO. Pablo cree en la oración y espera que los romanos oren por él. En primer lugar, para ser librado del clima hostil que le espera (31a). En segundo lugar, para que su misión en Jerusalén sea reconocida (31b). Y en tercer lugar para que Dios le permita llegar a Roma. De acuerdo con el relato de Hechos 21, Dios tuvo otros planes, los que fueron acatados por unanimidad (Hechos 21:14). Muchas veces Dios cambia nuestros buenos proyectos. ¿Cuál es tu actitud cuando la voluntad divina no concuerda con tus planes?

"Os ruego...que me ayudeis orando (30)... por la voluntad de Dios" (32 R.V.R).

Enséñame a renunciar a mis planes.

NOVIEMBRE
22

RECONOCIENDO A OTROS

ROMANOS 16:1-16

INVESTIGUEMOS...

1. Pablo menciona a varias personas por su nombre, de quienes resalta alguna virtud personal. ¿Cómo califica Pablo a estas personas?

____

____

2. ¿Con cuánta frecuencia reconoces públicamente, las virtudes de quienes te rodean? ____

____

Pablo escribió sus cartas, generalmente a iglesias que había visitado o fundado. A pesar de que la carta a los Romanos no entra en esta generalidad, Pablo menciona varias personas conocidas por él. Seguramente tenía referencias de estos creyentes o los conoció personalmente en otro lugar.

PALABRA DE RECOMENDACION (1, 2). Febe, la diaconisa de Cencrea (puerto de la ciudad de Corinto), merece ser ayudada. Pablo estimula a recibirla con amor, en reconocimiento a su constante colaboración para la obra de Dios.

UNA PAREJA ACTIVA (3-5a). Priscila y Aquila gozaban del afecto del apóstol. Habían llegado a ser instrumentos útiles en cada lugar donde habían vivido: brindaron su hogar (5a; 1 Corintios 16:19), dieron su tiempo para aconsejar (Hechos 18:26), expusieron sus vidas por otros (4).

COMPAÑEROS E HIJOS ESPIRITUALES. Pablo nombra a cada uno destacando sus cualidades personales y las funciones que desempeñan. ¡Cuánto nos cuesta reconocer las cualidades de nuestros hermanos! Pablo es nuestro ejemplo. ¿Te preocupas por los hermanos de tu congregación?

Pablo destaca en esta nómina a quienes colaboran "en el Señor". ¡Cuán importante es reconocer y estimular a los hermanos! Cada nombre encierra una historia de tremendo significado para la iglesia de Roma. Y Pablo les exhorta diciendo: "saludaos los unos a los otros..." (16).

"Considerémonos... para estimularnos" (Hebreos 10:24).

Intercede por cada hermano reconociendo su labor "en el Señor".

NOVIEMBRE
23

ESTEMOS ATENTOS

ROMANOS 16:17-27

INVESTIGUEMOS...

1. ¿Qué asunto originó la advertencia del apóstol Pablo (17)? ____________

____

____

2. Pablo ha hecho hincapié en la comunión y el amor fraternal, por otro lado dice "que os apartéis de ellos" (17). ¿Cómo podemos distinguir una situación de la otra (17)? ______________________________

____

Pablo llega al epílogo de su carta. Su propósito de adoctrinar a los creyentes sobre la justicia y el amor de Dios se ha logrado.

CONTRA LA DOCTRINA APRENDIDA (17). Pablo advierte sobre la necesidad de prestar atención a quienes perturban la doctrina cristiana. Es preciso notar cómo Satanás maquina y actúa astutamente dentro de las mismas congregaciones. A veces resulta más fácil condenar la obra satánica visible fuera del ambiente cristiano. Pero muchas veces pasamos por alto las infiltraciones sutiles e invisibles de Satanás en las congregaciones cristianas. Esta influencia puede manifestarse en las doctrinas, en la liturgia, en las santas recordaciones, como también en las filosofías de acción. ¿Cómo podemos distinguir la obra satánica para apartarnos de estas cosas (Efesios 4:27)?

A FAVOR DE LA DOCTRINA APRENDIDA (19). El apóstol reconoce que los cristianos romanos son personas obedientes al Señor. Les ordena con autoridad apostólica ser "ingenuos para el mal" y que con sabiduría de Dios sepan hacer el bien. Se dice que la enseñanza se ha aprendido cuando es puesta en práctica.

LA VICTORIA SE ACERCA (20). Cristo venció a Satanás en la cruz. La muerte de Jesús no fue una derrota sino un triunfo, porque resucitó. Debemos ser conscientes de esta victoria y actuar contra toda asechanza maligna. Nuestra autoridad viene de Jesús, quien venció al pecado.

"Dios aplastará en breve a Satanás..." (20).

Padre, quiero estar firme y sin temor... porque la VICTORIA es nuestra.

UNA VIDA INTEGRA

PROVERBIOS 10:1-20

INVESTIGUEMOS...

1. ¿Cómo se construye una vida recta (16, 17)? ______________________

____

2. ¿Cuál es tu reacción cuando otra persona te señala un error (17)?

____

____

Una manera de analizar los proverbios de esta sección es estudiarlos por sus referencias a la ética personal. Al leerlos tengamos en mente la siguiente pregunta: ¿cuáles de estos principios se aplican a mi vida?

1. *VIDA FAMILIAR* (1). La Biblia describe muchas relaciones entre hijos y padres. Encontramos que la mayoría de las culturas antiguas han desarrollado un alto respeto de los hijos por los padres. Pero es digno de notar que este no es un principio anticuado, por el contrario fue instituido por Dios mismo. Lee Exodo 20:12 y relaciónalo con este proverbio.

2. *VIDA LABORAL* (2-5). El área laboral es uno de los campos de batalla más importantes para los hijos de Dios. Allí no siempre es fácil se fieles a nuestro Padre. Observa las tres virtudes señaladas aquí para un verdadero hijo de Dios; la honradez (2), la bondad (3) y la laboriosidad (4, 5). Ninguna de ellas son frecuentes en nuestra sociedad. ¿Cuál de estas tres te resulta más difícil de cumplir?

3. *VIDA PERSONAL* (6-11). Siempre hay relación entre la vida ética y los beneficios recibidos. No es un pago por habernos comportado correctamente, por el contrario, son la consecuencia del tipo de vida que llevamos. Observa los beneficios mencionados aquí y compáralos con Mateo 7:15-20.

4. *RELACIONES INTERPERSONALES* (12-20). El encuentro con otras personas no puede ser reglamentado por normas frías. Como hijos de Dios, debemos tener mucho cuidado con los elementos que están en juego. Algunas áreas para cuidar son el vocabulario (13, 18, 19, 20), las emiciones (12, 17, 18), las posesiones (15), la cordura (13, 14, 16). ¿De qué manera perfeccionas estas áreas?

"... callar a tiempo es de sabios" (19).

Dame, Señor, una vida íntegra, y la sensibilidad para saber cuándo actuar y cuándo esperar.

NOVIEMBRE
25

LOS BENEFICIOS DEL JUSTO

PROVERBIOS 11:1-13

INVESTIGUEMOS...

1. Tres proverbios se refieren a igual número de virtudes; honradez, sabiduría y discreción (1, 2, 12). ¿Cuáles son los resultados cuando estas virtudes no están presentes? ______________________________

____

2. ¿Cuál de estas virtudes es las más débil en tu vida? ¿Qué puedes hacer para desarrollarla? ______________________________

____

Una y otra vez, encontramos proverbios que hablan del hombre justo y los beneficios que acarrea una vida justa. Observemos algunas de estas referencias en relación con la justicia, la angustia y la sociedad.

EL JUSTO Y LA JUSTICIA (4-6). Aquí encontramos una secuencia de tres proverbios que hablan de la justicia. Es muy difícil definir con precisión el significado de justicia, pero a juzgar por los resultados, sin ella el hombre no tiene posibilidades de vivir con esperanza. La justicia "libra de la muerte" (4) al justo, "endereza" (5) su camino y "libera" (6) su vida. Es interesante notar que para el autor, la justicia se aplica a la vida cotidiana en aspectos prácticos como las riquezas, acciones diarias y la codicia.

EL JUSTO Y LA ANGUSTIA (8, 9). Los proverbios indican la manera correcta de conducirse en la vida. Algunas pocas veces se menciona el nombre de Dios, como en el 8. Allí se dice que es Dios mismo quien "libra de la angustia al justo". La vida recta de una persona hace que Dios actúe en su vida. Pero observa también el siguiente proverbio (9), la "inteligencia del justo" también le libra de problemas. Es evidente que necesitamos prestar atención a ambos consejos, actuamos de acuerdo con nuestra inteligencia y esperamos la acción de Dios a nuestro favor.

EL JUSTO Y LA SOCIEDAD (10, 11). Este par de proverbios nos advierten que la vida del justo trae beneficios al medio en que vive. La bendición de Dios no queda en la vida particular de la persona, sino que beneficia a quienes le rodean. Estos beneficios se refieren al estado de ánimo que provoca el justo en quienes le rodean ("la ciudad se alegra") y a los bienes que comparten ("se construye la ciudad").

"... la sabiduría está con los humildes" (2).

Señor, dame humildad para no creerme justo, dame inteligencia para hacer justicia.

NOVIEMBRE
26

VIRTUDES PERSONALES

PROVERBIOS 14:21-35

INVESTIGUEMOS...

1. Según el proverbio (32) la maldad y la honradez tienen origen en la misma persona. ¿De qué manera la sociedad incrementa estas características?

____

2. ¿Acostumbras culpar por tus errores a quienes te rodean o a la sociedad en que vives? Si es así, ¿cuál debería ser la actitud de un hijo de Dios? __________

____

Comenzando con Adán, los seres humanos tenemos la tendencia de culpar a la sociedad o a otras personas de nuestros propios errores. Estos proverbios nos invitan a pensar en virtudes personales, que nos permitirán vivir dignamente.

1. *PREOCUPACION POR LOS POBRES* (21, 31). Los proverbios señalan nuestra responsabilidad de identificarnos con el pobre. Compadecernos significa "padecer junto con". Es importante notar que la motivación para identificarnos es doble: por el sufrimiento del pobre y porque honramos al Señor. ¿De qué manera puedes identificarte con el pobre? ¿Qué acciones concretas realizarás?

2. *DESEAR LO BUENO* (22). No basta con hacer lo bueno, es necesario desearlo. Es posible que una persona actúe correctamente como consecuencia de su educación o por prejuicios culturales. Pero el proverbio nos pide algo más, que busquemos hacer lo bueno. ¿Qué te motiva a actuar correctamente? ¿Eres un hijo de Dios al que le complace hacer el bien?

3. *BUEN USO DE LA INTELIGENCIA* (24, 29, 33). Dios nos ha dado la capacidad de razonar, con la cual podemos desarrollar mejor la inteligencia. Algunos han pensado que la fe y la razón se oponen, pero Dios no se equivocó, nos ha dado una y otra para que nuestra vida se desarrolle armónicamente. ¿Cómo puedes honrar a Dios con tu inteligencia?

4. *HONRAR AL SEÑOR* (26, 27). La persona que honra al Señor, por sobre toda otra cosa, puede llamarse virtuosa. Esta vida tiene dos resultados en la persona: uno inmediato, porque "honrar al Señor es fuente de vida"; y otro, a largo plazo, una vida de esperanza y su resultado en la vida de sus hijos.

"La mente tranquila es vida para el cuerpo..." (30).

Ayúdame Señor, a vivir una vida virtuosa para ti.

NOVIEMBRE
27

CAMINOS DERECHOS

PROVERBIOS 16:16-25

INVESTIGUEMOS...

1. ¿Cómo es posible saber cuando un camino es correcto (25)?

____

____

2. ¿Aceptas la corrección y el consejo de otros o te empecinas en tu propia opinión? ______________________________

____

Un proverbio popular dice: "no todo lo que brilla es oro"; y otro, "las apariencias engañan". Ambos hacen referencia al hecho que lo que mostramos no siempre es la persona real que somos. Observemos algunos de los conceptos de este pasaje, los cuales nos ayudarán a "caminar rectamente", sin apariencias engañosas.

1. *HACER USO DE NUESTRA INTELIGENCIA* (16, 21, 22). La inteligencia que Dios nos ha dado vale más que el oro y la plata. De ella depende la calidad de vida que desarrollemos. ¿Le haz pedido a Dios que te enseñe a utilizar tu inteligencia? No esperes que otros hagan por ti, lo que tú mismo puedes hacer.

2. *CUIDAR LA CONDUCTA* (17). Aquí hay un llamado de atención. Muchos no nos detenemos para observar si nuestra conducta es apropiada y correcta. "Cuidar la conducta es cuidarse uno mismo" (17). ¿Con qué frecuencia te preguntas si lo que haces es lo mejor?

3. *DESARROLLAR LA HUMILDAD* (18, 19). La humildad es una de las grandes virtudes cristianas. El desafío que se nos presenta aquí es que no cambiemos una vida humilde ni por la riqueza, ni por las amistades.

4. *MEJORAR LA EXPRESION VERBAL* (21, 23, 24). ¿Cuántos de nosotros nos ocupamos de analizar nuestro modo de hablar? Las palabras que utilizamos, el tono de voz, las dobles intenciones, todo debe estar bajo la lupa y ser analizado. Con las palabras honramos a Dios y mejoramos las relaciones con el prójimo.

"Dichoso aquel que confía en el Señor" (20).

No es fácil Señor, vivir rectamente. ¡Ayúdame!

NOVIEMBRE
28

EL CAMINO A LA NECEDAD

PROVERBIOS 18:10-24

INVESTIGUEMOS...

1. Observa la imagen de Dios en el versículo 10. ¿Qué quiso decir el autor con esta imagen? ____________________

____

2. ¿De qué manera concreta manifestó el Señor su protección en tu vida? ¿Puedes mencionar varias ocasiones? ____________________

____

Erasmo fue un escritor de la época de la reforma, y entre otros de sus escritos encontramos uno en el que elogia a la necedad. Por supuesto que es una ironía, con el fin de dejar la enseñanza con mayor claridad. Le invito a que hagamos lo mismo con esta sección de proverbios.

A continuación enumeraremos las "virtudes" que nos permitirán ser necios perfectos.

1. *EL DINERO TODO LO PUEDE* (11, 16, 23). Para ser necios, debemos confiar en el poder del dinero. Un regalito puede hacer cambiar la opinión de una persona (16). Además, quienes tenemos un poco de dinero debemos ser respetados y reverenciados por los que no tienen.

2. *HABLAR MUCHO, ESCUCHAR POCO* (13, 20, 21). Para ser necio, es importantísimo que nos escuchen. Los demás no tienen nada valioso que decir. Por otro lado, no existe algo más enriquecedor que nuestras propias palabras.

3. *DEFIENDETE, AUN CUANDO NO TENGAS RAZON* (17). Para llegar a ser un buen necio, debemos comenzar a defendernos antes de que alguien nos acuse. Y si no tenemos razón defendámonos igual. Si no tenemos argumentos sólidos, levantemos la voz o gritemos; de este modo muchos se atemorizarán y nos darán la razón.

4. *NO TE JUNTES CON EL QUE TE OFENDE* (18, 19). Un buen necio, toma un lápiz grueso y tacha de su agenda el nombre y dirección de cada una de las personas que le han ofendido. ¿Para qué tener el nombre de alguien que no valora las virtudes personales?

"Los sabios e inteligentes adquieren los conocimientos que buscan" (15).

Señor, líbrame de la necedad, muéstrame el camino de los inteligentes.

NOVIEMBRE
29

LA VIDA ES TESTIGO

PROVERBIOS 20:1-14

INVESTIGUEMOS...

1. ¿Qué nos permite conocer a una persona (11)? ______________________

____

2. ¿Qué ven los demás en tu vida? ¿Coinciden tus palabras con los hechos?

____

El versículo 11 nos hace pensar en una verdad no siempre aceptada por todos: somos conocidos por lo que hacemos, más que por lo que decimos. Toda nuestra vida habla al mundo de quienes realmente somos. Al analizar estos proverbios, encontramos varios aspectos de la vida que manifiestan quienes somos. Estos son:

1. *LAS COSTUMBRES* (1). La persona controlada por un vicio (alcohol u otro) no puede actuar sabiamente. ¡Cuántos elementos extraños pueden dominar nuestros actos y desviarnos del camino!

2. *EL RESPETO AL PROJIMO* (2, 3). Las relaciones entre los seres humanos, no siempre son fáciles de llevar. Una palabra dicha fuera de lugar puede provocar malentendidos o enemistades.

3. *LA ACTIVIDAD LABORAL* (4, 10, 13). El lugar de trabajo es un área crucial para los hijos de Dios. No siempre es fácil actuar correctamente. ¡Vale la pena observar los consejos de Salomón!

4. *LA MADUREZ* (5, 6, 9). Una persona manifiesta su grado de madurez en las situaciones cotidianas, especialmente en aquellas que son conflictivas. ¿Cuál es la madurez propia de un hijo de Dios?

5. *LA FAMILIA* (7). Las virtudes paternales se reflejan en la persona de los hijos. Estos testificarán con sus vidas la enseñanza impartida por sus padres.

6. *LA AUTORIDAD PERSONAL* (7, 8). ¿En qué se basa la autoridad de una persona? ¿En su dinero? ¿En sus posesiones? ¿En su puesto? Se basa fundamentalmente en su búsqueda continua del bien y la justicia.

7. *LA HONESTIDAD* (10, 14). La honestidad aplicada a los negocios es una virtud ausente en nuestra sociedad de consumo. Importan más las ventas, que decir la verdad sobre el producto ofrecido.

"Por sus acciones se conoce..."

Te ruego Señor, que me ayudes a tener coherencia entre mis actos y pensamientos.

NOVIEMBRE
30

CONSEJOS UTILES

PROVERBIOS 27:1-27

INVESTIGUEMOS...

1. ¿Cuál es la enseñanza del versículo 12? ______________________________

____

2. ¿Puedes identificarte con la enseñanza del versículo 11 como padre o como hijo? ¿Cuál es tu experiencia? ______________________________

____

En esta secuencia de proverbios encontramos una variedad de temas. Tomaremos para nuestra meditación tres proverbios que dan consejos útiles para aplicar a la vida cotidiana. Observemos estos consejos:

1. *NO TE ALABES TU MISMO* (2). Todos necesitamos un reconocimiento por nuestro trabajo. La aprobación o desaprobación de otros nos estimula a perfeccionar la labor. Pero el proverbio no habla de reconocimiento, sino que nos advierte de la auto-alabanza. No es elegante atribuirnos virtudes y méritos (aunque éstos sean verdaderos). Aún peor, desarrollaremos un concepto de nosotros mismos inadecuado e irreal. ¿Acostumbras a señalar a otros lo que hacen bien? Cuando no recibas un halago por algo que has hecho bien, ¿qué harás?

2. *VALORA LO POCO O MUCHO QUE POSEES* (7). El proverbio señala cuán injusta puede ser una persona. Quien tiene abundancia, le resta valor a sus posesiones y quien no la tiene le atribuye mayor valor que el real. El agua utilizada en los hogares es un ejemplo de este concepto. En las ciudades, generalmente las personas no valoran el privilegio de tener agua potable a toda hora en la cantidad necesaria. En las zonas suburbanas, donde cada litro debe bombearse con el esfuerzo particular, se cuida como un bien preciado. ¿Cuántas cosas posees "de poco valor" para ti? ¿Hay algo que puedes hacer para compartirlas con quienes le "dan mucho valor"?

3. *PREOCUPATE POR TU TRABAJO* (23-27). El autor llega a este tema, pero le es imposible resumir su enseñanza en dos frases. El trabajo es vital y de él depende nuestro bienestar; nos permite alimentarnos, vestirnos y obtener posesiones, pero al mismo tiempo debemos saber que esto no dura eternamente. Debemos suplir las necesidades físicas sin perder de vista lo eterno (24). ¿Qué esperas lograr con tu trabajo? ¿Cómo utilizas el dinero ganado con tu esfuerzo?

"Todo que hagan o digan, háganlo en el nombre del Señor Jesús" (Colosenses 3:17).

Señor, ayúdame a honrarte en mi vida cotidiana.

DICIEMBRE
1

TODO BAJO DISCIPLINA

PROVERBIOS 29:15-27

INVESTIGUEMOS...

1. El versículo 27 hace un juego de palabras a fin de reiterar un mismo concepto. ¿Qué quiso decir el autor? ______________________________

____

2. ¿Has sido rechazado por haber mantenido una conducta honrada? ¿Cómo se resolvió la situación? ______________________________

____

Con frecuencia se confunde la palabra disciplina con castigo, como si significara lo mismo. De este modo, para muchos, disciplina es castigar. Pero la disciplina no siempre implica castigo, ya que disciplinar es colocar a la persona dentro de ciertos límites. Estos límites pueden ser establecidos por Dios, por los padres o por la sociedad. Aquí encontramos algunos proverbios que hablan de la disciplina aplicada a diferentes tipos de personas.

1. *LA DISCIPLINA DE LOS HIJOS* (15, 17). Ambos proverbios instan a los padres a disciplinar a sus hijos. Observa que hay dos finalidades, una que el hijo aprenda y se beneficie personalmente con la corrección. La otra finalidad se relaciona con los padres, que éstos puedan sentirse gratificados por la vida de sus hijos.

2. *LA DISCIPLINA DE LOS EMPLEADOS* (19, 21). Ambos proverbios se refieren a la relación entre patrones y esclavos. Aunque en nuestras sociedades no está vigente la esclavitud, sí tenemos la relación empleado patrón. Al igual que en la relación padres e hijos, aquí se benefician con la disciplina tanto el empleado como el patrón. ¿Cuáles son los beneficios que reciben unos y otros?

3. *LA DISCIPLINA DE LOS CIUDADANOS* (18, 26). Todas las sociedades desarrollan un sistema muy completo de leyes para disciplinar o encasillar la conducta de sus ciudadanos. En algunos casos el éxito es mayor que en otros. Observa en estos proverbios, dónde radica la verdadera disciplina de un pueblo: en la ley y la justicia de Dios.

"Al que es orgulloso se le humilla..." (23).

No me resulta fácil disciplinarme. Señor, dame las fuerzas necesarias.

DICIEMBRE
2

LA MUJER QUE AGRADA A DIOS

PROVERBIOS 31:10-31

INVESTIGUEMOS...

1. Haz una lista de las características de la mujer virtuosa de Proverbios 31:10-31. ____________________

____

2. Este capítulo parece estar dedicado en su totalidad a la esposa. Pero, ¿qué pautas importantes encuentras aquí para los esposos? ____________________

____

Desde los albores de la creación, el hombre junto a la mujer han sido inseparables protagonistas en el mundo (Génesis 2:18-25; 3:20). En el plan de Dios la mujer cumple una función maravillosa en la familia y la sociedad.

ES UNA MUJER TEMEROSA DE DIOS (30B). El valor de su vida no se fundamenta en lo que tiene (10), sino en lo que ella es. Y lo que es se manifiesta en una actitud reverente, de adoración y obediencia a Dios que lo coloca en primer lugar y sobre todas las cosas en su vida. ¿Qué lugar ocupa Dios en tu vida?

ES UNA MUJER CORONA DE SU ESPOSO (11, 12, 23, 28). El esposo vive confiado en ella, porque sabe que siempre le será fiel, y nunca lo traicionará. Esta mujer es la diadema de honor para él, los hombres lo admiran y él la elogia, agradecido. ¿Qué piensa tu esposo de ti? ¿Por qué?

ES UNA MUJER SABIA PARA EDIFICAR SU CASA (13-27). Esta mujer es capaz y bien calificada para su trabajo, se muestra laboriosa y previsora (21). Investiga y coteja la calidad de los productos y los precios antes de comprar (14, 16). Su influencia alcanza también a la sociedad (20) y su prudencia se muestra en el control de su boca (26; 19:14b). En síntesis es una excelente administradora personal y en el hogar, y toda su familia se beneficia con ello. ¿Cómo te ves frente a esta mujer?

ES UNA MUJER BIENAVENTURADA (28-31), fundamentalmente porque su vida agrada a Dios. Pero también es alabada por el esposo (28b), los hijos la llaman dichosa (28a) y los frutos de sus labores son motivo de gozo y alegría para ella (30, 31). ¿Eres feliz? ¿Qué cosas te roban la felicidad?

"Muchas mujeres hicieron el bien; mas tú sobrepasas a todas" (Proverbios 31:29 R.V.R.).

Examíname Señor, quita aquello que no te agrada en mí y cultiva las virtudes que te glorifican.

DICIEMBRE
3

LA CORRUPCION DEL HOMBRE

SALMO 53:1-6

INVESTIGUEMOS...

1. Observa y anota las distintas características del hombre corrompido.

2. ¿Cómo se manifiesta la corrupción en la sociedad de hoy? ¿Cuál es mi responsabilidad práctica como cristiano en ella (Mateo 5:13-16)?

En este salmo se describe el ateísmo práctico, la depravación total y universal de los hombres, el odio que los malos tienen a los buenos y de qué forma Dios actúa ante todo esto.

EL ORIGEN DE LA CORRUPCION (1a). A los pecadores se los llama necios, porque piensan y actúan contrariamente a la razón (Génesis 34:7; Josué 7:15; Salmo 74:18-22) y expresan en su corazón que Dios no existe. Estos no tienen ningún fundamento científico para ello, sino que lo hacen porque desean vivir en una forma que no agrada a Dios. Siempre lo que creemos condicionará nuestra conducta. El estilo de vida que llevo, ¿concuerda con mi creencia?

LA MANIFESTACION DE LA CORRUPCION (1b-3). Lo que impide al hombre hundirse en el pecado es el temor de Dios. Cuando éste no existe en su vida, no hay nada que lo frene. Observa las frases que confirman que todos los hombres están afectados. Jesús enseñó que en los últimos tiempos éste sería el carácter de los hombres y hoy lo podemos comprobar (Lucas 17:26-30).

EL CASTIGO DE LA CORRUPCION (4, 5). Dios dice que los malos no le buscan, y que además persiguen a su pueblo, actuando neciamente (4). A pesar de su orgullo, el sentimiento de culpa, la muerte y el juicio futuro les produce temor.

LA ESPERANZA PARA EL HOMBRE (6). En cambio hay esperanza en aquellos que confían en Dios, sabiendo que El hará justicia. Se cita a Jacob quien cambió el rumbo de su vida después de su encuentro con Dios en Peniel (Génesis 32:28). De la misma forma sólo un encuentro con Jesucristo por la fe transforma al hombre y le da esperanza (Romanos 3:25).

"Porque también Cristo padeció una sola vez por los pecados, ... para llevarnos a Dios" (1 Pedro 3:18 R.V.R.).

Te adoro, oh Dios, porque siendo pecador, me salvaste en Cristo Jesús.

DICIEMBRE
4

LO MEJOR PARA DIOS

MALAQUIAS 1:1-14

INVESTIGUEMOS...

1. Aunque venían a los cultos, Dios estaba descontento con su pueblo, ¿por qué?

____

2. En tu propia vida, ¿qué significa dar lo mejor a Dios? ________________

____

El profeta predicó al pequeño pueblo judío postexílico en Jerusalén. Pasaron muchos años y el fervor religioso había disminuido. Siguieron las costumbres y ritos religiosos, pero faltaba convicción, compromiso y vivencia. Malaquías construye su sermón alrededor de un diálogo entre Dios y el pueblo.

"*¿COMO SABEMOS QUE NOS AMA?*" (2). Aquí se compara al pueblo de Edom con Israel. De esta manera, Dios muestra la diferencia que ha hecho su amor manifestado en Israel. El pueblo debe recordar las muestras de amor que Dios había dado al salvarlos y mantenerlos. Si Dios quita su bendición serán destruidos. Hace falta un avivamiento y para que esto ocurra, debemos comenzar pensando en la grandeza de Dios y su misericordia por nosotros.

"*¿EN QUE TE HEMOS DESPRECIADO?* " (6). Aunque estos creyentes creían que estaban cumpliendo con sus deberes religiosos (concurrían a los cultos y daban ofrendas a Dios), Dios no estaba contento porque no le entregaban sus corazones. Levítico 1:3 indica que Dios requiere un sacrificio sin defecto, lo mejor que uno tiene. Esta gente ni se dio cuenta dónde estaba fallando. Pero Dios es un Dios personal y espera el amor genuino de sus hijos (nota el ejemplo del versículo 8). ¿Cómo es tu servicio? ¿Cómo son tus ofrendas y tus diezmos? ¿Estás dando lo mejor a Dios con sinceridad de corazón?

"*¡YA ESTAMOS CANSADOS DE TODO ESTO!*" (13). El resultado de la falta de compromiso genuino con Dios es el aburrimiento. ¿Estás aburrido de tu vida cristiana? Tanto los judíos como Dios estaban aburridos con el culto y la relación recíproca. Dios quiere que experimentes una vivencia verdadera en tu relación con El. Malaquías te desafía a darte por completo a Dios con sinceridad de corazón.

"¡El Señor es tan grande que sobrepasa las fronteras de Israel!" (5).

Toma mi vida Señor, es una ofrenda en respuesta a tu amor.

DICIEMBRE
5

ALEGRES ANTE SU VENIDA

MALAQUIAS 3:1-12

INVESTIGUEMOS...

1. ¿Qué efecto tendrá la venida del Señor en los seres humanos (2)? ¿Cuáles son las cosas que más le molestan a Dios (5-8)? ______________________________

____

2. A la luz de este pasaje, ¿te alegra la venida del Señor? ¿Qué acciones concretas puedes realizar para agradar más a Dios? ______________________________

____

Este pasaje nos ejemplifica cómo los profetas combinaban la predicción de la venida del Mesías con la exhortación a quienes la escuchaban. Fíjate en algunas frases clave:

"EL SEÑOR... VA A ENTRAR PRONTO." Nota cómo la expresión "mi mensajero" (1) se aplica a Juan el Bautista en Lucas 7:27. Entre los judíos había una expectativa grande acerca de la venida del Mesías: "a quien ustedes están buscando" (1). Ellos esperaban al Mesías para que los liberara de la opresión extranjera, pero no se dieron cuenta de otros aspectos necesarios, como la santidad de su vida personal. Por eso dice:

"¿QUIEN PODRA RESISTIR EL DIA DE SU VENIDA?" (2). La venida del Señor también implica juicio (5) porque Dios es santo y justo. "Llegará para purificarnos" (2). Malaquías también muestra que Dios es un ser personal, que tiene sentimientos. Así "se alegrará" cuando un pueblo purificado le ofrece sus ofrendas. ¿Alegra tu vida al Señor?

"¿EN QUE TE HEMOS DEFRAUDADO?" (8). Así se preguntaba el pueblo. Es desobediencia contra Dios lo mencionado por el versículo 5: la magia, el adulterio, la falsedad y la injusticia. Pero también es desobediencia la falta de hechos concretos que muestren su compromiso con Dios. La ley requería varias ofrendas además de los diezmos. Pero, ni siquiera daban el diezmo. ¿Cuál es tu compromiso con Dios?

"VUELVANSE A MI, Y YO ME VOLVERE A USTEDES" (7). Dios es el Dios de misericordia. Invita a que la gente se vuelva a El. Si nos hemos apartado, nos invita a regresar. Este "volver" es un compromiso que tiene que mostrarse en hechos concretos; aquí es dar fielmente el diezmo. ¿Puedes tú hacer menos que esto? Es necesario que tu compromiso con Dios se manifieste en hechos concretos. Así El "se alegrará" y tú serás feliz ante la esperanza de su segunda venida.

"Yo soy el Señor. No he cambiado" (6).

Perdón Señor, por no serte fiel en las cosas pequeñas.

DICIEMBRE
6

EL PELIGRO DEL ORGULLO

MALAQUIAS 3:13—4:6

INVESTIGUEMOS...

1. ¿Qué contrastes encuentras aquí entre los orgullosos y los que honran a Dios?

____

2. ¿Cuáles son las maneras en que el orgullo estorba para que tu vida honre a Dios? ________________________________

A veces pensamos que el orgullo es un delito pequeño, pero olvidamos que es la raíz de todos los pecados. El orgullo coloca al "yo" en el trono. De esta manera, Cristo ya no es Señor absoluto de tu vida.

EL ORGULLO TRASTORNA LOS VALORES (13-15). Es posible deshonrar a Dios sin darse cuenta. Por ejemplo, al codiciar la "prosperidad" de los malvados, buscamos nuestra propia comodidad antes que la gloria de Dios. Además, la queja del pueblo es una prueba de su desconfianza en Dios. ¿Cuáles son los valores más importantes en tu vida?

EL COMPAÑERISMO DE LOS HERMANOS REDUCE EL ORGULLO(16). Como todos los creyentes, necesitas oportunidad para compartir con otros, apoyarse mutuamente y honrar a Dios. ¿Compartes tal comunión con los hermanos?

EL ORGULLO TRAE CONDENACION (1, 2). Tanto los orgullosos como los malvados recibirán el castigo de Dios. Pero los que han honrado a Dios, en el juicio se llenarán de regocijo.

EL ORGULLO ES LO OPUESTO A LA OBEDIENCIA (4). Los creyentes no somos salvos por cumplir los diez mandamientos, pero sí conocemos la voluntad de Dios por medio de su ley. La desobediencia comienza cuando nuestro orgullo desea más nuestra propia voluntad que la del Señor.

EL ORGULLO PRODUCE BRECHAS GENERACIONALES (5, 6). Se habla mucho de la brecha entre los jóvenes y los mayores. El avivamiento de Juan el Bautista (Lucas 1:17) obra en ambos lados quitando el orgullo tanto de los padres como de los hijos. Como resultado, juntos honran a Dios. ¿Hace falta tal avivamiento en tu familia? ¿En tu iglesia?

"Para ustedes que me honran, mi justicia brillará como la luz del sol" (4:2).

Padre, quita de mí el orgullo, para que te honre.

INTRODUCCION A LA PRIMERA CARTA DE JUAN

Juan escribió esta carta a los cristianos que se encontraban en situaciones muy parecidas a las nuestras. Ellos enfrentaban diferentes clases de falsas enseñanzas: nosotros tenemos que enfrentarnos con mormones, sectas orientales, krishnas, marxismo, ocultismo y otros más.

En las iglesias de ellos había divisiones y tensiones: también nosotros conocemos la triste realidad de las diferencias de opinión que llevan a la división; existen esas personas a quienes "no podemos aguantar", las personas con quienes nunca conversamos. Juan ofrece consejos prácticos para todas estas situaciones:

* CREENCIAS CORRECTAS

Dale a Cristo el lugar céntrico (4:2, 3). El es el Hijo de Dios (2:22; 5:5). El dio su vida (3:16) para librarnos de nuestro pecado (1:7-9; 2:2) y darnos vida (5:12). El venció al diablo (3:7) y quiere que compartamos su victoria (5:4, 5).

No permitas que te hagan desviar del camino (3:7). Hay muchas personas —Juan las llama los anticristos— quienes quieren apartarnos de Jesús (2:18). Escucha con atención todo y prueba todo lo que escuchas (4:1).

* VIDA CORRECTA

No peques (2:1). Jesús murió para quitarnos el pecado (3:5) y si le amamos nuestro anhelo será dejar de pecar (3:6; 5:18).

Camina en la luz (1:5-7). El egoísmo y el materialismo sólo son motivo de confusión.

* RELACIONES CORRECTAS

Con Dios. Busca la comunión con El (1:3) a través de la oración, la lectura y meditación de su palabra. Confiésale tus pecados (1:9).

Con los demás. Repetidas veces Juan nos insta a que nos amemos los unos a los otros (1:9-11; 3:11-24; 4:7, 8, 20; 5:1). La división y la discordia entre los cristianos perjudican nuestro testimonio y deshonran a Cristo.

DICIEMBRE
7

PUESTOS EN EVIDENCIA

1 JUAN 1:1-10

INVESTIGUEMOS...

1. ¿Para qué se dio a conocer Jesucristo (2, 3)? ______________________

____

____

2. Medita en tu relación con Dios analizando las frases escritas en forma condicional (6-10). ¿Te has reconciliado con Dios? ______________________

____

____

El apóstol relata su experiencia personal con Jesucristo. Fue testigo ocular de sus enseñanzas y como tal, tiene autoridad para transmitírnoslas.

EL BASAMENTO DE LA COMUNION. La comunión entre los cristianos se basa exclusivamente en la persona de Jesucristo. El es la fuente de toda comunión perfecta en las dos dimensiones: de los hombres entre sí y de los hombres con Dios.

LA IMPORTANCIA DE LA COMUNION. Nuestra comunión con Dios comienza al ser reconciliados con él por medio de la cruz. Esta relación se profundiza por la obra del Señor Jesucristo en nosotros: hablándonos, actuando en nosotros, renovando nuestro pensamiento, iluminando nuestro actuar, enseñándonos a vivir. Tomando, en la medida que lo deseemos, control de nuestra vida.

EL VALOR DE LA COMUNION. Al confrontarnos con Dios, su luz que es pura y cristalina, pone en evidencia todo lo oculto en nosotros. Todo lo que somos. No podemos escondernos probando nuestra inocencia, sino que nuestra actitud debe ser responsable ante todo lo impuro que somos. Y con sumisión, arrepentimiento y confesión debemos tener un vivo deseo de abandonar toda situación de pecado. Dios limpiará y perfeccionará nuestra relación con él.

"El que confiesa (los pecados) y se aparta alcanzará misericordia" (Proverbios 28:13 R.V.R.).

Señor, al estar frente a ti me muestras lo que soy. Confieso mis pecados, ayúdame a apartarme de ellos.

DICIEMBRE
8

VIVIENDO COMO DISCIPULOS

1 JUAN 2:1-11

INVESTIGUEMOS...

1. ¿Cuáles son los resultados en la persona, cuando ésta obedece los mandamientos (3)? ______

______

______

2. Según los versículos 3 y 6, ¿cuáles son las condiciones para que desarrolles una relación perfecta con Dios? ______

______

______

Esta carta fue escrita a una congregación cristiana con el propósito de asegurarles que eran poseedores de vida eterna (1:4 y 5:13). En el párrafo de hoy, el apóstol nos muestra el objetivo del evangelio: evacuar el pecado.

LA REALIDAD DEL PECADO (2). Juan nos dice que el pecado es universal y que todos estamos a merced de él. Pero existe la posibilidad de ser librados del pecado por medio del perdón alcanzado en la cruz. La frase "para que no cometan pecado" (1), nos advierte de la posibilidad de pecar. Si esto sucediera, tenemos a Jesucristo que intercederá a nuestro favor.

LA VERDAD DE LA OBEDIENCIA. El auténtico discípulo es aquel que sigue la disciplina de su maestro. "Andar como El anduvo" implica imitar a Cristo, viviendo como El vivió. Jesucristo fue obediente y el "consumado es" (Juan 19:30) nos hace reflexionar hasta qué punto el Señor fue obediente.

Jesucristo amó y enseñó a amar (comparar el versículo 10 con Juan 13:34, 35), para que por esta manera de vivir reconocieran a los verdaderos discípulos.

¿Eres tú un auténtico discípulo, que habla y vive como el maestro Jesús?

" ... dejándonos el ejemplo, para seguir sus pisadas" (1 Pedro 2:21).

Padre, enséñame a hacer tu voluntad.

DICIEMBRE
9

SIENDO DIFERENTES

1 JUAN 2:12-17

INVESTIGUEMOS...

1. ¿Cómo vivían los destinatarios de esta carta (12-14)? ____________________

____

2. ¿Qué significa "mundo"? ¿Qué contraste debe existir entre el cristiano y el que no lo es? ____

____

Como si comenzara la carta otra vez, Juan nombra a algunos grupos en particular. Reconoce sus cualidades y les aconseja apartarse del mundo.

CONCEPTO DE LOS DESTINATARIOS. Juan recalca a los destinatarios que ya sus pecados han sido perdonados, resaltando que viven en victoria ("han vencido") y que debe ser una constante, triunfar y triunfar; si han participado de la muerte de Cristo sabiendo que Cristo murió por ellos, también la victoria sobre la muerte, su resurrección, les pertenece. ¿Vives esto, amado lector?

SEPARADOS DEL MUNDO. El discípulo debe vivir separado del mundo que yace dominado por Satanás. El cristiano es un siervo del reino de luz. El mundo al que se refiere Juan representa el reino de las tinieblas con todas sus atracciones y manifestaciones. El hijo de Dios no puede vivir con un pie en el reino de luz (el de Dios) y con el otro en el reino de las tinieblas (el de Satanás) porque no es posible servir a dos señores (Lucas 16:13).

Vivir separados del mundo significa vivir cumpliendo con las demandas del reino de luz, siendo diferentes, totalmente distintos a los que viven en derrota constante. Sí, en el reino de Dios hay victoria.

"No amen al mundo" (15).

Oh Dios, quiero vivir de triunfo en triunfo.

DICIEMBRE
10

PERMANECIENDO EN EL SEÑOR

1 JUAN 2:18-29

INVESTIGUEMOS...

1. ¿Cuáles son las características del anticristo (18, 22 R.V.R.)?

____

2. ¿Qué debo hacer para contrarrestar el avance del enemigo, según el versículo 24? ____

____

El apóstol escribe, expirando el primer siglo, con un dejo de tristeza, y mira hacia atrás para afirmar que se ha declarado una ola de opositores a Cristo.

CRISTIANOS NOMINALES. Juan informa a los cristianos que los rebeldes han salido de la misma congregación (19). La prédica de estos opositores era negar la deidad de Cristo (22, 23).

Vivimos en un tiempo similar, en el que la hipocresía reina. Muchos afirman que siguen a Cristo o que son cristianos, pero cada uno tiene un concepto distinto de Cristo. ¿Quién es Cristo para ti? ¿Es Cristo el Dios-hombre que por amor a ti murió y resucitó?

CRISTIANOS GENUINOS. Mientras el apóstol observa la crisis imperante, también confía en la verdad de Cristo y su victoria. Es preciso estar firme. Para ello es necesario permanecer en la verdad oída y aceptada desde el principio (24), y estar seguros con la unción recibida (20, 27), que es el Espíritu Santo, sabiendo que tenemos vida eterna (25).

Con respecto al versículo 27 debemos tener cuidado al interpretarlo. La frase "no necesitan que nadie les enseñe", no descarta la participación de maestros, capacitados por Dios, para el ministerio de la enseñanza de la iglesia. "Ninguno" se refiere a los falsos maestros que con enseñanzas erróneas desean confundir a los verdaderos cristianos.

"El que cree estar firme, tenga cuidado de no caer" (1 Corintios 10:12).

Señor, apártame de toda doctrina falsa.

DICIEMBRE
11

MUESTRA TUS CREDENCIALES

1 JUAN 3:1-10

INVESTIGUEMOS...

1. ¿Cuál es la identificación inequívoca de los hijos de Dios (10)?

____

2. Cristo pudo salvar al mundo y librarlo de sus pecados porque no tuvo (ni tiene) pecado alguno. ¿Estás ahora multiplicando esa imagen en tu vida? ¿Tienen resultados concretos "las obras de tus manos", al ocuparte de proclamar su nombre? ________________________________

____

EL PRIVILEGIO DEL HIJO DE DIOS. En primer término hallamos un hermoso pensamiento de Juan: ¡Cuánto nos ama nuestro Padre! (1), con idea de pertenencia, de protección, de calidez, de intimidad... Es que somos HIJOS. Dios nos ama, y ya no somos "vecinos". Ahora por Jesús, somos de su familia (2). Pero esta relación novedosa no es un salvavidas temporal ante los conflictos cotidianos, sino una proyección eterna que culminará en un estado de comunión completa con Jesús.

LA RESPONSABILIDAD DEL HIJO DE DIOS. El texto no queda sólo en un mensaje de fe y optimismo. Ahora Juan nos "pellizca" para que no nos quedemos embelesados con nuestro privilegio. El hecho de ser hijos de Dios nos hace responsables del título recibido. Nos lo ha otorgado reluciente, en perfecto estado, con un antecedente de sacrificio y sangre como precio. ¿De qué modo lo estamos usando? ¿En beneficio propio? ¿Sólo en momentos apremiantes cuando mi alma grita: Padre, sálvame? ¿O lo usamos con decoro, y obediencia a la enseñanza paterna de ser luz en la oscuridad y sal en la corrupción (3)?

LA OBLIGACION DEL HIJO DE DIOS. Al saber que somos hijos nos sentimos orgullosos y lo proclamamos, pero no es todo porque es nuestra obligación practicar la justicia (7), deshacer la obra de Satanás (8) y amar al hermano (10). Esto nos distinguirá de los hijos del diablo. Su palabra es terminante. No hay términos medios ni opción.

"El que dice que permanece en él, debe andar como él anduvo" (2:6 R.V.R.).

Padre... ¿tienes contentamiento en mí?

DICIEMBRE
12

AMA COMO TE AMARON

1 JUAN 3:11-24

INVESTIGUEMOS...

1. Nota el proceso del amor de Dios en la relación con el hombre (11, 16, 23).

____

____

2. A la luz de la exhortación de Dios (18, 19) haz un autoanálisis y luego con honestidad respóndete: ¿Es mi amor real y práctico? ¿Estás seguro de pertenecer a Dios (si es que has tenido un encuentro personal con él)? ¿Está tu corazón sin sombra de dudas al respecto? ______________________________

____

Es indudable que los planes de Dios no sólo son perfectos sino además claros y prácticos. Si observamos la creación con sus procesos encadenados y en forma equilibrada, hallaremos una mente superior concibiendo y previendo cada detalle, y quedamos asombrados... Pero más aún, si nos miramos unos a otros, y nos detenemos a pensar. ¡Cómo funciona esta obra escultórica! ¡Qué asombrosos procesos realiza! Pero, ¿qué diremos al contemplar hacia adentro de la misma, y mejor aun en nuestro propio interior? ¿Hay también rastros de esa mano suprema? ¿Hay resultados del precio pagado por el Artista Eterno, por su propia obra que fue robada y deteriorada? ¿Cuáles son los resultados? Los que vimos ayer y reiteramos hoy: justicia y amor. Este sello inconfundible fue ideado desde el principio (10). Pero la otra cara de la moneda, las obras perdidas, hace que exista un enfrentamiento que ha sido proyectado en menor escala en nosotros: Dios y Satanás, Caín y Abel, el mundo y la iglesia, la verdad y la mentira, la luz y las tinieblas.

Pero este amor práctico, como si fuera un sello, indica pertenencia. Será como señal a todos los miembros de la familia divina, ayudará a reconocer a quien se dice ser hijo de Dios, y vaya sorpresas, este sello no resulta difícil de llevar. No sólo eso, sino además encuadra perfectamente con el plan de Dios. Nos queda la reflexión (23): ¿Conocemos a Dios? ¿Amamos al hermano? ¿Vivimos por Dios, en El y para El?

Juan 17:26

Hazme amar al Señor, pon tu amor muy dentro de mi ser.

DICIEMBRE
13

HERMANO, TU VOZ YA NO SE ESCUCHA

1 JUAN 4:1-6

INVESTIGUEMOS...

1. ¿Cuáles son los recursos, según este pasaje, que están a nuestra disposición para ayudarnos a probar la verdad? ______________________________

____

2. ¿Qué te motiva a probar la verdad? (compara 2 Timoteo 2:23-26).

____

____

En este momento de ebullición dentro de nuestra sociedad a nivel político, económico y laboral, con sus implicaciones inmediatas en lo social, aparentemente no queda lugar para Dios y su mensaje. Pero el pequeño espacio que se puede obtener en este espectro no siempre es bien aprovechado por los hijos de Dios. El nos pide que sepamos primeramente analizar lo que creemos y luego definir una vez y definitivamente, frente al mundo, nuestra fe.

El Espíritu que está en ustedes es más poderoso que el que está en los que son del mundo, dice Juan. No nos debe sorprender el hecho de que hay en el mundo muchas "copias" engañosas del cristianismo. Jesús advirtió contra ellas (3). No tenemos por qué sentirnos deprimidos ni amenazados por las muchas voces que dicen ser la verdad. Pero sí debemos saber qué hacer con ellas.

1. *EL CRISTIANISMO AUTENTICO CREE EN LA DIVINIDAD Y LA HUMANIDAD DE JESUS.* Juan lo expresa positiva y luego negativamente (2, 3).

2. *EL CRISTIANISMO AUTENTICO NO TIENE UN ESPIRITU MUNDANO* (5, 6). En 2:16 vimos la definición de este espíritu, que se concentra en la ganancia materialista, el estatus social y los placeres pasajeros.

3. *EL CRISTIANISMO AUTENTICO ES CONSECUENTE CON LAS ESCRITURAS* (6). La palabra "nos" del versículo 6 se refiere al escritor, no a los lectores de la carta. O sea, podemos leer, "el que conoce a Dios nos escucha a nosotros, los apóstoles".

1 Juan 2:20

Gracias, Padre, porque quieres que conozcamos la verdad, y nos provees los medios y recursos para reconocerla.

DICIEMBRE
14

AQUI ESTA DIOS

1 JUAN 4:7-21

INVESTIGUEMOS...

1. Lee cuidadosamente el versículo 17. ¿Qué significa la frase "... confianza en el día del juicio"?

2. Pensando que nosotros somos como espejos de la gloria de Dios, y nuestra transparencia debe ir en aumento cada día, ¿te has detenido en la importancia que tiene el decir "que la gente vea a Dios en mí" (12)? ¿Qué Dios estás mostrando?

Características del amor:

PERTENECE A DIOS: es un sentimiento característico y personal de El (7): "viene de Dios".

ES ESENCIA DE DIOS: uno de los dos elementos con que Dios ejerce su poder, obras y juicios es el amor (el otro, la justicia). ¿Podremos decir "amorosa justicia"? Dios es amor (8).

ES UN SENTIMIENTO ACTIVO: no es un concepto pasivo. Por el contrario, el amor de Dios ideó un plan que provee y sustenta la salvación al drama humano (10).

GENERA Y MULTIPLICA SU PROPIA IMAGEN: exige respuesta, resultados, y porque es vital, necesita lugar para expandirse y te pide tu corazón, para accionar en él (17): "... se hace realidad el amor en nosotros".

NO TEME: va progresando, y al hacerlo se perfecciona. Por lo tanto, cada día nos ayuda a conocer mejor su origen y fuente, y tener más de esa esencia. Las presiones sociales y existenciales no deben afectarnos mayormente, ya que el sentimiento de culpa no es compatible con el amor, no puede mezclarse; son como agua y aceite (18): "Donde hay amor no hay miedo".

ES INIMITABLE: que quede bien claro: Satanás podrá imitar todas y cada una de las obras de Dios, pero este gran mentiroso no puede amar. Hará milagros, sanidades, señales, lenguas, pero no amará. Es terminante la Palabra: "Dios es amor y el que vive en el amor vive en Dios y Dios en él" (16).

"En esto conocerán que son mis discípulos, si se aman unos a otros." Jesús.

Señor, ayúdame a parecerme cada día más a ti.

DICIEMBRE
15

VIVIR EN VICTORIA

1 JUAN 5:1-5

INVESTIGUEMOS...

1. Fíjate en los versículos 1 y 5 y anota las consecuencias inmediatas de creer en Jesús como el Hijo de Dios, y la secuencia en que están ordenadas.

2. Medita en el versículo 3. ¿Estás seguro de reunir los requisitos que entiende Juan, son necesarios para expresar nuestro amor a Dios?

En este corto párrafo hay dos temas entroncando a una misma raíz: la relación comunitaria de los hijos de Dios (1-3)) y su actitud triunfante frente al mundo, emergente de la condición de ser tales (4, 5). Es la gran historia de nuestra propia experiencia personal con Cristo sintetizada y bosquejada de modo tal que podemos analizar nuestra relación actual con Dios, y a la vez contemplar el camino recorrido.

Toda vida comienza a tener un rumbo cierto a partir de haber creído y confesado que Jesús es el Hijo de Dios, el Salvador de los hombres. Entendemos allí que ahora somos hijos de Dios, hemos nacido a su familia. El hecho de conformar una familia, implica necesariamente la existencia de diversas vivencias comunes a dicho núcleo. Lo interesante de este caso es que aun por sobre parámetros cotidianos (trabajo, tareas domésticas, posición dentro del grupo, autoridad, pasatiempos), podemos medir toda relación con una sola palabra: AMOR.

Pero ese sentimiento no sólo cumple funciones de unión en los vínculos fraternales, sino además enseña a vivir, mirando las enseñanzas de Dios, creyéndole a El y alcanzando en suma una actitud triunfante frente al mundo y sus diarios desafíos.

¿Es ésta tu historia? ¿Estás viviendo esta experiencia? ¿Se renueva tu alma diariamente a través de los vínculos del amor? Si esto no ocurre en tu vida, o si simplemente has conocido hasta ahora experiencias ajenas, hoy es tiempo de creer, confiar, apropiarte de Jesús. Pero no sólo en tu mente, sino también en tu corazón, y en tu diario vivir.

"El que ama a un padre, ama también a los hijos de ese padre" (1).

Gracias, Señor, porque has vencido al mundo, y porque creyéndolo, en ti tengo victoria.

DICIEMBRE
16

UN MENSAJE APROBADO

1 JUAN 5:6-12

INVESTIGUEMOS...

1. Lee cuidadosamente los versículos 6-8. ¿Qué significan para ti las palabras "agua y sangre"? ¿Por qué concuerdan entre sí? ______________________

____

2. ¿Cuáles han sido los alcances fundamentales en tu vida de haber recibido testimonio de Dios? ______________________

____

EL TESTIMONIO DE LOS HOMBRES (9). Desde un principio Dios utilizó hombres elegidos para dar a conocer su propósito en relación con los demás hombres. No siempre, en honor a la verdad, ellos cumplieron con su misión en forma inmediata y absoluta (Jonás, Moisés). Pero viendo el transcurrir del tiempo y la forma en que se ha ido extendiendo el evangelio, una sola verdad queda en pie: TODOS somos mensajeros de Dios. Ya se ha acabado el tiempo de los héroes bíblicos, de los mártires, de los grandes apóstoles. Hoy, en tus manos está el mismo mensaje, en tus labios la misma canción, a tu lado el mismo Dios.

EL TESTIMONIO DE DIOS (8, 9). Teniendo en claro que el centro del mensaje divino es la esperanza que tiene el hombre, en Jesús, entendemos por qué Dios ha sido claro en cuanto a su propio mensaje: sólo en la cruz (la sangre), y únicamente a través de ella accedemos a la relación de hijos de Dios (6, 8). Es allí donde El ha centrado su testimonio, donde ha colocado todo su amor, donde ha cifrado su triunfo. Y hoy ve el fruto de su obra. Testifica de su Hijo, ya no a través de un trueno, de una aparición llena de relámpagos, sino con resultados obtenidos en el fin de su testimonio: el hombre. El más grande testimonio de la obra de Dios a través de Cristo somos tú y yo.

EL TESTIMONIO PERSONAL (10-12). Y el circuito se cierra para volver a empezar; los hombres cuentan del amor de Dios, El testifica, redimiéndote en Jesús y tú ahora estás plenamente consciente de ese resultado porque es tu propia experiencia. Y la rueda no se detiene, ahora ya eres parte del gran grupo de hombres y mujeres redimidos que tiene un mensaje del cual hablar, Dios da testimonio de la obra de su Hijo en tu vida, y luego otro vendrá y creerá y ...

"Dios nos ha dado vida eterna" (11).

Señor, que cada día sea más claro mi testimonio acerca de ti.

DICIEMBRE
17

CONFIANZA

1 JUAN 5:13-21

INVESTIGUEMOS...

1. ¿Qué crees que significa "pecado de muerte" (16)? ¿Cómo discernirlo? ¿Qué se hace frente a él? ______________________________

____

2. "Los dioses falsos" (21). ¿Cómo cuidarte de ellos? ______________________________

____

Observa cuántas veces en este pasaje aparece el verbo "saber". Hay cuatro áreas en las que el cristiano puede tener confianza:

1. *EN LA ORACION* (14, 15). Cuando tienes vida eterna, hay dos cosas que puedes saber a ciencia cierta: (a) Dios te escucha (14). ¿Te has acostumbrado a esta verdad? Piénsalo: Dios te presta atención. (b) Dios te da lo que le pides (15). ¿Realmente lo crees cuando oras? No quiere decir que le podemos torcer el brazo para que nos dé lo que nos venga en gana. Debemos buscar sinceramente su voluntad, aquella voluntad buena, grata y perfecta (Romanos 12:2). En nuestras oraciones estamos cooperando con Dios para lograr sus propósitos en el mundo, y en nuestra vida. En el versículo 16 vemos un ejemplo: sabemos que Dios quiere perdonar a su pueblo, así que podemos pedir perdón por otro con toda confianza. Y ¿qué del pecado que lleva a la muerte? En Mateo 12:22-32 Jesús habló del pecado contra el Espíritu Santo, un rechazo deliberado y consciente de la verdad, que inevitablemente deja a la persona en oscuridad total y moral, separada de Dios.

2. *EN LA PROTECCION* (18). "No se aferra de él" es una mejor traducción que "toca". Puede ser que Satanás venga a tentarnos, pero no nos puede agarrar porque Cristo es más fuerte que él.

3. *EN EL PODER* (19). Satanás está controlando temporalmente el mundo, pero Dios nos está controlando a nosotros y El es más fuerte que Satanás.

4. *EN EL DISCERNIMIENTO* (20, 21). No importa que traten de confundirnos o contradecirnos, sabemos que Cristo es "verdadero" la palabra griega quiere decir tan "real" como "verdadero". Otros pueden especular acerca de la identidad de Cristo. Los cristianos sabemos quién es, no porque seamos más inteligentes, sino porque Dios mismo nos da discernimiento.

"Para que sepan..." (13).

Alaba a Dios por la confianza que te infunde el versículo 14.

DICIEMBRE
18

FE O CONOCIMIENTO

2 JUAN 1:13

INVESTIGUEMOS...

1. Observa los versículos 1 y 13 y anota las similitudes en ellos. ¿A quiénes corresponde cada uno de los títulos mencionados? ____________________

____

2. El énfasis de relacionarnos en amor según el versículo 5 se origina en 1 Juan 4:11: hemos sido amados primero por Dios. ¿Estás amando hoy? ¿Es una realidad cotidiana el amor cristiano en tus acciones? ____________________

____

Tras una breve salutación Juan se detiene a apuntalar su tema favorito: el amor. Entre los versículos 4 y 6 surge un ruego que en realidad es una exhortación a mantener las enseñanzas recibidas, pero fundamentalmente la caridad fraterna. Es que dentro de la iglesia había divisiones. Se había optado por la experiencia individual y algunos no andaban conforme a la verdad. El gran puente para acercarse mutuamente siempre ha sido el amor. En los versículos 7 al 11 vemos un problema aparte y antagónico. Es el mismo autor el que ahora pide sin rodeos mantener un grupo cerrado y echar literalmente a quienes traigan ideas "modernistas". El momento que vivían esos creyentes los hallaba enfrentados a una corriente de pensamiento filosófico de avanzada. Algunos negaban la encarnación de Jesús y proponían una fe de reconocimiento y reflexión. Ellos sostenían tener una *gnosis* elevada que los hacía perfectos y poseedores de conceptos sublimes, los cuales no poseía la mayor parte de la membresía local. Juan no expresa que la fe en Cristo sea antagónica con el progreso del conocimiento humano, sino que señala el error de todo aquel pensamiento que ha dejado de lado la doctrina cristocéntrica.

Ahora bien, con esos predicadores no se debe contemporizar, lo cual no quiere decir que no se los ame y se busque llevarlos a los pies de Cristo. Era la problemática de esa época y situación, ya que la fe era joven y desprotegida. Pero en nuestros tiempos, debemos estar alertas al convivir con ideas similares. ¿Cómo hacerlo? Escudriñando la Palabra de Dios, nuestra salida de laberintos doctrinales y fortaleza de la fe.

"Que nos amemos los unos a los otros" (5).

Señor, ayúdame a mantener en equilibrio el amor y la verdad que tú pides de mis relaciones con otros.

DICIEMBRE
19

APOYO A OTROS

3 JUAN 1:8

INVESTIGUEMOS...

1. Compara 2 Juan 4 con 3 Juan 3 y 4. ¿Qué se desprende de allí? ¿Qué relación hay entre Juan y los viajeros? ______________________________

____

____

2. Juan relata el hecho de emprender un viaje misionero por amor a Jesús (7). ¿Tu amor a Dios te hace emprender alguna obra, actitud o servicio?

____

____

Juan escribe una carta muy personal a Gayo, un pastor o anciano que era rico espiritualmente, más que en otra área (2). La "puntada" inicial del tema de hoy está en los versículos 3 y 4. La actitud de Gayo para con los obreros de Dios era ejemplar y su hospitalidad era invalorable (5, 8).

Ahora bien, ¿cuántas formas de hospitalidad conoces? Compartamos al menos tres:

HOSPITALIDAD MENTAL. ¿Eres receptivo y abierto a ideas nuevas o sugerencias que abarcan distintas áreas de tu personalidad o de tu actividad?

HOSPITALIDAD AFECTIVA. ¿En qué grado te "llegan" los dramas humanos, comunitarios y/o fraternales? ¿Hay generosidad y grandeza espiritual en tu vida? ¿O los recelos y envidias del entorno han cerrado las puertas de tu corazón?

HOSPITALIDAD PRACTICA. De acuerdo con tus posibilidades, ¿cómo usas tu hogar, tu bolsillo, tu tiempo para servir a otros? No hace falta que busques algún misionero o pastor como destinatario de tu servicio... mira a tu alrededor y hallarás un hermano que necesita tu ayuda. ¿No es también él tu prójimo?

"El servicio que prestan a los demás hermanos" (5).

Gracias Señor, porque un día me recibiste a mí.

DICIEMBRE
20

BUENAS RELACIONES

3 JUAN 9-15

INVESTIGUEMOS...

1. Lee 1 Juan 5:9, 10. ¿Qué semejanza hallas con el versículo 12? __________

____

2. ¿Cómo afectan tu visión de la vida cristiana los malos ejemplos? ¿Pesan más que los buenos? ______________________________

Parece que en su anhelo de buscar la verdad, Diótrefes rechazó la autoridad de Juan. Quizás no le podemos culpar de eso, pero sí de su falta total de amor. Era dominante, arrogante e injusto. Quería ser el "jefe" de la iglesia. No toleraba a ningún rival, ni siquiera a Juan. Probablemente percibió a los maestros y evangelistas itinerantes como una amenaza contra su persona. Por eso, cualquier miembro de la congregación que recibía visitas era expulsado de la congregación (10).

Si Juan estuviera escribiendo acerca de tu congregación, ¿qué diría acerca de ti? ¿Estás en el lugar en que Dios te ha colocado, haciendo la tarea que El te ha encomendado? ¿Tienes buenas relaciones con los demás miembros de tu congregación?

Juan habla muy negativamente acerca de Diótrefes (9-11), haciendo de él un ejemplo que debemos evitar. No hay lugar para este tipo de egoístas en la familia de Dios. Por otro lado Juan escribe en los términos más positivos acerca de Demetrio. No sabemos mucho acerca de él, pero podemos tomar nota y actuar en base a la primera parte del versículo 11.

Podemos resumir las enseñanzas de estas dos breves cartas así: nuestro corazón, nuestro hogar, nuestro círculo de comunión deben todos estar abiertos a los que se acercan con el amor de Cristo en su corazón y la verdad de Cristo en sus labios. Pero como individuos y como congregaciones debemos estar cerrados ante los que tergiversan las enseñanzas del Señor. Recordemos que el amor no es simplemente una emoción. Es una determinación a seguir a Cristo. Tenemos que rescatar el amor cristiano del peligro de transformarse en un sentimentalismo cómodo e indulgente.

"No sigas los malos ejemplos" (11).

Padre, ayúdame a aferrarme a las cosas que tienen verdadera importancia ante tus ojos.

DICIEMBRE
21

EN MEDIO DE LA DESESPERACION

SALMO 69:1-18

INVESTIGUEMOS...

1. ¿Cómo se sintió el Salmista a juzgar por lo que dice en los versículos 1 al 27? ¿Qué hizo para salir de esta situación? ______

2. ¿En alguna ocasión te sentiste como el Salmista? ¿Cómo superaste esa situación? ______

Este Salmo es una plegaria elevada a Dios por uno de sus hijos. A través de él se expresa la angustia que vive el Salmista. Dios tenía conocimiento de lo que le ocurría a este hijo suyo (5), pero el autor, de todos modos, toma su tiempo para expresárselo. ¿No crees que Dios espera que le cuentes tus dolores, aunque El los conozca?

Nos llaman la atención las reacciones del Salmista ante la situación difícil que estaba enfrentando. La reacción normal ante una situación angustiosa suele ser de rebeldía y enojo por lo que debemos soportar. Se nos muestra aquí que es posible tener actitudes diferentes a las comunes. El Salmista...

1. *ASUME SU PROPIA DEBILIDAD* (1, 2). De una manera figurativa, el Salmista expresa la situación en la que se encuentra. No se da por vencido. Ora: "Sálvame, Dios mío". Cuando te sientes desesperado, ¿cuál es tu oración?

2. *RECONOCE SUS ERRORES* (5). Delante de Dios se reconoce débil y, además, pecador. Confiesa sus pecados, confiando en el perdón de Dios. En medio de la angustia, ¿te permite el orgullo reconocer tus errores?

3. *TEME PERJUDICAR A OTROS* (6). ¿A cuántos habré perjudicado con mis errores? Esta era la pregunta del Salmista. No quería añadir a su angustia la responsabilidad de haber dañado a otros. ¿Te preguntas a quién has ofendido? ¿Has hecho algo para solucionarlo?

4. *REFUERZA SU CONFIANZA EN DIOS* (13). La solución comienza en mí, con las actitudes mencionadas anteriormente. Pero esto no es todo; luego le sigue una fe activa en Dios quien puede rescatarnos del problema. ¿Estás realmente convencido de que Dios puede ayudarte?

5. *CONFIESA SU TEMOR* (14, 15, 18). No tiene vergüenza de expresar su miedo. Por momentos el temor le hace perder la confianza en Dios (17), pero reconoce finalmente que el Señor puede rescatarlo (16). ¿Qué haces cuando surge el miedo en ti?

La autosuficiencia cierra las puertas a la ayuda de Dios.

Señor, "¡respóndeme pronto, que estoy en peligro!" (17).

DE LA ANGUSTIA A LA ALABANZA

SALMO 69:19-36

INVESTIGUEMOS...

1. Lee los versículos 19-21 y señala cómo se encontraba el Salmista. ________

____

2. Si te identificas con el versículo 20, ¿se debe a la injusticia o a tu orgullo herido? ____

____

La lectura de hoy concluye con el Salmo 69. El Salmista se encontraba en medio de una situación angustiosa y clamó a Dios por ayuda. También observemos algunas de las actitudes ante esa situación difícil. En esta segunda parte, observaremos el proceso a través del cual sale de la angustia.

1. *LA COPA DE AMARGURA* (19-21). Dios conoce el sufrimiento de sus hijos. El Salmista reconoce este hecho. No pide que Dios evite estos problemas, sino que descansa sabiendo que él conoce su situación.

2. *LA MALDICION* (22-29). Luego de describir su situación personal, el salmista pide venganza sobre sus enemigos. Más que un ruego es el clamor para que la justicia divina se haga efectiva en su situación. Esta manera de maldecir a los enemigos es común en el Antiguo Testamento. Pero también observa que espera la justicia de Dios, y no su propia venganza.

3. *EL CORAZON AGRADECIDO* (30-33). Una vez que supera su angustia, alaba al Señor por haberle permitido salir de esta situación. Es importante notar que la alabanza agrada a Dios (31) y es motivo de inspiración a quienes se encuentran en situaciones muy parecidas (32).

4. *LA ADORACION UNIVERSAL* (34-36). El acto de adoración ya no es de una persona, sino de una comunidad, de todo el universo. La obra de Dios en una vida, es muestra de lo que hará en todos los que le buscan. La alabanza de un hijo contagia a otros para unírsele.

"... se animará el corazón de los que buscan a Dios" (32b).

Bendito Cristo, ilumina con tu resplandor el valle oscuro por donde camino. Amén.

DICIEMBRE
23

LA ALEGRIA DE VIVIR CON EL SEÑOR

SALMO 40:1-17

INVESTIGUEMOS...

1. Según las palabras del versículo 8, ¿cuál es el estado de ánimo del Salmista?

____

2. El autor testimonia sobre la obra realizada por Dios en su vida (9). Expresa que "no ha guardado silencio". ¿Te identificas con esta afirmación? ¿Comentas a otros lo que el Señor hace en tu vida? _______________

____

Este salmo es un canto de alegría. Al leerlo nos contagia su estado de ánimo y eleva nuestro espíritu. ¡Cuántas veces necesitamos el estímulo de otros!

Luego de habernos contagiado de la alegría del salmista, entramos en un momento de reflexión. ¿De dónde surge tanta alegría? ¿Qué la puede provocar? Nos hacemos estas preguntas porque en lo más profundo, nosotros también queremos sentirnos como él. Creo que podremos descubrir algunas causas, las que también pueden suceder en nuestras vidas.

La obra de Dios en la persona es el elemento principal que produce alegría. ¡El omnipotente Dios toma tiempo para acercarse a mi vida, y hacer "algo" en ella! Qué más alegría que saber que Dios nos tiene en cuenta y está dispuesto a intervenir en nuestro favor. Toma lápiz y papel y haz una lista de todo lo que ha hecho Dios en la vida del salmista (1-5). Luego medita en tu propia vida y pregúntate: ¿Cuáles de estas obras ha realizado en mi vida? ¿He compartido la alegría de la presencia de Dios con quienes me rodean?

Si observamos con mayor detenimiento veremos que la obra de Dios produce la desaparición de ciertos miedos de la persona. Observa el versículo 1, "puse mi esperanza". Ya no tiene miedo a ser defraudado, porque sabe que el Señor está cercano y le escucha. Observa los versículos 6, 7, el miedo de presentarse delante de Dios tal como es, ha desaparecido. Dios no le cobrará por perdonar sus pecados, aunque le exige honestidad en su confesión. Observa el versículo 11; al igual que un niño que tiene miedo, el salmista se acurruca en los brazos de su Señor. Los problemas producen temor, pero él está protegido por Dios. Observa el versículo 13; el miedo a quedar abandonado y solo, ha desaparecido, porque el Señor viene pronto en su ayuda.

"Tú eres quien me ayuda y me liberta..." (17).

Te agradezco, oh Dios, por lo que haces en mi vida, por la alegría de vivir bajo tu protección.

DICIEMBRE
24

EL DIOS QUE SE HIZO HOMBRE

MATEO 1:18-25

INVESTIGUEMOS...

1. Examina el carácter de José (Mateo 1:19, 24, 25; 2:13, 14; 19-23). ¿Qué podemos aprender de su total obediencia a Dios? ______________________

____

2. El nacimiento del Salvador Jesús fue el cumplimiento de antiguas profecías (Génesis 3:15; 17:5, 6; Salmo 89:3, 4; Isaías 7:14; 9:6). ¿Qué me enseña de Dios y cómo afecta mi vida? ______________________

____

En el contexto inmediato (Mateo 1:1-17) hallamos la lista de antepasados del rey Jesucristo, cuyo propósito es demostrar que El es el heredero legal del trono de David. Luego se relata el nacimiento de Jesucristo en forma breve y sobria y se lo presenta como el Hijo de Dios.

UN ENGENDRAMIENTO MILAGROSO Y UNA ACTITUD ADMIRABLE (1:18, 19). Lo admirable del pasaje no es el hecho de que Jesús naciera de una mujer virgen, sino el engendramiento sobrenatural del Espíritu Santo. José y María tenían, según la ley judía, un compromiso legal de casamiento. Frente a la realidad de su embarazo, José no la llevó al tribunal para ser juzgada, sino que decidió dejarla en secreto para no dañar su honor. Así le demostraba su amor y protección. Esta forma correcta de actuar es digna de ser imitada por todos en toda situación.

UNA REVELACION DIVINA QUE BRINDA SEGURIDAD (20). Un ángel enviado por Dios disipa sus temores y le confirma a José que el engendramiento en María obedece a un acto creativo de Dios.

UNA MISION INCOMPARABLE QUE PROVEE ESPERANZA (21-23). La declaración de los nombres nos enseña dos verdades fundamentales con respecto a Jesucristo. La primera verdad nos habla de su misión. Jesús es el Salvador de los pecados. La segunda verdad nos revela su naturaleza. El es Emanuel, Dios con nosotros, cumpliendo la profecía de Isaías 7:14.

UNA OBEDIENCIA ABSOLUTA QUE MARCA UN CAMINO (24, 25). La obediencia de José permitió que la gloria del Señor se manifestara en el mundo. La cooperación del cristiano en predicar el evangelio permitirá al mundo conocer al Señor de la gloria.

"Y llamarás su nombre Emanuel, Dios con nosotros."

Bendito Señor, te adoro y doy gloria a ti por venir al mundo a salvarme a mí.

DICIEMBRE
25

LAS REACCIONES FRENTE AL REY JESUS

MATEO 2:1-12

INVESTIGUEMOS...

1. ¿En qué sitios estaba el niño Jesús (Lucas 2:6, 7 y Mateo 2:11)? ¿Por qué? ¿Qué sucedió con El antes de que llegaran los magos (Lucas 2:21-24)?

2. ¿Cómo reaccionó ante las demandas de Jesús para ser el Rey de mi vida? ¿Cuál es la causa? ¿Qué cambios de actitud adoptaré?

Los magos probablemente eran sacerdotes de Persia, especializados en la astrología, filosofía y ciencias naturales. Los judíos identificaron la estrella de Jacob con el Mesías y los magos, que habían oído en Babilonia las profecías (Números 24:17; Daniel 9:26), creyeron en aquella estrella que vieron anunciaba la llegada del Rey.

LA DIRECCION DE DIOS HACIA EL REY (2:1, 2). Los guió por medio de las profecías bíblicas y de una estrella. El Señor siempre le muestra el camino a todo hombre sincero que le busca, y su palabra y las circunstancias son los elementos que utiliza.

LAS DIFERENTES REACCIONES FRENTE AL REY (2:3-8). El rey Herodes se turbó temiendo que su poder peligrara ante el Rey que había nacido. Quiso matarlo, utilizando toda artimaña diabólica. Los judíos en Jerusalén se vieron confundidos, pero su actitud fue positiva. Los principales sacerdotes y escribas que conocían las profecías (Miqueas 5:2) no demostraron interés en la posibilidad de que hubiera nacido el Mesías. En nuestro tiempo muchos conocen el relato del nacimiento de Jesús pero son indiferentes a El, y otros se muestran hostiles y con odio frente a sus demandas.

LOS REGALOS PARA EL REY (2:9-12). En cambio los magos siguieron la dirección de Dios; se alegraron, encontraron a Jesús, le adoraron y brindaron presentes y evitaron caer en la trampa de Herodes al regresar por otro camino.

Dios desea que experimentemos su dirección y disfrutemos de su bendición (Romanos 12:12).

Dios guía y bendice a los corazones sensibles a su voz.

Señor Jesús, te entrego el control de mi vida para que la guíes y reines en ella.

DICIEMBRE
26

LA PROTECCION DE DIOS

MATEO 2:13-23

INVESTIGUEMOS...

1. Observa qué medios utilizó Dios para proteger al niño Jesús, (Mateo 2:12, 13, 19, 22). ¿Qué impacto produjo en Jesús?

2. Lee estos pasajes: Salmo 34:7; Lucas 22:43; Hechos 12:6-11; Hebreos 13:5, 6. ¿Cómo actuó Dios en ellos y de qué forma afecta en mi vida hoy esta verdad?

Jesucristo irrumpe en el tiempo y el espacio, provocando su nacimiento distintas reacciones (Mateo 2:1-12). Pero la más violenta y cruel fue la del rey Herodes, que temía perder su reino. Ante todo esto descubrimos la protección de Dios al niño Jesús y el cumplimiento de sus propósitos eternos.

EL VERDADERO CONOCIMIENTO (13-15). Dios descubrió las intenciones del corazón de Herodes al querer matar al niño, y reveló el secreto a José para ponerlo a salvo. Ya había provisto con los regalos de los magos todo lo necesario para el viaje y la estadía en Egipto. Como en tiempos antiguos Dios primero protegió a su pueblo en Egipto y luego lo llamó de allí. Así cuidó también a su Hijo y luego le trajo nuevamente a Israel de acuerdo con su profecía (Oseas 11:1).

LA FALSA ADORACION (16-18). En contraste con la adoración de los magos (11), la de Herodes (8) consistía en matar al niño. Esto se demostró con su despiadada y cruel orden que provocó muerte y dolor (16).

El escritor dice que este hecho es como la continuación del sufrimiento de Israel cuando fue llevado cautivo a Babilonia (Jeremías 31:15). El diablo siempre se ha empeñado en frustrar los planes de Dios, pero sin éxito.

LA VERDADERA PROTECCION (19-23). José regresa a Palestina y se establece en la humilde y despreciada ciudad de Nazaret, tal cual Dios lo había dicho 700 años antes (Isaías 1:1). La presencia de Dios en y con ellos fue la gran protección para sus vidas. Frente a la crisis y problemática cotidiana Dios protege y guía a todos los que en El confían (Lucas 18:27).

Dios dice: "No te desampararé ni te dejaré" (Hebreos 13:5c).

Bendito Señor, tus promesas son el sostén de mi vida y me hacen habitar seguro.

¿COMO ES TU DIOS?

SALMO 25:1-10

INVESTIGUEMOS...

1. Haz una lista de todas las características de Dios mencionadas por el Salmista.

2. Toma aquella característica que más te llamó la atención y medita en ella. ¿Cómo puedes experimentar esta característica de Dios?

David se dirige a Dios para presentar sus peticiones. En su oración incluye varios motivos. ¿Cuáles son estos motivos? ¿Acostumbras a orar a Dios por alguno de ellos?

Pero más que observar la oración de David, miremos la persona a quien se dirige. Descubramos al Dios de David, descubramos a nuestro Dios.

1. *UN DIOS EN QUIEN CONFIAR* (1-3). David ora a Dios porque sabe que no fallará. Esta confianza le permite ser honesto con Dios y expresar lo que siente íntimamente. ¿Tienes la confianza de expresarle al Señor tus sentimientos? Además, observemos que David utiliza la expresión "mi Dios" haciendo referencia a la relación personal que existe entre ellos.

2. *UN DIOS QUE ENSEÑA* (4, 5, 8-10). No sólo existe confianza en Dios, sino que va más allá al permitir que le enseñe. Dios quiere ser maestro de David y éste ruega (4) que lo haga. Es interesante notar que el deseo de aprender es motivado por la persona misma de Dios: confiable (5), bondadoso (8), justo (8), misericordioso (10) y verdadero (10). La enseñanza de Dios tiene dos aspectos: la orientación para "el camino" (4), la vida, y el conocimiento de la "verdad" (5).

3. *UN DIOS MISERICORDIOSO* (6, 7). El amor es un tributo propio de Dios y eterno como El es. La confianza del Salmista le permite reconocer que el amor de Dios manifestado en su vida es mayor que los pecados cometidos (7). Al mismo tiempo, es necesario notar que David es consciente de sus pecados y los confiesa.

"... tú eres mi Dios y salvador. ¡En ti confío a todas horas!" (5).

Te alabo, Señor, porque puedo orar a ti y estar seguro de que me escuchas y me respondes.

DICIEMBRE
28

CONSECUENCIAS DE LA COMUNION

SALMO 25:11-22

INVESTIGUEMOS...

1. ¿Qué requisitos se esperan de nosotros para tener comunión con Dios (14)?

2. ¿Qué circunstancias perturban tu comunión con Dios? ¿Qué puedes hacer para cambiarlas?

En la primera parte de este Salmo, enfatizamos las características de la persona a quien se dirige David en su oración. Pero no sólo ora, también puede tener comunión con él. Los versículos 12 y 14 nos dicen que para tener comunión es necesario "honrar" a Dios.

En esta segunda parte observaremos las consecuencias de la comunión con Dios.

1. *PERDON DE PECADOS* (11, 18). El perdón de pecados se basa en la grandeza del amor de Dios y no en los méritos de la persona. Nosotros confesamos nuestros errores y al hacerlo honramos a Dios, porque mostramos nuestra impotencia y reconocemos su grandeza. En consecuencia, sentimos la liberación de nuestros pecados.

2. *CONOCIMIENTO DE LOS PLANES ETERNOS DE DIOS* (12, 13). El acto de honrar a Dios es recompensado por El dándonos la posibilidad de participar en sus planes eternos. Observa que menciona el resultado en la vida personal del Salmista y también en su descendencia (13).

3. *LIBERACION PERSONAL* (15-17). Nuestra comunión con Dios también permite liberarnos en otras áreas. La liberación de la culpa de nuestros pecados ya la mencionamos con anterioridad. También David dice que es liberado de sus depresiones, sus angustias y los peligros que hay en la vida.

4. *FORTALEZA PARA LA ETICA PERSONAL* (19-21). Aun cuando está el deseo de ser fiel a Dios, los enemigos que se presentan en el camino lo desaniman. David recibe fortaleza de Dios para continuar siendo "honrado" en medio de una sociedad pecadora.

"El Señor es amigo de quienes le honran..." (14).

Dios mío, salva a (pon un nombre) de todas sus angustias.

DICIEMBRE
29

LOS DICTADOS DEL CORAZON

SALMO 27:1-14

INVESTIGUEMOS...

1. ¿Qué hace el Señor para acompañar a sus hijos en los momentos difíciles (5)?

____

____

2. ¿Qué es lo primero que haces cuando te encuentras en dificultades? ¿En quién buscas ayuda? ______________________________

____

David comienza este Salmo haciendo una confesión acerca de la persona de Dios (1). En su testimonio utiliza tres imágenes para sintetizar la obra del Señor, las cuales son de gran valor para nuestras vidas: nos *salva* cuando nos encontramos en problemas, nos *protege* del peligro y nos *ilumina* el camino. ¿Has agradecido a Dios específicamente por esta obra en tu vida?

La obra de Dios provoca un impulso que nace en lo más profundo del ser de David. A este impulso lo hemos denominado "los dictados del corazón". No sabemos cómo se originan, pero sí sabemos que nos animan a actuar. Nota en este pasaje algunos de los llamados del corazón de David. Luego compáralos con tu vida personal, ¿has vivido alguna experiencia similar?

1. *EL DESEO DE CONFIAR EN EL SEÑOR* (1-3). En medio de los problemas y las dificultades, David no pierde la confianza en Dios. La confianza no se enturbia con las dificultades; por el contrario produce paz, la necesaria para enfrentar la adversidad y salir victorioso.

2. *EL DESEO DE "ESTAR EN EL TEMPLO DEL SEÑOR"* (4-6). David menciona la finalidad de ir al templo del Señor: "adorarlo" y "contemplar su hermosura" (4). Observa que en medio de los problemas, su corazón le indica la necesidad de adorar a Dios. Y el mismo David reflexiona y llega a la conclusión (5, 6) que como consecuencia Dios se encargará de sus problemas.

3. *EL DESEO DE LA PRESENCIA DEL SEÑOR* (11-13). Los problemas de la vida pueden desorientarnos y alejarnos del Señor. Pero este peligro se evitará si la persona busca la voluntad de Dios y permite que El le enseñe el camino a seguir.

"¡Sí, ten confianza en el Señor! ¡Ten valor, no te desanimes!" (14).

Mi alma clama por ti, oh Dios. Mi corazón me insta a obedecerte.

DICIEMBRE
30

LA ORACION CONTESTADA

SALMO 28:1-9

INVESTIGUEMOS...

1. En el versículo 1 David utiliza dos palabras: una relacionada con Dios, "protector" y la otra relacionada con el hombre, "clamar". ¿Qué quiere decir cada una de ellas? (Búscalas en el diccionario si es necesario.)

---

2. Lee el versículo 6 y si esas palabras son tu testimonio personal piensa en las respuestas recibidas de Dios y alábale por ello.

Este Salmo es una oración de David. Específicamente es una petición por el cuidado personal. Podemos dividir su contenido en cuatro partes, las cuales son:

1. *LA SUPLICA.* El tono en que habla David nos hace pensar que se encontraba en una situación difícil. Un motivo podría ser alguna enfermedad grave o las amenazas del enemigo. Nota que ve la muerte muy cercana (1). Otras expresiones como "clamo" y "gritos" nos hablan de la desesperación del Salmista. Pero a pesar de la situación desesperante en que se encuentra, reconoce a Dios como su único Señor y protector. Cuando aparecen los problemas en tu vida, ¿te rebelas o te acercas a El?

2. *EL CLAMOR POR JUSTICIA.* Al leer estos versículos superficialmente podríamos pensar que David ora por la venganza. Pero si observamos con detenimiento, descubriremos dos principios básicos: reclama la justicia a Dios y no asume su propia justicia. Dentro de David nace un clamor en busca de la justicia, no se calla, lo expresa a Dios con total crudeza. Ante las injusticias de la vida, ¿cómo reaccionas?

3. *EL AGRADECIMIENTO PERSONAL.* Después de elevar sus súplicas, alaba a Dios porque ha escuchado sus ruegos. Observa la frecuencia con que David se refiere a su comunión con Dios como una relación personal. El Salmista alaba y adora a Dios porque ha pasado las dificultades. Luego de las tormentas de la vida, ¿te acuerdas de agradecer a Dios por haberte acompañado?

4. *LA BENDICION QUE SE COMPARTE.* Es digno notar que David no permanece en una oración egoísta sino intercede por otros para que también ellos reciban la bendición de Dios.

"Salva a tu pueblo, Señor... ¡llévalos en tus brazos para siempre!" (9).

Te agradezco Señor, porque tú has escuchado mis oraciones.

DICIEMBRE
31

UNA SITUACION TRANSFORMADA

SALMO 30:1-12

INVESTIGUEMOS...

1. ¿Qué aprendes de la persona de Dios y de la personalidad del Salmista a través de este Salmo? ____________________

____

2. "Has cambiado en danzas mis lamentos" (11). ¿Podrías así calificar tus experiencias del año pasado? En base a este salmo, ¿cuál es tu oración para el año que empieza mañana? ____________________

____

* *ALEGRANDOSE EN DIOS* (1-3). Dios no había permitido que los enemigos de David triunfaran sobre él. El diablo es un enemigo poderoso, pero nuestro Dios es un Dios victorioso. Dios también sana nuestras heridas (2) y rescata a sus siervos de la depresión y la desesperación (3).

Por estos, y muchos otros motivos, debemos sentirnos impulsados a invitar a otros a que se junten con nosotros para alabar a Dios. Dios sí nos disciplina, pero no por mucho tiempo (5). "Por la mañana tendremos alegría" y la alegría debe ser característica del cristiano, por la esperanza que tenemos en el Señor.

* *UNA FALSA SEGURIDAD* (6, 7). El versículo 6 es una fuerte advertencia para aquellos que se apoyan en el bienestar material. Con cuánta facilidad llegamos a confiar en nuestra prosperidad (y eso no quiere decir ser necesariamente muy pudiente). Nos olvidamos de que todo proviene del Señor (7). Como consecuencia, perdemos contacto con Dios, como David, y se nos va la confianza y la tranquilidad. No nos olvidemos de que Dios ha prometido sacudir este mundo, y esto incluye a nuestra sociedad, para que nos demos cuenta de que sólo en relación con El hay verdadera seguridad.

* *UN GRITO DE DESESPERACION* (8-10). David enfrenta la desgracia y la muerte. En su desesperación se expresó con total franqueza. El reclamó la protección de Dios, basándose en la reputación del mismo Señor (9). Dios le contestó y pudo experimentar la alegría de la restauración.

"Yo me sentí seguro, y pensé: Nada me hará caer jamás" (6).

Padre, te pido que durante todo este año que tengo por delante, pueda encontrar mi seguridad en ti y conocer la alegría de una comunión ininterrumpida contigo.